대한수학교육학회 · 한국수학교육학회 2021년 연보

The Korea Society of Educational Studies in Mathematics &
The Korean Society of Mathematical Education Yearbook 2021

# 데이터 시대의 통계교육

탁병주 강현영 김소민 김은하
박민선 신동조 신보미 이윤경
임성빈 장혜원 전수경 조정수
지영명 한채린 공저



KM 경문사

# 머리말

기원전으로 거슬러 올라가야 하는 대수학이나 기하학의 역사에 비해, 통계학은 학문으로서의 정체성을 형성하게 된 역사가 현저히 짧습니다. 자연스럽게 통계교육 연구의 역사는 그보다도 훨씬 더 짧습니다. 국제적으로도 통계교육 연구의 태동기는 국제통계기구(International Stastistical Institute) 산하에 국제통계교육협회(International Association for Statistical Education)가 창립한 1948년부터로 보고 있습니다. 그나마도 대학교육이나 직업교육이 아닌 초·중·고 학교교육에 관심을 가지기 시작한 시기는 대략 1980년대부터이니, 실제 수학교육학자들이 통계교육 연구에 관심을 가지기 시작한 시기는 국제적으로도 그리 오래되지 않았습니다. 우리나라 수학교육학자들이 통계교육 연구를 체계적으로 시작한 시기가 그보다 훨씬 늦었을 것이라는 점은 어렵지 않게 추측해볼 수 있습니다.

그러나 우리나라 통계교육의 문제에 대한 수학교육계의 목소리가 전혀 없는 것은 아니었습니다. 2000년 3월, 서울대학교 우정호 교수님의 논문「통계교육의 개선방향 탐색」이『학교수학』제2권 1호에 게재되었는데, 무려 20년도 더 된 이 글이 오늘날까지도 우리나라 통계교육의 문제점과 개선 방향을 이야기할 때 매우 유효한 논의를 담고 있습니다. 당시에는 정말 앞선 문제인식이 담긴 논문이었고, 실제로 이와 같은 문제인식은 지금까지도 많은 사람들이 공감하고 있습니다.

> 오늘날 우리나라 통계교육의 주요 문제점은 초등학교와 중학교 수학에서는 전통적인 기술통계, 고등학교 수학에서는 확률분포 이론과 그에 맞추는 통계적 추론 중심의 확률 계산법 지도가 이루어지고 있어, 현대적인 통계적 사고의 기본 정신을 충실히 반영하지 못하고 있다는 점이다. 말하자면 실세계의 이해와 예측을 위한 자료분석 도구로서의 통계의 실제를 가르치기보다는 지적 도전이 없는 인위적인 예를 통한 자료정리 기법과 통계치의 계산 및 확률분포 이론이라는 수학을 가르치는 데 주력하고 있는 것이다(우정호, 2000, p. 8).[1]

1) 출처: 우정호(2000). 통계교육의 개선방향 탐색. **학교수학, 2**(1), 1-27.

이후 우리나라에서는 대략 2010년대부터 통계교육 연구에 전문성을 지닌 수학교육학자들이 등장하기 시작합니다. 그리고 다소 부족한대로 국내 수학교육 학술지에 게재되는 통계교육 연구 논문의 양과 질은 조금씩 발전하였고, 2015년도부터는 수학과 교육과정에서 통계 내용이 조금 더 실생활 중심으로 구성되어야 한다는 문제인식하에 교수·학습의 변화까지지도 본격적으로 모색하게 됩니다. 이전까지는 우리나라 수학교육학자들이 거의 관심을 주지 않았던 통계교육 연구가 이렇게 2010년대부터는 성장기에 접어들게 되었습니다.

> 국외에서는 1980년대 초에 이미 비슷한 지적과 논의가 이루어졌습니다. 국제통계교육학회(International Conferences on Teaching Statistics, 이하 ICOTS)가 그와 같은 지적과 논의의 주요 장이었습니다. ICOTS는 1982년에 1회 연구대회를 시작으로 매 4년마다 열리고 있습니다. 여기서 '실세계를 이해하고 예측하는 데에 필요한 자료를 수집하고, 분석하는 방법'에 대한 논의가 다각도로 이루어져 왔습니다. 우리나라 수학교육학자들이 이 연구대회에 참석하여 연구 결과를 발표하고 연구 교류를 시도한 사례는 매우 드뭅니다. 이는 우리나라의 수학교육학 연구가 이 시기에 막 탄생하여 서서히 정체성을 확보해가는 시기였기 때문으로 보입니다. 통계는 수학교육학 연구가 서서히 자리를 잡아가면서 부수적으로 관심 대상이 되거나 그렇지 않으면 간과되는 내용이었던 것으로 보입니다. 그러니 우리나라의 20세기는 아직 통계교육의 새벽인 것 같습니다. 통계교육의 상황이 이러할진대 통계교육 연구는 더더구나 미분화 상태였다고 할 수 있습니다. 최근에는 통계교육 연구가 점차 활성화되고 있는 것 같아서 한편으로는 반갑고 다른 한편으로는 기대가 됩니다(이경화, 2016, p. 48).[2)]

그로부터 또 몇 년이 흐른 지금, 이제는 우리나라에도 통계교육 연구에 특별한 전문성을 지닌 수학교육학자들이 많아졌습니다. 이 시점에서 대한수학교육학회는 통계교육 연구에서 많은 혜안과 통찰을 공유해주실 수 있는 전문가 분들을 초빙하여 집필진을 구성하였고 본 연보를 발간하였습니다. 아직 우리나라의 통계교육 연구는 나아갈 방향이 멀지만, 이 시점에서 우리나라 통계교육 연구의 성과를 정리함으로써 수학교육 연구자분들께 조금 더 정돈된 형태로 공유하기 위해 본 연보를 마련하였습니다.

본 연보의 주제는 '데이터 시대의 통계교육'입니다. 굳이 통계교육 앞에 '데이터 시대'라는 수식어를 붙인 이유는 오늘날 데이터가 우리 사회에서 미치는 영향력이 매

2) 출처: 이경화(2016). 통계, 통계교육, 그리고 통계교육연구로의 시간여행. **수학교육학논총, 49**(2), 41-56.

우 크다고 느끼기 때문입니다. 한때 바둑은 인간 사유에 의한 직관과 통찰의 가치를 보여준다는 믿음의 보루였으나, 알파고와 이세돌의 대결은 데이터와 알고리즘이 생각보다 훨씬 더 많은 것을 설명할 수 있고 해낼 수 있다는 것을 보여주었습니다. 이제 사람들이 생각하는 데이터의 가치와 영향력은 엄청나며, 이들의 사고방식에도 영향을 미칠 것입니다. 예컨대, 무언가를 주장하고 이를 받아들이는 데 단순히 사유에 의한 논리적 정합성만을 추구하지 않고 데이터에 기반을 둔 실증적인 현시(顯示)를 중요시할 것입니다. 데이터가 단순히 재화를 창출하는 도구적 가치만을 지닌 것이 아니라 인간의 인식 자체에 영향을 미칠 것으로 예상되어 현 시대를 '데이터 시대'라 명명하였습니다.

본 연보는 총 6부로 구성되어 있습니다. 제 I 부에서는 통계교육의 목표를 이야기할 때 사용되어 온 용어인 통계적 소양과 통계적 추리의 의미를 살펴봄으로써 데이터 시대 통계교육의 나아갈 방향을 생각해 볼 수 있는 글이 마련되어 있습니다. 제 II 부는 수학과 교육과정, 그리고 수학 교과서의 통계 영역이 어떻게 구성되어 있는지를 외국과 비교하여 살펴볼 수 있도록 집필하였습니다. 제 III 부에서는 학교급별 통계 교수·학습의 실천 사례를 통해 학교 현장에서 이루어지고 있는 통계 수업에 대한 반성적인 논의를 촉진하고자 하였습니다. 제 IV 부에서는 통계교육에서 공학적 도구를 활용하는 것이 어떤 의미를 지니는지, 어떻게 활용할 수 있는지 등을 논의하였습니다. 제 V 부에서는 데이터에 기반을 둔 확률교육에 대한 논의를 통해 통계교육과 확률교육의 접점을 모색해보았습니다. 마지막으로 제 VI 부에서는 인공지능 기술의 발전에 비추어 통계교육에 대한 수학자와 수학교육학자의 관점을 글로 담아보았습니다.

통계가 수학의 하위 영역으로서 수학의 논리와 형식을 철저히 따르는 방식으로 지도되어야 하는지, 아니면 통계가 조금 더 데이터 소양을 강조하며 통계학답게 지도되어야 하는지에 대한 오랜 논쟁은 끊이지 않아왔습니다. 수학교육 연구자들의 생각 역시 대개 위 두 가지로 갈라지지만, 본 연보는 대체로 후자의 입장에서 집필되었다고 볼 수 있습니다. 그러나 전자가 아닌 후자의 입장을 취한다 하더라도 수학 본연의 가치를 무너뜨리거나 수학이 차지해야 할 영역을 빼앗는 것이라고 생각하지는 않습니다. 오히려 수학 내적으로는 발견할 수 없었던 수학의 또 다른 가치를 분명하게 드러낼 수 있는 훌륭한 맥락을 제공할 수 있다고 생각합니다. 분명 통계학과 수학은 여러 가지로 다른 성격을 지닌 학문이기에 일각에서는 통계가 수학에서 분리하여 독립 교과가 되어야 한다는 주장이 이루어지기도 합니다. 하지만 통계가 수학 교과 내에 존재함으로써 학문으로서의 수학 이상으로 수학 교과의 외연이 넓어지고 가치를 돋보이게 할 수 있지 않을까 하는 기대 또한 가져봅니다.

> 통계는 수학과 많은 점에서 구별되지만 그러면서도 수학에 의존할 수밖에 없는 독특한 관계를 맺고 있다. 일각에서는 이러한 관계를 '결혼'에 비유한다. '부부는 일심동체'라는 관용어구는 부부가 본래 남남이었음을 전제하는 표현이기도 하다. 어쩌면 수학과 부부 관계를 맺고 있는 통계는 단 한 번도 수학의 하위 영역이었던 적이 없었을지도 모른다. 그러나 통계와 수학의 차이를 바탕으로 통계교육이 전통적 수학교육에서 탈피한다고 해서, 이것이 곧 '이혼'을 의미하지는 않는다. 오히려 그동안 수학의 완성된 구조 내에 머무르던 수학교육의 저변이 학문으로서의 수학 밖으로 확대됨으로써 수학의 또 다른 가치를 드러낼 수 있다는 기대를 해볼 수 있다. 어쩌면 통계교육의 변화는 수학교육의 저변이 통계학을 비롯한 수리과학 영역의 여러 분야로 확대될 수 있는지를 가늠하는 시험대가 되지 않을까 생각한다(탁병주, 2020, p. 9).[3)]

아무쪼록 본 연보가 수학교육 연구자, 교사, 학생 분들께 도움이 되고, 나아가 통계교육에 관심이 있는 많은 분들의 지적인 호기심을 야기하고 새로운 연구를 시작하기 위한 발판이 되기를 희망합니다. 바쁘신 와중에도 흔쾌히 옥고를 집필해주신 모든 저자분들께 감사드립니다. 아울러, 이 책의 발간을 지원해주신 경문사 편집부에도 머리 숙여 감사 인사를 드립니다.

2022년 봄

편집인 겸 대표저자 탁병주

---

3) 출처: 탁병주(2020). 통계교육 연구의 발전과 통계교육의 변화. **대한수학회소식, 193**, 6-9.

# 차 례

## 제Ⅰ부 데이터 시대 통계교육의 방향

### ▌제1장▌ 통계적 소양 교육의 지향과 과제 _ 탁병주



### ▌제2장▌ 비형식적 통계적 추리 _ 박민선



## 제Ⅱ부 수학과 교육과정과 통계교육

### ▌제3장▌ 우리나라와 외국의 통계 교육과정 비교: 중등 교육과정을 중심으로 _ 강현영

## 제Ⅳ부 통계교육에서 공학적 도구의 활용



## 제Ⅴ부 데이터 시대의 확률교육

## 제Ⅵ부 인공지능과 통계교육

**제12장 인공지능과 통계교육: 수학자의 관점** _ 임성빈



**제13장 인공지능 시대의 통계교육** _ 신동조

# 제 I 부

# 데이터 시대 통계교육의 방향

데이터의 유형과 본성이 변화하고 데이터 처리 방법이 급격히 발달하면서, 사회적으로도 인식론적으로도 데이터의 가치와 영향력은 매우 크게 발전하고 있다. 제 I 부에서는 데이터 시대에 통계교육의 나아갈 방향과 목표로서 강조되는 통계적 소양, 그리고 비형식적 통계적 추리에 주목한다.

제 1 장

# 통계적 소양 교육의 지향과 과제

탁병주(전주교육대학교)

## 1. 서론

통계적 소양은 이미 많은 통계교육 연구자들의 노력에 의해, 통계교육의 일반적인 목적이라는 선언적인 의미를 넘어 학교 교육에서 교육과정을 통해 추구해야 하는 실질적인 목표로서 자리매김하고 있다. 이미 미국통계협회(American Statistical Association)에서 발행한 『통계교육 평가·지도 지침(Guidelines for Assessment and Instruction in Statistics Education, 이하 GAISE) 보고서』에서도 서문을 통해 통계적 소양이 학교 통계교육의 궁극적 목표임을 밝히고 있고(Franklin et al., 2007, p. 1), 호주, 중국을 비롯한 여러 나라에서는 이미 학생들의 통계적 소양 함양을 통계교육의 목표로서 교육과정 내에 명문화하였다(강현영 외, 2014). 우리나라 역시 2015 개정 수학과 교육과정에서 다음과 같이 통계적 소양을 언급하고 있다.

> 사건이 일어날 가능성을 수치화한 확률, 그리고 자료(데이터)를 수집, 정리, 해석하는 통계는 현대 정보화 사회의 불확실성을 이해하는 중요한 도구이다. 다양한 자료를 수집, 정리, 해석하고, 확률을 이해함으로써, 미래를 예측하고 합리적인 의사 결정을 하는 민주 시민으로서의 기본 소양을 기를 수 있다(교육부, 2015, p. 35).

그러나 여전히 우리나라의 통계교육은 “인위적인 예를 통해 지시된 안내에 따라 자료를 정리하고, 맹목적으로 통계치를 계산하거나 그래프를 그리며, 실제와 유리된 이론적 모델 그 자체의 원리를 탐구”하는 데 주력하고 있다(탁병주, 2020, p. 8). 이러한 상황에서 교육과정 문서에서 밝히고 있는 통계적 소양이 지극히 선언적이고 수사적으로 활용되고 있다는 비판을 피하기 어렵다. 따라서 교육과정에서 추구하고 있는 통계적 소양 교육이 이루어지기 위해서는 통계적 소양의 의미를 여러 측면에서 고찰하고, 통계적 소양 교육의 지향점을 바탕으로 우리나라 통계교육의 개선을 위해 우선되어야 하는 과제를 탐색할 필요가 있다.

특히, 인공지능의 사회적 영향력에 의해 수학교육 영역에서도 데이터(data)와 컴퓨터(computer)가 새로운 패러다임으로서 주목받고 있는데, 이는 컴퓨터의 등장으로 인간의 인식과 생활에 데이터를 기반으로 한 수학적 모델링이 활용되기 시작하였기 때문이다. 오늘날의 인공지능은 엄청난 데이터와 이를 대량으로 신속하게 처리할 수 있는 컴퓨팅 기술로 인해, 다양한 현상을 분석하는 수준을 넘어 인간의 지적 능력까지도 구현할 수 있게 되었다. 사람들도 이전보다 데이터에 근거를 두고 판단이나 의사결정을 할 가능성이 높아지면서, 인공지능 기술의 발전으로 인한 데이터가 인간의 사고방식에까지도 영향을 미치는 시대가 온 것이다. 이러한 데이터 시대에 적합한 수학교육 내용으로서 데이터에 기반을 둔 수학적 모델링, 이산수학, 공간기하와 함께 전통적으로 데이터를 다루어왔던 통계 영역이 강조되고 있다(김영욱 외, 2017; 나귀수 외, 2018). 따라서 본고에서는 통계적 소양 교육의 지향과 과제를 데이터의 관점에 비추어 탐색한다.

## 2. 통계적 소양의 배경과 의의

### 2.1 수학과 통계학의 관계

수학과 통계학의 관계는 매우 미묘하다. 혹자는 통계학을 수학의 한 분야로 인식하는 반면, 혹자는 통계학은 수학과 분명히 구별되는 독자적인 학문으로 바라본다. 그러나 이러한 관점의 차이에도 분명한 것은 통계학의 학문적 정체성이 수학과 분리될 수는 없다는 점이다. 이러한 독특한 관계를 일부 연구자들은 ‘결혼’에 비유해왔다(Iversen, 1992; Scheaffer, 2006).

통계학은 "데이터로부터 정보를 얻으려는 사회적 요구와 우연사건에 대한 수학적 연구에 의하여 발달한 실질과학으로서 불확실성이 내재된 현상을 해석하고 합리적인 의사결정을 할 수 있는 방법을 찾기 위한 인간의 노력이 수학적 논리와 결합한 것(이수정, 2000, p. 1)"으로 요약할 수 있는데, 여기에는 수학과의 미묘한 관계를 이루는 통계학의 학문적 특성이 반영되어 있다. 첫째, 통계학이 데이터에 기반을 두는 귀납추론을 기본적인 연구 방법으로 설정함에 따라 결론의 확실성을 보장하지 못한다는 약점을 극복하기 위해 수학을 활용하였다는 점이다. 통계를 활용하여 내린 결론이 비록 반드시 참이라고 할 수는 없지만, 적어도 결론을 이끌어내는 과정만큼은 수학적인 논리를 거침으로써 통계적 설명에는 '과학적 형식'이 내포되어 있다. 둘째, 그럼에도 연구 방법의 측면에서 통계학의 학문적 정체성은 수학과 분명히 구분된다는 점이다. 통계학은 현상의 개연성을 수치화하는 데 수학을 활용할 뿐, 결론의 필연성을 추구하지는 않기 때문이다. Moore(1992)는 통계학이 수학과 구분되는 독립 학문으로서의 지위를 역설하기 위해 다음과 같이 통계학과 수학의 차이를 설명하였다(pp. 15-16).

- 통계학은 수학과 다른 독자적인 주제를 다루고 있다.
- 역사적으로 통계학은 수학과 별개의 학문으로 발생하였다.
- 통계학의 실제는 수학적이지 않다.
- 통계학은 학문적 정체성을 다루는 철학적 이슈가 다르다.
- 통계학은 수학적 아이디어를 사용하나, 수학은 통계적 아이디어를 수용하지 않는다.

학문(discipline)이란 인간이 어떤 현상을 바라보는 관점과 안목에서 비롯된 것으로 볼 수 있다. 통계학과 수학은 학문적으로 분명한 차이가 존재하는데 이를 하나의 단어로 요약하면 바로 변이성(variability)이다. 예컨대, [그림 1]에는 색과 크기, 모양이 각기 다른 그림이 존재한다. 이 그림에서 수학자들이 주목하는 것은 바로 그림 사이

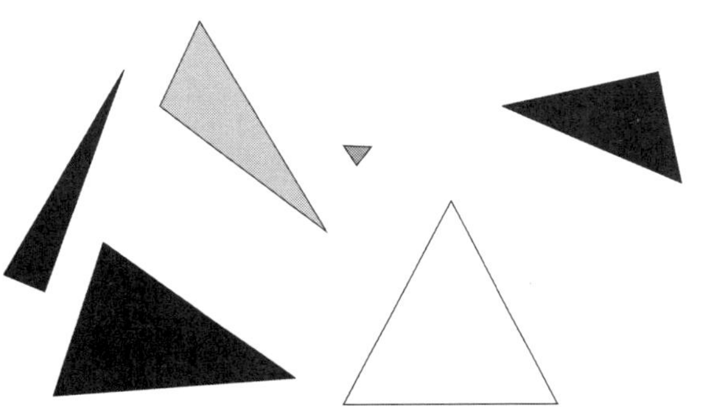

[그림 1] 삼각형에 존재하는 변이성의 예

에 존재하는 불변의 속성이다. 비록 색과 크기, 모양 등 다양한 변이(variation)가 존재하지만, 모두 곧은 선으로 둘러싸인 닫힌 형태의 도형이라는 점(다각형), 세 개의 변과 세 개의 각을 지니고 있다는 점(삼각형), 안쪽의 각을 모두 더하면 크기가 180°라는 점(삼각형의 내각의 합)에 주목함으로써 주어진 개개의 그림이 모두 만족하는 공통적인 속성을 설명하고자 하는데, 이것이 바로 수학에서 말하는 개념과 성질이다. 반면, 통계학자들은 오히려 색, 크기와 같은 변화 가능한 속성에 주목한다. 검은색 3개, 회색 2개, 흰색 1개와 같이 변이성을 정리하여 분포를 구성하고 이를 통해 개개의 그림이 아니라 그림이 모여 이루는 집합의 패턴과 경향을 설명하고자 하는 것이 통계학자들의 시각이다. 그렇기에 변이성은 통계학을 수학과 구분 짓는 핵심적인 특성이라 할 수 있다(Franklin et al., 2007, p. 1).

인지적 관점에서 통계적 사고의 특징을 탐구했던 고은성(2012)은 통계적 사고가 비(非)결정론적이고 맥락에 의존하며 데이터에 기반을 둔다는 점에서 수학적 사고와 구분지었다. 결정론적 인식론을 기초로 하는 수학에서는 필연성, 완전성, 정확성을 추구하는 반면, 통계학에서는 경험적 지식의 유용성을 잃지 않기 위해 합리성이 인정되는 선에서 우연에 의한 불확실성, 불완전성, 부정확성을 인정한다(남주현, 2007). 또한, 수학에서는 일단 현상에서 본질을 찾아내 개념을 포착하게 되면 비본질적인 요소와 맥락을 제거하여 그 수학적 구조를 드러내고자 하는 반면, 정체성을 방법론에 두고 있는 통계학은 데이터를 둘러싼 맥락으로부터 결과에 의미를 부여하여 현상을 해석해 내야 한다(Cobb & Moore, 1997, p. 803). 예컨대, 수학의 입장에서는 [그림 2]의 왼쪽과 같이 평균 알고리즘의 적용을 통한 연역적 계산이 중요하지만, 통계학의 입장에서는 [그림 2]의 오른쪽처럼 맥락에 비추어 평균이 의미하는 바를 이해하고 데이터에 기반을 두어 어떤 판단을 내릴 수 있는지를 생각하는 것이 더 중요하다.

이와 같이 수학과 통계학은 불가분의 관계를 맺고 있으나, 통계학은 그 학문적 성격상 형식과학으로서의 수학이 아니라 경험과학에서 비롯된 수리과학이라는 점에 주목할 필요가 있다(Moore, 1992). 그러나 초·중·고 교육에서 통계는 수학 교과 내에

<table>
<tr><td>다음 수의 평균을 구하여라.<br><br>61, 60, 63, 102, 62, 61, 60, 61, 60</td><td>과학 시간에 9명의 학생이 건전지로 이동하는 조립 자동차를 이용해 100m 가는 데 걸리는 시간을 측정한 결과 다음과 같은 값을 얻었다. 조립 자동차의 빠르기는 얼마라고 생각하는가?<br><br>61, 60, 63, 102, 62, 61, 60, 61, 60<br>(단위: 초)</td></tr>
</table>

**[그림 2] 대푯값을 구하는 두 과제 유형(고은성, 2012, p. 207)**

서 다루어왔기 때문에, 학교수학에서 통계교육은 [그림 2]의 왼쪽과 같이 수학교육의 형식과 논리에 따라 이루어져 왔다. 물론 평균을 계산하는 식의 대수적 구조는 데이터를 분석할 때 수학의 힘을 빌릴 수 있는 여지를 준다는 점에서 매우 중요하다. 통계학에서는 데이터를 처리하고 그 적절성을 판단하는 데 모두 수학을 활용해야 하기 때문에, 어떠한 경우에도 초·중·고 통계교육에서 수학이 배제되거나 분리되는 것은 분명 불가능에 가까운 일이다(탁병주, 2020, p. 9). 그러나 이미 오래 전에 현대적인 통계적 사고의 기본 정신을 학교수학에서 충실히 반영하지 못하고 있다고 지적한 우정호(2000)의 다음 언급은, 20여 년이 지난 지금에도 되새겨볼 필요가 있다.

> 다른 모든 과학에서와 마찬가지로 통계학에서 수학적 분석은 중요한 가치를 가진다. 그러나 입문 과정에서 통계를 마치 수학인 양 제시하는 것은 이 분야에 대한 부적절한 상(像)을 주게 된다. 현재와 같이 고등학교 수학에서 확률 계산으로 이루어진 수리통계학의 입문을 가르침으로써 통계교육의 목적이 적절히 성취될 수 있는지에 대한 철저한 검토가 있어야 할 것이다. 지금까지의 통계교육의 실패는 대체로 통계의 실제를 가르치기보다 그것이 비교적 가르치기 용이하기 때문에 통계수학을 가르치는 쉬운 길을 택하는 데에서 비롯되었다고 볼 수 있다. 확실히 통계의 수학적 형식은 유용할 뿐 아니라 아름다운 형식이다. 그러한 통계의 확률론적 형식이 내용을 압도하고 통계의 본질적인 아이디어의 지도는 소홀히 되는 결과가 초래되었다. 그러나 수학은 통계학의 수단이어야 하며 내용이 형식을 지배해야 한다(우정호, 2000, p. 8).

## 2.2 통계적 소양의 교육적 의의

소양(素養)은 대개 평소에 마땅히 갖추어놓은 교양(敎養)으로서의 의미를 지니곤 한다. 특히, 지식 중심 교육의 폐해를 강조하며 등장한 본질적 인성교육관에 의해 때때로 소양교육이 인성교육, 정확히는 인성만을 중요시하는 교육의 대체어로 사용되는 경우가 있다. 그러나 규범으로서의 인성이 인간의 자유로운 이성을 제한한다는 류성창(2016)의 관점에 비추어볼 때, "미래교육의 향방을 가늠해줄 기준으로 가장 인간적인 것은, 인간이 아닌 존재가 전혀 모방할 수도 없는 인간 본연의 지적 활동과 거기에 활용되는 인식적인 자유(p. 58)"임을 이해하고 "순수히 인간의 영역인 지성이 교육의 근간을 이루는 것으로 판단하고 현실적인 목적에 따라 인성을 기르도록 하는 것(p. 63)"으로서 소양교육을 바라볼 필요가 있다. 즉, 지능정보사회가 도래할 미래에 추구해야 하는 소양교육에서 말하는 소양이 인간 본연의 정신 작용인 지성(知性)을 의미한다고 해석하는 것이 바람직해 보인다.

지성으로서 인간의 소양은 크게 두 가지 유형으로 분류할 수 있는데, 첫째는 인간의 오감으로부터 비롯되어 경험명제 형태의 후천적 지식을 구성하는 소양(리터러시, literacy)이다. "한국전쟁은 1950년에 발발했다"는 지식은 실제 전쟁이 일어날 당시의 사람들에 의해 문자나 구전으로 전수된 기록을 통하여 구성된다. 오감으로부터 받아들인 경험을 지식으로 구성하는 인간의 소양은 리터러시, 즉 읽고 쓰는 능력(ability to read and write)이다. 둘째는 선험적 구조로 판단하여 분석명제 형태의 논리적 지식을 구성하는 소양(뉴머러시, numeracy)이다. "검은 새는 검정색이다"와 같은 명제는 진릿값을 판단하는 데 경험에 기대지 않는다. 검은 새를 본 적이 없는 사람도 위 명제를 참이라고 판단할 수 있는데, 이는 피설명항인 검은 새와 설명항인 검정색 사이의 관계가 선험적 논리 구조에 의해 맺어져 있기 때문이다. 논리를 바탕으로 지식을 구성하는 데 필요한 인간의 소양은 뉴머러시, 즉 추론하고 적용하는 능력(ability to reason and apply)이다(탁병주, 2022, pp. 86-87).

근대 이후로 국가를 막론하고 학교 교육에서 국어와 수학이 주요 교과인 이유는 각각 인간의 리터러시와 뉴머러시를 함양하기 위한 소양교육으로서의 가치를 기대하고 있기 때문이다. 그러나 리터러시의 의미가 단순히 무언가를 읽고 쓴다는 사전적 의미로서가 아니라 "개인과 사회의 변혁을 위한 기반으로서 사회적인 인식과 비판적인 반성에 필요한 역량(UNESCO, 2005, p. 147)"이라는 시민성(citizenship)으로서의 의미가 담기기 시작하면서, 수학 교과에서도 사회문화적 관점에서 수학하기(doing math)의 문화적 규범과 가치를 바탕으로 문화적 정체성을 드러내기 위해 수학적 소양(mathematical literacy)이라는 용어를 사용하기도 한다(예를 들어, 나귀수, 2005; 남진영, 2019; 주미경, 2004). 전통적인 뉴머러시의 관점에서도, 현대의 포괄적인 리터러시의 관점에서도, 상기한 논의에 비추어볼 때 학교수학은 소양교육으로서의 가치를 지닌다고 볼 수 있다.

통계적 소양(statistical literacy)은 리터러시의 사전적 의미로만 국한해도 그 뜻하는 바가 수학적 소양에 비해 비교적 명확히 드러난다. 통계적 사고의 매개는 데이터인데, 데이터에 근거하는 사고는 경험적 추론에 기반을 두기 때문에, 수학의 하위 영역으로 다루어져 온 전통적 통계교육에 대한 비판과 반성을 요구하며 나온 용어로서는 매우 적절하다. 실제로 통계적 소양은 통계적 사고, 추론과 함께 수학적 형식에 치중해 온 전통적 통계교육을 개선하기 위한 요구로부터 강조되기 시작한 용어이기 때문이다(Ben-Zvi & Garfield, 2010). 더욱이, 소양의 의미가 단순한 기능을 넘어 시민성을 아우르는 현대 공교육의 목적을 포괄하게 되면서, 통계적 소양 역시 개인의 통계적 기능으로서보다는 통계교육의 본질적인 목표이자 사회적인 가치로서의 의미로 사용되기 시작하였다. 사실, 이러한 관점은 1992년도 미국통계협회 회장이었던 Katherine K. Wallman의 연설에서도 드러나는데, 비판적 평가와 공적, 사적 차원의 의사결정을 강조함에 따라, 그의 연설은 통계적 소양이 통계적 기능이라기보다는 통계교육의 목적으로서 대두하는 계기가 되었다.

> 통계적 소양은 일상생활 곳곳에 스며들어 있는 통계적 결과들을 이해하고 비판적으로 평가하는 능력을 말한다. 이는 공적 혹은 사적인 의견 결정, 전문적 혹은 개인적인 의사결정이 이루어지는 과정에서 통계적 사고가 기여하는 바를 인식하는 능력과도 결부된다 (Wallman, 1993, p. 1).

산업 사회를 살아가는 일반 시민이 갖추어야 하는 것으로 통계적 소양을 바라본 Gal(2002) 역시 통계적 소양은 “다양한 맥락에서 접하는 통계 정보나 데이터 관련 주장, 또는 확률 통계적 현상들을 해석하고 비판적으로 평가하는 능력”과 “통계 정보에 대해 토론하고 의사소통하는 능력”으로 정의하였고(Gal, 2002, pp. 2-3), 이는 학생들이 복잡한 문제에 접근하기 위해 필수적으로 갖추어야 하는 역량으로 회자되는 4C[1]와도 밀접한 관련이 있다(WEF, 2016). 즉, 오늘날 통계적 소양은 [그림 3]과 같이 통계 정보를 활용한 의사소통, 통계 정보에 대한 비판적 사고를 포괄하는 통계교육의 주된 목적으로 자리매김하게 되었다(Gal, 2002; Weiland, 2017).

요컨대, 수학의 하위 영역이 아닌, 수학과 독립된 학문으로 통계학의 정체성을 확립하기 위해 많은 연구자들이 그 인식론적 전제를 탐구하였고, 이를 바탕으로 고은성(2012)은 통계학이 인식론, 맥락, 데이터의 측면에서 수학과 다른 성격을 지닌다고 밝힌 바 있다. 그리고 이러한 통계학의 독특한 성격을 반영한 통계교육이 가능하도록 연구자들이 강조한 개념이 바로 통계적 사고, 추론과 함께 소양이었다. 따라서 통계적 소양은 수학과 통계학의 차이를 드러내어 ‘통계를 통계답게’ 가르치자는 통계교육의

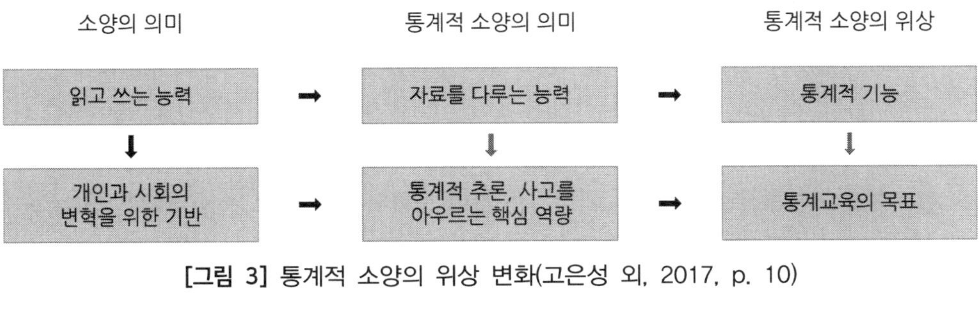


**[그림 3]** 통계적 소양의 위상 변화(고은성 외, 2017, p. 10)

1) 비판적 사고(critical thinking), 창의성(creativity), 의사소통(communication), 협력(collaboration)

개선 방향을 담고 있는 개념이다.

## 3. 통계적 소양의 의미와 통계적 소양 교육의 지향[2)]

### 3.1 통계적 소양의 의미

많은 통계교육 연구자들이 통계교육의 개선을 위한 구호로서 통계적 소양이라는 용어를 사용해 왔다. 앞서 Wallman(1993)의 언급에서도 확인할 수 있듯이, 통계적 소양에는 공적 차원과 사적 차원이 있으며, 그 가치가 각각 사회적인 측면과 개인적인 측면에서 설명될 수 있음이 확인된다. 이는 통계적 소양을 단순히 개인의 기능적 측면에만 가치를 둔 것이 아니라 학교수학을 통해 지도되어야 하는 통계교육의 목표로서 바라보았다는 사실을 알 수 있게 한다(강현영, 2012). 또한, 전문적인 의사결정과 개인적인 의사결정을 모두 언급했다는 점에서 통계 정보의 생산자 역할과 소비자 역할 모두 학교 교육과정에서 개발되어야 하는 통계적 이해와 적용에 포함된다는 사실을 암시하고 있다.

그러나 통계적 소양은 오랫동안 통계교육 연구자들에 의해 일관되지 않은 형태로 사용되어 왔고, 이에 따라 합의된 정의가 제대로 정립되지 못해왔다(강현영, 2012, p. 122). 한편으로는 양적 소양(qualitative literacy) 개념과 혼용되기도 하고, 다른 한편으로는 통계적 사고, 추론과 혼용되기도 했다. 이러한 문제인식이 1998년도 제5회 국제통계교육학회(International Congress on Teaching Statistics, ICOTS)에서 더욱 구체화됨에 따라, 통계적 추론·사고·소양(Statistical Reasoning, Thinking, and Literacy, SRTL) 포럼이 형성되어 통계적 소양을 다음과 같이 정의하게 된다.

> 통계적 소양은 통계 정보나 연구 결과를 이해하는데 이용되는 기본적이고 중요한 기능을 의미한다. 이러한 기능에는 데이터를 조직하고, 표를 작성하여 제시하고, 데이터를 다양한 표현으로 나타낼 수 있는 것 등이 있다. 또한 통계적 소양에는 개념, 용어, 기호를 이해하고 확률을 불확실성의 측도로 간주하는 것이 포함된다(Ben-Zvi & Garfield, 2010, p. 7).

아울러, Ben-Zvi와 Garfield(2010)는 통계적 소양보다 더 심도 있는 수준의 개념 이

2) 이 장의 내용은 탁병주(2017)의 일부를 재구성한 것이다.

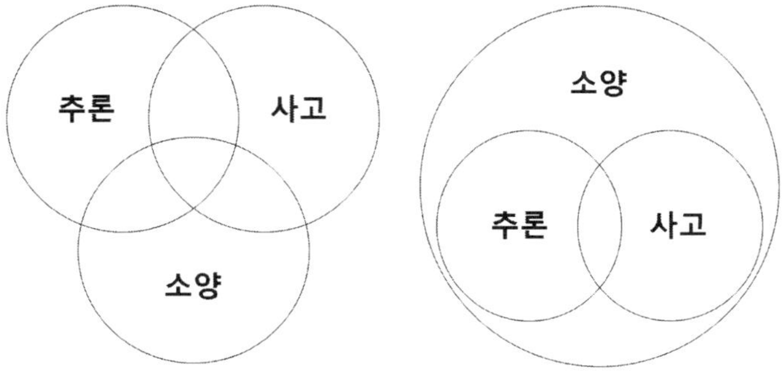


[그림 4] 통계적 소양의 위계적 관점(왼쪽)과 포괄적 관점(오른쪽)(delMas, 2002)

해를 수반하는 것이 통계적 추론이며, 통계적 추론보다 더 높은 수준의 사고를 수반하는 것으로서 통계적 사고를 정의하였다. 즉, 통계적 소양은 [그림 4]의 왼쪽과 같이 통계적 추론, 사고와 별개의 개념으로 하나의 위계를 형성하게 된다(delMas, 2002). 소양(literacy)의 사전적 정의인 "읽고 쓰는 능력"이 대개 모든 성인들에게 요구된다는 점에서 통계적 소양은 통계교육에서 가장 기본적인 수준의 목표로서 다루어져왔다.

그러나 오늘날 교육에서 소양은 단순히 읽고 쓰는 데 필요한 기술이라는 사전적 정의를 넘어, "개인과 사회의 변혁을 위한 기반으로서 사회적인 인식과 비판적인 반성에 필요한 역량"이라는 의미를 포괄하게 되었다(UNESCO, 2005). 이에 따라 '소양'이라는 단어에는 민주 시민을 양성하는 현대 공교육의 시작점이라는 의미가 담기게 되며(Weiland, 2017), 통계적 소양 역시 [그림 4]의 오른쪽과 같이 통계적 추론, 사고를 아우르는 통계교육의 포괄적인 목표로 인식되기 시작하였다.

통계적 소양은 그 사전적인 의미로만 보았을 때는 통계적 추론이나 사고를 위해 선행되어야 하는 기초적인 기능을 뜻한다. 추론과 사고는 대체로 학습을 통한 개인의 지적 발달을 설명하기 위한 용어이므로, 통계적 소양은 이러한 인간의 인지적인 성장을 위한 필요조건이나 기반이라는 '개인화된 의미'를 지닌다고도 볼 수 있다. 반면, 소양 개념의 의미와 위상 변화를 고려하였을 때 통계적 소양은 통계교육의 목표와 개선 방향을 총체적으로 담아내는 의미로 사용된다. 이는 개인의 발달보다는 공동체의 지향을 드러내는 것이기 때문에, 통계적 소양이 지닌 '사회적인 의미'에 해당한다고 볼 수 있다. 이를 바탕으로 탁병주(2017)는 통계적 소양에 대한 학자들의 정의를 각기 개인적 측면, 사회적 측면, 그리고 교육적인 측면에서 그 의미를 탐색하였다.

Ben-Zvi와 Garfield(2010)는 앞서 확인한 바와 같이 통계적 소양을 통계적 사고, 추론과 대비하여 정의하였다. 즉, 개념과 용어, 기호를 이해하는 인지적 측면, 표를 작성하고 데이터를 표현하는 실천적 측면으로 통계적 소양의 기능을 구분지었는데 이는 모두 학습자 개인의 역량에 주목한 것으로 볼 수 있다. 이에 따르면 통계적 소양은 통계 정보와 연구 결과를 이해하는데 이용되는 기본적이고 중요한 '기능'으로서 정의된다. 윤현진 외(2009)는 이러한 개인의 역량에 주목하되, 학교 통계교육의 목적에 비추어 조금 더 포괄적인 관점에서 학습자들에게 기대하는 역량들을 종합하여 통계적 소양을 다음과 같이 조금 더 구체적으로 정의하였다.

> 적절하고 충분한 통계적 방법과 알고리즘적 지식을 갖고, 상황에 따라 사용하려는 통계적 방법의 타당성, 데이터의 적절성을 평가할 수 있으며, 사용하는 통계적 방법을 바르게 이해하여 이를 적절한 논리로 정당화할 수 있는 통계적 사고 능력을 갖고, 정신도야와 지식의 습득 과정에서 데이터와 경험을 소중히 여기는 태도와 가치관을 형성하는 것, 그리고 바른 데이터 수집 방법의 지식과 통계 윤리의식에 따라 필요한 통계적 방법을 정확하게 사용하는 능력이다(윤현진 외, 2009, p. 81).

Gal(2002), Watson(1997) 등 많은 통계교육 연구자들은 다양한 대중매체나 뉴스, 여론조사 등에서 제시하는 정보에 대하여 얼마나 비판적인 자세를 취하는지에 대한 것으로서 통계적 소양을 바라보았다. 시민에게 제공되는 정보와 데이터들은 대개 정보 생산자인 저널리스트나 정치가, 광고주 등의 필요와 목표에 따라 선별적으로 혹은 왜곡된 형태로 제공되기 때문이다. 이러한 시각은 통계적 소양을 단순히 개인화된 기능이 아니라 사회적 존재로서의 인간이 마땅히 갖추어야 하는 역량으로 바라보는 관점에 의한 것이다. 예컨대, Gal(2002)은 통계적 소양을 다음과 같이 정의하면서 의사소통 능력과 비판적 평가 능력으로 구성되어 있다고 주장하였다. 그는 통계적 소양이 한편으로 통계교육의 목적으로 인식된다는 점과 다른 한편으로 소양이라는 용어를 폭넓은 의미로 활용한다는 점을 모두 고려하여, 산업 사회에 살고 있는 성인들이 반드시 갖추어야 하는 역량으로서 통계적 소양에 당위적인 의미를 부여하였다.

> 통계적 소양과 서로 관련되어 있는 두 가지 요소가 있다. 그 중 하나는 다양한 맥락에서 접하는 통계 정보나 데이터와 관련된 주장, 또는 확률 통계적 현상들을 해석하고 비판적으로 평가하는 능력이다. 다른 하나는 통계 정보에 대해 토론하고 의사소통하는 것인데, 예를 들면 정보의 의미를 이해하거나 정보가 함축하고 있는 것에 대해 의견을 제시하거나 또는 제시된 결론을 수용하는 것에 관심을 보이는 것 등이 이에 해당된다(Gal, 2002, pp. 2-3).

GAISE[3] Ⅰ 보고서에 따르면, 통계교육을 통해 최종적으로 지향하는 바는 시민으로서, 개인의 선택 과정에서, 직장에서, 그리고 과학에서 필요한 통계적 소양을 함양하는 것이다(Franklin et al., 2007). 이러한 교육 목표하에 GAISE Ⅰ 보고서는 유치원부터 고등학교에 이르기까지 학교에서 이루어져야 하는 통계교육의 내용을 3개 수준으로 나누어 제시함으로써 대상과 맥락에 따라 기대되는 통계적 소양이 동일할 수 없음을 드러내었다. 다시 말하면, 초등학생, 중학생, 고등학생, 대학생에게 기대되는 통계적 소양 수준이 같을 수 없고, 뉴스를 읽을 때, 광고를 읽을 때, 직장에서 통계를 이용할 때 기대되는 통계적 소양 수준이 같을 수 없다는 것이다(고은성, 2015, p. 85). 마찬가지로, 학교 현장에서 실제로 학생들에게 기대되고 다루어지는 통계적 소양의 의미에 대해 고려할 필요가 있다. 이러한 관점에서 통계적 소양의 교육적 측면에 주목했던 Watson(2013)은 학교 교육과정을 넘어가지 않는 수준에서 [그림 5]와 같이 관련 내용 요소를 바탕으로 통계적 소양을 다루고자 하여 다음과 같이 정의하였다. 즉, 통계적 소양은 교육이라는 맥락을 벗어나서는 의미를 지니기 어려우며, 자료와 가능성을 다루는 교육과정, 학습을 통해 함양해야 하는 내용 및 과정 요소, 그리고 학년과 시기별 발달 수준과 평가 체계까지도 고려해야 한다는 것이다.

> 통계적 소양은 자료와 가능성을 다루는 교육과정과 일상 세계의 교차점이다. 교차점은 미리 연습할 수 없는 맥락과 자동적으로 발생하는 의사결정과 관련이 있는데, 이는 모두 통계적 도구, 일반적인 맥락적 지식, 비판적 소양 기술을 적용하는 능력에 기반을 둔다 (Watson, 2013, p. 22)

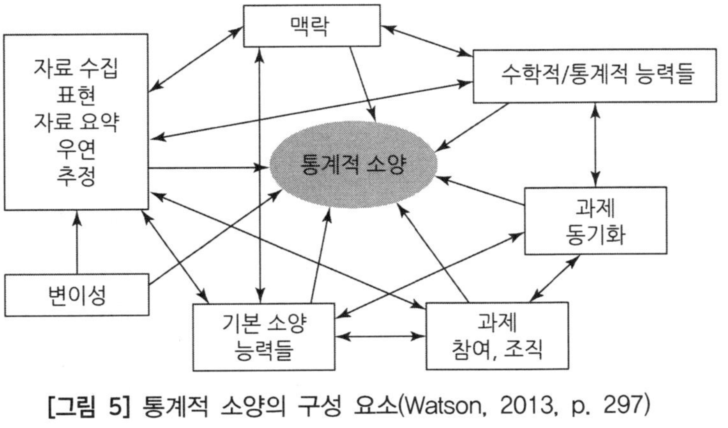


[그림 5] 통계적 소양의 구성 요소(Watson, 2013, p. 297)

3) Guidelines for Assessment and Instruction in Statistics Education의 두문자어로, 미국통계협회는 위 이름으로 학교 통계교육의 평가 및 지도에 대한 표준화된 틀을 제시하기 위해 발행된 지침서를 두 차례 발간하였다.

## 3.2 통계적 소양 교육의 지향

통계적 소양 교육은 "각종 정보가 범람하는 현대 사회에서 학생들이 장차 합리적인 통계 정보의 소비자이자 생산자로서 역량을 갖출 수 있도록 학교 통계교육을 통해 통계적 지식과 기능은 물론, 비판적 사고와 태도를 길러주는 교육(고은성 외, 2017, p. 11)"으로 정의할 수 있다. 또한, 통계적 소양 교육의 의미는 맥락으로부터 시작하는 실용통계교육을, '소양'의 의미를 바탕으로 하여 학교수학적으로 구현한 것으로서, 통계적 문제해결 과정의 경험을 통해 통계 정보의 생산과 소비를 총체적으로 이해하도록 안내하는 것으로 [그림 6]과 같이 정리할 수 있다.

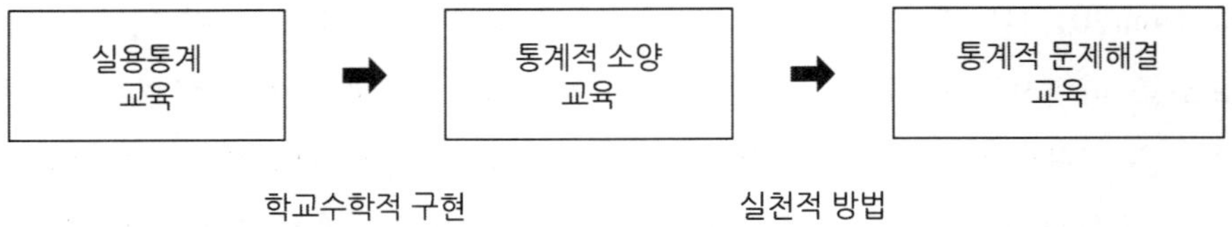


[그림 6] 통계적 소양 교육의 의미(이형근 외, 2019, p. 121)

통계적 소양의 정의를 사회적, 개인적, 교육적인 측면에서 고찰함으로써 확인할 수 있는 통계적 소양 교육의 지향은 다음과 같다. 첫째, 통계적 소양 교육은 통계교육에서 통계적 문제해결의 중요성을 강조한다는 의미를 담고 있다. 통계적 문제해결 과정은 대개 [그림 7]과 같이 통계적 탐구 질문 설정, 데이터의 수집과 숙고, 데이터 분석, 결과 해석의 4단계로 구분되는데(Bargagliotti et al., 2020), 비판적 평가의 대상이자 의사소통의 기반이 되는 통계 정보는 바로 이러한 단계를 거쳐 도출되기 때문이다. 구체적으로는 사회에서 뉴스, 대중매체나 투표 결과, 보고서의 형식으로 소개되는 통계 정보를 읽고 이해하는 능력이 학교 교육에서 추구해야 하는 통계적 소양으로서 인

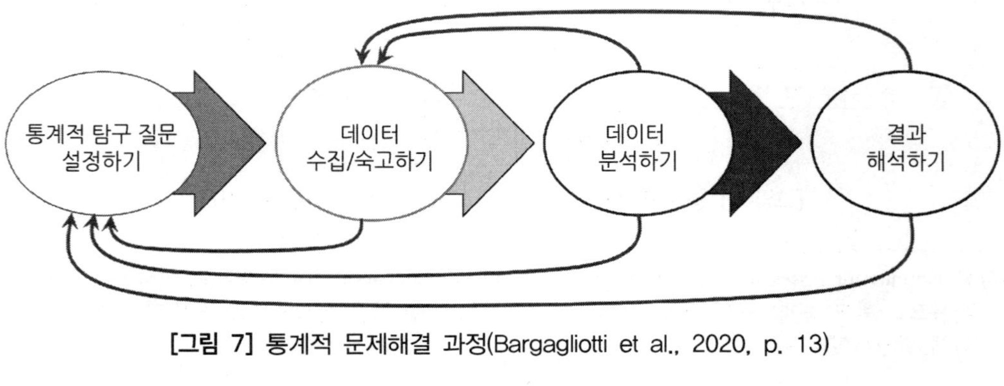


[그림 7] 통계적 문제해결 과정(Bargagliotti et al., 2020, p. 13)

식되고 있는데(Watson, 1997; Garfield & Gal, 1999), 이때, 통계 정보의 이해는 이를 도출하기까지 이루어진 통계적 문제해결 과정의 이해를 뜻한다. 예를 들어, 언론을 통해 보도되는 여론조사 결과를 올바르게 이해하고 해석하기 위해서는 조사 기관이 어떤 방식으로 문제를 제기하여 조사 목적을 수립하였는지, 데이터 수집은 어떤 절차를 거쳐 이루어졌고 분석은 어떤 방식으로 수행하였는지, 그 결과를 어떤 형식으로 표현했는지를 총체적으로 이해해야 한다.

둘째, 통계적 소양 교육은 통계적 문제해결 과정이 [그림 8]과 같이 맥락적 영역과 통계적 영역 간의 상호 관계 속에서 필요한 역량을 길러주어야 한다. 구체적으로, 맥락적 영역으로부터 제기되는 문제를 해결하고자 통계적 영역에서 데이터 분석 활동이 수행되고, 그 결과의 의미를 이해하기 위해 다시 맥락적 영역으로 돌아가 데이터의 맥락과 연결하여 해석하는 활동이 수행된다(윤형주 외, 2012, p. 139). Ben-Zvi와 Garfield(2010)는 데이터의 조직, 표현과 같은 맥락적 영역에서의 활동에 주목한 반면 윤현진 외(2009)는 통계적 방법이라는 이론적 모형의 실제 구현에 초점을 두었는데, 어느 쪽이든 맥락적 영역과 통계적 영역 간의 상호작용 속에서 필요한 통계적 소양을 강조한 것이라 볼 수 있다.

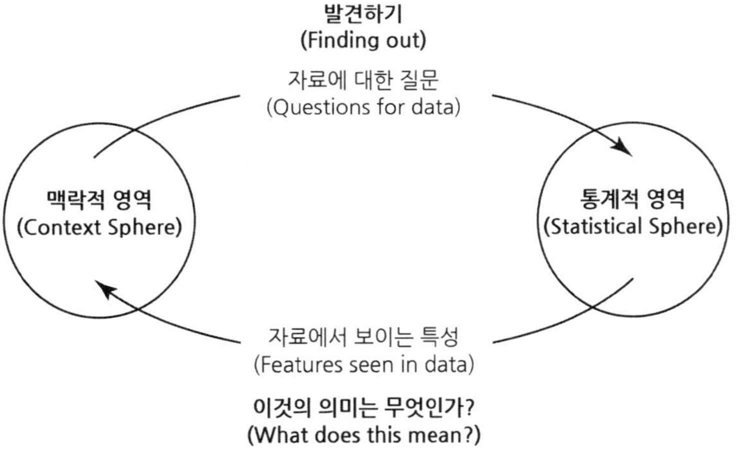


**[그림 8]** 맥락적 영역과 통계적 영역의 상호작용(Wild & Pfannkuch, 1999, p. 228)

셋째, 통계적 소양 교육은 교육과정을 통해 학교수학에서 발달시켜야 하는 역량에 초점을 맞추어 그 수준이 확인 가능한 평가 기준을 마련할 필요성을 뒷받침한다. 교육과정과의 교차점으로서 통계적 소양은 [그림 5]에 해당하는 각각의 요소들과 관련된 과제를 학생들이 어느 정도로 수행하느냐에 따라 수준을 구별할 수 있다. 실제로, Watson과 Callingham(2003)은 1993년부터 2000년까지 장기간에 걸친 3~9학년 학생

〈표 1〉 통계적 소양의 수준 체계(Watson & Callingham, 2003, p. 14)

| 수준 | | 설명 |
|---|---|---|
| 6 | 비판적이고 수학적인 수준 | 대중매체나 우연 맥락 내에서 특정한 비례추론을 적절히 활용하는 능력을 보여준다. |
| 5 | 비판적인 수준 | 여러 맥락에서 비판적인 의문을 제기하며, 용어의 사용도 적절히 이루어지고 변이도 정확히 인식하는 등 매우 높은 수준의 과제 수행 결과를 보여준다. 다만, 비판적인 의문을 제기하는 과정에서 비례추론과 같은 수학적인 기술을 보여주지는 못한다. |
| 4 | 일관되지만 무비판적인 수준 | 맥락을 적절히 활용하지만, 맥락을 비판적인 시각에서 바라보지는 않는다. 그래도 통계적 개념의 다양한 측면을 고려하여 용어를 사용하며, 명확한 우연 상황에서는 변이를 인식한다. 또한, 평균과 확률을 계산하고 그래프를 제대로 그리는 정도의 통계 기술을 보여준다. |
| 3 | 일관되지 않은 수준 | 맥락은 선택적으로 그저 보조를 맞추는 형식으로 활용되며, 결론에 대한 적절한 정당화가 제대로 이루어지지 않는 모습을 확인할 수 있다. |
| 2 | 비형식적인 수준 | 직관적이고 비통계적인 믿음을 통해 맥락을 구어적이고 비형식적인 방식으로 활용하며, 복잡한 개념과 상황에서 특정 요소 한 가지에 주목하는 경향이 있다. |
| 1 | 부적절한 수준 | 맥락을 부적절한 방식으로 활용하거나 용어를 모호하게 사용하며, 표를 읽거나 개수를 하나하나 세는 기초적인 수학적 기술에 의존하는 경향이 있다. |

3,852명을 대상으로 지필 검사를 통해 학생들의 반응을 코딩하여 분류하고, 이를 바탕으로 통계적 소양의 수준을 나타내는 새로운 틀을 〈표 1〉과 같이 제시하였다. 이 수준 체계는 통계적 소양을 학교 교육에서 평가하는 기초적인 잣대를 마련해주었고, 이후 학교 교육의 맥락에서 통계적 소양의 교수·학습과 평가가 통계교육의 새로운 이슈로 대두하게 되었다.

〈표 1〉에서 제시된 수준의 명칭에서 확인할 수 있듯이 Watson과 Callingham(2003)은 각 수준별로 맥락에 대한 학생들의 인식을 분명하게 드러내었다. 즉, 맥락에 대한 학생들의 인식을 변화시키기 위한 교사의 역할이 실제 통계 교수·학습 개선의 핵심이 되는 것이다. 학생들이 통계적 문제해결에서 맥락을 이해하고 활용하는 양상의 변화를 이끄는 것, 이를 위한 교사의 역할을 탐색할 필요가 있다는 것이 통계적 소양의 교육적 의미와 수준 체계가 통계 교수·학습에 제공하는 중요한 시사점이다.

## 4. 데이터 시대 통계적 소양 교육의 과제

### 4.1 데이터 기반 통계교육

대규모의 데이터를 대량으로 신속하게 처리할 수 있는 컴퓨터 기술에 힘입어, 오늘날 인공지능은 다양한 현상을 분석하는 수준을 넘어 인간의 지적 능력까지도 구현하는 수준으로까지 발전하게 되었다. 그리고 이와 같은 인공지능 기술의 발전으로 인한 데이터의 영향력은 이제 인간의 사고 양식에도 영향을 미칠 것으로 보인다. 사람들은 이전보다 데이터에 근거를 두고 판단이나 의사결정을 할 가능성이 높아졌고, 여기에는 데이터 기반의 예측 또한 포함된다. 불확실한 상황에 대하여 항상 정확하게 예측할 수는 없지만, 적어도 데이터를 바탕으로 예측의 개연성은 정당화할 수 있을 것이다. 이러한 사회의 변화를 반영하여 미국통계협회에서는 전통적 통계학 외에도 데이터 과학의 관점을 반영하여 GAISE Ⅱ 보고서를 발행하였다(Bargagliotti et al., 2020). GAISE Ⅱ 보고서는 기존 GAISE Ⅰ 보고서에 비해 다음과 같이 데이터 기반 통계교육에서 새롭게 강조해야 하는 데이터 소양을 드러내고 있다.

- 데이터의 유형과 종류, 데이터의 수집 방법, 데이터를 가공하고 변환하는 방법
- 다른 목적으로 수집되어 존재하는 데이터를 통계적 문제해결을 위해 활용하는 능력
- 여러 가지 변수 사이의 관계성을 탐색하기 위한 다변수적 사고
- 데이터의 한계와 윤리적 사용, 개인 정보 문제

GAISE Ⅰ 보고서에서는 통계교육의 목표로서 통계적 소양(statistical literacy)을 강조하고 있고, 2015 개정 수학과 교육과정에서도 “다양한 자료(데이터)를 수집, 정리, 해석하고, 확률을 이해함으로써, 미래를 예측하고 합리적인 의사 결정을 하는 민주 시민으로서의 기본 소양(교육부, 2015, p. 35)”을 기르는 것이 확률과 통계 영역의 교육 목표임을 밝히고 있다. 그러나 데이터의 영향력이 확장된 오늘날에는, 통계 정보의 소비자로서 필요한 능력으로 묘사되는 것을 넘어서서 통계 정보의 생산자와 소비자의 역할을 모두 담당하는 시민으로서의 소양으로 확장하여 통계적 소양 개념을 바라볼 필요가 있으며, 이를 위해서는 데이터 소양에 주목해야 한다(Gould, 2017). 즉, 현대 사회에서 데이터의 특성과 역할이 변화하여 모든 생활의 측면에서 불가분한 존재가 되었으며, 또한 그만큼 쉽게 데이터를 접할 수 있다는 점을 반영해야 한다는 것이다.

따라서 데이터의 생성과 수집, 저장되는 과정을 이해하고 데이터의 한계와 문제점을 파악할 수 있는 데이터 소양을 통계적 소양에 포함하여 바라볼 필요가 있으며, GAISE Ⅱ 보고서에서는 이러한 관점에 따라 데이터 소양이 포함된 새로운 통계교육의 목표로서 '모두를 위한 통계적 소양(statistical literacy for all)'을 강조하고 있다.

이경화 외(2021)는 위에서 논의되어 온 통계적 소양에 통계적 추리, 통계적 문제해결, 그리고 데이터 소양 교육까지 아우르는 통계교육의 새로운 관점으로서 '데이터 기반 통계교육'을 제시하였다. 통계학은 본래 데이터를 기반으로 하는 학문으로서 가장 고전적인 데이터과학으로도 불린다. 그럼에도 통계교육에 '데이터 기반'이라는 수식어를 붙인 이유는, 기존의 전통적인 통계교육에서는 이러한 데이터의 의미와 가치가 잘 드러나지 않으며 데이터의 활용 또한 표피적인 수준에만 머무르는 경향이 있어 이를 개선하고자 하는 방향성을 드러내기 위함이다. 즉, 최근 통계학에서 데이터의 범위, 역할, 그리고 위상이 크게 변화하면서 통계교육에서도 데이터의 가치가 더 부각되어야 한다는 인식을 반영하기 위해, 그 지향점으로서 '데이터 기반 통계교육'이라는 용어를 사용한 것이다.

데이터 기반 통계교육의 의미를 조금 더 구체적으로 확인하기 위해서는 데이터의 유형, 본성, 그리고 처리 방법의 변화를 탐색해볼 필요가 있다. 먼저, 데이터의 생성, 저장, 분석 과정이 모두 디지털화되었고 데이터 축적 기술이 발달하면서 빅데이터의 생산이 이루어지기 시작하였다(Duggal & Paul, 2013; Younas, 2019). 특히, 텍스트, 이미지, 음성 등 전통적으로는 데이터라 여겨지지 않았던 것이 오늘날에는 비정형 데이터로서 처리가 가능해짐에 따라, 사람들은 데이터를 실재의 표상이자 다른 요소와의 관계에 비추어 그 의미가 생성, 해석되는 실체로 바라보게 되었다(Leonelli, 2015). 데이터의 범위가 넓어지고 축적 기술이 발달하면서 새로운 데이터를 수집하는 것보다 기존 데이터의 배경을 파악하고 평가하여 2차 데이터를 분석하는 것이 더욱 중요해지기 시작하였고, 기계학습의 등장은 데이터 기반 추론의 의미를 형식적 추정이 아닌 실용적 예측에 두고 있어(Bzdok et al., 2018) 좀 더 실생활과 밀접한 데이터 처리 경험이 이루어져야 함을 드러내고 있다. 이와 같이 데이터의 변화, 데이터 처리 관점의 변화, 이를 둘러싼 맥락의 중요성을 바탕으로 데이터 기반 통계교육을 다음과 같이 정의해볼 수 있다.

> 일상 또는 전문 영역에서의 문제를 해결하기 위한 목적으로 (1) 데이터의 특성에 대한 이해에 기반을 두어 (2) 다양한 유형의 실생활 데이터를 처리하고 (3) 의사결정 과정에서 데이터를 둘러싼 맥락을 고려하는 경험을 통해, 지능정보사회의 시민으로서 갖추어야 하는 통계적 소양을 함양하는 교육

## 4.2 통계적 소양 교육으로서 데이터 기반 통계교육의 과제

앞서 확인한 바와 같이 통계적 소양의 함양은 학교 통계교육의 목적으로서 자리매김하게 되었으며, 통계적 문제해결, 맥락적 영역과 통계적 영역의 상호 관계 이해, 그리고 맥락에 대한 이해를 바탕으로 한 비판적 사고 수준의 발달은 통계적 소양의 의미로부터 도출한 통계적 소양 교육의 지향이다. 그러나 François 외(2020)는 기존의 연구자들이 정의해 온 통계적 소양이 데이터 소양과 차이가 있음을 이야기하였다. 구체적으로 (1) 빅데이터 기반의 지식 생산은 기존의 통계적 소양 교육에서 다루어 온 데이터와 다른 성격의 데이터로부터 생성된다는 점, (2) 데이터 시대를 살아가면서 인지해야 할 위험이 기존의 통계적 소양 교육에서 다루던 것과는 다르다는 점, 그리고 (3) 데이터 시대에는 고려해야 하는 새로운 관점과 청중이 존재한다는 점을 언급하였는데, 데이터 시대에는 통계적 소양 교육이 이러한 데이터 소양의 요소까지도 포괄할 수 있어야 한다고 주장하였다(ibid, p. 202). 이러한 관점은 데이터 기반 통계교육을 정의하고자 한 이경화 외(2021)의 관점과도 일치한다.

> 기계학습과 인공지능 시대의 데이터의 유형과 본성의 변화, 그리고 분석 방법의 변화는 데이터 기반 통계교육의 지향을 이루는 근간이 되어야 한다. 통계적 소양 함양을 지향하는 학교 통계교육의 목적에 비추어볼 때, 전통적인 통계학의 내용 지식을 그대로 고수하여 전달하는 데 그치지 않고 데이터라는 폭넓은 관점에서 기계학습, 인공지능과 관련된 데이터 소양을 아우를 수 있는 새로운 지향점을 모색할 필요가 있기 때문이다. 그동안의 통계교육에서 간과했던 디지털 빅데이터, 비정형 데이터라는 새로운 유형의 데이터, 데이터의 변화된 본성, 데이터 자체의 중요성과 다양한 분야에서의 영향력, 데이터 분석의 의미와 방법의 변화, 데이터의 오남용과 윤리적 이슈 등을 이해하고 체험하는 기회를 제공하는 방안을 모색하는 것이 필요하다(이경화 외, 2021, pp. 366-367).

즉, 데이터 시대의 통계적 소양 교육은 데이터 기반 통계교육으로서 기존의 통계적 소양에서 아우르지 못했던 데이터 소양의 요소들을 포괄할 수 있어야 한다. 통계적 소양 함양이라는 기본적인 방향을 유지한 채, 데이터 기반 통계교육을 통해 통계적 소양 교육이 이루어지기 위해서는 다음과 같은 시사점을 고려해야 한다.

첫째, 통계적 소양 교육을 위한 학생들의 통계적 문제해결 활동 중 자료의 수집과 숙고 단계에서 비정형화된 데이터, 그리고 이미 다른 목적에 의해 형성된 데이터를 활용하는 경험이 제공되어야 한다. GAISE Ⅰ 보고서(Franklin et al., 2007)에서는 통계적 문제해결의 두 번째 단계가 '데이터의 수집'이었으나 GAISE Ⅱ 보고서

(Bargagliotti et al., 2020)에서는 '데이터의 수집과 숙고'로 바뀌었다. 이는 최근 통계적 문제해결을 위하여 처리할 수 있는 데이터의 성격과 유형이 크게 확장되었고, 그에 따라 일상에 데이터가 넘쳐나면서 데이터를 직접 수집하는 것보다 기존 데이터의 배경과 목적을 추측해보고 주어진 2차 데이터로 해결할 수 있는 통계적 탐구 질문이 무엇인지를 생각해보는 능력을 데이터 시대에 필요한 통계적 소양으로 바라보고 있기 때문이다. 따라서 기존의 수치화된 데이터만을 다루는 방식에서 탈피하여 다양한 유형의 데이터를 이용한 통계적 문제해결 경험이 제공될 필요가 있다. 또한 문제해결의 목적에 따라 데이터를 수집하는 것이 아니라 반대로 기존의 데이터를 이용하여 해결할 수 있는 문제를 탐색하는 경험 또한 중요하다.

둘째, 통계적 소양 교육을 위한 맥락적 영역과 통계적 영역의 상호 관계 이해에서, 문제해결의 목적과 데이터의 맥락에 조금 더 주목하도록 안내해야 한다. 수많은 데이터가 디지털화되고 데이터의 생성, 수집, 처리의 전 과정이 자동화, 알고리즘화됨에 따라, 통계적 영역에서 이루어지는 기능과 절차는 모두 공학적 도구가 대신할 수 있게 되었다. 대신 각 단계의 최적화된 의사결정에서 인간의 역할이 더욱 강조되는데, 이는 맥락적 영역에서 실제 문제해결의 목적과 데이터를 둘러싼 맥락이 충분히 고려되어 이루어져야 한다. 이때, 공학적 도구를 기능과 절차의 숙달보다 실제 문제해결에서의 자율적 활용 역량에 주안점을 두어 통계 수업에서 활용한다면, 그동안 통계적 영역에서의 계산에 주목해왔던 데에서 벗어나 조금 더 실제 문제해결을 위한 맥락에 주목하도록 통계 수업을 유도할 수 있을 것으로 기대된다.

셋째, 통계적 소양 교육을 통해 학생들의 비판적인 사고와 태도를 함양하고자 할 때, 데이터의 왜곡, 개인정보 보호 등의 윤리 문제를 충실히 다루어야 한다. Gal(2002)이나 Watson(1997) 등이 강조해왔던 비판적 사고와 태도를 길러주기 위해 기존의 통계적 소양 교육에서는 그래프의 잘못된 해석을 유도하는 왜곡 사례나 표집 과정의 오류로 인한 편향된 표본 사례를 주된 소재로 활용해왔다. 그러나 데이터의 가치와 사회적 영향력이 높아짐에 따라 데이터의 소유권, 개인 정보에 대한 보안과 권리, 데이터 사용의 한계와 같은 윤리적 판단이 함께 중요해졌다. 이처럼 통계적 문제해결의 과정이 아니라 데이터를 둘러싼 맥락에 의해 파생적으로 발생하는 윤리 문제에 대하여 학생들이 주목해야 한다. GAISE Ⅱ 보고서에서도 "학생들은 우리 사회가 데이터를 잘못 다루거나 비윤리적으로 사용하는 것을 방지하기 위한 정보 보호 조치와 정책이 필요한 이유를 이해해야 한다(Bargagliotti et al., 2020, p. 6)"는 점을 분명히 밝히고 있다.

## 5. 결론

통계적 소양은 수학과 대비되는 통계의 성격을 반영하여, 통계를 좀 더 통계답게 가르치자는 취지에서 연구자들에 의해 사용된 용어이다. 소양의 사전적 의미에 따라 데이터를 다루는 기초적인 기능 정도의 의미를 지니고 있던 통계적 소양은, 학교 교육의 개혁을 지칭하는 방향성으로서 소양의 의미가 확대됨에 따라 통계적 추론, 사고를 아우르는 포괄적인 통계교육의 궁극적인 목표로서 사용되기 시작하였다. 통계적 소양에 대한 여러 연구자들의 정의를 개인적 측면, 사회적 측면, 그리고 교육적 측면에서 바라본 결과, 통계적 소양 교육의 지향을 나타내는 용어로서 통계적 문제해결, 맥락의 중요성, 그리고 비판적 사고를 도출할 수 있었다. 그리고 이를 데이터 기반 통계교육의 의미에 비추어 데이터 시대에 필요한 통계적 소양 교육의 과제를 조금 더 구체적으로 확인하였다.

그러나 위와 같은 과제를 확인하였다 하더라도 통계적 소양 교육을 통해 궁극적으로 학생들의 통계적 소양을 함양하기 위해서는 무엇보다도 교사교육 프로그램이 시급하다. 맥락에 의미를 부여하는 것보다는 맥락을 제거하고 구조를 드러내는 수학의 방식이 익숙한 수학교사에게 위와 같이 확실성과 정확성, 형식성을 강조하는 수학교육과 달리 불확실성과 부정확성을 인정하며 형식성보다는 실용성을 강조하는 통계교육의 방향성이 낯설게 느껴질 것이다. 또한 교육대학과 사범대학에서 이루어지는 예비교사교육 체계 역시 전공수학과 일반교육학, 그리고 매우 제한적인 실습 기회로 이루어져 있기에, 통계적 소양과 관련된 적절한 전문성을 신장하는 데 한계가 있다 (Ridgway et al., 2011, p. 317). 더욱이, 예비교사교육에서 실제 데이터를 처리하고 분석하는 경험은 사실상 전무한 실정이다.

> 수학교사들은 전형적인 수학 전공자들이다. 그러나 수학 전공자들이 수강하는 이론통계학만으로는 교사들이 가르쳐야 할 여러 가지 통계 주제들을 가르치기에 충분하지 않다. 많은 대학에서 교사들은 증명 중심의 수리통계학만을 수강하고 데이터 분석을 다루는 과목을 수강하지 않는다(Franklin et al., 2015, p. 5).

2010년대 이후로 우리나라에도 통계교육 연구가 활성화되면서(탁병주, 이경화, 2017), 그리고 2015 개정 수학과 교육과정에서 실생활 중심의 통계 내용 재구성을 주요 개정 방향으로 설정하면서, 우리나라의 통계교육은 비록 느리지만 조금씩 통계적 소양 교육을 지향하며 조금씩 변화해왔다. 이러한 변화의 화룡점정(畵龍點睛)으로서 가장 시급한 것은 위와 같은 통계적 소양 교육의 과제를 교육과정이나 교과서뿐만 아니라 교사교육 내용에서도 구현하는 것이다. 따라서 통계적 소양 함양을 지향하는 데이터 기반 통계교육이 이루어지기 위해 필요한 교사의 전문성이 무엇인지 구체적으로 확인하고, 이를 예비교사교육의 내용으로 어떻게 반영할 것인지에 대한 학자들의 연구와 정책 제언이 매우 필요한 시점이라 할 수 있다.

## 참고문헌


강현영(2012). 통계적 소양의 교육적 의미 고찰. **한국수학사학회지, 25**(4), 121-137.

강현영, 신보미, 고은성, 이동환, 심송용, 김정자, 구나영, 정인수, 최경식, 홍지예(2014). **통계 교육 활성화를 위한 수학 교육과정 개선 방안 연구**. 연구보고, 한국과학창의재단, 서울.

고은성(2012). **일반학급 학생들과의 비교를 통한 수학영재학급 학생들의 통계적 변이성에 대한 사고 수준 연구**. 박사학위논문, 서울대학교, 서울.

고은성(2015). 현 초중고 통계교육 연구 진행 현황 및 과제. 통계청(편.), **미래사회, 이제 통계적 소양이다**(pp. 83-100). 대전: 한국통계진흥원.

고은성, 강현영, 신보미, 이자미, 하병수, 정승호, 지영명, 김은하, 홍창섭, 탁병주(2017). **실용통계 교육을 위한 교사용 가이드북**. 서울: 한국과학창의재단.

교육부(2015). **수학과 교육과정**. 교육부 고시 제2015-74호 [별책8].

김영욱, 고성은, 김영록, 박혜숙, 이상욱, 장정욱, 조도상(2017). **미래 인재상에 적합한 수학학습 내용 연구**. 연구보고, 한국과학창의재단, 서울.

나귀수(2005). PISA 2003에 나타난 우리나라 학생들의 수학적 소양의 특징. **수학교육학연구, 15**(2), 147-176.

나귀수, 박미미, 김동원, 김연, 이수진(2018). 미래 시대의 수학교육 방향에 대한 연구. **수학교육학연구, 28**(4), 437-478.

남주현(2007). **초·중등 통계교육을 위한 통계적 방법론에 대한 연구**. 박사학위논문, 이화여자대학교, 서울.

남진영(2019). 비판적 수학교육, 무엇을 비판적으로 보는가? **수학교육철학연구, 1**(1), 29-41.

류성창(2016). 미래교육의 방향은 지성교육인가, 인성교육인가? **교육철학연구, 38**(3), 49-68.

우정호(2000). 통계교육의 개선방향 탐색. **학교수학, 2**(1), 1-27.

윤현진, 박선용, 김서령, 이영하(2009). **수학과 교육 내용 개선 방안 연구: '이산수학', '확률과 통계' 영역을 중심으로**. 연구보고, 한국교육과정평가원, 서울.

이경화, 유연주, 탁병주(2021). 데이터 기반 통계교육을 위한 수학과 교육과정 재구조화 방향 탐색. **학교수학, 23**(3), 361-386.

이수정(2000). **통계지도에 관한 고찰**. 석사학위논문, 서울대학교, 서울.

이형근, 김동원, 탁병주(2019). 타 교과 통계 그래프 분석을 통한 초등학교 수학 수업에서의 그래프 지도 개선 방안 탐색. **한국초등수학교육학회지, 23**(1), 119-141.

주미경(2002). 수학적 소양에 대하여. **수학교육학연구, 12**(2), 163-180.

탁병주(2017). **통계적 소양 교육을 위한 예비교사의 통계 교수 지식 연구: 표본 개념 지도에서의 활용을 중심으로**. 박사학위논문, 서울대학교, 서울.

탁병주(2020). 통계교육 연구의 발전과 통계교육의 변화. **대한수학회소식, 193**, 6-9.

탁병주(2022). 통계 리터러시와 데이터 시대의 시민교육. 이경한(편.), **리터러시와 시민성교육**(pp. 83-114). 서울: 푸른길.

탁병주, 이경화(2017). 우리나라 통계교육 연구의 동향 분석: 2000년 이후 발행된 국내 통계교육 연구논문을 중심으로. **수학교육학연구, 27**(2), 269-289.

Bargagliotti, A., Franklin, C., Arnold, P., Gould, R., Johnson, S., Perez, L., & Spangler, D. A. (2020). *Pre-K-12 guidelines for assessment and instruction in statistics education Ⅱ: A framework for statistics and data science education.* Alexandria, VA: American Statistical Association.

Ben-Zvi, D. & Garfield, J. (2010). 통계적 소양, 추론, 사고: 목표, 정의, 난제. In D. Ben-Zvi & J. Garfield (Eds.), **통계적 사고의 의미와 교육**(이경화 외 9인 역)(pp. 3-17). 서울: 경문사. (원본은 2004년에 출판됨)

Bzdok, D., Altman, N., Krzywinski, M. (2018). Statistics versus machine learning. *Nature Methods, 15*(4), 233.

Cobb, G. W., & Moore, D. S. (1997). Mathematics, statistics, and teaching. *The American Mathematical Monthly, 104*(9), 801-823.

delMas, R. C. (2002). Statistical literacy, reasoning, and learning: A commentary. *Journal of Statistics Education, 10*(2). DOI: 10.1080/10691898.2002.11910674.

Duggal, P. S., & Paul, S. (2013). Big data analysis: Challenges and solutions. In *International Conference on Cloud, Big Data and Trust* (Vol. 15, pp. 269-276). RGPV.

François, K., Monteiro, C., & Allo, P. (2020). Big-data literacyu as a new vocation for statistical literacy. *Statistics Education Research Journal, 19*(1), 194-205.

Franklin, C. A., Kader, G. D., Mewborn, D., Moreno, J., Peck, R., Perry, M., & Scheaffer, R. (2007). *Guidelines for assessment and instruction in statistics education report: A pre-K-12 curriculum framework.* Alexandria: American

Statistical Association.

Gal, I. (2002). Adults' statistical literacy: Meanings, components, responsibilities. *International Statistical Review, 70*(1), 1-25.

Garfield, J., & Gal, I. (1999). Teaching and assessing statistical reasoning. In L V. Stiff (Ed.), *Developing mathematical reasoning in grades K-12* (pp. 207-219). Reston, VA: National Council of Teachers of Mathematics.

Gould, R. (2017). Data literacy is statistical literacy. *Statistics Education Research Journal, 16*(1), 22-25.

Iversen, G. R. (1992). Mathematics and statistics: An uneasy marriage. In F. Gordon & S. Gordon (Eds.), *Statistics for the twenty-first century* (pp. 37-44). Washington, D.C.: Mathematical Assocation of America.

Leonelli, S. (2015). What counts as scientific data? A relational framework. *Philosophy of Science, 82*(5), 810-821.

Moore, D. S. (1992). Teaching statistics as a respectable subject. In F. Gordon & S. Gordon (Eds.), *Statistics for the twenty-first century* (pp. 14-25). Washington, D.C.: Mathematical Assocation of America.

Ridgway, J., Nicholson, J., & McCusker, S. (2011). Developing statistical literacy in students and teachers. In C., Batanero, G. Burrill, & C. Reading (Eds.), *Teaching statistics in school mathematics: Challenges for teaching and teacher education*. New York: Springer.

Scheaffer, R. L. (2006). Statistics and mathematics: On making a happy marriage. In G. F. Burrill, & P. C. Elliott (Eds.), *Thinking and reasoning with data and chance* (pp. 309-321). Reston, VA: National Council of Teachers of Mathematics.

United Nations Educational, Scientific and Cultural Organization [UNESCO] (2005). *Education for all: Literacy for life*. Paris: Author.

Wallman, K. K. (1993). Enhancing statistical literacy: Enriching our society. *Journal of the American Statistical Association, 88*, 1-8.

Watson, J. M. (1997). Assessing statistical thinking using the media. In I. Gal & J. Garfield (Eds.), *The assessment challenge in statistics education* (pp. 107-121). Amsterdam: IOS Press.

Watson, J. M. (2013). **학교에서 어떤 통계를 배워야 하지? 통계적 소양의 성장과 목표**

(박영희 역). 서울: 경문사. (원본은 2006년에 출판됨)

Watson, J. M., & Callingham, R. (2003). Statistical literacy: A complex hierarchical construct. *Statistics Education Research Journal, 2*(2), 3-46.

World Economic Forum [WEF] (2016). *New vison for education: Fostering social and emotional learning through technology*. Geneva: Author.

Weiland, T. (2017). Problematizing statistical literacy: An intersection of critical and statistical literacies. *Educational Studies in Mathematics, 96*(1), 33-47.

Wild, C. J., & Pfannkuch, M. (1999). Statistical thinking in empirical enquiry. *International Statistical Review, 67*(3), 223-248.

Younas, M. (2019). Research challenges of big data. *Service Oriented Computing and Applications 13*, 105-107.

# 제2장

# 비형식적 통계적 추리

박민선(Dwight Morrow High School)

## 1. 들어가는 말

통계는 자료를 다루는 목적에 따라 크게 기술통계와 추리통계로 나눌 수 있다. 기술통계는 주어진 자료를 기술하는 측면으로 자료의 요약과 관련되고, 추리통계는 수집한 표본을 바탕으로 모집단에 대한 결론을 이끌어내는 것과 관련된다. 오늘날 사람들이 일상생활에서 다양한 매체를 통해 특정 집단의 의식 또는 행동과 관련된 설문조사 결과 및 실험 결과, 또한 선거 기간의 여론 조사 결과 등을 접할 수 있는 것을 생각해보면 추리통계를 더 쉽게 접한다고 할 수 있다. Gal(2004)은 통계적 소양의 한 측면으로서 통계적 추리를 강조하였는데, 사람들이 신문 또는 잡지에서 접하는 자료들에 대해 표본추출 과정을 인식하면서 결론을 내릴 수 있어야 하며, 제시된 주장에 대해 오차 및 편차, 표본의 크기 등을 고려하여 비판적으로 판단할 수 있어야 한다고 말한다.

통계적 추리는 모집단에서 임의표본을 추출하여 자료를 수집한 후, 표본자료에 함축된 정보로 모집단의 특성을 찾아내는 과정이다(이외숙, 임용빈, 성내경, 소병수, 2000, p. 201). 그리고 결론의 신빙성을 수로 나타내기 위하여 확률을 이용하는 것이 특징이다(김우철 외, 2006, p. 195). 일반적으로 통계적 추리라고 하면 고등학교 '확률과 통계'에서 다루는 통계적 추정 또는 대학 수준에서 다루는 추정 및 가설검정을 가

리킨다. 그러나 통계교육 연구자들은 그 범위를 넓게 설정하여, 추정 및 가설검정은 형식적인 절차를 따른다는 점에서 형식적 통계적 추리(formal statistical inference)라 지칭하고, 형식적인 절차를 따르는 대신 이전에 배운 지식을 바탕으로 표본으로부터 모집단에 대해 추리하는 것을 비형식적 통계적 추리(informal statistical inference)라 지칭함으로써, 통계적 추리가 이들 전체를 아우르는 것이라고 본다(Watson, 2008; Zieffler et al., 2008). 비형식적 통계적 추리의 경우, 학생들은 표본에 기초하여 모집단에 대해 예측하는 과정에서 표본의 변이성, 표본과 모집단의 관련성 등에 대해 인식할 기회를 가지면 이후 형식적 통계적 추리에 더 쉽게 접근할 수 있게 된다. Ben-Zvi와 Gil(2010)은 비형식적 통계적 추리가 기술통계와 형식적 통계적 추리를 연결하는 다리 역할을 할 수 있다고 보았다. 즉, 비형식적 통계적 추리는 형식적 통계적 추리의 선행 단계라는 점에서 중요한 의의를 가진다.

미국 수학교사협회(National Council of Teachers of Mathematics, 이하 NCTM) 규준 및 미국통계협회(American Statiatical Association, 이하 ASA)에서 제시한 통계교육에서의 평가 및 교수를 위한 지침(Pre K-12 Guidelines for Assessment and Instruction in Statistics Education II, 이하 GAISE 보고서)에서는 초, 중등학생들을 대상으로 다루어야 하는 비형식적 통계적 추리에 관해 제시한다. 먼저 NCTM(2007) 규준 중 자료 분석과 확률 영역에서는 K-12학년 학생들이 자료에 기초하여 추리와 예측을 시도하고 평가할 수 있어야 한다고 한다. 이에 따라 다음과 같이 구체적인 학습 목표들을 제시한다(pp. 462-463).

- 어떤 사건이 일어날 것 같은지 또는 일어날 것 같지 않은지에 대하여 학생들의 경험과 관련지어 논의할 수 있다.
- 자료에 기초하여 결론과 예측을 만들어내고 정당화하며, 그 결론과 예측을 좀 더 조사하기 위한 조사 방법을 설계할 수 있다.
- 둘 또는 그 이상의 표본을 추출하고 그 표본이 추출된 모집단에 대하여 추측하기 위하여 서로 다른 표본 사이의 차이점을 관찰할 수 있다.
- 주어진 모집단에 대한 표본 통계량의 변화를 탐구하기 위하여 시뮬레이션을 시도하거나 표집분포를 구하여 확인할 수 있다.
- 표본 통계량이 얼마나 모집단의 모수를 반영하는가를 이해하며, 표집분포를 비형식적인 추론의 근거로 활용할 수 있다.

Pre K-12학년 학생들의 통계교육에서의 평가 및 교수를 위한 지침을 제시한

GAISE 보고서에서도 학생들의 수준을 A, B, C로 나누고 표본으로부터 두 집단에 대한 비교를 끌어내거나, 표본으로부터 일반화를 하면서 그 증거를 제기하거나 불확실성의 정도를 표현하는 등 각 수준에서 이루어질 수 있는 비형식적 통계적 추리를 제시한다(Bargagliotti et al., 2020).

여러 나라에서 비형식적 통계적 추리의 중요성을 강조하고 학생들에게 요구되는 학습 목표들을 제시하고 있음에도 불구하고, 아직 학교 교육과정에서 비형식적 통계적 추리와 관련하여 어떤 내용을 넣어야 하는지, 수업에서 어떻게 다루어야 하는지에 대해서는 구체적으로 합의되지 않았다(Watson, 2008). 특히 한국의 경우, 수학과 교육과정에 따르면 고등학교에서 표본과 모집단, 표본추출에 대한 의미를 언급한 후, 곧바로 추정을 도입하도록 제시하고 있다(교육부, 2015). 우정호(2000)는 통계적 추리가 학교수학에서 절차적, 도구적으로 간결하게 다루어지며, 확률분포 이론을 중심으로 형식적으로 지도되어 확률 계산에만 치중되어 있다고 하였다. 비형식적 통계적 추리에 대해 크게 강조되지 않은 이유는 학교수학에서 통계 영역이 수학의 하위 영역으로 분류되어 온 까닭에 귀납적인 접근에 비해 연역적인 접근에 많이 초점을 두고 있기 때문이며, 이에 따라 개념이나 형식적인 절차가 아닌 비형식적 사고에 대해 다루는 것이 어렵기 때문이라고 할 수 있다. 그러나 추정과 같은 형식적 통계적 추리의 바탕이 되는 개념들을 비형식적 통계적 추리를 통해 접하게 하지 않는다면, 학생들은 이후에 큰 개념적 비약으로 인해 어려움을 겪을 수밖에 없다. 따라서 이러한 문제를 해결하는 방안으로 비형식적 통계적 추리에 주목하고 학교수학에서 어떻게 다루어야 할지 고려해보는 것이 필요하다.

이에 따라 아래에서는 선행연구들을 통해 비형식적 통계적 추리의 의미와 구성 요소, 바탕이 되는 개념 등에 대해 확인하고, 비형식적 통계적 추리를 도입할 수 있는 과제 예시를 제시하고자 한다.

## 2. 비형식적 통계적 추리의 의미와 구성 요소

통계교육 연구에서 비형식적 통계적 추리에 주목하게 된 원인은 추정 및 가설검정과 같은 형식적 통계적 추리에 도움이 되기 위한 것이라고 할 수 있다(Ben-Zvi & Gil, 2010; Watson, 2008). Zieffler 외(2008)는 표본에 기초하여 모집단에 대해 비형식적으로 추리하는 것은 통계적 추리에서 필요한 중요한 개념들(자료의 표현, 중심 및 변이의 측도, 정규분포, 표집 등)을 통합하는 기회가 된다고 하였다. Reading(2007)은 개념들뿐만 아니라 통계적 추리에서 필요한 사고 과정들, 즉 표본 너머 적절한 모집단으로의 일반화, 증거를 기반으로 하는 추리, 대립하는 모델 또는 가설 사이에서의 의사결정, 통계적 추리에서 나타나는 불확실성의 정도 표현, 결과와 문제 맥락의 연결 등에 대해서도 다룰 수 있다고 보았다. 이에 따라 비형식적 통계적 추리의 의미를 규정하고 그 구성 요소를 설정함으로써 이후 교수-학습에서 도움을 제공하고자 하는 연구들이 많이 이루어졌다(Ben-Zvi et al., 2007; Makar & Rubin, 2009; Rubin et al., 2006; Zieffler et al., 2008).

Ben-Zvi 외(2007)는 비형식적 통계적 추리가 탐색적 자료 분석과 형식적 통계적 추리를 "연결"해야 한다는 측면을 제기하였다(p. 2). 이에 따라 비형식적 통계적 추리를 다음과 같이 정의하였다.

> 비형식적 통계적 추리는 임의표본들의 패턴, 표상, 통계량, 통계 모델로부터 "더 넓은 세계"에 대해 비형식적으로 결론을 이끌거나 예측을 하는 인지 활동으로, 표집 및 도출된 추리의 강력함과 제한점에 대해서도 인식하는 것이다(Ben-Zvi et al., 2007, p. 2).

Zieffler 외(2008, p. 44)는 표본에 기초하여 모집단에 대해 추리한 것을 정당화하기 위해 학생들이 비형식적으로 통계적 지식을 사용하여 논증을 만드는 과정을 비형식적 통계적 추리라고 정의하였다. 그리고 Makar와 Rubin(2009, p. 85)은 자료로부터의 정보를 이용해 확률적인 일반화를 만들고 검증하는 비형식적인 추론 과정이라 정의하였다. 많은 연구자가 비형식적 통계적 추리에 대해 다양한 정의를 제시하고 있으나, 공통적인 측면을 살펴보면 기술통계에서 사용했던 통계적 지식을 사용하여 통계적 추리를 한다는 점, 표본에 기반을 두고 모집단에 대한 정보를 도출한다는 점을 비형식적 통계적 추리의 핵심으로 간주한다.

이러한 정의를 바탕으로 연구자들은 비형식적 통계적 추리의 구성 요소를 제기한다. Rubin 외(2006, pp. 1-2)는 비형식적 통계적 추리의 요소를 다음과 같이 제시하였다.

- 개별적인 자룟값의 성질보다는 신호와 소음 및 변이성과 같은 군집의 성질에 주목하는 것
- 표본의 크기가 모집단 추정의 정확성에 미치는 영향을 고려하는 것
- 편향을 통제하는 것
- 항상 참인 주장과 때때로 참인 주장을 구분하는 것

Zieffler 외(2008, p. 45)는 다음과 같이 제시하였다.

- 형식적인 통계 절차 또는 방법을 사용하지 않고(p값 구하기, t검정 등), 표본에 기초하여 모집단에 대해 판단하고 주장하고 예측하는 것
- 선행 지식(분포 또는 평균과 같은 기본적인 개념에 대한 형식적 지식, 하나의 표본이 특정한 주장에 대해 놀라울 수 있음을 인식하는 것과 같은 추리에 대한 비형식적 지식, 통계적 언어)을 지식이 활용 가능한 범위까지 이끌어내고 사용하고 통합하는 것
- 표본에 기반을 두고 모집단에 대해 판단하고 주장하고 예측할 때, 증거를 기초로 논증하는 것

Makar와 Rubin(2009, p. 85)은 다음과 같이 제시하였다. 다음 세 가지 요소 중 첫 번째 요소는 추리 과정이라면 일반적으로 해당하는 것이고, 두 번째와 세 번째 요소는 통계적 추리에 대해서만 특수하게 나타나는 것이라고 하였다.

- 자료 너머 확장하는 일반화를 만들기(예측, 추정, 결론)
- 일반화를 위해 자료를 증거로서 사용하기
- 일반화를 기술하기 위해 확률적 언어를 사용하고 결론에 대한 확실성의 정도를 비형식적으로 참조하기

이들 연구자들은 비형식적 통계적 추리의 구성 요소에 대해 이론적으로 접근하여 제기한 반면, Pfannkuch(2006; 2007)는 교사 및 학생들이 실제 비형식적 통계적 추리를 하는 과정에서 주목하는 요소들을 통해 구성 요소를 제시하기도 하였다. Pfannkuch(2006)는 교사들이 비형식적 통계적 추리에 의해 상자그림을 비교하는 과정에서 어떠한 요소들에 주목하는지 확인하였다. 연구 결과, 가설 생성, 요약값, 이동, 중심, 퍼짐, 표집, 설명, 개별값, 증거에 대한 평가, 참조 등의 요소를 바탕으로 추리하고 있다고 보았다. 연구자는 이러한 요소들을 도출하는 것은 비형식적 통계적 추리 과정에 대해 이해하고 형식적 추리와 관련된 논의를 제기하기 위해, 그리고 교수학적 실행의 특성을 알기 위해 중요하다고 하였다(Pfannkuch, 2006, p. 43). 그리고 이러한 요소들을 바탕으로 비형식적 통계적 추리의 수준을 나타내는 위계 모델을 도출하였으며, 이를 바탕으로 과제에 대한 학생들의 응답을 평가하였다(Pfannkuch, 2007).

한편, Makar 외(2011)는 문헌들의 이론적 분석을 바탕으로 비형식적 통계적 추리를

향상시키기 위한 요소들을 제시하였다. 이는 크게 통계적 지식, 문제 맥락에 대한 지식, 유용한 규범과 습관, 탐구 기반 환경으로 요약된다. 각각에 대한 세부 사항은 〈표 1〉과 같다. Makar 외(2011)가 제시한 요소들이 이전의 선행연구에서 제시된 비형식적 통계적 추리의 구성 요소와 다른 점은 사회적 측면으로서의 논증을 강조했다는 점이다. 선행연구에서도 자료를 기반으로 일반화를 이끌어야 한다는 측면에서 논증을 강조해야 한다는 점은 제시되었으나, Makar 외(2011)는 비형식적 통계적 추리의 사회적 측면을 강조하면서 동료들 간의 합의를 이끌고 명확화하는 것이나, 그 과정에서 가설을 설정하고, 표본으로부터 제기된 결론에 대해 의심을 제기하는 것 등에 주목하였다.

〈표 1〉 비형식적 통계적 추리를 향상시키기 위한 요소(Makar et al., 2011, p. 160)

| 범주 | 인지적, 사회적 요소 | 예시 |
|---|---|---|
| 통계적 지식 | 통계적 개념 | 변이성, 분포, 추리, 표집 |
| | 통계적 사고방식 | 경향성에 주목하는 집합적(aggregate) 사고 |
| 맥락적 지식 | 문제 맥락에 대한 지식 | 특정 상황에서 요소들 사이에 나타날 수 있을 만한 관계 인식(예: 성별과 멀리뛰기 결과 사이의 관계) |
| 규범과 습관 | 협동 규범 | 동료들 간의 합의를 이끌고 명확화하기 |
| | 탐구 규범 | 자료로부터의 결과에 기반을 두고 흥미로운 결과에 관심 가지기 |
| | 사고 습관 | 설명하기, 자료 기반의 주장에 대해 비판적 입장 취하기, 탐구 정신 가지기, 탐구 목표를 성취하기 위한 인내심 가지기, 유연성과 창조성 가지기 |
| | 행동 습관 | 자료를 조직하고 구성하며, 탐색적 자료 분석에서와 유사한 행동 취하기 |
| 탐구 유도 요소 | 신념(가설, 기대) | "학년이 높은 학생들이 낮은 학생들보다 더 멀리 뛴다."와 같은 믿음 |
| | 의심(마찰) | 표본으로부터의 결론이 가설과 모순인 경우 |
| | 설명 | 모집단으로부터의 대표 표본이라고 할 수 없는 작은 표본에 대한 설명을 도출하기 |
| 설계 요소 | 과제 | 통계적 탐구 과제 |
| | 공학적 도구 | TinkerPlots, Excel |
| | 비계 | 교사의 자극, 발문, 동료 협동 |

비형식적 통계적 추리의 의미 및 구성 요소에 중점을 둔 선행연구들을 살펴본 결과, 먼저 비형식적 통계적 추리의 의미로서는 기술통계에서 사용했던 통계적 지식을 사용하여 통계적 추리를 한다는 점, 표본에 기반을 두고 모집단에 대한 정보를 도출한다는 점을 핵심으로 간주한다. 그리고 이론적으로 또는 실험 결과를 근거로 연구자

들이 제시한 비형식적 통계적 추리의 구성 요소를 살펴보면, 크게 개념적인 요소들과 사고 요소들을 바탕으로 나눌 수 있음을 알 수 있다. 개념적인 요소로는 기댓값, 변이, 분포와 같이 기술통계에서 다루었던 요소와, 표본, 모집단, 표본의 크기, 표본의 크기에 따른 변이성 등이 필요하다. 또한 NCTM(2007)에서 제안하는 바와 같이, 표본으로부터 모집단에 대해 추리할 때 표집분포를 비형식적 추리의 근거로 활용할 수 있어야 하므로 표집분포에 대한 개념도 필요하다. 사고 요소로는 자료를 기반으로 논증하기, 즉 자료를 기반으로 이를 일반화하는 가설 생성하기, 확률적 언어를 사용하고 확실성의 정도를 참조하기 등이 있다. 그리고 비형식적 통계적 추리에서는 사회적 측면으로서의 논증도 중요함이 제시되었다.

## 3. 비형식적 통계적 추리에서 바탕이 되는 개념

비형식적 통계적 추리의 의미 및 구성 요소를 살펴보는 과정에서 비형식적 통계적 추리에서 바탕이 되는 개념들에 대해 확인하였다. 여기에는 대푯값 및 변이와 같은 기술통계 개념, 표본과 모집단 개념, 표본의 변이성 개념, 표집분포 개념 등이 포함된다. 이러한 개념들이 비형식적 통계적 추리의 교수-학습 관련 연구에서 어떻게 다루어지는지, 학생들은 각각에 대해 어떤 측면을 중심으로 이해해야 하는지를 확인하고자 한다.

### 3.1 대푯값 및 변이 개념

대푯값 및 변이와 같은 기술통계 개념들은 통계적 추리를 함에 있어서 기본적인 바탕으로 작용하는 개념들이다. 두 집단의 차이가 유의한지 확인하는 경우 두 집단의 표본평균을 중심으로 비교하며, 가설검정 과정에서는 변이성과 확률분포 사이의 관계를 이해하고 있어야 한다. 비형식적 통계적 추리의 구성요소 중 Rubin 외(2006)가 제시한 "신호와 소음 및 변이성과 같은 군집의 성질", Zieffler 외(2008)가 제시한 "분포 또는 평균과 같은 기본적인 개념에 대한 형식적 지식", Pfannkuch(2006)가 제시한 "요약값", "중심", "퍼짐" 등이 여기에 해당한다.

Watson 외(2007)는 비형식적 통계적 추리 맥락에서 학생들이 대푯값 및 변이에 대해 어떻게 이해하는지에 대해 확인하였다. 대푯값과 변이 사이의 상호작용에 대한 이해의 발달을 중심으로 학생들의 반응을 분석한 결과 여섯 수준으로 구분된다고 하였다. 1수준은 각각에 대해서 거의 이해가 없는 상태이며, 2수준은 각각에 대해서 서서히 초기적인 이해가 나타나는 상태이다. 3수준은 각각에 대해서는 인식할 수 있으나 상호작용에 대해서는 여전히 이해할 수 없는 상태이다. 4수준부터 상호작용에 대한 이해가 나타나기 시작하는데, 비형식적 통계적 추리 맥락에서 대푯값은 "중심" 또는 "주기적인 경향"으로서, 변이는 "작은 변화" 또는 "임의"라는 점에서 이해된다. 5수준과 6수준은 대푯값과 변이 모두 "분포"와 연결하여 이해되며, 특히 대푯값은 "비례"로서, 변이는 "기대하지 않은 변화"로서 이해된다. 5수준은 단일 맥락에서 이들 사이의 상호작용에 대해 설명할 수 있는 상태이며, 6수준은 다양한 맥락에 걸쳐서 설명할 수 있는 상태라고 할 수 있다.

Bakker 외(2008)는 근로 현장에서 근로자들이 사용하는 비형식적 통계적 추리를 보면서 성취 목표로서의 평균, 한계 범위로서의 변이, 대략적으로 종모양을 따르는 분포 등에 대한 이해가 중요함을 확인하였다. 그리고 그러한 이유로 이전에 Makar와 Rubin(2007)이 제시한 비형식적 통계적 추리의 세 가지 핵심 요소, 즉 일반화, 증거로서의 자료, 확률적 언어에 네 번째 요소로서 모델과 자료를 비교하는 것, 특히 가설적인 분포의 통계량으로부터 자료의 통계량을 비교하는 것을 포함해야 함을 주장하였다.

이처럼 비형식적 통계적 추리에 대한 선행연구들에서도 추리에서의 비교 기준으로서 대푯값 및 변이가 강조되었음을 확인할 수 있다. 대푯값 및 변이는 그동안 기술통계에서 수없이 강조되었던 개념이기 때문에 비형식적 통계적 추리에서 쉽게 적용 가능할 것이라고 기대될 수도 있다. 그러나 연구 결과들을 살펴보면 비형식적 통계적 추리의 해당 맥락에서 이들이 분포와 연결되어 이해될 수 있도록, 그리고 추리를 위한 비교 기준으로서 이해될 수 있도록 강조하는 것이 필요함을 알 수 있다.

## 3.2 표본 개념

표본은 통계적 추리의 시작이자 가장 근본적인 개념이다. 비형식적 통계적 추리의 구성 요소 중 Zieffler 외(2008)가 제시한 "표본에 기초하여 모집단에 대해 판단하고 주장하고 예측하는 것", "하나의 표본이 특정한 주장에 대해 놀라울 수 있음을 인식하는 것", Makar와 Rubin(2009)이 제시한 "자료 너머 확장하는 일반화를 만들기", "일반화를 위해 자료를 증거로서 활용하기" 등이 자료, 곧 표본의 중요성을 제시한다.

이러한 표본을 모집단과의 관계를 통해 이해하는 것이 중요하다.

Saldanha와 Thompson(2002)은 고등학생들을 대상으로 표본 개념에 대해 교수실험을 한 결과 표본을 가법적으로 인식하는 경우와 승법적으로 인식하는 경우로 구분하였다. 가법적 인식은 표본을 단지 모집단의 부분집합으로 보고, 표본과 모집단 사이에 유사성이 존재하는지에 대해서는 고려하지 않는다. 반면, 승법적 인식은 표본과 모집단 사이에 유사비례성이 있음을 아는 것이다. 통계적 추리에서는 모집단으로부터 여러 표본들을 추출했을 때 유사비례성을 가지는 표본들을 통해 정보를 얻는 것이 목적이기 때문에 표본을 승법적으로 인식하는 것이 중요하다.

Rubin 외(1991)는 표본의 개념을 표본의 대표성, 표본의 변이성이라는 두 가지 관점에서 설명하였다. 표본의 대표성은 모집단으로부터 나타난 표본이 모집단과 유사한 특성을 가지는 것을 말한다. 예를 들어, 모집단에서 특정 대상의 비율은 표본에서 같은 대상의 비율과 유사할 수도 있다고 보는 것이다. 표본의 변이성은 이와 반대되는 측면으로 모집단으로부터 나타난 표본들이 항상 같은 것은 아니며, 따라서 모집단과 일치하지 않는다는 것을 말한다. 예를 들어, 어느 고등학교 2학년 학생들의 남녀 비율이 같더라도 특정 학급에는 남학생이 더 많을 수도 있다는 것이다. 표본의 대표성과 표본의 변이성이라는 두 가지 관점은 결정론적 입장에서 보면 모순되는 것이다. Rubin 외(1991, p. 315)는 통계적 추리를 이해하기 위해서는 표본의 대표성과 표본의 변이성 사이의 균형을 잡는 것이 필요하며, 각각이 "그럴 수 있다"는 것의 의미를 잘 해석해야 한다고 보았다.

요약하면, 표본은 통계적 추리의 시작이라는 점에서 중요하며, 적절한 비형식적 통계적 추리를 위해서는 먼저 표본과 모집단 사이에 유사비례성이 있음을 알아야 한다. 또한 비형식적 통계적 추리를 위해서는 표본의 대표성과 표본의 변이성이라는 관점들 사이에서 균형을 잡아야 할 필요가 있다. 이러한 표본 개념들은 비형식적 통계적 추리에서 표본을 기반으로 결론을 제시할 때, 그리고 그 결론의 타당성에 대한 근거를 제시할 때 고려되어야 한다.

## 3.3 표본의 크기 개념

앞서 표본 개념에서 제시한 표본의 변이성은 표본과 모집단 사이의 관계에 있어서 표본의 대표성과 더불어 균형을 이루어야 하는 관점으로서 중요하였다. 이 절에서는 표본의 크기에 따른 표집 변이성을 다루고자 한다. 통계적 추리에서는 표본의 크기에 따라 적용하는 검정 방법이 달라질 수도 있고, 표집분포의 모양에 영향을 주기도 한다. 비형식적 통계적 추리의 구성 요소 중 Rubin 외(2006)가 제시한 "표본의 크기가 모집단 추정의 정확성에 미치는 영향을 고려하는 것", "편향을 통제하는 것" 등이 표본의 크기 개념의 중요성을 보여준다.

Rubin 외(1991)는 표본의 대표성과 표본의 변이성의 관계를 설정하는 데 있어서 핵심적인 부분은 표본의 크기라고 말한다. 표본의 크기가 클수록 표본의 대표성에 더 많이 의지할 것이며, 표본의 크기가 작을수록 표본의 변이성에 더 많이 의지할 것이다. 또한 큰 수의 법칙은 표본의 크기가 클수록 통계적 확률은 수학적 확률에 근사한다는 것을 설명한다. Pfannkuch(2008)는 표본의 크기가 클수록 표본 분포와 모집단 분포가 유사하게 나와서 모집단 분포에 대한 정보를 쉽게 얻을 수 있다고 하였다. 그리고 표본의 변이성에 대해 사고할 때 표본의 크기에 대한 고려가 한 축으로 작용한다고 보았다.

통계적 추리는 반복 표집을 바탕으로 표집분포를 확인하는 것에서 시작하지만, 비형식적 통계적 추리에서는 하나의 표본으로부터 모집단에 대한 추리를 하는 것 또한 중요하다고 본다. 대표적인 교수 활동으로 "표본의 크기 증가시키기"가 있다(Bakkar, 2004; Ben-Zvi, 2006, Ben-Zvi & Aridor, 2012). 이 활동의 목적은 표본의 크기가 증가되어 가면서 모집단에 대한 추리를 할 때 이점과 제한점이 무엇인지를 경험하게 하는 것이다. 이 활동은 자료, 분포, 변이성, 표집 등의 개념에 대해 종합적으로 다룰 수 있고, 학생들에게 통계적 추리에서의 불확실성을 설명하게 하거나 자료 기반의 설득적인 논증을 제시하게 하는 기회를 제공할 수도 있다(Ben-Zvi & Aridor, 2012).

이와 같이, 비형식적 통계적 추리를 할 때 표본의 크기와 관련하여 중요한 점은 표본의 크기가 커질수록 모집단에 대해 더 많은 정보를 제공할 수 있다는 점, 그리고 표본의 크기가 커질수록 어느 정도 더 신뢰도가 높은 정보를 제공할 수 있다는 점 등을 인식하는 것이다.

## 3.4 표집분포 개념

표집분포는 무한 번의 표집을 통해 나타내는 표본의 통계량의 분포이기에 이론적인 분포이며 학생들은 개념 파악에서 어려움을 겪는다. Chance 외(2004)는 표집분포가 표본, 모집단, 분포, 변이성 등을 통합해야 하는 추상적인 개념으로 보았으며, Saldanha와 Thompson(2002)은 반복 임의추출, 변이성, 분포 개념을 통합해야 하는 개념이라고 보았다. 이영하, 이은호(2010)는 통계 개념들을 도구적(분포) 개념, 타당성(요약) 개념, 신뢰성(표본) 개념으로 분류한다고 했을 때, 표집분포는 이들 모두를 포괄하는 중요한 개념이라고 하였다.

Garfield와 Ben-Zvi(2008)는 표집분포의 이해를 돕기 위한 비형식적 활동을 제시함으로써 표집분포의 필요성을 제시하고자 하였다. 연구자들은 표본의 변이성이 드러나는 활동, 임의 표본 개념이 드러나는 활동, 표본의 크기의 변화에 따라 어떤 결과가 나타나는지 드러나는 활동 등에 주목하였다(Garfield & Ben-Zvi, 2008, p. 249). 즉 모집단에서 표본을 추출할 때 표본들이 어떻게 다양하게 변하는지, 임의 표본을 반복 추출하면 어떻게 되는지, 하나의 표본에 기초하여 이를 표집분포와 비교했을 때 그 결과가 나타날 가능성이 클지 아닐지 보는 것이다. 연구자들은 “고등학교 2학년 학생들의 키의 평균을 측정하려면 어떻게 해야 하겠는가?”와 같은 열린 문제를 제시하고, 학생들에게 표집을 어떻게 할 것인지, 모집단과 유사한 표본을 추출하기 위한 방법을 어떻게 선택할 것인지 등을 생각하게 함으로써 표집분포의 개념이 등장하고, 필요성에 대해 인식하게 된다고 하였다.

Pfannkuch(2005)는 경험적 표집분포를 제시함으로써 학생들의 비형식적 통계적 추리를 촉진할 수 있다고 보았다. 연구자가 제시한 방법은 재표집 방법으로 불리는데, 표집이 여러 차례 반복되었을 때 무슨 일이 일어나는지 고려함으로써, 확률이 통계적 추리의 이론적 기초를 제공한다는 점을 밝히고자 하는 방법이다. 특히 표본 자료를 계속해서 구성하기 위해 컴퓨터를 사용하여 1000번을 반복하였으며 이에 따른 p값 계산을 통해 가설검정의 절차를 비형식적으로 따르게 하였다. 이런 과정 속에서 학생들은 표집분포가 수많은 표본들의 관찰에 기초한 표본 통계량의 분포임을 이해하고, 표집분포와 비교하여 관찰된 표본 통계량의 가능성을 파악한다. 또한 컴퓨터 시뮬레이션을 통해 표집의 역동적 과정과 연결함으로써 학생들이 표집분포에 쉽게 접근할 수 있도록 하였다.

요약하면, 비형식적 통계적 추리와 관련하여 다루어진 표집분포 관련 연구에서는 표본의 변이성을 드러내고, 임의 표본을 강조하고, 표본의 크기의 변화에 따른 결과의 변화를 보는 활동 등을 강조함으로써 학생들에게 표집분포의 필요성에 대해 인식시키고자 하였다. 또한 이론적, 확률적 특성으로 인해 이해하기 어려운 표집분포 개념에 쉽게 접근하기 위해 컴퓨터 시뮬레이션을 통한 경험적 표집분포의 생성을 강조하였다.

## 4. 비형식적 통계적 추리를 도입할 수 있는 과제

Reading(2007)은 비형식적 통계적 추리를 도입하기 위한 과제는 비형식적 통계적 추리의 구성 요소들을 통합하면서, 통계적 추리의 아이디어를 포착할 수 있게 해야 한다고 하였다. 또한 학생들에게서 다양한 논증을 끌어내도록 과제가 설계되어야 하고, 초보자와 전문가의 추론을 분리할 수 있어야 한다고 하였다. 이에 따라 Zieffler 외(2008)는 비형식적 통계적 추리의 구성 요소에 따른 과제의 유형을 〈표 2〉와 같이 제시하였다. 비형식적 통계적 추리의 구성 요소로는 비형식적 통계적 추리가 판단이나 예측하기, 이전 지식을 사용하고 통합하기, 증거에 기초한 논증 강조하기가 있다.

〈표 2〉 비형식적 통계적 추리의 구성 요소에 따른 과제의 유형(Zieffler et al., 2008, p. 52)

| 과제 유형 | 비형식적 통계적 추리의 구성요소 | | |
|---|---|---|---|
| | 판단이나 예측하기 | 이전 지식을 사용하고 통합하기 | 증거에 기초한 논증 강조하기 |
| 모집단 그래프를 추정하고 그리기 | 학생이 구성한 그래프에서 표현된 모집단의 특성(형태, 중심, 퍼짐) 예측하기 | 모집단의 특성을 예측하기 위해 직관적이거나 이전에 학습한 지식 및 언어 연결하기(형태에 관한 아이디어, '기울어짐'과 같은 단어) | 모집단 그래프의 특성이 어떻게 선택되었는지에 대한 설명 요구하기 |
| 자료의 두 표본 비교하기 | 자료의 표본에서 유사점, 차이점을 기초로 두 모집단 사이에 차이가 있는지 판단하기 | 자료의 두 표본을 비교하기 위해 직관적이거나 이전에 학습한 지식 및 언어 연결하기(집단 간, 집단 내 변이성) | 두 모집단에 차이가 있다 혹은 없다고 결정한 이유에 대한 설명 요구하기 |
| 두 모델 중 판단하기 | 표본 자료가 어떤 한 모델을 더 지지한다는 것을 판단하기 | 두 모델 중 판단하기 위해 직관적이거나 이전에 학습한 지식 및 언어 연결하기(표집, 우연 변이성) | 둘 중 한 모델을 택한 이유에 대한 설명 요구하기 |

〈표 2〉에서 제시된 바와 같이 Zieffler 외(2008)는 크게 세 가지 유형의 과제를 제시하였다. 첫 번째는 표본에 기초하여 모집단 그래프를 추정하고 그리는 과제이다. 표본의 크기를 증가시키는 과제는 이미 많은 선행연구에서 강조되어 왔다(Bakker & Gravemeijer, 2004; Ben-Zvi, 2006; Ben-Zvi & Aridor, 2012). Bakker & Gravemeijer (2004)는 표본의 크기를 증가시키는 활동은 학생들이 변하는 과정에서의 안정적인 특징을 추론하도록 하는데 도움이 되었다고 한다. Ben-Zvi와 Aridor(2012)는 표본의 크

기를 증가시키는 설계가 학생들로 하여금 자료 세계와 맥락 세계를 연결함으로써 자료로부터 추리하고 자신들의 비형식적 추리를 설명하게 하며, 이에 대한 확신을 키워준다고 하였다. Cobb과 McClain(2004)은 Bakker와 Gravemeijer(2004)의 연구 결과를 토대로 통계적 추정에 대한 학생들의 추론 능력을 향상시키기 위해서는 자료 생성 과정이 반복되거나 표본의 크기를 증가시키는 활동이 필요하다고 하였다. 이러한 활동을 통해 학생들은 예상했던 자료 집합의 특징들이 표본의 크기가 커짐에 따라 비교적 안정된다는 것을 확인할 수 있다.

두 번째는 자료의 두 표본을 비교하는 과제이다. 자료집합을 비교하는 활동은 학생들로 하여금 통계적 개념 및 요소에 주목하도록 한다(Watson & Moritz, 1999; Watson, 2008). 특히 비교하는 자료집합이 표본인 경우, 이는 통계적으로 유효한 결정을 내리거나 자료와 상황에 대해 추리를 할 때 직접적으로 관련이 된다(Ciancetta, 2007). 또한 통계적 추리에 따라 결론을 이끌어내는 경험을 제공하기 때문에, 추리통계의 기초 개념을 경험할 수 있는 풍부한 맥락을 지닌 활동이다(Makar & Confrey, 2002).

마지막은 두 개의 모델 또는 진술을 바탕으로 더 그럴듯한 것이 무엇인지를 판단하는 과제이다. 무한 번의 표집을 바탕으로 구성되는 표집분포에서 어떤 표본 결과가 나왔다고 하였을 때 표본 결과의 p값을 계산하고 가설의 기각 여부를 결정하는 것은 형식적 통계적 추리의 과정이다. 학생들이 다루는 비형식적 통계적 추리에서는 통계량까지 엄밀하게 계산해내는 것은 쉽지 않지만, 표집분포에서 나타난 결과가 그럴듯한지 아닌지, 그리고 그에 대해 어느 정도로 신뢰할 수 있는지에 대해 의사소통은 할 수 있다. 이러한 과정은 p값에 대한 초보적인 이해에도 도움을 주므로(Garfield & Ben-Zvi, 2008) 이후 형식적 통계적 추리를 다룰 때 도움이 될 수 있다. 특히 학생들에게 표집 변이성, 우연 변이성을 포함한 변이성을 고려하게 하고, 논증 및 설명을 제시하게 한다는 점에서 의미 있는 과제가 된다(Zieffler et al., 2008).

## 5. 결론

오늘날 통계교육 연구자들은 학생들이 본격적으로 형식적 통계적 추리를 다루기 이전에 선행 단계로써 비형식적 통계적 추리를 다룰 것을 제안한다. 이에 따라 이 장에서는 비형식적 통계적 추리의 의미와 구성 요소, 바탕이 되는 개념 등에 대해 확인하고, 비형식적 통계적 추리를 도입할 수 있는 과제 예시를 제시하였다. 많은 연구자들이 비형식적 통계적 추리에 대해 다양하게 정의를 제시하고 있지만, 이들은 공통적으로 기술통계에서 사용했던 통계적 지식을 사용하여 비형식적 추리를 한다는 점, 표본에 기반을 두고 모집단에 대한 정보를 도출한다는 점을 비형식적 통계적 추리의 핵심으로 간주하였다. 비형식적 통계적 추리의 구성 요소로는 크게 개념 요소와 사고 요소로 나누어 살펴볼 수 있었다. 개념 요소로는 기댓값, 변이, 분포와 같이 기술통계에서 다루었던 요소와, 표본과 모집단, 표본의 크기, 표집분포 등이 있고, 사고 요소로는 자료를 기반으로 이를 일반화하는 가설을 생성하고, 확률적 언어를 사용하여 그 확실성의 정도를 드러내는 것이 있다. 비형식적 통계적 추리를 도입하기 위한 과제로는 Zieffler 외(2008)의 연구를 바탕으로 표본에 기초하여 모집단 그래프를 추정하고 그리는 과제, 자료의 두 표본을 비교하는 과제, 두 개의 모델을 바탕으로 더 그럴듯한 것이 무엇인지 판단하는 과제를 소개하였다.

형식적 통계적 추리의 선행 단계로서의 비형식적 통계적 추리가 강조되고 있는 만큼, 우리나라 수학과 교육과정에서도 어떻게 반영할 수 있을 것인지, 어떤 활동들을 통해 제시할 수 있을 것인지에 대한 연구가 필요하다. 이를 위해 다양한 학교급의 학생들을 대상으로 과제를 적용하여 어떻게 비형식적 통계적 추리를 하는지 그 양상을 살펴보고, 교수-학습 방법에 대한 연구도 이루어져야 할 것이다.

# 참고문헌


교육부(2015). **수학과 교육과정**. 교육부 고시 제2015-74호 [별책8].

김우철, 김재주, 박병욱, 박성현, 송문섭, 이상열, 이영조, 전종우, 조신섭(2006). **일반 통계학**(개정판). 서울: 영지문화사.

우정호(2000). 통계교육의 개선방향 탐색. **학교수학, 2**(1), 1-27.

이영하, 이은호(2010). 통계적 추론에서의 표집분포 개념 지도를 위한 시뮬레이션 소프트웨어 설계 및 구현. **학교수학, 12**(3), 273-299.

이외숙, 임용빈, 성내경, 소병수(2000). **통계학 입문**(제2판). 서울: 경문사.

Bakker, A. (2004). *Design research in statistics education: On symbolizing and computer tools.* Utrecht: CD Beta Press.

Bakker, A., & Gravemeijer, K. (2004). Learning to reason about distribution. In D. Ben-Zvi & J. Garfield (Eds.), *The challenge of developing statistical literacy, reasoning, and thinking* (pp. 147-168). Dordrecht: Kluwer Academic Publishers.

Bakker, A., Kent, P., Derry, J., Noss, R., & Hoyles, C. (2008). Statistical inference at work: Statistical process control as an example. *Statistics Education Research Journal, 7*(2), 130-145.

Bargagliotti, A., Franklin, C., Arnold, P., Gould, R., Johnson, S., Perez, L., Spangler, D. (2020). *Pre-K-12 guidelines for assessment and instruction in statistics education II (GAISE II): A framework for statistics and data science education.* Alexandria, VA: American Statistical Association.

Ben-Zvi, D. (2006). Scaffolding students' informal inference and argumentation. In *Proceedings of the 7th International Conference on Teaching Statistics.* Salvador, Bahia, Brazil.

Ben-Zvi, D., & Aridor, K. (2012). Children's wonder how to wander between data and context. In *Proceedings of the 12th International Congress on Mathematics Education.* Seoul, Korea.

Ben-Zvi, D., & Gil, E. (2010). The role of context in the development of students' informal inferential reasoning. In *Proceedings of the 8th International Conference on Teaching Statistics.* Ljubljana, Slovenia.

Ben-Zvi, D., Gil, E., & Apel, N. (2007). What is hidden beyond the data? Helping young students to reason and argue about some wider universe. In D. Pratt & J. Ainley (Eds.), *Proceedings of the 5th International Research Forum on Statistical Reasoning, Thinking, and Literacy (SRTL-5): Reasoning about informal inferential statistical reasoning.* University of Warwick, UK.

Chance, B., delMas, R., & Garfield, J. (2004). Reasoning about sampling distribution. In D. Ben-Zvi & J. Garfield (Eds.), *The challenge of developing statistical literacy, reasoning, and thinking* (pp. 295-323). Dordrecht: Kluwer Academic Publishers.

Ciancetta, M. A. (2007). *Statistics students reasoning when comparing distributions of data.* Unpublished Doctoral Dissertation, Portland State University, Portland.

Cobb, P., & McClain, K. (2004). Principles of instructional design for supporting the development of students' statistical reasoning. In D. Ben-Zvi & J. Garfield (Eds.), *The challenge of developing statistical literacy, reasoning, and thinking* (pp. 375-395). Dordrecht: Kluwer Academic Publishers.

Gal, I. (2004). Statistical literacy: Meanings, components, responsibilities. In D. Ben-Zvi & J. Garfield (Eds.), *The challenge of developing statistical literacy, reasoning, and thinking* (pp. 47-78). Dordrecht: Kluwer Academic Publishers.

Garfield, J., & Ben-Zvi, D. (2008). *Developing students' statistical reasoning: Connecting research and teaching practice.* Dordrecht: Springer.

Makar, K., Bakker, A., & Ben-Zvi, D. (2011). The reasoning behind informal statistical inference. *Mathematical Thinking and Learning, 13*(1-2), 152-173.

Makar, K., & Confrey, J. (2002). Comparing two distributions: investigating secondary teachers' statistical thinking. In *Proceedings of the 6th International Conference on Teaching Statistics.* Cape Town, South Africa.

Makar, K. & Rubin, A. (2007). Beyond the bar graph: Teaching informal inference in primary school. In *Proceedings of the 5th International Research Forum on Statistical Reasoning, Thinking, and Literacy (SRTL-5).* University of Warwick, UK.

Makar, K., & Rubin, A. (2009). A framework for thinking about informal statistical inference. *Statistics Education Research Journal, 8*(1), 82-105.

National Council of Teachers of Mathematics [NCTM] (2007). **학교수학을 위한 원리와**

규준(류희찬 외 5인 역). 서울: 경문사. (원본은 2000년에 출판됨)

Pfannkuch, M. (2005). Probability and statistical inference: how can teachers enable learners to make the connection? In G. Jones (Ed.), *Exploring probability in school: Challenges for teaching and learning* (pp. 267-294). New York: Springer.

Pfannkuch, M. (2006). Comparing box plot distributions: A teacher's reasoning. *Statistics Education Research Journal, 5*(2), 27-45.

Pfannkuch, M. (2007). Year 11 students' informal inferential reasoning: a case study about the interpretation of box plots. *International Electronic Journal of Mathematics Education, 2*(3), 149-167.

Pfannkuch, M. (2008). Building sampling concepts for statistical inference: A case study. In *Proceedings of the 11th International Congress on Mathematics Education.* Monterrey, Mexico.

Reading, C. (2007). Cognitive development of reasoning about inference. In *Proceedings of the 5th International Research Forum on Statistical Reasoning, Thinking, and Literacy (SRTL-5).* University of Warwick, UK.

Rubin, A., Bruce, B., & Tenney, Y. (1991). Learning about sampling: Trouble at the core of statistics. In D. Vere-Jones (Ed.), *Proceedings of the 3th International Conference on Teaching Statistics (Vol. 1).* (pp. 314-319). Voorburg: International Statistical Institute.

Rubin, A., Hammerman, J., & Konold, C. (2006). Exploring informal inference with interactive visualization software. In *Proceedings of the 7th International Conference on Teaching Statistics.* Salvador, Bahia, Brazil.

Saldanha, L., & Thompson, P. (2002). Conceptions of sample and their relationship to statistical inference. *Educational Studies in Mathematics, 51*(3), 257-270.

Watson, J. (2008). Exploring beginning inference with novice grade 7 students. *Statistics Education Research Journal, 7*(2), 59-82.

Watson, J., Callingham, R., & Kelly, B. (2007). Students' appreciation of expectation and variation as a foundation for statistical understanding. *Mathematical Thinking and Learning, 9*(2), 83-130.

Watson, J., & Moritz, J. (1999). The beginning of statistical inference: Comparing two data sets. *Educational Studies in Mathematics, 37*(2), 145-168.

Zieffler, A., Garfield, J., DelMas, R., & Reading, C. (2008). A framework to support research on informal inferential reasoning. *Statistics Education Research Journal,* *7*(2), 40-58.

# 제 II 부

# 수학과 교육과정과 통계교육

초·중·고 통계교육은 학교수학의 테두리 내에서 이루어지며, 따라서 수학과 교육과정의 변화는 통계교육의 개선과 매우 밀접한 관련이 있다. 제 II 부에서는 외국의 수학과 교육과정과 수학 교과서에서 통계 영역이 어떻게 다루어지고 있는지를 살펴봄으로써, 통계교육의 개선을 위한 수학과 교육과정의 변화와 재구조화 방향을 모색한다.

제3장

# 우리나라와 외국의 통계 교육과정 비교 : 중등 교육과정을 중심으로

강현영(목원대학교)

## 1. 서론

국가 교육과정은 학교 교육의 내용과 수준을 규정하고 교수·학습 방법과 평가 방법을 선도 한다는 점에서 우리나라 수학교육을 이끄는 주요 자원이다. 국가 교육과정에 따라 교과서가 개발되고 지역 교육청의 교육과정 안내가 이루어지며 학교 교육과정이 재구성되고 학교 수업에 영향을 미친다는 점에서 우리나라 수학교육을 이끄는 중요한 역할을 한다.

2015 개정 수학과 교육과정은 실생활 중심의 통계 내용 재구성을 개정의 방향 중 하나로 설정하여 개발되었다. 수학 교과 내용 중에서 '통계' 영역만 개정의 방향에 언급되어 있다는 점에서 그간 우리나라 통계교육의 문제점을 보완하기 위한 의지가 부각된 것을 알 수 있다. 통계교육이 주어진 자료의 수동적인 처리에 머무는 경향이 있다는 자성과 더불어 국제 성취도 평가 결과인 TIMSS 2011과 PISA 2012에서 우리나라 학생들의 성취도가 다른 영역에 비해 통계 영역에서 다소 떨어졌다는 점이 통계교육의 개선을 요구한 것이다(박경미 외, 2015, p. 22). 이에 따라 2015 개정 수학과 교육과정에서 변화된 통계 내용은 중학교에서 '도수 분포표로 주어진 자료의 평균' 삭

제, '상관관계' 추가, '공학적 도구를 이용하여 실생활과 관련된 자료를 수집하고 표나 그래프로 정리하고 해석할 수 있다.'의 성취기준 추가와 고등학교에서 '표본 추출의 원리' 추가, '표본비율과 모비율의 관계'가 삭제된 것을 들 수 있다. 그러나 통계 영역의 내용 연계성이 더 강화될 필요가 있고, 학생들에게 필요한 내용 요소를 잘 갖출 필요가 있으며(김부미, 김윤민, 2019), 여전히 기술통계학 위주로 구성되어 있고 표본 개념은 고등학교 교육과정에서 도입되고 그 방식은 형식적인 통계적 추리에 기반을 두고 있다. 또한 통계적 탐구의 전 과정을 이해하고 수행할 수 있도록 학습 요소에 반영되지 못하고 자료의 특성에 맞는 표현, 분석, 추론 방법을 골고루 다루지 않고, 자료의 요약과 그래프 표현을 통해 비형식적인 통계적 추론 활동이 전혀 포함되지 않았다(김동재 외, 2019).

국가마다 교육과정의 위상이 달라서 우리나라처럼 교육과정에 있는 내용을 학교에서 모두 다루는 국가가 있는 반면, 호주나 뉴질랜드처럼 국가 교육과정을 주나 학교에서 활용하는 지침 성격으로 다루는 경우가 있다. 따라서 각국의 통계 내용을 비교하지만 이것은 교육과정 문서를 토대로 한 것일 뿐 각국의 수업에서 실제로 지도되고 있는 내용이라고 할 수는 없다. 또한 우리나라와 외국의 문서 체제가 동일하지 않지만, 우리나라 통계교육의 질적인 개선을 위하여 단순히 내용만을 비교하는 것이 아니라 국가별로 통계교육의 방향을 어떻게 설명하는지 살펴보고, 어떤 내용을 다루고 성취기준이나 학습 내용에 대하여 어떤 점을 유의하여 지도하는지 등을 살펴보고자 한다.

## 2. 우리나라와 외국의 통계교육 방향

수학과 상반되게 통계학은 비결정론적 세계관, 맥락-의존성, 통계 고유의 논리를 고려하여 통계학에서 추구해야 할 목표로 통계적 소양, 통계적 추리, 통계적 문제해결 등이 강조되어 왔다. 우리나라의 2015 개정 교육과정에서는 '실생활 중심의 통계 내용 재구성'이라는 개정 방향에 맞추어 주어진 자료의 수동적인 처리에서 머무르지 않고, 자료의 수집, 분석, 해석 등 통계적 문제해결 과정을 강조하였다. 2015 개정 수학과 교육과정은 영역별 성취기준 도입 전에 도입글을 두어 다루게 될 수학 내용의 성격을 설명하고 어떤 내적 외적 유용성을 지니는지, 학생들이 그 내용을 배움으로써 어떤 능력을 함양하는지 등을 기술하고 있다. 중학교 확률과 통계 영역에서는 다음과 같이 제시되고 있다.

> 통계는 현대 정보화 사회의 불확실성을 이해하는 중요한 도구로서 다양한 자료를 수집, 정리, 해석하고, 확률을 이해함으로써 미래를 예측하고 합리적인 의사결정을 하는 민주시민으로서의 기본 소양을 기를수 있다(교육부, 2020, p. 35).

또한 고등학교 〈확률과 통계〉에서는 통계 단원의 일반화된 지식을 "자료를 수집하고 정리하여 결과를 분석하고 추정하는 통계는 현대 정보화 사회의 불확실성을 이해하고 미래를 예측하는 중요한 도구이다."라고 제시하고 있으며, 통계 단원에서 다음과 같이 제시하고 있다.

> 불확실한 현상에 대해 주어진 자료를 바탕으로 추론하여 결과를 이끌어 내는 통계는 현대 정보화 사회를 이해하는 중요한 도구이다. 모평균의 추정을 통해 미래를 예측하고 합리적으로 의사 결정하는 통계적 소양을 기를 수 있다(교육부, 2020, p. 98).

2015 수학 교육과정이 통계교육의 개선이라는 방향성을 담고 이를 반영하여 출간된 교과서들은 통계적 탐구 과제 활동이나 공학적 도구를 이용한 모의 실험 등의 내용을 강조하는 등 실질적인 변화를 가져왔다고 할 수 있지만(김동재 외, 2019), 아직도 통계적 문제해결을 강조하기보다 개념과 수학적 원리를 중심으로 전개되는 경향이 있다(강현영, 김선희, 2020; 김동재 외, 2019).

'포용성과 창의성을 갖춘 주도적인 사람'이라는 비젼을 가지고 2022 개정 교육과정 총론 주요사항이 발표하였는데, 고교학점제 기반 교육과정을 구현하며 다양한 진로 선택과목 재구조화 및 융합선택 과목을 신설하였다. 2022 개정 수학과 교육과정에서 교과내, 교과간 주제 융합과목, 실생활 체험 및 응용을 위한 융합 선택과목 중 하나로 '실용통계'가 신설된다. 일상에서 통계를 이용하는 것은 개인의 생활, 소비자, 시민, 전문가로서의 삶에서 매우 중요할 뿐만 아니라 4차 산업혁명과 데이터 기반 사회를 맞이하여 데이터 소양 함양이 강조됨에 따라 통계학의 역할이 보다 중요해지고 있음을 반영한 것이라 할 수 있다.

각국의 통계교육의 목적을 파악하면 통계교육에서 어떤 것에 주안점을 두고 있는지 통계교육의 방향을 알 수 있다. 각국의 통계교육 방향의 특징을 살펴보면 다음과 같다.

먼저, 최근 각국에서는 통계적 문제해결 과정을 강조하고 있다. American Statistical Association에서 발표한 초·중등학생을 위한 교육과정 권고안인 Guidelines for

Assessment and Instruction in Statistics Education(GAISE) Report(Franklin et al., 2007)에서는 통계적 개념의 핵심은 변이성(variability)에 있으므로 변이성과 관련된 통계적 지식을 지도하고, 통계적 탐구(statistical investigation)를 중심으로 통계교육과정을 구성하고 있다. 문제 설정, 자료 수집, 자료 분석, 결과 해석의 통계적 탐구 각 단계에서 작용하는 변이성을 이해하고 고려하여 합리적인 판단을 내릴 수 있도록 통계교육이 이루어져야 함을 강조한다. 미국 수학교육과정 규준인 NCTM(2000)에서는 자료 분석과 확률(Data Analysis and Probability)영역에서 GAISE 교육과정과 같이 통계적 탐구의 전 단계를 따라가는 규준을 제시하고 있다. 즉, 통계적 탐구과정의 문제 설정과 자료수집, 자료의 요약 및 표현을 할 수 있고, 적절한 분석 방법을 선택하고 활용, 자료를 근거로 하여 통계적 추론을 수행하고 평가하며 예측할 수 있어야 함을 통계교육의 성취목표로 제시하고 있다.

뉴질랜드, 중국, 캐나다, IB에서도 공통적으로 통계적 문제해결 과정을 통계교육의 방향으로 제시하였다, '빅데이터'를 다루는 미래의 소양을 기르기 위해 통계적 문제해결의 전반적인 과정을 강조하고 있다. 중국은 빅데이터 시대에 수학이 응용되는 방법이 바로 통계라고 명시하였다. 4차 산업혁명이 가속화되고 각종 데이터를 기반으로 의사결정이 이루어지는 시대에서 빅데이터를 활용할 수 있는 기반을 제공할 수 있도록 통계가 필요함을 나타내어 통계의 유용성을 제시하였다.

뉴질랜드와 캐나다 BC주는 통계가 변이성을 탐색하고 설명하고 모델링하는 변이성에 대한 탐구를 강조한다. 자료를 맥락과 관련하여 다루며 특히 자료의 변이성을 분포 형태에 주목하여 해석할 수 있도록 다양한 교수학적 전략과 기법을 사용하는 것이 필요하다.

뉴질랜드와 IB는 '패턴과 관계를 발견'하는 것으로 통계교육의 방향을 제시하였다. 수집된 자료의 관찰로부터 자료가 어떤 특성이 있는지를 찾게 하는 것을 강조한 것으로, 수집된 자료를 바탕으로 규칙성과 관계를 추론하는 의미를 갖는다.

> 뉴질랜드(8단계): 통계는 자료에서 패턴과 관계를 탐색하고 사용하는 것이다. 통계에는 적절한 자료 사용, 조사 설계, 자료 수집, 자료의 패턴 및 관계 탐색과 사용, 문제해결 및 결과 전달을 통해 탐색할 수 있는 문제 확인이 포함된다.

> IB(분석과 접근): 통계 연구를 통해 학생들은 자료 수집, 구성, 분석과 관련된 기술을 개발하여 정보를 명확하게 제시하고 패턴을 발견할 수 있다.

수학과 달리 통계는 자료에 근거하여 귀납적으로 논증하는 것이 통계의 특징임을 드러내어 자료에 기반한 논증을 강조한다. 통계는 자료를 바탕으로 주장을 제기하고 자료에 기초하여 타당화 할 수 있다. 뉴질랜드는 자료기반 논증을 직접적으로 명시했고, 중국은 '자료 분석 과정은 추론 및 결론 획득'으로, 캐나다는 '통계 결과는 효과적인 의사소통을 통해 가치를 얻게 된다.'로 간접적으로 자료에 근거한 주장을 말하고 있다.

최근 교육과정을 개정한 캐나다의 온타리오주 수학과 교육과정의 수, 대수, 자료(Data), 공간 감각(Spatial Sense), 경제 소양(Financial Literacy) 5개 영역 중 자료 영역은 통계 및 확률과 관련된 주제를 다루며 실생활과 매우 관련이 있음을 제시한다(Ministry of Education, Ontario, Canada, 2020). 이 분야에서 핵심적인 것은 학생들이 데이터 소양 개발 전반에 걸쳐 비판적 사고 기술을 개발하고, 소비자와 생산자로서 데이터를 분석, 합성, 이해, 생성 및 사용할 수 있도록 하며, 여러 가지 종류의 데이터를 조직하고 표현하는 방법, 편향 식별, 데이터의 비판적 해석, 관심 있는 질문에 대해 설득력 있는 주장을 하기 위해 데이터를 사용하는 방법 등을 학습하도록 제시하고 있다.

## 3. 우리나라 통계 교육과정과 외국 통계 교육과정의 내용 요소 비교[1)]

뉴질랜드, 미국 California주(이하 CA주), 싱가포르, 영국, 일본, 중국, 캐나다 British Columbia주(이하 BC주), 핀란드, 호주, 프랑스 등과 International Baccalaureate(이하 IB)의 통계 교육과정 문서를 비교한다. 뉴질랜드, 프랑스를 제외한 모든 국가는 최근 10년 이내에 교육과정 개정이 이루어졌고, 뉴질랜드는 수학 교과 자체가 〈수학과 통계〉로 구성되어 있을 정도로 통계를 강조하고 있다. IB는 여러 국가에서 교육과정으로 인정받고 있다.

국가별로 교육체제, 교육과정 문서 체제가 다르므로 다음 〈표 1〉에서 제시한 학년과 통계 영역의 내용을 담은 중등학교 교육과정을 중심으로 분석하였다.

1) 다음은 '외국의 중등 교육과정 분석을 통한 통계 영역 교육과정 개선 방안 탐색(강현영, 김선희, 2020)'과 '총론 주요사항 및 교과 교육과정 현황 국제비교 연구(조상식 외, 2019)'의 내용을 일부 발췌한 것임

〈표 1〉 통계 교육과정 분석 대상 학년 또는 과목

| 국가 | 학년 또는 과목 |
|---|---|
| 뉴질랜드 | 5~8단계 |
| 미국(CA주) | 7~8학년<br>〈수학Ⅰ〉, 〈대수Ⅰ〉, 〈수학Ⅱ〉, 〈수학Ⅲ〉, 〈대수Ⅱ〉, 〈기하〉 |
| 싱가포르 | O수준, N(A), N(T) 수준-S1, S2, S3<br>S4, S3/4 추가수학(AS3/4), H1, H2, H2F, H3 |
| 영국 | Key Stage 3, Key Stage 4, A-레벨 |
| 프랑스 | Cycle4: 자료의 조직과 처리<br>10학년: 통계와 확률, 11학년: 확률과 통계, 12학년: 확률 |
| 일본 | 7~9학년<br>〈수학Ⅰ〉, 〈수학Ⅱ〉, 〈수학Ⅲ〉, 〈수학A〉, 〈수학B〉, 〈수학C〉 |
| 중국 | 3학년(7~9학년)<br>필수과목: 확률과 통계, 필수선택과목-확률과 통계 |
| 캐나다(BC주) | 7~12학년 |
| 핀란드 | 7~9학년<br>기본과정: 확률과 통계(MAB5), 확률과 통계(MAB8)<br>심화과정: 확률과 통계(MAA10) |
| 호주 | 7~10학년<br>〈필수수학〉, 〈일반수학〉, 〈수학적 방법〉, 〈전문가 수학〉 |
| IB | MYP, DP 〈분석 및 접근: SL〉, 〈응용 및 해석: SL〉 |

2015 개정 수학과 교육과정의 내용체계표의 내용 요소를 기준으로 외국에서는 그 내용 요소가 어느 학년, 어느 과목에서 다루어지는지 다음 〈표 2〉와 같이 간단히 살펴보았다. 내용 요소가 너무 포괄적인 경우에는 그보다 구체화된 개념이나 원리로 내용 요소를 선정하였다. 우리나라 중학교 1학년의 내용은 대부분 국가에서도 중학교 수준에서 다루고 있었고, 캐나다 BC주에서만 고등학교 12학년에서 다루고 있다. 우리나라 중학교 3학년의 상관관계 내용은 싱가포르, 일본, 캐나다 BC주, 호주에서는 고등학교에서 다루어져 우리나라보다 도입 시기가 늦었다.

〈표 2〉 우리나라의 통계 내용과 외국에서 다루어지는 시기와 과목

| 우리나라 | | 뉴질랜드 | 미국 CA주 | 싱가포르 | 영국 | 프랑스 | 일본 | 중국 | 캐나다 BC주 | 핀란드 | 호주 | IB |
|---|---|---|---|---|---|---|---|---|---|---|---|---|
| 학년/과목 | 내용요소 | 단계 | 학년/과목 | O/N(A)/N(T) | 학년 | 학년 | 학년/과목 | 학단 | 학년/과목 | 학년군 | 학년 or 과목 | 프로그램 |
| 7 | 자료의 정리와 해석 | 4, 5, 6 | 7 | 1-2, 3-4 | KS3, KS4, A-level | 7, 9 | 6, 7 | 3 | 12/ 통계 | 7-9 | 7, 8, 9, 필수 수학, 일반 수학 | MYP, 분석 및 접근, 해석 및 응용 |
| 9 | 대푯값과 산포도 | 5 | 대수Ⅰ, 수학Ⅰ | 2, 3-4 | KS3, KS4, A-level | 7, 8, 10 | 6, 수학Ⅰ | 3 | 8,11/12 (통계) | 7-9 | 7, 8, 9, 10(A), 필수 수학, 일반 수학 | MYP, 분석 및 접근 |
| | 상관 관계 | 8 | 대수Ⅰ, 수학Ⅰ | H1, H2 | KS4 | 10 | 수학Ⅰ | 3 | 12/ 통계 | 7-9 | 10 | 분석 및 접근, 해석 및 응용 |
| 확률과 통계 | 확률 분포 | 7, 8 | 대수Ⅱ/ 수학Ⅲ | H1, H2 | A-level | 11, 12 | 수학B | 필수 선택 (확률과 통계), 선택 (A,B) | 12/ 통계 | 확률과 통계 (MAA 10), (MAB5), (MAB8) | 수학적 방법 | 분석 및 접근, 해석 및 응용 |
| | 통계적 추정 | 7, 8 | 대수Ⅱ/ 수학Ⅲ | H1, H2 | A-level | 10 | 수학B | 필수 선택 (확률과 통계), 선택 (A,B) | 11/ 수학의 기초, 12/ 통계 | 확률과 통계Ⅱ (MAB8) | 일반 수학 수학적 방법 전문가 수학 | 분석 및 접근, 해석 및 응용 |

한편, 외국 교육과정에서 다루어지고 있지만 우리나라에서는 다루지 않는 통계 내용 요소는 다음 〈표 3〉과 같다. ‘상자그림’은 대다수 다른 나라에서 다루고 있지만 우리나라에서는 지도되지 않고 있는 내용 중 가장 많이 등장하였다. 우리나라를 제외한 7개국에서 다루고 있으며, 고등학교 1학년 수준에서 가장 많이 다루고 있었다. 다음으로 많이 다뤄지는 내용은 ‘회귀직선, 상관계수’였다. 2015 개정 수학과 교육과정의 중학교에서 상관관계를 재도입했으나 깊이 있게 상관계수, 회귀직선까지 다루고 있지는 못하고 있다. 미국, 싱가포르, 중국, 캐나다, 핀란드, 호주, IB에서는 회귀직선과 상관

〈표 3〉 외국 중등 교육과정에서 다루지만 우리나라에서 다루지 않는 통계 내용 요소

<table>
<tr><th colspan="2">내용 요소</th><th>외국 학년/과목</th></tr>
<tr><td colspan="2">누적도수, 누적상대도수</td><td>싱가포르 S4, 일본 7학년, 영국 KS4, 호주 8학년</td></tr>
<tr><td colspan="2">상자그림</td><td>뉴질랜드 5단계, 미국 〈대수 I〉 & 〈수학 I〉, 싱가포르 S4, 영국 KS4, 일본 8학년 & 〈통계〉, 호주 10학년 & 필수수학, IB MYP & 〈분석 및 접근〉 & 〈해석 및 응용〉</td></tr>
<tr><td rowspan="4">자료 조사</td><td>자료 조사 방법</td><td>뉴잘랜드 7학년, 싱가폴 H1, H2, 영국 KS4, 호주 8학년, 일본</td></tr>
<tr><td>일차, 이차 자료로부터 문제 제기</td><td>호주 7, 9학년</td></tr>
<tr><td>통계적 조사의 평가</td><td>일본 중3, 영국 A-level, 뉴질랜드 6단계</td></tr>
<tr><td>표본의 한계와 편향된 관찰</td><td>뉴질랜드 7학년, 미국 CA주 7학년, 영국 KS4 & A-level, 호주 필수수학, IB 〈분석 및 접근〉</td></tr>
<tr><td rowspan="4">통계적 추정</td><td>가설 검정</td><td>싱가포르 H1 & H2, 일본 〈수학 I〉 & 〈수학B〉, IB 〈응용 및 해석〉</td></tr>
<tr><td>비모수검정</td><td>싱가포르 H2F</td></tr>
<tr><td>표본오차, 비표본오차</td><td>뉴질랜드 7학년</td></tr>
<tr><td>오차범위 해석</td><td>뉴질랜드 8학년</td></tr>
<tr><td colspan="2">회귀직선, 상관계수</td><td>싱가포르 H1, H2, 중국 필수선택(확률과 통계), 캐나다 〈수학의 기초〉, 호주 〈필수수학〉 & 〈일반수학〉, IB 〈분석 및 접근〉 & 〈해석 및 응용〉, 미국 〈대수 I〉 & 〈수학 I〉</td></tr>
<tr><td colspan="2">Spearman 서열상관계수</td><td>IB 〈응용 및 해석〉</td></tr>
<tr><td colspan="2">적률상관계수</td><td>싱가포르 H2, IB 〈응용 및 해석〉</td></tr>
<tr><td colspan="2">연속확률변수의 기댓값, 분산, 표준편차</td><td>싱가포르 H2F, 호주 〈수학적 방법〉</td></tr>
<tr><td colspan="2">카이제곱분포, t분포</td><td>싱가포르 H2F, 중국 선택(〈수학A〉 & 〈수학B〉), IB〈응용 및 해석〉</td></tr>
<tr><td colspan="2">포아송 분포</td><td>뉴질랜드 8학년, 싱가포르 H2F</td></tr>
<tr><td colspan="2">최소제곱법</td><td>싱가포르 H1, 호주 〈일반수학〉</td></tr>
</table>

계수까지 다루고 있어서 상관관계의 개념을 보다 확실하고 엄밀하게 다루고 있는 것을 볼 수 있다. 대체로 상관계수는 Pearson의 적률상관계수를 다루고 있지만 IB에서는 Spearman의 서열상관계수까지 다루고 있다. 이외에도 누적도수, 가설검정, 여러 가지 확률분포, 최소제곱법 등도 외국에서는 다루고 있다. 누적도수는 우리나라에서 7차 교육과정까지 다루었지만 2007 개정 수학과 교육과정에서 삭제되었는데, 싱가포르, 일본, 영국, 호주에서는 지속적으로 다루고 있다. 가설검정은 싱가포르, 일본, IB에서, 카이제곱분포와 t분포는 싱가포르, 중국, IB에서 포아송 분포는 뉴질랜드와 싱가포르, 최소제곱법은 싱가포르와 호주에서 다루어지고 있다. 특히 표본과 무작위추출의 경우 우리나라에서는 고등학교 확률과 통계에서 다루고 있지만 외국의 경우 매

우 일찍 도입하여 점진적으로 깊이 있게 다루고 있다는 점은 눈여겨 볼 필요가 있다.

## 4. 중등학교의 통계교육 내용에 따른 비교

우리나라의 중등학교 수학과 교육과정에서 주로 다루는 통계교육 내용은 자료의 분포를 요약하는 그래프, 자료의 수치를 요약하는 대푯값과 산포도, 두 수치 변량 사이의 상관관계, 표본과 표집, 통계적 추정이 있다. 우리나라의 2015 개정 수학과 교육과정에서 그래프와 관련된 내용은 주로 중학교 1학년, 대푯값과 산포도, 상관관계는 중학교 3학년, 표본 추출과 통계적 추정은 고등학교의 〈확률과 통계〉에서 지도되고 있다. 이와 관련하여 외국의 교육과정 내용과 비교하도록 한다.

### 4.1 그래프 표현과 해석

통계 그래프는 일상에서 접할 수 있는 가장 일반적인 형태의 통계 정보이자 의사소통의 수단이다. 통계 그래프의 작성과 해석은 바로 통계 정보의 생산과 소비에 각기 대응된다는 점에서 통계적 소양 교육을 위해 핵심적으로 다루어야 하는 내용 요소이다(고은성, 탁병주, 2019). 그래프는 자료 집합의 분포를 요약하는 시각적 방법이며, 분포는 자료 집합을 개별적인 값들의 모임이 아니라 하나의 집단으로 인식할 수 있도록 하는 체계적 개념 구조이다. 학생들의 분포 개념 발달은 통계교육의 주요 목표 중 하나로(Konold et al., 2015; Petrosino et al,, 2003), 학생들이 그래프의 형태에 주목하도록 유도함으로써 분포의 전체적 측면으로 학생들의 주의를 이동시킬 수 있다(Bakker & Gravemeijer, 2010). 그래프의 지도가 그리기와 읽기에 지나치게 편중되면 학생들은 문제 맥락에서 타당한 의미있는 결론을 도출하기 위한 분포의 다양한 측면을 파악하고 활용하는 데 어려움을 겪고, 맥락에 대한 새로운 것을 알아내거나 자료로부터의 추론을 위한 도구로 그래프를 인식하기보다는 자료를 그림으로 표현한 것 정도로만 인식한다. 그래프의 지도는 학생들이 자료에 대한 관점을 발달시키고, 패턴의 탐지 및 발견을 위한 도구, 자료가 전달하는 스토리를 밝히는 도구로 인식할 수 있도록 초점이 맞추어져야 한다.

통계 영역에서 그래프 표현과 해석과 관련된 활동은 여러 나라에서 자료 유형에 따른 그래프 이용 및 해석을 고등학교까지 지속적으로 지도하고 있다. 일본, 중국은 그래프를 한 시기에 집중적으로 지도하는 반면, 나머지 나라들은 자료 집합의 형태, 주제 등에 따라 다양한 그래프를 여러 학년에 걸쳐 지속적으로 지도하고 있다. 나선형 교육과정을 따른 원칙일 수 있지만, 다양한 형태의 통계 표현의 목적과 용도, 장점과 단점, 수치형 자료, 범주형 자료 등의 적절한 그래프의 표현과 해석, 자료의 분포를 표현하고 다루기 위한 그래프 활동의 의미, 계급의 간격에 따른 변화 등을 여러 번 다룬다는 측면에서 개념 간의 연결과 심화가 이루어질 수 있다.

싱가포르, 호주는 줄기와 잎 그림을 다루고, 히스토그램은 그래프의 종류가 명시되어 있는 나라에서는 모두 다루어졌다. 히스토그램은 수치형 변수를 지닌 다량의 자료를 효과적으로 요약하여 표현할 수 있는 그래프이지만, 자료를 요약할 경우 각 자료가 어느 구간에 속하는지를 제외한 모든 정보가 소멸되어 학생들이 이에 대한 학습을 어려워하는 원인이 되기도 한다. 영국과 호주는 히스토그램과 관련된 활동을 다음과 같이 구체적으로 제시하고 있다.

영국(Key stage 3): 관찰된 일변량 분포를 기술, 해석, 비교하기(이산형 자료, 연속형 자료 및 그룹화된 자료에 대한 적절한 그래프 표현), 범주형 자료에 대한 분포표, 막대그래프, 원그래프, 그림그래프, 그룹화되지 않은 수치형 자료에 대한 수직선(또는 막대) 그래프를 포함하여 적절한 표, 차트 및 다이어그램을 만들고 해석하기

영국(Key Stage 4): 시계열 자료에 대한 표와 그래프를 만들고 해석하기, 그룹화된 이산적인 자료와 연속적인 자료에 대한 다이어그램 만들고 해석하기, 같은 계급 또는 다른 계급의 히스토그램과 누적도수분포 다각형을 그리고 적절한 사용 방법 알기, 일변량 경험적 분포에서 자료 집합의 분포를 해석, 분석 및 비교하는 방법, 이산형, 연속형 및 그룹화된 자료를 포함하는 적절한 그래프 표현

영국(A-level): 히스토그램에서 도수가 나타내는 영역을 이해하고, 일변량 변수 자료에 대한 다이어그램 해석하기

호주(7학년): 줄기와 잎 그림, 점그래프 등으로 그린 자료의 범위를 그리고 비교하기

호주(9학년): '지우침', '대칭', '두 개의 봉우리 모양(양봉)'을 포함하는 용어를 사용하여 자료를 기술하고, 양방향 줄기와 잎 그림 및 히스토그램 그리기

호주(필수수학): 자료의 분류(범주형 자료와 수치형 자료의 예 확인하기), 자료의 표현과 해석(표와 행렬 그래프로 범주형 자료 표현하기, 도수분포표, 점그래프, 줄기와 잎 그림, 히스토그램으로 수치형 자료 표현하기, 특이점 인지하고 확인하기, 실제적인 맥락에서 자료 표시 방법의 적합성 비교하기)

호주(일반수학): 적절한 그래프 표현(점그래프, 줄기와 잎 그림, 막대그래프, 히스토그램), 빈도, 형태, 위치, 퍼짐, 특이점 측면에서 수치형 자료 집합의 분포를 기술하고 자료의 맥락에서 해석하기

싱가포르, 캐나다, 호주에서는 교육과정에서 명시적으로 점그래프를 다룬다. 점그래프는 아무 가공 없이 이산적인 자료를 그대로 수평축 위에 나타낼 수 있다. 막대그래프, 원그래프 등 범주형 자료를 나타내는 데 주로 사용되는 통계 그래프는 분포를 '정리'하는 도구이므로 자료집합 전체에 대한 추론의 기회가 매우 제한적이지만, 점그래프는 수치형 변수의 자료를 분포로 나타낼 때 중심, 퍼짐, 모양에 주목할 수 있도록 안내한다(고은성, 탁병주, 2019). 이에 따라 점그래프는 히스토그램, 상자그림과 함께 다루어지고 있었다.

상자그림은 여러 나라의 통계교육 내용 요소로 선정되어 있으며, 분포 개념과 요약 개념의 종합적인 이해를 돕고, 수치적 요약과 시각적 요약을 통합하는 기능을 갖는다. 미국, 호주, 뉴질랜드, 캐나다 등 서구권뿐만 아니라 일본에서도 최근 교육과정을 개정하면서 상자그림을 다루고 있다. 일본을 제외하고 대부분 고등학교 단계에서 다루고 있으며, 상자그림을 다루는 국가들의 교육과정을 보면 모두 수치형 자료 집합의 중심 경향성과 퍼짐을 측정하는 사분위수, 상자그림, 특이점을 다루고 있다.

싱가포르, 영국은 부정확하거나 잘못 표현된 그래프에 대한 오류를 찾거나 잘못된 해석에 대한 이유, 누락된 자료나 오류를 처리하여 자료 정리하기 등과 같은 비판적인 그래프 관련 활동 등이 제시되고 있다.

싱가포르(O수준 1-2학년): 주어진 통계 도표에서 자료에 대한 잘못된 해석을 하는 이유 설명하기

싱가포르(O수준 3학년): 주어진 통계 도표에서 자료에 대한 잘못된 해석을 하는 이유 설명. 주어진 자료로부터 점그래프, 히스토그램(균등한 그리고 균등하지 않은 계급 간격 포함), 줄기와 잎 그림 구성하기

싱가포르(O수준 4학년): 신문이나 다른 출처로부터의 자료의 부적절한 표현의 예에 대하여 논의하기(즉, 어떤 표현이 오해의 소지가 있는지)

영국(A-level): 통계적 문제 맥락에서 자료 표현을 선택하거나 비평하기. 누락된 자료, 오류 및 특이점을 처리하는 것을 포함하여 자료 정리하기

영국(A-level): 통계적 문제 맥락에서 자료 표현을 선택하거나 비평하기. 누락된 자료, 오류 및 특이점을 처리하는 것을 포함하여 자료 정리하기

우리나라 그래프 표현과 해석과 관련하여 교육과정 개선을 위해 첫째, 다양한 그래프의 유형을 문제 상황, 자료의 종류에 따라 지속적으로 다룰 필요가 있다. 외국과 같이, 초등학교에서 다루었던 다양한 그래프 활동을 중등학교에서 함께 다루어 각 유형에 따른 장단점, 목적과 용도를 고려하고 심화하면서 지속적으로 연계하여 다루는 것을 고려해보아야 한다. 둘째, 통계적 소양을 위한 그래프 지도를 할 수 있도록 자료의 성격과 종류에 따른 그래프의 유형, 분석과 해석 활동과 관련된 안내(특이점, 자료 집합 간의 비교 활동, 그래프 유형의 적절성 등)가 교육과정에서 필요하다. 특히 그래프는 자료의 분포를 표현하는 가장 효과적인 도구이므로 자료의 분포를 파악하는 활동임을 강조하도록 안내되어야 한다. 셋째, 상자그림과 관련된 학습요소 도입을 고려할 필요가 있다. 상자그림은 분포에 주목하여 자료를 요약하고, 요약값을 바탕으로 시각화와 수치화를 모두 활용하여 분포 개념과 요약 개념을 종합적으로 다루기 때문에, 대푯값 개념을 다양화하고, 두 개 이상의 자료 집합이 무엇이든 상관없이 비교 활동을 가능하게 하여 비교 추론 역량을 개발하게 하고, 비형식적인 수준에서 모집단을 추리하는 경험을 제공할 수 있다(고은성, 탁병주, 2019).

## 4.2 대푯값과 산포도

통계학에서 자료 집합의 분포를 요약하는 가장 대표적인 방법은 수치적 요약을 통해 통계량을 구성하는 것이며, 수치형 자료가 다양하므로 자료를 표현하기 위해 하나의 수치적 요약을 확인하는 것이 유용하다. 수치적 요약은 분포에서 중심 경향치와 퍼짐의 정도를 측정하여 하나의 수치로 나타내준다(강현영 외, 2014). 수치형 자료 집합에 대한 중심 경향성을 파악하는 수치적 요약으로는 중앙값, 평균, 최빈값 및 최다계급이 있고, 퍼짐을 파악하기 위한 요약값으로 분산, 표준편차, 범위, 사분위수 및 사분위수 범위 등이 있다.

대다수 국가에서 대푯값을 다루고 있는데, 핀란드를 제외하고는 분포와 변이성 등의 학습 요소와 함께 다루며, 자료의 분포 경향을 파악하거나 여러 자료 집단의 분포 경향을 비교·분석하는 활동, 자료의 특성에 따른 대푯값의 선택과 공학적 도구를 활용하여 구하는 활동을 제시하고 있다. 미국 CA주, 싱가포르, 영국, 캐나다, 호주, IB에서는 이들 내용을 중학교에서 고등학교 단계까지 변이성, 자료집합 비교 등과 관련지어 지속적으로 다루고 있다.

산포도와 관련해서 사분위수, 사분위수 범위는 미국 CA주, 싱가포르, 영국, 일본, 캐나다, 호주, IB에서 다룬다. 특히 일본, 영국, 호주는 중학교 수준에서 다루고 있다. 사분위수 범위는 여러 개의 집단의 자료 분포 경향을 한번에 요약하며 비교·분석하기 용이한 방법으로, 복수 집단의 자료를 요약 분석하는 데 유용하다.

미국 CA주, 싱가포르, 영국, 호주, IB에서는 다양한 수치적 요약에 영향을 주고 수치형 자료의 분포의 특징에 관한 잘못된 정보를 제공할 수 있는 특이값(outlier)도 다루고 있다. 자료의 분포를 고려할 때 평균과 표준편차는 특이점에 의해 강한 영향을 받는다는 것을 알고 있어야 하며, 중앙값과 사분위수 범위가 이러한 자료에 더 적절한 수치 요약임을 깨닫는 것이 중요하다(김정란, 김응환, 2017, p. 174). IB에서는 교수·학습 방법에서 특이값의 원인에 대한 내용을 제시하며, 미국 CA주와 호주 교육과정에서 특이값에 대한 구체적인 내용은 다음과 같다.

> 미국 CA주(대수 Ⅰ): 특이값의 가능한 효과를 고려하여 자료 집합의 맥락에서 모양, 중심, 퍼짐의 차이 해석하기
>
> 호주(8학년): 평균과 중앙값에서 특이값이 개별 자료값에 미치는 영향에 대해 알아보기
>
> 호주(필수수학): 위치(중앙값), 퍼짐(IQR 및 범위) 및 특이값을 기준으로 집단을 비교하고 자료의 맥락에서 관찰된 차이를 해석하고 의사소통하기 위해 병렬 상자그림을 그리고 사용하기

우리나라 대푯값과 산포도와 관련하여 교육과정 개선을 위해서 대푯값과 산포도를 분포, 변이성, 자료 집합 비교 등과 함께 다루고, 특이값과 같은 개별 자료가 통계적 요약치에 미치는 영향을 소개하도록 한다.

## 4.3 상관관계

자료 분석에서 두 변인 간의 특성과 특성 간 관계의 정도가 얼마나 있는가를 파악할 때 두 변인의 관계를 상관관계(correlation)로 구한다(문지은, 2018). 상관관계는 '부족한 정보와 완전하지 않은 관계를 가지고 추론'하는 개연 추론의 중요한 도구이며, 오류의 가능성이 있음에도 불구하고 중요하게 여겨지는 이유는 방법적 유용성 때문이다. 몇 개의 예외로 인해서 두 변인 간에 비록 완벽한 상호 대응의 관계를 의미하지 않더라도 그런 관계가 있음이 거의 사실이라고 생각된다면 상관관계를 통한 개연 추론이 유용하다고 볼 수 있을 것이다(이영하, 김소현, 2012).

특히, 뉴질랜드, 미국, 캐나다 BC주, IB 교육과정에서는 상관관계와 인과관계를 혼동하지 않도록 주의하도록 하였다. 상관관계는 두 변량 사이의 선형관계일 뿐, 어느 한 변량에 의해 다른 변량이 결정되는 인과관계로 해석해서는 안되는 것이다.

뉴질랜드(8단계): 인과-관계 주장을 비판하기

미국(대수 I ): 상관관계와 인과관계를 구분하기

IB(분석 및 접근): 학생들은 상관관계와 인과관계를 구별할 수 있어야 하고, 상관관계가 인과관계를 암시하지 않음을 알아야 한다.

우리나라와 같이 산점도를 언급한 국가는 싱가포르, 영국, 중국, 캐나다 BC주, 호주, IB 대부분이었고, 양의 상관관계와 음의 상관관계를 구체적으로 지칭한 경우는 싱가포르와 IB였으나 이들 국가는 상관계수도 다루므로 상관계수에 의해 상관관계를 판단할 것으로 보인다. 그리고 회귀선(적합선, 회귀직선)을 다룬 국가로 뉴질랜드, 싱가포르, 영국, IB가 있었는데, 상관계수를 다루지 않는다면 산점도에서 적합선에 의해 상관관계를 해석하도록 하고 있는 것으로 보인다. 상관계수를 다루는 미국 CA주, 싱가포르, IB는 공학적 도구를 활용하도록 하였다. IB는 특이값의 효과도 다루고 상관계수가 특이값에 어떤 영향을 받는지도 언급하였다.

2015 개정 수학과 교육과정에 다시 도입된 상관관계에 대해서는 인과관계로 해석하지 않도록 주의하도록 제시한다. 산점도를 그릴 때 선형 적합선을 도입하여 기울기로 상관관계를 해석하며, 공학적 도구를 활용하여 상관계수를 도입하고, 특이값의 처리와 그 효과 이해 등을 다룬다.

## 4.4 표본과 표집

통계학에서는 연구자의 관심이 표본 그 자체가 아닌 모집단에 있기 때문에, 표본 개념은 모집단을 요약해내기 위한 연구 대상이면서 동시에 표집분포를 통해 모집단 추론의 유효성을 확인하기 위한 연구 방법이다. 통계적 추론을 기반으로 한 의사결정은 자료의 수집과 해석에 기인하며, 통계적으로 올바르고 합리적인 의사결정을 하기 위해서 표본 그리고 표집의 다양한 방식에 대한 이해가 필요하다(Garfield & Ben-Zvi, 2008, p.9). 표본과 표집은 통계적 사고의 핵심이며 통계적 소양의 기초로서 통계교육에서 매우 강조되어야 하는 개념이다(탁병주 외, 2014, p. 727). 통계는 보통 표본 자료에 기초하며, 표집 방법은 수집된 자료의 질과 모집단에 대한 추론에 영향을 미친다(Watson & Moritz, 2000). 통계적 탐구에서 표집의 중요성을 간과하면 나머지 절차가 완전히 쓸모없는 것이 될 수도 있기 때문이다(Watson, 2013).

통계교육에서 자료수집과 표본과 관련된 내용은 매우 기초적이고 핵심적인 내용이므로 모든 국가에서 다루고 있다. 뉴질랜드, 미국 CA주, 일본, 호주에서는 중학교 단계에서, 싱가포르, 영국, 중국, 핀란드, IB는 고등학교 단계에서 지도되고 있는데, 고등학교 단계에서 지도되는 경우 보다 심화된 내용과 연계하고 있다. 모집단에서 추출되는 표본은 항상 동일하지 않기 때문에, 표본은 모집단에 대한 부분적인 정보만을 제공한다는 한계가 있다. 따라서 표본 개념을 잘 이해하기 위해서는 표본 대표성과 표집 변이성에 대해 고려해야 한다. 뉴질랜드, 미국 CA주, 영국, 일본, 호주, IB에서는 표본 대표성과 표집 변이성을 고려하여 표본 개념을 다루고 있고, 뉴질랜드, 미국, 영국, 호주, IB에서는 표본 대표성을 높이기 위한 여러 가지 방법과 표본의 한계 등에 대한 내용을 다루고 있다. 호주, 뉴질랜드는 자료의 수집과 이를 분석하여 문제를 해결하는 과정에서 표본과 모집단 개념을 다루고 있으며, 영국의 경우 고등학교 단계에서 다루지만 표본으로부터 모집단을 추론하는 경험에서 표집의 한계를 인식한다는 점은 주목할 만하다.

> 미국(7학년): 모집단에 대한 추론을 위해 무작위 표본 사용. (1) 통계는 모집단의 표본을 조사하여 모집단에 대한 정보를 얻는 데 사용될 수 있음을 이해한다.; 표본으로부터 모집단에 대한 일반화는 표본이 모집단을 대표하는 경우에만 유효하다. 임의 표본추출은 대표적인 표본을 만들고 유효한 추론을 뒷받침한다는 것을 이해한다. (2) 특성을 알 수 없는 모집단에 대한 추론을 하기 위해 무작위 표본의 자료를 사용한다. 동일한 크기의 여러 표본(또는 시뮬레이션 표본)을 생성하여 추정치 또는 예측의 변동을 측정한다.

호주(8학년): 같은 모집단에서 추출한 무작위 표본의 비율과 평균의 변이성 조사하기

호주(필수수학): 자료 출처에 대한 신뢰성과 표집의 편향

여러 국가의 교육과정을 살펴볼 때, 우리나라는 현재의 성취기준을 유지하더라도 다음과 같은 유의사항을 명시하는 것을 고려할 필요가 있다. 첫째, 표본 개념의 지도는 통계적 문제해결 과정과 함께 하고, 모집단을 추론하는 경험을 하게 한다. 둘째, 통계교육의 기초가 되는 표본 개념 지도를 보다 빨리 도입하거나 통계적 추정까지 점진적으로 지도한다. 셋째, 다양한 표집 및 자료 조사 방법에 대한 학습 경험이 필요하다. 우리나라는 고등학교 〈확률과 통계〉에서 간단히 무작위 표본에 대해 학습만 하지만, 뉴질랜드, 싱가포르, 영국, 일본, 호주, IB에서는 다양한 조사 방법 및 표집 방법에 대한 모집단에서의 영향 및 효과 등과 연계하고 있음을 볼 수 있다.

## 4.5 통계적 추정

통계적 추정은 표본조사를 통해 얻은 자료를 바탕으로 모집단에 대한 예측을 하는 것으로, 대개 모평균이나 모비율의 구간추정이나 점추정을 다룬다. 통계적 추리는 전체 중 일부 자료만 이용 가능한 상황에서 불확실하지만 증거에 기반을 둔 주장을 만들 수 있게 하기 때문에 통계에서 매우 핵심적인 개념이다(Makar & Rubin, 2009). 2015 개정 수학과 교육과정의 〈확률과 통계〉에서는 모평균의 구간추정만 다루고 있다. 표본으로부터 모수를 추정하기 위해서는 표본평균이 확률분포이며 표본의 크기가 클 때 정규분포를 따른다는 것, 표본평균의 평균, 분산, 표준편차가 모평균과 모표준편차로 표현될 수 있다는 것, 신뢰도에 따라 모평균의 신뢰구간을 구할 수 있다는 것을 알고 추론할 수 있어야 한다.

통계적 추정과 관련하여 가장 많이 등장한 내용이 표본에 따른 표본평균의 변이성을 나타낸 것이었다. 표본평균의 분포는 모평균의 구간추정의 아이디어와 결과를 해석하는 데 핵심적인 역할을 하며, 표본이 추출될 때마다 표본평균의 값이 달라지며 모평균과 관련하여 각각 특수한 분포 양상을 지닌다는 것을 학생들이 인식하는 기회를 가져야 한다. 우리나라는 “표본평균은 추출한 표본에 따라 다른 값을 가질 수 있는 확률변수임을 알게 한다.”로 표현하고 있는데, 표본에 따라, 그리고 표본의 크기에 따라 표본평균이 다른 값이 나올 수 있다는 것을 뉴질랜드, 캐나다, 호주는 지적하고 있었다.

뉴질랜드(7단계): 추정량의 변이성에 대한 표본 크기의 영향을 인식

캐나다 BC주: 통계적 추정량이 표본에 따라 변이성을 보여준다는 것을 안다.

호주(전문가 수학): X가 평균 $\mu$와 표준편차 $\sigma$를 갖는 임의의 변량인 경우 표본에 따라 표본평균이 다를 수 있다는 개념을 조사하기

모집단이 정규분포인 경우에 한하여 통계적 추정을 할 것을 명시한 국가도 우리나라를 비롯하여 미국 CA주, 싱가포르, IB가 있었다. 모집단이 정규분포를 따르지 않더라도 표본의 크기가 충분히 크면 표본평균의 분포가 정규분포를 따르며, 신뢰도 95%나 99%인 경우의 신뢰구간을 구하기 위해서는 모집단이 정규분포를 따른다는 조건이 필요한 것이다.

통계적 추정에서 공학적 도구를 활용할 것에 대해 캐나다, 미국 CA주, 호주에서 명시하고 있었다. 통계적 추정, 표본평균의 분포를 다룰 때 우리나라도 공학적 도구를 활용할 것을 명시하고 있지만 이들 나라에서는 시뮬레이션을 활용하여 표본평균의 변이성을 확인할 수 있도록 하고 있다. 공학적 도구를 활용한 시뮬레이션을 제시함으로써 단지 도구만 명시하기보다는 어떻게 활용할지에 대한 것을 보여준다는 점에서 우리나라 교육과정에서도 이러한 점을 고려할 필요가 있다.

중심극한정리는 우리나라에서 용어로 사용하지는 않지만 뉴질랜드와 싱가포르에서는 명시하고 있다. 이외에 학습량을 더 늘리는 요소가 될 수도 있는 점 추정을 뉴질랜드가, 표본오차를 뉴질랜드와 미국 CA주, 모비율과 p값을 미국 CA주, 캐나다, 호주, 불편성(unbiased)을 싱가포르, t분포를 IB 교육과정이 언급하고 있었다. 특히 표본오차는 표본에서 얻은 자료를 통해 모집단 전체의 특성을 추론함으로써 생기는 오차로, 여론 조사에서 많이 쓰이므로 통계적 추정과 관련하여 유용한 지식이 될 수 있다. 따라서 뉴질랜드와 미국 CA주와 같이 '95% 신뢰수준에 표본오차 ±3.0%포인트'는 같은 조사를 100번 했을 때 95번은 오차가 ±3.0%포인트 안에 있다는 뜻으로 해석될 수 있음을 예시로 설명해 주는 것도 통계의 유용성 측면에서 도움이 될 것이다.

학생들은 통계적 추정에 필요한 계산은 할 수 있지만 그 과정은 이해하지 못하거나 수행한 계산 결과를 적절하게 해석하지 못하는 경우가 많으므로(delMas et al., 1999), 표본 개념을 지도할 때 표본 대표성뿐만 아니라 표집 변이성도 주의하여 다루어야 한다. 뉴질랜드, 미국CA, 영국, 호주, IB는 표본 대표성과 표집 변이성을 함께 지도하면서 다양한 표집 방법의 소개 및 경험, 임의 표집을 할 때 편향의 문제 등을 제시하고 있다.

# 5. 우리나라 통계교육을 위한 시사점

## 5.1 데이터 기반 통계교육

2015 수학 교육과정이 통계교육의 개선이라는 방향성에 따라 교과서 및 교실 수업에서 어느 정도 변화를 가져왔으나, 현대사회에 필요한 통계교육의 필요성과 세계적인 통계교육의 동향과 비교하여 볼 때 초중등 교육에서의 통계교육 내용은 기술통계와 확률 중심으로 되어 있어 현실 문제를 해결하기 위한 통계역량 개발에 한계가 있으며 이를 보완하기 위한 데이터 기반(수집, 정리, 모형화 및 분석, 해석)의 통계 교육과정 개선이 필요하다(김동재 외, 2019). 4차 산업혁명과 인공지능 시대에 적합한 미래지향적 수학교육의 내용 중 데이터 분석, 빅데이터, 데이터 수집-탐색-분석-시각화 등이 제시되는 등 데이터 소양의 함양이 강조되고 있다(김영욱 외, 2017; 나귀수 외, 2018; 김화경 외, 2018). 이전에 논의되었던 통계적 소양, 통계적 문제해결과 더불어 데이터 기반 사회 수요에 부합하는 인재 교육을 위한 데이터에 기반한 통계 교육과정 개선의 필요성이 대두되고 있다(김동재 외, 2019; 이경화 외, 2021).

현대 사회를 살아가는 시민은 실생활에서 접하는 다양한 통계적 정보를 이해하고 활용하고, 데이터에 근거한 합리적인 의사결정을 하고 통계적 탐구(statistical investigation)를 통해 문제를 해결하는 과정을 이해하고 수행할 수 있어야 한다. 특히 미래사회의 인적 자원을 위한 통계교육의 목표를 다음과 같이 제시한다(김동재 외, 2019).

- 특수한 분야, 전문적인 분야에서 통계적 탐구를 수행할 수 있는 기초 역량을 갖추어야 함
- 빅데이터, 인공지능 등 미래 기술을 위한 통계적 지식의 기초를 갖추어야 함
- 전문적 영역의 통계적 정보를 해석하고 표현하는 의사소통 능력을 갖추어야 함
- 통계 소프트웨어 및 공학적 도구 등을 활용하여 통계적 문제해결을 수행할 수 있어야 함

그러나 현대사회에 필요한 통계교육의 필요성과 세계적인 통계교육의 동향과 비교하여 볼 때 2015 개정 수학과 교육과정에 제시된 통계교육에서 개선되어야 하는 측면을 다음과 같이 제시하고 있다. 통계적 탐구과정이 성취목표 및 학습 요소로 명시화되지 못하고 자료 분석과 미디어에 나타난 통계적 정보의 이해 등의 경험을 충분히 할 수 있도록 유도하지 못하고 있다. 자료의 특성에 맞는 다양한 표현, 분석, 추론 방

법이 강조되거나 골고루 다루어지지 않으며, 통계의 비결정론적인 특성과 열린 문제, 통계적 정보에 대한 비판적 사고와 맥락적 사고를 수행하는 것이 중요함을 교육과정에서 설명하지 않고 있다. 공학적 도구를 이용한 자료의 표현과 통계량 계산 등에 따른 실질적인 자료의 특성을 이해하는데 활용하는 것이 부족하고, 통계적 추론 활동을 자료의 요약과 그래프 표현을 통해 비형식적으로 수행하거나 형식적인 방법을 이용하여 수행하는 내용이 전혀 포함되지 않고 있다. 따라서 다음과 같이 통계 교육과정의 개선 방향을 제시하고 있다(김동재 외, 2019, pp. 10-12)

- 통계적으로 탐구할 문제를 설정하고 자료를 수집하고 분석하고 해석하는 통계적 탐구의 4단계 절차를 수행하는 방법에 대해 배우는 것을 교육과정의 성취기준과 학습요소에 명시함
- 통계적 탐구 활동을 직접 수행하면서 탐구의 전 과정에서 논리적이고 비판적인 사고와 창의성을 발휘하는 통계적 사고를 수행할 수 있도록 교육과정을 구성함
- 수학과 구분되는 통계의 특성인 비결정론적 특성과 맥락적 지식이라는 특성을 반영하여 실생활과 연결된 열린 문제 중심의 과제를 다루도록 함
- 개념의 이해와 역량의 지도를 강조하고 수리적 공식 위주의 내용을 경감하고 이를 구현하기 위해 공학적 도구를 이용하여 계산을 수행하도록 함
- 실제 생활에서 주로 접하는 통계적 정보의 유형을 골고루 다루도록 함
- 자료의 특성(범주형, 수량형)에 따른 올바른 분석 방법과 표현 방법을 선택할 수 있는 능력을 갖추게 함
- 통계 분석의 수치적 결과를 얻는데 그치지 않고 분석 결과를 이용하여 상황을 판단하고 의사결정의 근거로 사용하는 통계적 추론(statistical inference)을 수행하게 함. 이때 교육과정의 단계에 따라 비형식적 통계적 추론을 수행할 수 있게 함

통계적 문제해결 과정과 비형식적 추론을 경험하고 실행, 자료의 특성에 따른 분석 및 표현 방법, 공학적 도구의 활용 등을 강조하고 있다.

## 5.2 통계적 문제해결 교육

우리나라 2015 개정 수학과 교육과정에서도 통계교육 개정 방향을 '실생활 중심의 통계 내용 재구성'으로 설정하여 학생들의 통계적 소양 함양을 위해 실용통계교육을 강조하여 기존 통계교육과의 차이점을 두었다. 실용통계교육이란 학생들이 실생활 자료를 이용하여 문제 설정, 자료 수집, 정리, 해석의 절차로 이루어지는 통계적 문제해

결을 경험함으로써 정보의 합리적인 소비자와 생산자로 성장할 수 있도록 돕는 교육으로 통계적 문제해결 경험을 통한 통계적 소양 교육은 곧 실용통계교육으로서의 의미를 지닌다(고은성 외, 2017). 학교 수업에서 실제로 통계적 문제해결에 적용하여 사용할 수 있는 '통그라미' 프로그램이 교육과정에 맞게 활용될 수 있도록 지원되었으며, 통계교육을 위한 교사 연수와 교사용 안내서가 보급되었다. 중학교 통계 영역명이 '도수분포와 그래프'에서 '자료의 정리와 해석'으로 수정되었으며, 통계 소양 교육을 위해 시험이 아닌 실제적인 통계 경험을 위한 다양한 수업을 진행하기 위하여 '확률과 통계' 영역의 순서를 학년의 마지막에 배치하였다. 그러나 여전히 문제를 설정하여 자료를 수집하거나 계획을 수립하는 등의 내용은 교육 내용이나 성취기준에 명시되지 못하고 있다. 고등학교의 경우, 〈확률과 통계〉의 교수·학습 방법 및 유의사항에 "자료를 수집하고 정리하여 결과를 분석하는 활동을 통해 통계와 관련된 실생활 문제를 해결함으로써 통계의 유용성과 가치를 인식하게 한다."를 제시하고 있지만, 여전히 이론적이고 개념 위주의 통계 학습이 이루어지고 있다.

GAISE Ⅰ 보고서 이후, 새로 발표된 GAISE Ⅱ 보고서(Bargagliotti et al., 2020)에서는 데이터를 다루는 소양을 기를 때 통계적 문제해결 과정이 중요함을 강조하였다.

> 오늘날 데이터를 다루는 기술과 학문은 통계학, 데이터 과학, 정보학, 데이터 분석 등 다양한 이름으로 등장한다. 여기에서는 통계, 수학, 컴퓨터 과학의 기술이 모두 결합된다. 인터넷을 비롯한 여러 미디어를 통해 매일 수집되는 데이터가 방대해짐에 따라, 대규모의 데이터 집합이 활용되고 예측을 위한 알고리즘을 개발하는 기계학습, 딥러닝, 인공지능의 영역이 점차 커지고 있다. 예를 들어, 소비자의 행동을 예측하는 알고리즘은 마케팅에서 사용된다. 이러한 연구 영역에서는 통계적 문제해결 과정을 지속적으로 활용하여 데이터를 깊이 따져 보는 것이 중요하다. 데이터에 대한 의구심을 가지지 않으면, 편향된 결과를 낳거나 데이터를 오용하게 될 수 있다(Bargagliotti et al, 2020, pp. 11-12).

그리고 통계적 문제해결 과정이 선형적으로 지도되는 것이 아니라 순환적으로 반복, 심화하여 수준이 상승하도록 통계교육의 체계를 제시하고 있다. 통계적 문제해결 과정의 목적은 통계 조사 질문에 답하기 위해 데이터를 수집하고 분석하는 것으로, 다음 4가지 요소가 포함되며 각 구성 요소에는 변이성을 탐색하고 해결하는 것이 포함된다(Bargagliotti et al, 2020, p. 13). 특히, 통계적 문제해결의 경험을 한 번이 아닌 순환적으로 반복, 심화하여 수준이 상승하도록 할 필요가 있다.

데이터 기반 통계교육에서 통계적 문제해결을 위하여 정형화된 데이터뿐만 아니라 비정형화된 데이터를 활용하는 사례들을 다룰 필요가 있다. 통계적 탐구 질문에 따라

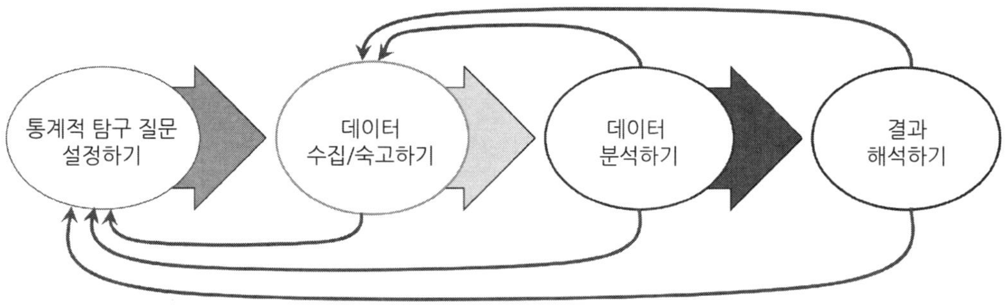


**[그림 1]** 통계적 문제해결 과정(Bargagliotti et al., 2020, p. 13)

데이터를 직접 수집하는 경험뿐만 아니라, 이미 다른 목적에 의해 형성된 데이터를 바탕으로 통계적 탐구 질문을 도출하는 경험을 제공해야 한다. GAISE Ⅱ 보고서에서 제시하는 통계적 문제해결 과정의 두 번째 단계인 '데이터의 수집과 숙고(consider)'는 분석 대상이 되는 데이터를 통계 정보의 생산자가 직접 수집하지 않는 경우를 고려한 것이다. 기본적으로는 '통계적 탐구 질문' 설정의 다음 단계가 '데이터의 수집과 숙고'이지만 이미 수집된 데이터를 숙고하면서 거꾸로 이를 통해 해결할 수 있는 새로운 통계적 탐구 질문을 설정하는 것이 가능함을 반대 방향의 화살표로 보여주는 것이다. 영국의 GCSE(General Certificate of Secondary Education) 통계의 주요 내용에도 1차 데이터와 2차 데이터의 차이점 알도록 하고, 실험(실험실, 현장 및 자연), 시뮬레이션, 설문지, 관찰, 인구 조사, 인구 표집과 같은 다양한 출처에서 데이터를 수집할 수 있으며 2차 데이터 출처를 인식할 수 있어야만 함을 제시하고 있다(Department of Education, UK, 2014).

그리고 학생들이 데이터의 절차적인 처리보다는 문제해결의 목적과 데이터의 맥락에 주목할 수 있도록 공학적 도구를 적극 활용할 수 있어야 한다. 2015 개정 수학과 교육과정에서 공학적 도구의 활용을 강조하면서 중학교 통계 영역의 성취기준으로 기술하였다. 그러나 통계적 문제해결 과정에서 적절한 공학적 도구를 유연하게 활용하는 능력이 강조될 필요가 있다(이경화 외, 2021).

## 5.3 비형식적인 통계적 추리

많은 연구자들이 추리통계의 중요성을 강조하였다. 실제로 기술통계, 심지어 탐색적 자료 분석보다는 추리통계가 훨씬 유용하게 사용되며(Bakker et al., 2008, p. 130), 실세계의 다양한 상황에서 의사 결정을 내릴 때 역시 추리통계가 중요하게 사용된다

(Paparistodemou & Meletiou-Mavrotheris, 2008, p. 83). 그러나 학생들 수준에서 추리 통계를 도입하는 것이 어렵기 때문에 연구자들(Makar & Rubin, 2009; Zieffler et al., 2008)은 대안적인 방법으로 비형식적 추리를 제안하기도 한다. Makar와 Rubin(2009, p. 85)은 데이터로부터의 정보를 이용해 확률적인 일반화를 만들거나 검증하는 비형식적인 추론과 정을 비형식적 추리로 정의하였다. 비형식적 추리에 대해 다양한 정의를 제시하고 있으나, 공통적으로 기술통계에서 사용했던 통계적 지식을 사용하여 통계적 추리를 한다는 점, 표본으로부터 모집단에 대한 정보를 도출한다는 점을 비형식적 추리의 핵심으로 간주한다(박민선 외, 2011).

그러나 현행 수학과 교육과정에서 통계 영역은 여전히 현상을 기술하고 요약하는 데에서 그치는 기술통계학 위주로 구성되어 있다고 할 수 있다(김동재 외, 2019; 이경화 외 2021). 두 집단의 비교나 두 변량 사이의 관계 찾기 등 통계적 추론 활동을 자료의 요약과 그래프 표현을 통해 비형식적으로 수행하거나 형식적인 방법을 이용하여 수행하는 내용이 전혀 포함되어 있지 않다. 예를 들어, 추리의 기본이 되는 표본 개념은 초등학교와 중학교 수학과 교육과정에 누락되어 있다. 현재 2015 개정 수학과 교육과정에서 표본 개념은 고등학교 일반선택과목인 '확률과 통계'에서 비로소 등장하는데, 그 도입 방식은 형식적인 통계적 추리에 기반을 두고 있다. 학생들은 데이터를 기반으로 한 추리 경험이 없는 상태에서 고등학교로 교육과정에서 이론적 확률분포에 기반을 둔 형식적인 통계적 추리를 경험하게 된다. 학생들은 통계 수업에서 통계적 추리에 대한 이해보다는 공식을 암기하여 복잡한 계산을 통해 답만을 구하게 되었다(한가희, 전영주, 2018).

우리나라 고등학교 수학 교사들은 통계적 추정에 대한 자신감이 부족하고 이에 따라 학생들도 이 주제를 어려워하는 경향이 있다(김원경 외, 2006; 이은희, 김원경, 2015). 최민정 외(2016)에 따르면, 수학 교사들의 통계적 추정에 대한 지식이 부족하고, 신뢰도를 교과서의 설명 수준에서만 정의할 수 있으며 맥락에서 신뢰도를 파악해 내기 어려워했다. 신뢰구간을 통계적 확률로써 파악하지 못하고, 확률구간과 신뢰구간을 구분하지 못하며, 표본평균의 변이성에 대한 인식이 부족하여 표집분포에 대한 개념이 부족하였다.

따라서 데이터 기반 통계교육에서 통계적 추정을 위해 먼저, 대강화된 성취기준을 보완할 수 있도록 교수·학습 방법 및 유의사항을 정교화하여 교사들이 교육과정에 따라 통계적 추정을 지도할 때 참고할 내용을 보완할 필요가 있다. 여러 국가의 교육과정을 살펴볼 때, 표본에 따라 표본평균이 다를 수 있을 뿐 아니라 표본의 크기가 커짐에 따라 표본평균의 변이성이 작아진다는 것도 파악할 수 있도록 지도할 것, 공학적 도구를 활용한 시뮬레이션을 활용하여 표본평균의 변이성을 탐구하게 하고 표본오차 개념을 예시로 도입할 필요가 있다.

두 번째로, 비형식적인 통계적 추리의 경험을 제공할 필요가 있다. Makar와 Rubin(2009, p. 102)이 강조한 바와 같이 비형식적 추리와 형식적인 추리통계를 연결하기 위해서는 비형식적 추리라는 새로운 기회를 학교 교육과정에 포함시켜 학생들이 경험하도록 하는 것이 중요하다. 이경화 외(2021)에 따르면, 데이터 기반 통계교육을 위한 통계적 추리 지도를 위하여 첫째, 데이터를 직접 수집, 정리하여 집단의 특성을 기술하는 것뿐만 아니라, 이미 수집, 정리된 데이터를 이해하고 평가하며 분석하는 경험을 제공할 필요가 있다. 새로운 관점과 목적에 따라 이미 수집되고 정리된 데이터를 분석하는 기회를 교육과정과 수업에 반영해야 한다. 둘째, 이미 수집된 데이터를 보고 데이터가 최초에 어떤 목적과 방법으로 수집된 것인지를 알아내는 추론 기회를 제공할 필요가 있다. 학생들이 데이터에 전반적인 특성을 고려하여 데이터에 기반을 두고 추리가 이루어질 수 있도록 이미 수집된 데이터를 탐색하고 추론하는 경험이 제공되어야 한다. 셋째, 데이터의 편향을 인지하고 통계적 추리 과정에서 이로 인해 오류가 발생할 수 있음을 유의하도록 지도해야 한다. 통계를 실제 활용하는 관점에서는 이론적 모형을 통해 도출한 통계적 추리를 실세계에 적용할 때 개입되는 이러한 맥락 요소들이 추리의 질을 결정하는 더 중요한 문제이며, 이 때문에 비형식적인 통계적 추리의 주요 요소로서 '맥락적 지식을 통합한 추론'이 강조되는 것이라 볼 수 있다.

## 5.4 데이터 특성에 따른 표현, 분석, 추론 방법 및 데이터 윤리

자료의 특성에 맞는 다양한 표현과 분석 방법, 추론의 방법이 강조되거나 골고루 다루어질 필요가 있다. 2015 개정 수학과 교육과정의 성취기준에는 자료의 수집, 정리, 분석을 명시하고 있지만, 자료의 유형, 특성에 따른 체계적인 경험의 제공이라는 점에서는 개선이 요구된다. 특히 첨단 기술의 발달에 따라 데이터의 유형이 변화하고 빅데이터가 등장하면서 데이터의 출처, 특성, 분석 도구, 맥락 등과 관련하여 그 의미를 생성하고 해석할 수 있다. 전통적인 데이터는 구조화되고 수치화되어 있어 평균, 분산 등의 고정적인 통계량 중심의 분석이 이루어지는 반면 빅데이터는 '어떤 데이터를 수집할 것인가?'를 결정하는 것으로부터 시작한다. 빅데이터는 시시각각 바뀌므로 데이터로 산출된 결과는 고정되어 있지 않다. 빅데이터를 활용하기 위해서는 전반적인 빅데이터 처리 과정을 이해해야 한다. 문제상황을 해결하기 위해 데이터 인식, 수집 방법, 저장, 처리, 분석, 표현 등의 전체적인 과정을 이해하지 못한 채 빅데이터를 처리한다면, 의사결정에 필요한 정보를 얻기가 쉽지 않기 때문이다. 데이터 인식은 빅데이터 처리 과정의 목적, 목적에 맞는 데이터의 대상, 데이터를 수집할 원천 데이터의 위치 또는 데이터 수집 방법을 정하고 확인하는 단계로 최종적으로 얻게 되는 정보의 타당성과 효율성에 큰 영향을 미친다.

또한 오늘날에는 데이터의 범위 확장, 데이터 처리 기술의 발전과 맞물려 데이터의 오용과 남용, 은폐를 통한 가짜뉴스 생산 등 다양한 윤리적 문제가 야기되고 있다. 데이터의 편향과 부정확성을 파악할 수 있어야 한다. 특히 데이터의 왜곡, 개인정보 보호 등 윤리 문제의 중요성을 함께 지도할 필요가 있다. 통계적 소양 교육을 위해 학생들은 우리 사회가 데이터를 잘못 다루거나 비윤리적으로 사용하는 것을 방지하기 위한 정보 보호 조치와 정책이 필요한 이유를 이해해야 한다(Bargagliotti et al., 2020, p. 6). 캐나다 BC주(9학년)에서는 “주어진 데이터를 분석하여 편견, 언어 사용, 윤리, 비용, 시간과 시기, 사생활, 또는 문화적 감수성에 대한 잠재적 문제점이 있는지를 확인할 수 있다.”라고 제시하며 데이터 자체는 물론이고 수집과 분석에서의 윤리적 문제들을 다각도로 검토하도록 하고 있다. 캐나다 온타리오주 수학과 교육과정의 Data 영역에서도 다음과 같이 제시하고 있다.

> 학생들이 학년이 올라가며 질적 데이터와 불연속적 및 연속적 양적 데이터에 대한 이해를 발전시키고 이를 사용하여 데이터를 조직하고 표현하는 적절한 방법을 선택합니다. 학생들은 통계의 기초를 배우고 데이터 내에서 가능한 편향을 식별하는 것을 포함하여 데이터를 시각화하고 비판적으로 분석하는 기술을 개발합니다. 3학년부터 학생들은 특정한 청중을 위한 데이터 집합에 대한 핵심 정보를 표현하고 데이터의 비판적 해석에 참여하기 위해 의도적으로 인포그래픽을 생성합니다. 또한 학생들은 관심 있는 질문에 대해 설득력 있는 주장을 하기 위해 데이터를 사용하는 방법을 배웁니다(Ministry of Education, Ontario, Canada, 2021).

통계적 소양 함양을 지향하는 학교 통계교육의 목적에 비추어 볼 때, 데이터의 유형 변화 및 다양한 분야에서의 영향력, 빅데이터 등장, 데이터의 오남용과 윤리적 이슈 등을 이해하고 체험하는 기회를 제공할 필요가 있다. 따라서 학생들이 수집된 데이터와 이미 이루어진 데이터 표현, 데이터 분석 기법에 대한 비판적 검토 능력을 기를 수 있도록 성취기준을 제시할 필요가 있다.

# 참고문헌


강현영, 김선희(2020). 외국의 중등 교육과정 분석을 통한 통계 영역 교육과정 개선 방안 탐색, **학교수학 22**(3), 631-650.

강현영, 신보미, 고은성, 이동환, 심송용, 김정자 구나영, 정인수, 최경식, 홍지혜(2014). **통계 교육 활성화를 위한 수학 교육과정 개선 방안 연구**. 연구보고, 한국과학창의재단, 서울.

고은성, 강현영, 신보미, 김은하, 정승호, 홍창섭, 지영명, 이자미, 하병수, 탁병주(2017). **실용통계 교육을 위한 교사용 가이드북**. 서울: 한국과학창의재단.

고은성, 탁병주(2019). 점그래프와 상자그림의 교수학적 분석: 통계적 추리 지도를 위한 교육적 효용성 고찰. **수학교육학연구, 29**(4), 577-605.

교육부(2020). **수학과 교육과정**. 교육부 고시 제2020-236호 [별책8].

김동재, 박태영, 송성주, 임채영, 유연주, 여인권(2019). **초중등 통계교육과정 개선연구 보고서**. 연구보고, 한국통계학회, 서울.

김영욱, 고성은, 김영록, 박혜숙, 이상욱, 장정욱, 조도상(2017). **미래 인재상에 적합한 수학학습 내용 연구**. 연구보고, 한국과학창의재단, 서울.

김원경, 문소영, 변지영(2006). 수학교사의 확률과 통계에 대한 지식과 신념. **수학교육, 45**(4), 381-406.

김부미, 김윤민(2019). 한국과 일본의 수학과 교육과정의 비교: 통계영역을 중심으로. **학습자중심교과교육연구, 19**(3), 495-523.

김정란, 김응환(2017). 미국의 통계소양교육 분석을 통한 우리나라 교사교육 방향의 탐색. **한국학교수학회논문집. 20**(2), 163-186.

김화경, 계보경, 이지윤, 임완철, 최인용(2018). **지능정보기술을 활용한 수학교육 변화 방안 연구**. 연구보고, 한국과학창의재단, 서울.

나귀수, 박미미, 김동원, 김연, 이수진(2018). 미래 시대의 수학교육 방향에 대한 연구. **수학교육학연구, 28**(4), 437-478.

문지은(2018). **상관관계와 산점도에 관한 예비수학교사의 SMK 분석**. 석사학위논문, 한국교원대학교, 청주.

박경미 외 43인(2015). **2015 개정 수학과 교육과정 시안 개발 연구 II**. 연구보고, 한국과학창의재단, 서울.

박민선, 박미미, 이경화, 고은성(2011). 자료집합 비교 활동에서 나타나는 중학교 학생들의 통계적 추리에 대한 연구. **학교수학, 13**(4), 599-614.

이경화, 유연주, 탁병주(2021). 데이터 기반 통계교육을 위한 수학과 교육과정 재구조화 방향 탐색, **학교수학 23**(3), 361-386.

이영하(2014). **인문학으로 풀어 쓴 통계교육 원론**. 서울: 이화여자대학교출판부.

이영하, 김소현(2012). 중등학교 상관관계 지도 내용 개선을 위한 가추적 실증 연구. **수학교육학연구, 22**(3), 371-386.

이은희, 김원경(2015). 국내외 통계교육 연구동향 비교분석. **수학교육, 54**(3), 241-259.

장경윤, 강현영, 고호경, 권나영, 김구연, 김진호, 남진영, 박경미, 박선화, 서동엽, 정영옥, 탁병주(2016). **수학과 중등교육과정 국제 비교 연구: 미국, 싱가포르, 영국, 일본, 호주**. 연구보고, 대한수학교육학회, 서울.

조상식, 박종배, 김선희, 김사훈, 안홍선, 김빛나(2019). **총론 주요사항 및 교과 교육과정 현황 국제비교 연구**. 연구보고, 교육부, 세종.

최민정, 이종학, 김원경(2016). 통계적 추정을 가르치기 위한 수학적 지식(MKT)의 분석. **수학교육 55**(3), 317-334.

탁병주, 구나영, 강현영, 이경화(2014). 표본 개념에 대한 고찰: 역사적 분석을 중심으로. **학교수학, 16**(4), 727-743.

한가희, 전영주(2018). 통계적 추정에 관한 예비 수학교사들과 고등학생들의 오개념 비교 분석. **한국학교수학회, 21**(3), 247-266.

홍지헌(2020). **우리나라와 IB 교과서 분석을 통한 상관관계 교육 개선방안**. 석사학위논문, 강원대학교, 춘천.

中华人民共和国教育部(2017). **普通高中数学课程**. 北京.

Australia Curriculum, Assessment and Reporting Authority(2015). *The F-10 Australian Curriculum: Mathematics*. Retrieved from https://www.australiancurriculum.edu.au/f-10-curriculum/mathematics

California State Board of Education(2013). *California Common Core State Standards: Mathematics*. Retrieved from https://www.cde.ca.gov/be/st/ss/documents/ccssmathstandardaug2013.pdf

Bakker, A. & Gravemeijer, K. P. E. (2010). 분포에 대한 추론. In D. Ben-Zvi & J. Garfield (Eds.), **통계적 사고의 의미와 교육**(이경화 외 9인 역)(pp. 175-200). 서울: 경문사. (원본은 2004년에 출판됨)

Bakker, A., Kent, P., Derry, J., Noss, R., & Hoyles, C. (2008). Statistical inference at work: Statistical process control as an example. *Statistical Education Research Journal, 7*(2), 130-145.

Bargagliotti, A., Franklin, C., Arnold, P., Gould, R., Johnson, S., Perez, L., & Spangler, D. A. (2020). *Pre-K-12 guidelines for assessment and instruction in statistics education Ⅱ: A framework for statistics and data science education.* Alexandria, VA: American Statistical Association.

delMas, R. C., J. Garfield, & Chance, B. L. (1999). A model of classroom research in action: Developing simulation activities to improve students' statistical reasoning. *Journal of Statistics Education, 7*(3) [Online].

Department for Education, UK(2014). *The national curriculum in England: Framework for key stages 1 to 4.* Retrieved from https://www.gov.uk/government/publications/national-curriculum-in-england-framework-for-key-stages-1-to-4/the-national-curriculum-in-england-framework-for-key-stages-1-to-4

Department for Education, UK(2016). *Statistics: GCSE subject content.* Retrieved from https://assets.publishing.service.gov.uk/government/uploads/system/uploads/attachment_data/file/500793/Statistics_GCSE_subject_content.pdf

Franklin, C. A., Kader, G. D., Mewborn, D., Moreno, J., Peck, R., Perry, M., & Scheaffer, R. (2007). *Guidelines for assessment and instruction in statistics education report: A pre-K-12 curriculum framework.* Alexandria: American Statistical Association.

Garfield, J. & Ben-Zvi, D. (2008). *Developing students' statistical reasoning: Connecting research and teaching practice.* New York: Springer.

International Baccalaureate Organization [IBO] (2019a). *Mathematics: analysis and approaches guide.* Geneva: Author.

International Baccalaureate Organization [IBO] (2019b). *Mathematics: applications and interpretation guide.* Geneva: Author.

Konold, C., Higgins, T., Russell, S. J., & Khalil, K. (2015). Data seen through different lense. *Educational Studies in Mathematics, 88*(3), 305-325.

Makar, K. & Rubin, A. (2009). A framework for thinking about informal statistical inference. *Statistics Education Research Journal, 8*(1), 82-105.

Ministry of Education, British Colombia, Canada (2018). *Area of learning:*

*Mathematics – Statistics (Grade 12)*. Retrieved from https://curriculum.gov.bc.ca/sites/curriculum.gov.bc.ca/files/curriculum/mathematics/en_mathematics_12_statistics_elab.pdf

Ministry of Education, New Zealand (2014). *The New Zealand curriculum: Mathematics and statistics*. Retrieved from https://nzcurriculum.tki.org.nz/The-New-Zealand-Curriculum/Mathematics-and-statistics

Ministry of Education, Ontario, Canada (2020). *Mathematics: Curriculum context (Grades 1-8)*. Retrieved from https://www.dcp.edu.gov.on.ca/en/curriculum/elementary-mathematics/context

Ministry of Education, Singapore (2020). *Mathematics syllabus: Pre-university (Higher 1)*. Retrived from https://www.moe.gov.sg/-/media/files/post-secondary/syllabuses/maths/2020-pre-university-h1-mathematics.pdf

National Council of Teachers of Mathematics [NCTM] (2000). Principles and standards for school mathematics. Reston, VA: Author.

Paparistodemou, E., & Meletiou-Mavrotheris, M. (2008). Developing young students' informal inference skills in data analysis. *Statistical Education Research Journal, 7*(2), 83-106.

Petrosino, A. J., Lehrer, R., & Schauble, L. (2003). Structuring error and experimental variation as distribution in the forth grade. *Mathematical Think and Learning, 5*(2-3), 131-156.

Watson, J. M. (2013). **학교에서 어떤 통계를 배워야 하지? 통계적 소양의 성장과 목표** (박영희 역). 서울: 경문사. (원본은 2006년에 출판됨)

Watson, J. M. & Moritz, J. B. (2000). Developing concepts of sampling. *Journal for Research in Mathematics Education, 31*(1), 44-70.

Zieffler, A., Garfield, J., DelMas, R., & Reading, C. (2008). A framework to support research on informal inferential reasoning. *Statistics Education Research Journal, 7*(2), 40-58.

제4장

# 외국 수학 교과서의 통계 영역 비교 분석 연구

김소민(인하대학교)

## 1. 서론

현실 세계의 복합적인 상황과 넘쳐나는 정보 속에서 정확한 예측과 합리적인 의사결정을 위한 통계적 소양은 현대 사회를 살아가는 우리에게 필수적인 요소다(박경미 외, 2015). 다양한 맥락의 통계적 자료나 정보, 이와 관련된 주장 또는 현상들을 분석하고, 비판적으로 평가하며, 합리적인 결정을 내리는 능력을 함양하는 것이 어느 때보다도 매우 중요한 시대가 되었으나(김소민, 2021), 기존의 계산, 기능, 절차 중심의 통계교육은 이러한 학생들의 통계적 소양이나 사고력을 신장시키기에는 한계가 있었다(우정호, 2007; 전혜원, 김래영, 2019). 이 새로운 시대에 필요한 인재로 자라날 학생들을 위하여 학교수학의 통계교육에도 변화의 바람이 불었다. 실생활 맥락 중심의 통계교육을 지향하는 2015 개정 수학과 교육과정에 따르면, 현대 사회의 불확실성을 이해하는 중요한 도구인 통계를 학습하여 다양한 자료를 수집, 정리, 해석함으로써, 미래를 예측하고 합리적으로 의사결정을 하는 민주 시민으로서의 기본 소양을 기를 수 있다(교육부, 2015, p. 35). 이러한 목적을 달성하기 위해서는 교육과정뿐만 아니라 이를 바탕으로 개발된 교과서도 매우 중요하다. 교과서의 체계, 제시된 학습 요소, 내용의 전개 방식, 과제 및 활동의 유형 등은 교사의 수업 구성 및 방법과 학생의 학습에 중대한 영향을 미친다(정혜윤 외, 2020; 조수현, 김구연, 2021). 따라서 교과서 분석 연구는 학생들이 학교수학에서 경험하는 수학적 활동의 방향과 수준을 파악하고, 이를 바탕으로 학생들의 수학적 활동 방향과 수준의 개선을 위한 시사점을 제시할 수 있다는 점에서 필요하다고 할 수 있다(정혜윤 외, 2020; Stein et al., 1996). 특히 세계 여러 나라의 교육과정 및 교과서를 비교·분석하는 국제 비교 연구는 교육에 관한 국제 동향 파악과 더불어 우리나라의 교육에 대한 심층적 이해와 교육과정 및 교과서의 발전을 위한 시사점을 얻을 수 있다는 점에서 중요하다(권오남 외, 2019; 김소민, 2021). 따라서 본고에서는 2015 개정 교육과정을 반영한 한국의 중등 통계 영역 교과서와 외국 교과서를 비교 분석한 연구를 중점적으로 소개하며, 이를 통해 향후 우리나라 통계 영역 교과서의 개선 방향에 대한 시사점을 제언하고자 한다.

## 2. 한국과 외국의 수학 교과서 통계 영역 비교 분석 연구

최근 2015 개정 수학과 교육과정이 발표되고 난 후 이루어진 한국과 외국 통계 영역 교과서에 대한 비교 분석 연구는 학위논문을 제외하면 찾아보기 어려웠다. 이 중에서 중등 통계 영역 교과서에 대한 비교 분석 연구는 분석 초점에 따라 크게 두 가지로 나눌 수 있었다. 첫째는 외국 교과서의 전반적인 구성 및 내용 체계 등에 초점을 맞춘 연구(김현영, 2020; 신우진, 2020; 이선아, 2020; 황원호, 2021)이며, 둘째는 외국 교과서에 반영된 특정 역량 또는 수학적 과정에 초점을 맞춘 연구(김소민, 2021; 박미현, 2020; 전혜원, 김래영, 2019; 최명심, 2020)이다.

먼저 통계 영역 교과서의 전반적인 구성 및 내용 체계 등에 초점을 맞춘 연구들을 살펴보자. 미국의 Common Core Standards for Mathematics를 기반으로 한 중학교 1학년에 해당하는 기하와 통계 영역의 교과서와 한국 교과서를 비교 분석한 김현영(2020)의 연구에서는 두 나라 교과서의 단원 구성 체계와 학습 시기에 차이를 보이는 학습 내용 및 요소를 비교·분석하고, 세부 학습내용의 도입단계, 내용 전개 방식, 학습과제의 유형을 비교·분석하여 각국 교과서의 장·단점을 관찰하였다.

김현영(2020)에 따르면, 한국과 미국 교과서에서 제시하고 있는 통계 내용의 학습 시기는 전반적으로 유사하지만 '표본'의 개념은 미국 교과서에서 더 빠른 시기에 도입하고 있었다. 교과서의 단원 구성 및 학습 내용 전개 방식에서는 두 나라의 교과서에서 차이가 나타났는데, 먼저 한국 교과서의 경우, 소단원명이 수학적 개념으로 명시되어있는 반면, 미국 교과서는 수학적 개념보다 수학적 활동으로 명시되어 있는 경우가 더 많았다. 또한 단원 시작 전 양식에 대해서는 미국 교과서는 선수 학습 내용과 본 단원의 학습 내용만 제시되어 있는 반면, 한국 교과서에서는 선수 학습 내용, 본 단원의 내용, 그리고 이후 학습할 내용을 제시하여 학년간의 학습 내용의 연계성을 명시했음을 알 수 있었다(김현영, 2020).

김현영(2020)의 연구에서 제시한 한국과 미국 교과서의 학습 내용의 전개방식에서의 차이점은 미국 교과서의 경우 문제와 관련된 역량을 배웠는지 검토하고 배운 내용을 나선형 학습을 통해 반복 학습하는 특징이 있었으며, 개념을 다루는 방식에서는 정의와 공식은 간단히 제시한 후, 학생들이 개념을 이해할 수 있도록 예시를 통해 개념 또는 정의를 설명하고, 난이도가 낮은 문제를 다량 제시하였다는 것이다. 이는 주로 정의와 직관적인 공식 유도에 초점을 두고, 이를 바로 적용할 수 있는 예제를 제시한 후, 높은 난이도의 응용문제를 제시하는 한국 교과서와는 다른 점이라고 볼 수 있다. 또한 미국 교과서의 경우, 문제해결 4단계를 반영한 '이해하기-계획하기-문제풀기-검산하기'의 과정을 거치는 단계적인 과제가 자주 제시되었으나, 한국 교과서에서는 이러한 문제해결 4단계를 거치는 단계적인 과제는 등장하지 않았다. 마지막으로 미국 교과서는 프로젝트 또는 토론 등을 통해 학생들이 협동하여 해결하도록 하는 문제를 매 단원마다 제공함으로써 문제해결, 추론, 표현, 의사소통 등의 다양한 역량을 강화할 수 있는 기회를 한국 교과서에 비해 많이 제공하였다(김현영, 2020).

한국과 뉴질랜드의 고등학교 통계 교육과정과 교과서를 비교 분석한 신우진(2020)의 연구에서는 두 나라의 교육과정에 제시된 핵심 역량의 요소와 학습 내용 등과 이를 반영한 두 나라 교과서의 주요 특징을 분석하였다. 뉴질랜드의 통계 교육과정은 통계적 조사, 통계적 소양, 확률 영역으로 구성된 3가지 틀에 맞추어 단계적으로 나선형 학습 구조를 지향하며, 이 세 영역은 학습 중요도와 내용 분량이 균등하게 배분되어 있었다. 한국 교육과정에 비해 뉴질랜드 교육과정은 통계적 조사와 통계적 소양 영역이 강조되고 있었는데, 학생들이 직접 통계적 조사를 수행하여 실생활에서 접할 수 있는 통계의 실용적 측면에 주안점을 두고, 통계적 소양 측면에서는 실생활 맥락의 다양한 통계 자료를 제시하고 이에 대한 비판적 해석을 강조하였다.

신우진(2020)의 연구에 제시된 교과서 분석에 대한 내용을 살펴보면, 뉴질랜드 교과서는 통계 영역의 분량이 한국 교과서의 3배 이상 많으며, 각 단원마다 교과서 출판사에서 제공하는 어플리케이션, Excel, R 프로그램, CAS 계산기 등의 다양한 공학적 도구의 사용법을 단계별로 상세히 제시함으로써 통계적 결과를 산출하는 데 공학적 도구를 적극 활용하도록 하였다. 또한 통계적 소양을 신장시키기 위해 실생활에서 접할 수 있는 기사를 소개하고 내용 해석 및 비판적인 사고를 요구하는 문제가 많이 제시되었다. 한국 교과서에서도 공학적 도구의 사용법을 제시하였지만 특정 몇 단원에 국한되고 간략하게 서술되어 있었다.

황원호(2021)의 연구에서는 한국과 중국의 고등학교 수학과 교육과정의 유사점 및 차이점과 교과서의 학습 내용 및 구성 방식에 대한 유사점 및 차이점에 대해 비교 분석하였다. 이 중 한국과 중국의 통계 영역의 교과서 비교 분석 내용을 살펴보면, 한국 교과서 보다 중국 교과서에서 다루는 학습요소 및 내용이 더 많으며, 통계적 추정에서 경제학 및 사회과학에서 많이 사용되는 선형 회귀분석과 2×2 분할표를 다룬다는 점이 한국 교과서와의 내용적 측면의 차이점이라고 할 수 있다. 또한 내용의 전개 방법적 측면에서는 한국 교과서의 경우 용어를 먼저 정의하고 개념을 엄밀히 확장해 나가는 방식인데 반해, 중국 교과서는 실세계 상황의 문제를 통계적으로 해결하는 방법으로 접근하는 차이점이 있었다. 황원호(2021)에 따르면, 한국 교과서에서는 표본조사를 통해 모집단을 추정하는 방법을 학습하는 것에 주안점을 두는데, 중국 교과서의 경우 주어진 통계 상황을 분석하는 방법을 학습하는 것에 주안점을 두었다. 또한 중국 교과서에서는 선형 회귀분석, 최소제곱법 등 한국에서 가르치지 않는 내용도 다루는데, 주어진 통계 자료의 상관관계를 파악하고, 선형 회귀분석법을 소개하며 최소제곱법을 통해 자료를 분석하고, 카이제곱 검정을 통해 분할표를 분석하는 등 주어진 자료를 분석하는 형태의 학습으로 구성되어 있었다.

다음은 통계 영역과 관련된 특정 역량 또는 수학적 과정에 초점을 맞춘 연구들을 살펴보자. 먼저 한국과 미국의 통계 영역 교과서 비교 분석을 통해 '통계적 문제해결과정'이 두 나라의 교과서에 어떻게 반영되고 있는지 연구한 전혜원과 김래영(2019)의 연구에서는 두 나라의 중학교 1학년 통계 영역 교과서에 제시된 모든 과제를 비교 분석하였다. '통계적 문제해결과정'은 학생들이 통계적 정보를 해석하거나 통계적 문제 상황에 직면했을 때 이를 해결할 수 있는 비판적인 안목을 길러 주기 위해서 학생들이 경험해야 할 과정이다. 전혜원과 김래영(2019)의 연구에서는 통계적 문제해결과정을 문제 설정(F), 자료 계획 및 수집(P), 자료 표현 및 분석(R), 그리고 결과 해석(I)의 4단계로 구성하였으며, 각 단계의 하위요소를 설정하고 이를 분석틀로 삼아 한국과 미국 통계 영역 교과서에 제시된 과제를 비교 분석하였다.

전혜원과 김래영(2019)에 따르면, 한국 교과서는 단일 과제의 90% 이상이 통계적 문제해결과정 중 한 단계만을 포함하고 있는 반면, 미국 교과서는 전체 단일 과제의 대략 30% 정도는 두 단계 이상을 포함하고 있었다. 또한 통계적 문제해결과정의 네 단계를 모두 경험할 수 있는 과제는 미국의 교과서에서만 나타났다. 통계적 문제해결 과정을 두 단계 이상 포함하고 있는 과제의 분석 결과, 한국 교과서는 FPR, PR 유형의 과제가 반복적으로 제시된 반면, 미국 교과서는 FPR, FRI, PRI, FR, RI 등 다양한 유형의 과제들이 제시되었다.

통계적 문제해결과정의 단계별 비율을 살펴보면, 한국 교과서의 경우 과제 대부분이 자료 표현 및 분석(R) 단계 중에서도 자료 분석 단계에 편중되어 있었는데, 단순히 자료의 값을 읽거나 값들 사이의 관계를 국소적으로 바라보는 유형의 과제가 절반 이상을 차지하고 있었다. 미국 교과서의 경우는 전체적인 자료의 값을 보고 분포의 특징 또는 경향을 분석하는 과제가 한국 교과서에 비해 높은 비율로 나타나, 두 나라의 교과서 사이에 차이가 있음을 알 수 있었다(전혜원, 김래영, 2019). 또한 수집한 자료를 나타낼 적합한 표현 도구를 선정하는 유형의 과제도 미국 교과서가 한국 교과서보다 높은 비율로 제시하고 있었으며, 특히 선정한 표현 도구를 자료의 특성이 효과적으로 드러나도록 설정하는 과제는 한국 교과서에서는 찾아 볼 수 없었다. 마지막으로 한국 교과서에는 자료의 일부만을 해석하는 과제는 많았지만 자료 전체를 종합하여 분석하거나 분석 결과를 통해 예측하는 등의 결과 해석(I) 단계의 과제는 제시되지 않았다. 반면 미국 교과서는 자료를 표현한 그래프 이면에 담긴 의미를 추론하는 과제나, 자료 수집부터 결과 해석까지 포함된 문제의 경우에는 학생 자신의 해석을 토대로 반성 및 평가하여 문제해결 과정을 수정하거나 새로운 문제를 설정하는 활동을 포함한 과제를 제시하였다(전혜원, 김래영, 2019).

외국 교과서의 비교 분석 연구는 미국, 싱가포르, 뉴질랜드, 중국 등의 다양한 나라의 교과서를 대상을 이루어졌는데, 특히 싱가포르의 교과서를 비교 분석한 연구가 많은 비중을 차지하였다. 따라서 다음 절에서는 싱가포르의 통계 영역 교과서에 대한 연구를 좀 더 중점적으로 살펴보도록 한다.

## 3. 싱가포르 교과서의 통계 영역 분석

### 3.1 학습 요소 및 내용

한국과 싱가포르 교과서에서 다루는 학습 요소의 공통점 및 차이점은 교과서가 교육과정을 기반으로 개발된다는 점에서 한국과 싱가포르, 미국, 일본의 중학교급 수학과 교육과정을 비교한 김소민(2019)의 연구에서 살펴보도록 하겠다. 싱가포르 교과서에서는 중심 집중 경향성과 자료의 분포를 파악하고 해석할 수 있는 다양한 척도 등과 관련된 학습 요소를 다루고, 통계적 개념 또는 표현을 이용해 자료의 분포 경향을 확인하거나 여러 자료 집단의 분포 경향을 비교 및 분석하는 활동에 중점을 두었다. 물론 한국의 교과서에도 수집한 자료를 정리하고 비교 및 분석하는 활동을 제시하고 있지만, 통계적 개념과 그 표현의 활용보다는 통계적 개념 자체의 학습에 초점을 둔 것으로 보인다.

학습 요소에서 가장 두드러지는 차이점은 점 그림(dot plot), 사분위수(quartile)/사분위범위(interquartile range[IQR]), 상자그림(box plot)/상자-수염 그림(box-and-whisker plot), 이상치(outlier)/특이값, 그리고 도수밀도(frequency density)를 싱가포르 교과서에서는 다루지만 한국 교과서에는 다루지 않는다는 것이다. 이 중에서 먼저 사분위수/사분위범위와 상자그림의 도입을 고려할 필요가 있다. 상자그림은 사분위수를 이용하면 집단의 중위수, 흩어짐, 특이값 등의 분포의 특징을 시각적으로 요약 및 비교할 수 있어, 여러 개 집단의 분포 경향을 요약하고 직관적으로 파악하여 비교·분석하는데 용이하다. 또한, 상자그림은 그리는 방법도 최솟값, 제1사분위수, 중위수, 제3사분위수, 최댓값의 5개의 통계수치만을 사용하여 간단하고, 자료 분포의 경향을 대푯값, 분산, 표준편차만으로 정리 및 해석하는 한국 교육과정에 사분위범위나 상자그림은 필요한 학습 요소라고 할 수 있다(김소민, 2019).

다음으로 도수밀도는 $\frac{\text{도수}}{\text{계급의 크기}}$로 나타내는 비(ratio)를 의미하는데, 싱가포르의 중등 2학년 수학 교과서의 히스토그램 단원에서 처음 제시되었다(김소민, 2020; Keung, 2017). 한국에서는 생소한 개념이지만 영국의 성취도 평가인 국가자격시험인 General Certificate of Secondary Education의 통계 영역 시험 범위에도 포함되어 있는 개념이다(Office of Qualifications and Examinations Regulation, 2016).

김소민(2020)의 연구에서 도수밀도의 수학적 연결성을 수학 내적·외적 연결성으로 나누어 살펴본 결과, 먼저 수학 내적으로는 도수밀도가 도수를 계급의 크기로 나눈 값이므로 상대도수를 계급의 크기로 나눈 상대도수밀도와 밀접한 관련이 있다. 확률밀도함수가 상대도수밀도 히스토그램의 추상화 모델로부터 탄생한 만큼, 도수밀도는 확률밀도함수 개념의 도입에 다리 역할을 한다고 볼 수 있다. 또한 비균등 구간의 히스토그램으로 자료를 나타낼 때, 이를 바르게 표현하고 해석하기 위해 도수밀도가 필요함을 명시함으로써 도수밀도의 도입이 상대도수밀도 보다 선행되는 것이 더 자연스럽다. 수학 외적으로는 과학 교과의 밀도 개념과 관련이 있으며 비균등 구간의 자료를 히스토그램으로 나타낼 때, 이를 정확하게 표현하고 해석하기 위한 아이디어를 얻게 해준다(김소민, 2020).

이러한 도수밀도의 도입 방법으로, 싱가포르 교과서에서는 균등 구간 히스토그램의 직사각형 면적이 각 대응하는 계급의 도수에 정비례한다는 성질을 이용해 비균등 구간 히스토그램에서도 이 성질이 성립하기 위해서 도수밀도가 필요함을 보였다(김소민, 2020). 한국 교과서 중에도 히스토그램의 직사각형의 면적과 계급의 도수 사이의 정비례관계를 언급한 교과서(이준열 외, 2017)가 있어, 싱가포르 교과서의 지도 방안 및 방법을 도입하는 것이 가능해 보인다. 다만 한국 교과서에서는 비균등 구간 히스토그램을 다루지 않아, 도수밀도 도입 시 그 필요성을 어떻게 제시할 것인지에 대한 고찰이 필요하다.

한국의 중학교 1학년과 3학년에 해당하는 한국과 싱가포르의 통계 영역 교과서를 비교 분석한 최명심(2020)의 연구에서도 이와 관련된 내용을 찾아볼 수 있다. 최명심(2020)은 통계 개념 중 분포와 요약 개념을 의미와 합목적성, 통계적 기술에 따라 교과서에 제시된 내용을 비교 분석하고, 교과서에 제시된 과제에 대해서는 통계적 소양 수준을 바탕으로 비교 분석하였다. 통계 개념 중에서 히스토그램과 막대그래프의 차이점에 대해 한국 교과서는 다루지 않았지만, 이를 언급한 싱가포르의 교과서는 막대그래프의 각 직사각형의 너비는 의미가 없지만 히스토그램의 각 직사각형의 너비는 계급의 너비를 알려준다고 제시하였다. 또한 모든 계급의 너비가 같으면 각 직사각형의 밑변의 길이가 같기 때문에 직사각형의 높이는 도수와 비례한다고 명시하였다. 최명심(2020)의 연구에서도 한국 교과서와 두드러지는 차이점으로 싱가포르 교과서에서는 계급 간격이 균등하지 않은 히스토그램을 그리는 방법을 제시하고 있음을 꼽았다.

최명심(2020)의 연구에서는 통계 개념 중 분포와 요약 개념을 중점적으로 분석했는데 연구 결과에 따르면, 한국 2종, 싱가포르 2종의 통계 영역 교과서 모두 도수분포표의 정의를 서술할 때는 범주와 빈도의 순서쌍을 원소로 하는 집합이라는 분포의 의미를 포함하였지만, 줄기와 잎 그림의 정의를 서술할 때는 싱가포르 1종 교과서만이 분포의 의미와 근접하게 서술하였음을 알 수 있었다. 줄기와 잎 그림을 정의하는 방식과 표현에 대한 서술에서는 한국과 싱가포르 교과서의 차이가 나타났는데, 한국 교과서는 줄기와 잎 그림을 그리는 방법에 대한 설명을 통해 줄기와 잎 그림을 정의하고, 싱가포르 교과서는 줄기와 잎 그림의 구성 요소로써 줄기와 잎을 제시하며 줄기와 잎 그림을 정의하였다. 또한 잎의 개수가 많은 줄기와 잎 그림의 표현에서는 싱가포르 교과서의 경우 줄기가 여러 개로 갈라진 줄기와 잎 그림을 제시하였으나 한국 교과서에서는 볼 수 없었다. 분포의 표현 중 하나인 히스토그램을 소개하는 방식에서도 한국 교과서는 히스토그램을 그리는 방법을 구체적으로 제시하였지만, 싱가포르 교과서의 경우는 히스토그램의 정의만을 제시한 후 예제를 통해 히스토그램을 그리고, 주어진 자료를 히스토그램으로 표현하는 것보다 분포의 특징을 파악하는 것에 중점을 둔 과제들을 제시하였다. 이렇게 정의를 간단하게 제시한 후, 다양한 예제 또는 과제를 통해 개념을 학습하게 하는 방법은 싱가포르 교과서의 특징이라고 할 수 있다. 김소민(2021)의 연구에 따르면, 한국과 싱가포르 교과서의 과제 수가 거의 두 배 정도 차이가 나는데, 그 이유는 싱가포르 교과서의 경우, 개념 설명보다 과제 중심으로 교과서가 구성되어 있고, 한국 교과서의 경우, 통계적 개념 또는 학습 내용에 대한 설명이 싱가포르 교과서에 비해 많았기 때문이었다.

Gal과 Garfield(1997), BenZvi와 Garfield(2004)는 통계에서 공통적으로 제시하는 요약의 의미를 "변이성에서 산포나 퍼짐을 나타내는 수치로 요약하는 것으로 자료 집합의 특성을 쉽게 파악하고 다른 자료 집합과의 비교를 가능하게하기 위한 목적을 지니고 있으며, 자료의 목적에 적합한 수치로 요약하는 것이 주된 관심사"라고 설명하였다(최명심, 2020, p. 18). 최명심(2020)은 한국과 싱가포르 교과서에 제시된 요약의 의미와 합목적성을 파악하기 위해 대푯값, 산포도, 중위수, 최빈값, 표준편차의 정의를 살펴보았다. 자료의 분포 상태를 파악하기 위해 그 자료의 중심이 어느 위치에 있는가를 나타내는 대푯값에 대한 요약의 의미를 가장 잘 반영한 교과서는 한국 교과서 1종이었다. 대푯값의 합목적성은 한국과 싱가포르 교과서 모두 중위수의 도입의 필요성으로 간접적으로 제시하였다. 산포도의 경우, 한국 교과서는 그 정의를 제시 한 후 분포의 상태의 퍼짐 정도를 파악하기 위해 산포도의 필요성을 강조하고 표준편차를 산포도의 한 종류로 설명한 반면, 싱가포르 교과서는 산포도의 정의를 제시하지 않고 표준편차를 도입할 때, 분포의 퍼짐을 파악하는 측도로 설명하였다. 따라서 한국 교과서는 표준편차의 요약의 합목적성을 생략한 것에 반해 싱가포르 교과서는 간접적으로 제시하고 있음을 알 수 있었다(최명심, 2020, p. 65-66). 마지막으로 최빈값은 한국과 싱가포르 교과서 모두 자료에서 가장 많이 나타난 값을 기준으로 자료의 중심으로부터 분포를 파악하는 것으로 도입하면서 요약의 합목적성을 나타내고 있었다(최명심, 2020).

## 3.2 통계적 소양

통계교육의 궁극적 목적이라고 할 수 있는 통계적 소양은 정의와 의미가 연구자에 따라 다양하지만, 공통적으로 강조되고 있는 두 가지 측면은 다음과 같다(강현영 외, 2014). 첫째, "다양한 맥락에서 접하는 통계 정보나 자료와 관련된 주장 또는 확률 통계적 현상들을 해석하고 비판적으로 평가하는 능력"이며, 둘째는 "통계 정보에 기초하여 토론하고 의사소통하는 것"이다(강현영 외, 2014, p. 46). 최명심(2020)은 학생들의 통계적 소양을 신장시키기 위해 한국과 싱가포르의 교과서가 적절한 통계적 소양 요구수준을 반영한 과제를 제시하였는지 Watson과 Callingham(2003)의 통계적 소양 수준을 수정·보완하여 이를 바탕으로 비교 분석하였다.

최명심(2020)의 연구에서는 통계적 소양 요구수준을 1수준 기초적인 수준, 2수준 비형식적인 수준, 3수준 비일관적인 수준, 4수준 비일관적이나 합리적인 수준, 5수준 일관적이나 무비판적인 수준, 6수준 비판적인 수준으로 설정하고, 한국과 싱가포르 교과서에 공통으로 제시된 학습요소에 관련된 과제를 통계적 소양 요구수준에 따라 비교 분석하였다. 연구 결과는 다음과 같다. 첫째, 교과서에 제시된 과제의 통계적 소양 요구수준은 두 나라 교과서 모두 6개의 수준을 모두 제시하였고, 2수준의 과제가 가장 많은 비율을 차지하였다. 각 수준이 제시된 비율의 순서는 5수준과 6수준의 순서만 제외하고 평균적으로 동일하나, 과제의 통계적 소양요구수준 중 4수준의 경우 싱가포르 교과서가 한국 교과서보다 차지하는 비중이 상대적으로 큰 것으로 나타났다.

둘째, 교과서의 과제를 줄기와 잎 그림, 도수분포표와 히스토그램, 대푯값, 산포도로 분류하여 통계적 소양 요구수준을 분석한 결과, 두 나라 교과서 모두 줄기와 잎 그림에 대한 과제의 통계적 소양 요구수준 중 4수준이 가장 많이 차지하며, 차지하는 비율은 싱가포르 교과서가 두 배 정도 높은 것으로 나타났다. 이는 싱가포르 교과서가 문제해결 과정에서 결론의 정당화를 강조함을 의미한다고 볼 수 있다. 도수분포표와 히스토그램, 대푯값에 관련된 과제는 두 나라 교과서 모두 2수준의 과제가 가장 큰 비중을 차지하는 것으로 나타나, 맥락적 자료를 도수분포표나 히스토그램, 대푯값으로 정리하거나 요약하는 것에 중점을 두고 있음을 알 수 있었다. 대푯값에 대한 과제의 경우, 싱가포르 교과서는 1수준부터 6수준까지 다양한 통계적 소양 요구수준을 제시하였지만, 한국 교과서는 3수준과 6수준을 제시하지 않았다. 반대로 산포도 관련 과제의 경우, 한국 교과서에서는 모든 수준을 제시하였지만, 싱가포르 교과서는 3수준과 5수준 과제는 제시하지 않았다. 하지만 6수준의 산포도 과제는 싱가포르 교과서가 한국 교과서보다 큰 비율로 나타났다(최명심, 2020). 이를 바탕으로 싱가포르 교과서는 대푯값과 산포도와 관련된 과제로, 지문에 표나 그래프의 해석을 제시하고 이에 대한 동의 여부를 묻고, 판단의 이유를 설명 또는 정당화하는 과제 등을 제시하여, 학생들이 비판적으로 사고하고 평가할 수 있는 기회를 많이 제공한다고 볼 수 있었다(김소민, 2021; 최명심, 2020).

## 3.3 핵심 역량

수학적 모델링이란 현실 세계의 여러 현상과 그 관계를 분석하고 종합하는 단계를 거쳐 수학적 모델을 만들고, 이를 활용해 문제를 해결하는 과정을 의미한다(Swetz, 1991). 우리나라를 비롯한 미국, 싱가포르 등의 많은 나라에서 수학과 교육과정에 수학적 모델링을 포함하고, 학교 수업에서의 수학적 모델링 활동을 권장하고 있다(교육부, 2015; 김소민, 2021; NCTM, 1991, 2000; CPDD, 2019). 또한 수학적 모델링은 2015 개정 수학과 교육과정에서 제시한 6가지 수학 교과 역량 중 하나인 문제해결 역량의 하위 요소로, 학생들이 학교수학에서 실생활 맥락의 문제 상황을 이해하고, 이를 해결하는 데 통계라는 수학적 모델의 활용을 경험해보는 것이 매우 중요하다. 따라서 수학적 모델링은 통계교육과 밀접한 관련이 있다고 볼 수 있다. 그러나 수학적 모델링을 통한 통계 학습을 경험할 수 있는 기회에 대한 연구는 활발히 이루어지지 않았다. 김소민(2021)의 연구에서는 한국과 싱가포르 중학교 1학년 교과서의 통계 영역 과제를 수학적 모델링 관점에서 분석하였는데, 2020년부터 시행된 싱가포르의 새로운 수학과 교육과정(CPDD, 2019)을 반영한 최근 교과서(Heng et al., 2020)를 분석하였다는 점이 기존의 싱가포르의 교과서 관련 연구들과 차별화되는 점이다.

김소민(2021)은 한국과 싱가포르 교과서에 제시된 과제를 다음 5가지 요소로 구성된 수학적 모델링 과제 분석틀을 바탕으로 분석하였다.

① 수학적 모델링 과정의 반영 여부
② 과제가 제공하는 데이터의 유형
③ 과제의 표현 유형
④ 실세계 문제 상황의 맥락 유형
⑤ 과제의 수학적 활동 유형

김소민(2021)의 연구 결과는 다음과 같다. 첫째, 한국과 싱가포르 교과서 모두 수학 결과 얻기 과제가 가장 높은 비율로 나타났고, 과제에 제공된 데이터 유형 또한 필요한 데이터만 제공되는 적정 데이터 과제가 대부분이었다. 그러나 한국 교과서의 경우, 싱가포르 교과서에 비해 특정 과정에 더 집중되어 있었으며, 도수 읽기, 수치적 연산 문제 등의 단조로운 과제가 주로 반복되었다. 이처럼 수학적 모델링 과정을 균형 있게 제공하지 않으면, 수학적 모델링 고유의 특징인 진정성(authentic)을 경험할 수 없게 된다(Niss, 1992; 정혜윤 외, 2020; 김소민, 2021, 재인용). 즉, 학생들이 데이터가 과잉 제공되거나 부족한 상황을 포함하는 복합적인 실생활 문제 상황을 이해하고, 그 상황에 영향을 미치는 요소를 파악하는 과정, 비구조화된 데이터를 단순화 또는 구조화하여 문제 상황을 해결할 수 있는 수학적 모델을 도출하는 과정 등을 경험할 수 없는 것이다. 특히 한국 교과서의 경우, 수학적 모델링 과정 중에서 검증하기 단계의 과제 비율이 싱가포르 교과서에 비해 매우 낮게 나타났는데, 이는 과제에 제시된 수학적 모델의 한계나 장단점을 파악하고, 도출된 결과나 그에 대한 해석을 비판적으로 평가할 수 있는 기회의 제공이 어려움을 의미한다.

둘째, 한국과 싱가포르 교과서 모두 표나 그래프 등으로 표현된 그림 과제가 가장 높은 비율을 차지하였다. 그러나 과제 표현 유형 역시 싱가포르 교과서에 비해 한국 교과서가 그림 과제에 더 편중되어 있었다. 자료를 표나 그래프로 표현하거나, 표와 그래프의 해석을 요구하는 그림 과제 유형은 수학적 모델이 이미 과제에 제시되어 있음을 의미하며, 수준이 낮은 과제로 간주될 수 있다. 따라서 통계 영역에서 그림 과제의 비율이 높을수록, 학생의 인지적 부담은 감소하겠지만, 다양한 수학적 모델 탐색 및 수립이나 여러 모델 중에서 가장 적합한 모델을 선정하는 의미 있는 수학화를 경험할 수 있는 과제는 아닐 수 있음을 언급하였다.

마지막으로, 실세계 문제 상황의 맥락 유형을 살펴보면, 싱가포르 교과서의 경우, 학생 관점에서 현실성이 그리 높지 않은 일반 과제가 가장 높은 비율을 보이고 있지만, 현실성이 높은 개인 과제, 교육/직업 과제와의 비율 차이가 크지 않았고, 현실성이 가장 낮은 과학 과제가 가장 적게 나타났으며, 전반적으로 다양한 실세계 맥락이 반영되어 있다. 한국 교과서의 경우, 현실성이 비교적 높은 교육/직업 과제가 가장 높은 비율을 보였으나, 현실성이 가장 높은 개인 과제가 가장 낮은 비율로 나타났다. 이는 교과서가 학생 관점에서 현실성이 높고 학생과의 관련성이 높은 과제를 제시하지 못하고 있음을 의미한다. 또한 싱가포르 교과서의 경우, 학생들이 경험할 수 있는 사회·문화·경제생활 또는 지역 공동체에 관한 과제가 다양하게 제시되어 있었다. 그에 비해, 한국 교과서에는 운동경기/문화 상황에 관련된 과제가 대부분이었고, 사건/사고/교통, 금융/주식, 근로/서비스/만족도, 미디어/출판에 대한 상황 및 맥락과 관련 있는 과제는 없었다.

그 밖에 수학 교과 역량 중, 정보처리 역량과 관련하여 한국과 싱가포르 교과서에 반영된 공학적 도구의 활용을 비교 분석한 박미현(2020)의 연구도 찾아볼 수 있었다. 이 연구는 통계 영역을 포함한 수학 전 영역을 대상으로 연구를 수행하였기에 공학적 도구가 활용된 영역, 활용된 공학적 도구의 종류, 공학적 도구가 활용된 교수·학습 형태 등을 중점적으로 제시하였다. 박미현(2020)의 연구 결과에 따르면, 한국 교과서

보다 싱가포르 교과서에서 공학적 도구의 활용 부분이 약 2배 이상 많았다. 공학적 도구가 활용된 영역으로는, 한국 교과서의 경우 기하영역과 더불어 통계 영역에서 공학적 도구가 많이 활용된 반면, 싱가포르 교과서에서는 통계 영역에서 공학적 도구의 활용 비율이 가장 낮았다. 통계 영역에서 집중적으로 사용된 공학적 도구로, 싱가포르 교과서에서는 계산기, 스프레드시트, 인터넷 및 스마트기기의 공학적 도구가 대체로 고르게 활용되었는데, 이는 한국 교과서에서 이지통계 등의 통계 전용 소프트웨어가 집중적으로 활용된 것과 차이나는 점이다. 마지막으로 교과서에 활용된 공학적 도구의 활용을 6가지 형태인 정보 탐색 및 제시형, 기능 소개 및 설명형, 보조도구형Ⅰ(개념 이해), 보조도구형Ⅱ(문제 해결), 의도된 탐구유도형, 학생 중심의 탐구학습형으로 분류하여 분석한 결과는 다음과 같다. 한국 교과서의 경우, 통계 영역에서 공학적 도구의 사용 절차 및 방법, 기능을 설명해 주는 형태의 기능 소개 및 설명형이 가장 높은 비율로 나타났으며, 학생들 스스로 자료를 조사 및 수집한 후 공학적 도구를 이용해 자료를 정리 및 표현하고 문제를 해결하는 학생 중심의 탐구학습형의 대부분이 통계 영역에서 나타났다. 싱가포르 교과서의 경우는 통계 영역에서 수학 계산이나 문제를 해결하기 위해 공학적 도구를 활용하는 보조도구형Ⅱ(문제해결)이 가장 높은 비율로 나타났으며, 싱가포르 교과서 역시 대부분의 학생 중심의 탐구학습형이 통계 영역에서 나타났다(박미현, 2020).

## 4. 우리나라 통계 영역 교과서의 개선 방안

앞서 소개한 한국과 외국 통계 영역 교과서의 비교 분석 연구 결과를 바탕으로 도출한 우리나라의 중학교 통계 영역 교과서의 개선 방향에 대한 시사점은 다음과 같다. 첫째, 실생활 맥락 중심의 통계교육의 구현을 위해서 통계적 개념 이해 위주에서 통계적 활동 중심으로 교과서가 구성되어야 하며(김소민, 2019), 학생 관점에서 현실성이 높은 실생활 맥락의 과제를 제시할 필요가 있다(김소민, 2021; 김현영, 2020; 박미현, 2020; 전혜원, 김래영, 2019; 최명심, 2020; 황원호, 2021). 학생들과 밀접한 현실성 높고 다양한 실생활 맥락 안에서 통계적 개념과 표현을 학습하고, 목적에 맞는 자료를 직접 생성 및 수집, 정리, 분석하여, 그 결과를 합리적인 의사결정 또는 판단의 근거로 사용하며, 이를 통해 문제를 해결하는 실생활 관련 통계적 활동이 중심이 되도록 교과서를 구성해야 한다(김소민, 2019). 또한 학생들이 해당 통계 내용과 관련된 실생활 사례나 다른 영역의 전문적 지식, 관련 수학자 등의 추가적인 정보를 주도적으로 탐색할 수 있도록 교과서를 구성하여 학생들의 통계 학습동기를 유발하고, 수학 외적 연결성 또한 경험할 수 있는 기회를 제공하여(OECD, 2003; 정혜윤 외, 2020) 통계의 가치, 필요성, 유용성 등 정의적 측면에도 긍정적 영향을 줄 수 있어야 할 것이다(김현영, 2020; 박미현, 2020).

둘째, 학교수업에서 활용 가능한 공학적 도구를 사용하여 다양한 실생활 자료를 다루는 통계적 활동을 할 수 있도록 교과서를 구성할 필요가 있다(전혜원, 김래영, 2019; 신우진, 2020; 박미현, 2020). 탐구 기반의 통계 수업을 통해 실생활 맥락의 거친 자료를 정리 및 표현하고 통계량을 계산하는 것에 공학적 도구를 활용하게 함으로써 학생들이 복잡한 통계적 수치 계산이 아닌 결과 해석 및 의사결정에 집중할 수 있도록 해야 한다(이경화, 구나영, 2015; 전혜원, 김래영, 2019). 이때, 학생들의 공학적 도구의 접근성과 사용의 어려움을 고려해, 보편적이고 쉽게 접근 가능하며 다루기 쉬운 통계 프로그램을 활용할 수 있도록 교과서를 구성하기를 제안한 연구(전혜원, 김래영, 2019)가 있는 반면, 또 다른 연구(신우진, 2020; 박미현, 2020)에서는 통계적 활동만을 위한 이지통계 등의 통계 전용 소프트웨어뿐만 아니라 스프레드시트, R 프로그램, CAS 계산기, 인터넷 및 스마트기기와 같은 다양한 공학적 도구를 활용하여 통계적 활동을 할 수 있도록 교과서를 구성하는 것도 중요하다고 강조했다. 특정 유형의 공학적 도구 사용 시, 통계에 특화된 공학적 도구를 활용한다는 장점도 있으나, 이 외에 공학적 도구를 선택하는 데 어려움을 겪을 수 있기 때문이다. 따라서 통계적 문제해결을 위해 다양한 공학적 도구의 폭넓은 기능을 인지하고, 이를 활용할 수 있도록 교과서 구성을 고려해야 한다(박미현, 2020).

셋째, 통계적 문제해결 및 수학적 모델링 과정의 전체 또는 여러 단계를 반영한 과제를 균형 있게 제시할 필요가 있다. 미국과 싱가포르 교과서의 경우, 통계적 개념의 정의 또는 설명은 최소화하고 과제 중심으로 구성되어 있어 한국 교과서에 비해 과제 수가 많다(김소민, 2021; 김현영, 2020). 또한 단일과제에서도 통계적 문제해결과정의 여러 단계를 포함하거나(김현영, 2020; 전혜원, 김래영, 2019), 수학적 모델링 과정의 각 단계를 다룬 과제의 비율이 한국 교과서에 비해 고르게 나타났다(김소민, 2021). 특히 단일과제에서 통계적 문제해결과정의 전체 과정 또는 여러 과정을 경험할 수 있는 과제를 통해 학생들이 통계 활동을 단편적으로 경험하기보다, 문제 설정부터 결과 해석, 반성까지 단계간의 유기적 관계와 연관성을 이해하고, 문제를 해결하고, 통계적 소양과 사고력을 증진시키기 위한 하나의 흐름으로 경험하게 하는 것이 중요하다(이윤경, 2009; 전혜원, 김래영, 2020; Newton et al., 2011). 또한 학생들이 자료의 전체에 주목하여 자료의 변이성을 고려하고, 패턴 및 경향을 분석하여 추론 및 예측하는 것은 통계적 문제해결과정의 최종 목표이고(이경화, 지은정, 2008), 한국 교과서에서 찾아보기 어려운 상황이해 단계와 현실 모델 수립 단계 과제는 수학적 모델링 고유의 특징인 진정성을 반영한다(김소민, 2021). 따라서 통계적 문제해결과정 또는 수학적 모델링 과정 중에서 특정 단계에 편중되지 않고 다양한 과정을 경험할 수 있도록 균형 있는 과제유형을 제시하여 통계적 문제해결이나 수학적 모델링의 각 과정을 온전히 경험하도록 교과서를 구성할 필요가 있다.

마지막으로 중학교 통계 영역 교과서에서 다루는 학습요소에 대해서 우리나라도 미국, 싱가포르, 뉴질랜드 등의 국가와 같이 사분위범위와 상자그림을 학습 요소에 추가할 것을 고려해 볼 수 있다(김소민, 2019; 신우진, 2020). 사분위범위와 상자그림은 복수 집단의 분포 경향을 시각적으로 요약하고 비교·분석하기에 유용하기 때문이다(김소민, 2019). 또한 싱가포르 교과서에서 다루는 도수밀도 개념은 수학 내적으로 히스토그램-도수밀도-상대도수밀도-확률밀도함수까지 연계성 있는 개념 학습을 위해 중학교 과정에서 도입이 필요하며, 수학 외적으로 과학의 밀도 개념과의 연결을 통해 도수밀도 개념의 도입을 고려해야 한다(김소민, 2020).

## 5. 결론

본고에서는 한국과 외국의 중학교 통계 영역 교과서의 비교 분석 연구를 소개하고 이를 통해 우리나라 교과서의 개선 방향에 대해서 살펴보았다. 우리나라 2015 개정 수학과 교육과정의 개정 방향으로 실생활 맥락을 강조하는 탐색적 자료 분석으로서의 통계교육과 통계적 소양 교육을 설정하고(박경미 외, 2015), 이를 반영하여 교과서를 개발하였음에도 여전히 교과서에 제시된 자료나 과제에서 현실성이 높은 실생활 맥락이 충분히 반영되지 못하였다. 통계적 소양이나 통계적 문제해결 역량을 기를 수 있도록 교과서 구성이나 과제 유형의 다양성을 보완하고, 통계 전용 프로그램뿐만 아니라 다양한 공학적 도구를 사용하여 실생활 맥락의 다듬어지지 않은 자료를 수집, 정리, 표현, 분석, 해석하는 활동을 경험할 수 있는 기회가 교과서에 제공될 필요가 있다. 향후 더 다양한 국가의 여러 종의 교과서를 대상으로 통계 영역의 구성 체계, 학습요소, 내용 전개 방식에 대한 비교 분석 연구와 더불어, 통계적 소양, 수학 교과 역량 등과 관련된 심층적인 교과서 비교 분석 연구가 활발히 수행되길 바란다.

# 참고문헌


강현영, 신보미, 고은성, 이동환, 심송용, 김정자, 구나영, 정인수, 최경식, 홍지혜(2014). **통계 교육 활성화를 위한 수학 교육과정 개선 방안 연구**. 연구보고, 한국과학창의재단, 서울.

교육부(2015). **수학과 교육과정**. 제2015-71호 [별책8].

권오남, 이경원, 이아란, 한채린(2019). 한·일 수학과 교육과정의 외·내적 체재 비교분석: 직전 교육 과정과의 변화를 중심으로. **수학교육, 58**(2), 187-223.

김소민(2019). 중학교 통계영역의 교육과정 개선을 위한 외국 교육과정의 탐색: 한국, 미국, 싱가포르, 일본의 학습 요소 중심으로. **한국학교수학회논문집, 22**(4), 501-520.

김소민(2020). 도수밀도(Frequency density)의 수학적 연결성과 지도방안. **한국학교수학회논문집, 23**(4), 509-521.

김소민(2021). 수학적 모델링 관점에 따른 한국과 싱가포르의 통계영역 과제 분석: 중학교 1학년 교과서를 중심으로. **한국학교수학회논문집, 24**(3), 283-308.

김현영(2020). **중학교 1학년 미국 수학 교과서와 한국 수학 교과서 비교·분석: 기하 영역과 통계 영역을 중심으로**. 석사학위논문, 경상대학교, 창원.

박경미 외 43인(2015). **2015 개정 수학과 교육과정 시안 개발 연구 Ⅱ**. 연구보고, 한국과학창의재단, 서울.

박미현(2020). **우리나라와 싱가포르 중학교 수학 교과서의 공학적 도구 활용에 대한 비교·분석**. 석사학위논문, 한국교원대학교, 청주.

신우진(2020). **우리나라와 뉴질랜드의 고등학교 통계 교육과정 분석 및 비교연구: 뉴질랜드 통계 수준 7과 수준 8을 중심으로**. 석사학위논문, 아주대학교, 수원.

우정호(2007). **학교수학의 교육적 기초**. 서울: 서울대학교출판부.

이경화, 구나영(2015). 확률과 통계 영역에서 공학의 활용. 고상숙(편.), **수학교육에서 공학적 도구**(pp. 285-313). 서울: 경문사.

이경화, 지은정(2008). 그래프의 교수학적 변환 방식 비교. **수학교육학연구, 18**(3), 353-372.

이선아(2020). **남한과 북한의 수학 교과서 비교분석: 중학교 1학년 통계 영역을 중심으로**. 석사학위논문, 한국교원대학교, 청주.

이준열, 최부림, 김동재, 이정례, 김상미, 원유미, 강해기, 김성철, 강순구(2017). **중학교 수학 1 교과서**. 서울: 천재교육.

전혜원, 김래영(2019). 한국과 미국 중학교 수학 교과서의 통계적 문제해결과정 비교 연구. **수학교육 논문집, 33**(4), 425-444.

정혜윤, 이경화, 정진호(2020). 수학적 모델링 관점에 따른 초등학교 6학년 교과서의 실세계 맥락 과제 분석: 2011과 2015 개정 교육과정 시기를 중심으로. **학습자중심교과교육연구, 20**(18), 1313-1340.

정혜윤, 정진호, 이경화(2020). 수학적 모델링 관점에 따른 한국과 미국의 중학교 1학년 교과서 기하 영역에 제시된 과제 분석. **한국학교수학회논문집, 23**(2), 179-201.

조수현, 김구연(2021). 수학 교사의 교과서 이해 및 활용 의도 탐색. **수학교육, 60**(1), 111-131.

최명심(2020). **한국과 싱가포르의 중학교 수학 교과서에 나타난 통계적 소양 비교 분석**. 석사학위논문, 한국교원대학교, 청주.

황원호(2021). **한국과 중국의 고등학교 수학과 교육과정 및 교과서 비교·분석: 한국의 2015 개정 및 중국의 2017 개정 중심으로**. 석사학위논문, 한국교원대학교, 청주.

Ben-Zvi, D. & Garfield, J. (2004). Statistical literacy, reasoning, and thinking: Goals, definitions, and challenges. In D. Ben-Zvi & J. Garfield (Eds.), *The challenge of developing statistical literacy, reasoning and thinking* (pp. 3-15). Dordrecht: Springer.

Curriculum Planning and Development Division [CPDD] (2019). *Mathematics syllabus secondary one to four, express course, normal (academic) course*. Ministry of Education, Singapore.

Gal, I. & Garfield, J. (1997). Curricular goals and assessment challenges in statistics education. In I. Gal & J. Garfield (Eds.), *The assessment challenge in statistics education* (pp. 1-13). Amsterdam: IOS Press and International Statistical Institute.

Heng, C. B., Seng, T. K., Fong, W. L., Lee, S., & Hong, O. C. (2020). *Think! Mathematics: New syllabus mathematics, secondary 1B* (8th Edition). Singapore: Shinglee Publisheres Pte Ltd.

Keung, C. W. (2017). *Discovering mathematics 2B* (2nd Edition). Singapore: Star Publishing Pte Ltd.

National Council of Teachers of Mathematics [NCTM] (1991). *Mathematical modeling in the secondary school curriculum*. Reston, VA: Author.

National Council of Teachers of Mathematics [NCTM] (2000). *Principle and standards for school mathematics*. Reston, VA.: Author.

Newton, J., Dietiker, L., & Horvath, A. (2011). Statistics education in the United States: Statistical reasoning and the statistical process. In C. Batanero, G. Burrill, & C. Reading (Eds.), *Teaching statistics in school mathematics: Challenges for teaching and teacher education* (pp. 9-14). New York: Springer.

Niss, M. (1992). *Applications and modelling in school mathematics: Directions for future development*. Roskilde: IMFUFA Roskilde Universitetscenter.

Organization for Economic Co-operation and Development [OECD] (2003). *The PISA 2003 assessment framework: Mathematics, reading, science and problem solving knowledge and skills*. Paris: Author.

Office of Qualifications and Examinations Regulation (2016). *GCSE Subject Level Conditions and Requirements for Statistics*. England: Department for Education.

Stein, M. K., Grover, B. W., & Henningsen, M. (1996). Building student capacity for mathematical thinking and reasoning. An analysis of mathematical used in reform classrooms. *American Educational Research Journal, 33*(2), 455-488.

Swetz, F. (1991). Incorporating mathematical modeling into the curriculum. *Mathematics Teacher, 82*(9), 722-726.

Watson, J. M. & Callingham, R. (2003). Statistical literacy: A complex hierarchical construct. S*tatistics Education Research Journal, 2*(2), 3-46.

# 제 III 부

# 통계 교수·학습 실천 사례

초·중·고 통계교육의 실천은 전 과목을 담당하는 초등교사, 그리고 수학교육을 전공한 중등 수학교사에 의해 이루어진다. 그러나 최근 통계교육 영역에서 전문성을 지닌 교사에 의해 '좋은 통계 수업'의 사례가 점차 축적되고 있다. 제Ⅲ부에서는 학교급별로 교수·학습 실천의 영역에서 이루지는 통계 수업의 실제 사례를 살펴보며, 기존 통계 교수·학습에 대한 반성과 함께 개선 방향을 모색한다.

# 제5장

# 우리나라 초등학교 통계교육의 실제

한채린(서울등촌초등학교)

## 1. 서론

거듭된 기술 혁신에 따라 빠르게 변화하는 사회를 살아갈 학생들을 준비시키는 데에 있어 예측 및 의사결정에 자료를 사용할 수 있도록 하는 통계교육의 필요성은 점점 더 커지고 있다(Leavy et al., 2018). 그러나 학교 교육으로서의 통계교육에 대한 연구자들의 관심은 여타 수학 내용보다 훨씬 늦은 1970년대에서야 성장하기 시작했으며(Vere-Jones, 1995), 초등학교급에서의 통계교육은 그보다도 더 늦게서야 연구자들의 관심을 받기 시작하였다. 1989년과 2000년에 발표된 NCTM의 수학적 규준에서야 초등학교에서 가르쳐야 할 통계적 개념이 구체적으로 적시되기 시작하였다는 점이 이를 보여준다(Groth, 2018). 늦은 시작에도 불구하고 지난 10여 년간 전 세계적으로 폭발적인 성장을 보인 통계교육 연구들은 능동적인 지식 구성을 지원할 수 있는 테크놀로지 기반 교수 환경과 같은 적절한 학습 기회가 주어진다면 초등 및 유아 학습자들도 기초적인 통계 개념에 대한 직관을 형성할 수 있다고 보고하면서(예를 들어, Bakker, 2004; English, 2012; Leavy & Hourigan, 2018; Makar, 2014; Meletiou-Marvrotheris & Papristodemou, 2015), 초등학교에서의 통계교육의 적시성 및 필요성을 증명해왔다.

통계교육의 목표는 통계적 소양을 기르는 데에 있으므로(Gal, 2002; Rumsey, 2002; Watson, 2006; Wallmann, 1993), 통계적 소양은 학교 수학에서 시행하는 통계교육의 실제를 탐색하고 개선점을 찾아나가는 주요 구심점이 된다. 그러나 통계적 소양에 대한 수많은 정의들은 대부분 성인이나 중등 학습자를 대상으로 하며(예를 들어, Ben-Zvi & Garfield, 2004; Gal, 2002; Watson, 2006), 어린 학습자들이 지향해야 할 통계적 소양이나 확률적 소양에 대한 명시적인 규명은 찾아보기 어렵다(English, 2018). 이에 English(2018)는 유아 및 초등학생 수준에서 통계적 소양의 구성요소를 제안하고[1] 어린 학습자들이 통계교육 초기 단계에서 얻을 수 있는 잠재적 학습 기회를 충분히 보장해주고 있는지를 점검하는 도구의 필요성을 주장한 바 있다. 이와 같은 움직임은 초등학교급에서 시행하는 통계교육에는 상위학교급과는 구분되는 고유한 특질이 있음을 방증해준다.

우리나라 초등학교 수학교육에서 확률과 통계라는 영역이 명시적으로 등장한 것은 2000년대부터로, 1997년 고시된 제7차 교육과정에서야 초등학교 수학과 교육과정에서 통계가 독립된 내용 영역으로 설정되었다(교육부, 1997). 그 이전까지는 관계 영역의 일부로 확률과 통계 내용이 다뤄지다가 7차 교육과정에서 중·고등학교 수학과 내용 영역과 나란하게 '확률과 통계'라는 단독 내용 영역이 할당되었고, 2015 개정 수학과 교육과정에서는 영역명이 '자료와 가능성'으로 변경되었다. 초등학교에서는 본격적인 확률 개념을 다루지 않는다는 점을 반영하여 '확률'을 '가능성'으로 변경하고, 학교급에 따른 초보적인 영역명으로 통일하고자 '통계'를 '자료'로 변경한 것이다(박경미 외, 2015). 이는 초등학교 통계교육에서 확률의 기초개념인 가능성과 통계를 분절하여 다루고 있음을 의미하며, 초등학교 통계교육의 방점은 자료를 수집, 분류, 정리, 해석하는 데에 있음을 보여준다. 확률론은 통계학의 수학적 기초를 제공하지만 초

1) 어린 학습자를 위한 통계적 소양(English, 2018, p. 296)

| | |
|---|---|
| 지식 | 가능성 요소: 가능, 불가능, 확실, 불확실, 랜덤, likely, unlikely, equally likely, most/least likely<br>통계와 가능성 요소: 변이, 예상, 예측, 자료 분포, 중심값(최빈값, 중앙값, 평균)에 대한 비형식적 추론 |
| 과정 | 가능성과 자료를 설계하고 조사 수행하기: 측정하기, 비교하기, 해석하기, 표현하기, 모델링하기, 결정하기, 불확실명 규명하기, 정당화하기, 의사소통하기를 포함한 수학적, 통계적, 가능성 과정들<br>비형식적인 추론하기: 예측하기, 자료에서 결론을 도출해내는 데에 있어 불확실성과 변이성 인지하기, 일반화하기 |
| 태도 | 비판적인 인식, 불확실성의 감수, 유연성, 연결성 찾기 |

등학교 수준에서 수학적 확률과 통계적 확률 간의 연결가능성에 기반한 탐구는 쉽지 않기 때문이다(이경화 외, 2019).

우리나라 학계에서는 2010년대 이후 통계교육 전문 연구자들이 등장하면서 초등학교 수준의 통계교육 연구들도 점차 확장되고 있다(탁병주, 이경화, 2017). 교육과정 및 교과서의 통계 내용을 분석하는 연구(예를 들어, 박영희, 2016; 방정숙, 2008; 방정숙 외, 2016; 배혜진, 이동환, 2016; 이자미, 고은성, 2019b; 이형근 외, 2019; 탁병주, 2020; 탁병주, 김다빈, 2020), 혹은 수학영재학생을 대상으로 하는 연구(고은성, 이경화, 2011; 이형숙 외, 2010)가 실시되어 오다가 근래에는 실제 초등학생을 대상으로 이들의 통계학습을 조사하고, 실제 교실에서 이루어지는 통계 수업을 탐색하는 연구들이 등장하고 있다(예를 들어, 문은혜, 이광호, 2018; 이대현, 오영열, 2021; 이자미, 고은성, 2019a; 임다미, 박영희, 2017; 한채린 외, 2018). 초등학교급에서 이루어지는 통계 교수·학습의 실제에 대한 연구들은 국내 통계교육 연구에서 이루어지는 논의들의 현실적합성을 확보하게 할 뿐 아니라 통계적 사고에 대한 보다 근본적인 접근을 가능하게 해줄 수 있다는 점에서(이경화, 2016) 보다 더 많은 연구가 시도될 필요가 있다.

본고는 같은 맥락에서 우리나라 초등학교급에서 이루어지는 통계교육의 실제를 탐색하고자 한다. 이를 위해 먼저 우리나라의 초등학교급 통계 내용의 학습 경로를 알아보고, 실제 초등교실 통계 수업 사례를 통하여 초등학교급 통계 학습 경로의 확장 가능성을 살핀다. 수업 사례를 토대로 통계교육 개선을 위한 시사점을 도출한다.

## 2. 초등학교 통계 학습 경로

2015 개정 수학과 교육과정에 따르면 가능성과 자료 영역의 주요 내용은 자료의 수집, 분류, 정리, 해석 및 가능성으로, 가능성과 자료 영역 내용이 처음 등장하는 시기는 1학년 시기가 아닌 2학년 2학기 시기이다. 이후 2학년부터 6학년 전반에 걸쳐 통계의 주요 과정으로 자료를 수집, 분류하고, 표나 그래프로 정리하여 해석하는 활동을 다루고, 확률 개념의 기초로 가능성을 파악하고 비교하고 수치화하는 내용은 5학년에서만 다룬다.

2015 개정 수학과 교육과정에 따른 초등학교 수학과 교과서에서 제시하는 통계 내용은 분류하기, 표, ○·×·/를 이용한 그래프, 간단한 그림그래프, 막대그래프, 꺾은선

〈표 1〉 2015 개정 수학과 교육과정에 따른 가능성과 자료 영역 학습 순서

| 순 | 학습 시기 | 학습 요소 | 학습 내용 |
|---|---|---|---|
| 1 | 2학년 1학기<br>5단원<br>분류하기 | • 분류하기 | 분류의 기준 필요성 알기 → 기준에 따라 분류하기 → 분류하여 세어보기 → 분류한 결과를 말해보기 |
| 2 | 2학년 2학기<br>5단원<br>표와 그래프 | • 표<br>• ○·×·/를 이용한 그래프 | 자료를 보고 표로 나타내기 → 자료를 조사하여 표로 나타내기 → 그래프로 나타내기 → 표와 그래프의 내용 알기 → 표와 그래프로 나타내기 |
| 3 | 3학년 2학기<br>6단원<br>자료의 정리 | • 간단한 그림그래프 | 표를 읽고 해석하기 → 자료를 수집하여 표로 나타내기 → 그림그래프를 읽고 해석하기 → 그림그래프로 나타내어 보기 |
| 4 | 4학년 1학기<br>5단원<br>막대그래프 | • 막대그래프 | 막대그래프의 특성 이해하기 → 막대그래프를 읽고 해석하기 → 막대그래프 그리기 → 자료를 조사하여 막대그래프로 나타내기 → 막대그래프를 다양하게 해석하기 |
| 5 | 4학년 2학기<br>5단원<br>꺾은선그래프 | • 꺾은선그래프 | 꺾은선그래프의 특성 이해하기 → 꺾은선그래프를 읽고 해석하기 → 꺾은선그래프 그리기 → 자료를 조사하여 꺾은선그래프로 나타내기 → 꺾은선그래프를 다양하게 해석하기 |
| 6 | 5학년 2학기<br>6단원<br>평균과 가능성 | • 평균<br>• 가능성 | 평균의 계산원리 이해하기 → 여러 가지 방법으로 평균 구하기 → 평균을 이용하여 문제 해결하기 → 일이 일어날 가능성을 말로 표현하기 → 일이 일어날 가능성 비교하기 → 일이 일어날 가능성을 수로 표현하기 |
| 7 | 6학년 1학기<br>5단원<br>여러 가지 그래프 | • 그림그래프<br>• 띠그래프, 원그래프 | 그림그래프로 나타내기 → 띠그래프의 특성 이해하기 → 띠그래프로 나타내기 → 원그래프의 특성 이해하기 → 원그래프로 나타내기 → 그래프 해석하기 → 여러 가지 그래프 비교하기 |

그래프, 평균, 가능성, 그림그래프, 띠그래프, 원그래프의 순이다(〈표 1〉 참조). 이와 같은 순서는 자료의 확인과 결과의 해석이 쉬운 것부터 어려운 것으로 나아가도록 서열화한 결과로(이경화, 지은정, 2008), 교육과정의 학습 계열이 그래프를 중심으로 구성되고 있음을 알 수 있다. 이는 통계의 핵심 개념과 도구들로 학습 계열을 구성하는 타 국가와는 달리 우리나라 초등학교 통계교육은 그래프를 중심으로 통계의 과정(자료의 수집, 분류, 정리, 해석 및 가능성)을 경험하도록 구성하고 있기 때문이다. 박경미 외(2015)에 따르면 학년군 별로 그래프 지도의 초점이 다른데, 1~2학년군에서는 그래프보다는 자료 수집과 직접 관련되는 자료의 분류에, 3~4학년군에서는 자료의 특성에 적합한 그래프 선택에, 5~6학년군에서는 자료 정리의 목적에 적합한 그래프의 선택에 중점을 둔다.

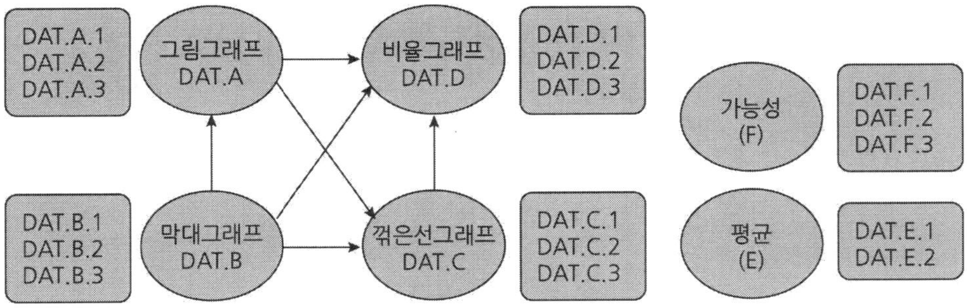


**[그림 1]** 초등학교 3~6학년 자료와 가능성 영역의 학습 경로(김희정 외, 2020, p. 71)

교육과정과 교과서에 따른 통계 내용의 제시 순서가 실제 학생들의 학습 경로와 일치하는 것은 아니다. 김희정 외(2020)는 수학 학습 어려움 진단을 목적으로 우리나라 교육과정에서 제시하는 학습 계열을 기초로 가능성과 자료 영역과 관련한 학생들의 어려움 및 오개념을 조사하고 전문가 검토와 전국 학생들을 대상으로 한 타당도 검사를 거쳐 3~6학년 가능성과 자료 영역 학습 경로를 제안한 바 있다([그림 1] 참조). 이들이 제안한 초등학교 3~6학년 통계 학습 경로는 교육과정상의 학습 순서와 마찬가지로 그래프를 중심으로 학습 계열이 구성되기는 하지만, [그림 1]과 같이 그래프 간의 위계가 선형적이지는 않다. 특히 원그래프, 띠그래프와 같은 비율 그래프는 여타 그래프보다 높은 위계를 가지고 있지만, 그림그래프와 막대그래프 간에는 위계가 존재한다고 보기 어렵다. 가능성과 평균 내용은 실제 학생들을 대상으로 조사한 학습 경로에서도 여타 통계적 내용과의 연결성 없이 존재하고 있었다.

수학과 교육과정 및 교과서와 김희정 외(2020)의 연구를 종합해보면, 우리나라 초등학교급의 통계 학습 경로는 자료의 통계적인 표현방식인 그래프를 중심으로 1~2학년군에서는 표와 ○, ×, /를 이용한 그래프, 3~4학년군에서는 그림그래프, 막대그래프, 꺾은선그래프, 5~6학년군에서는 비율그래프로서 띠그래프와 원그래프의 순이되, 꺾은선 그래프를 제외하고는 학년군 내에서 선형적인 위계를 갖지 않는 것으로 정리해볼 수 있다. 아울러, 자료의 통계적인 처리방식 역시 학년별로 자료의 수집, 분류, 정리, 해석의 과정이 반복되기보다는 학년군의 특성에 따라 순차적으로 특정 요소가 강조되는데, 이 또한 통계교육의 한 축으로서 자료의 통계적인 처리방식에 관한 구분된 학습 경로로 구체화가 가능하다. 평균의 경우, 자료를 수집, 분류하여 정리하는 과정의 일환으로 취급되기보다는 주로 산술평균의 개념 및 그 계산에 지도의 초점이 맞추어져 있으므로 학습경로를 별도로 분리한다. 가능성 또한 마찬가지이다. 이에 따라 도출한 우리나라 초등학교급의 통계 학습 경로는 [그림 2]와 같다.

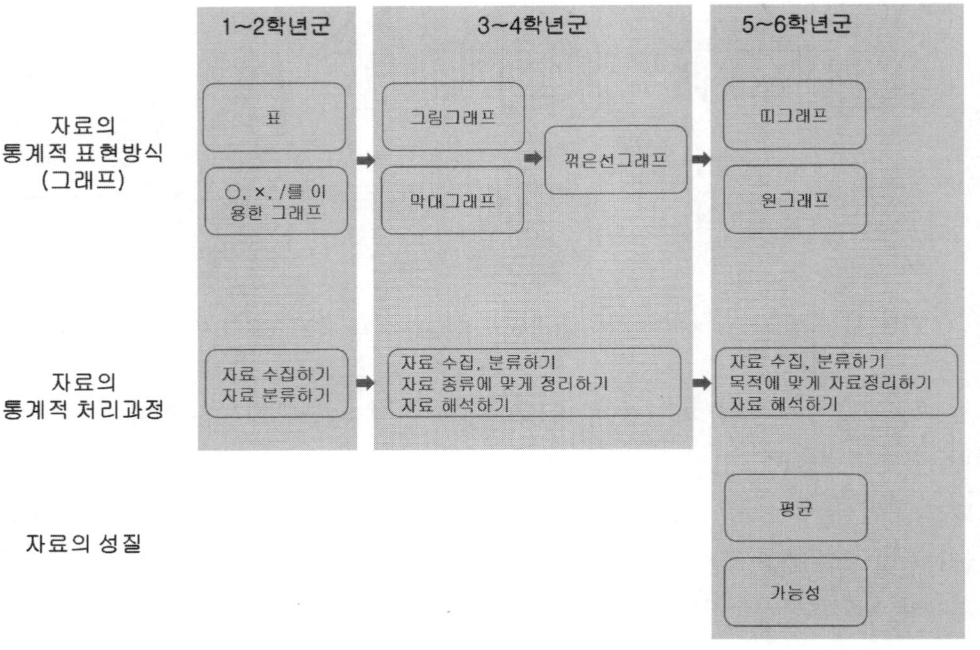


**[그림 2]** 초등학교의 통계 내용 학습 경로

우리나라 초등학교급의 통계 내용 학습 경로가 어린 학습자들이 통계교육 초기 단계에서 얻을 수 있는 잠재적 학습 기회를 충분히 보장해주고 있는지를 이들 수준에서 정의되는 통계적 소양의 구성요소를 통해 간단히 점검해본다. English(2018)가 제안한 어린 학습자를 위한 통계적 소양의 구성요소는 우리나라 초등학교급 통계 내용 학습 경로에 지식으로서의 비형식적인 추론과 과정으로서의 비형식적 추론의 기회가 부족함을 알려준다. 비형식적인 통계적 추론은 통계적 개념이나 형식적인 추론 기술을 사용할 수 없는 사람들도 불확실성과 가변성을 인정하면서 자료에 기반한 결론을 도출할 수 있는 동시에(Bakker & Derry, 2011), 나름의 조리와 정연함을 바탕으로 형식적인 통계적 추리로 나아가는 발판이 된다는 점에서(이경화 외, 2021) 초등학교 통계 교실에서 비형식적인 추론의 기회가 보다 제공되어야 할 필요가 있겠다.

## 3. 초등학교 통계 수업 사례

이 절에서는 초등학교 교실에서 비형식적 추론의 기회를 제공하는 통계 수업 사례 두 가지를 소개한다. 첫 번째 수업은 자료의 수집, 분류, 정리를 거쳐 해석에 이르는 일련의 과정에서 맥락적인 지식을 통합한 비형식적인 추론을 시도하였다. 두 번째 수업에서는 정교하게 설계된 과제를 통하여 초등학생 수준의 변이성에 대한 비형식적인 추론을 시도하였다. 제시된 두 가지 비형식적 추론 수업 사례는 초등학교급에서 통계적 소양을 기르는 구체적인 방안으로서 교수학적 의의를 지닌다.

### 3.1 일일 코로나 기자되기

전술한 바와 같이 우리나라 초등학교 통계교육의 중심에는 그래프가 있다. 자료를 수집하고 정리하여 그래프로 집단의 특성을 기술하는 것도 통계 과정의 주요한 과정이지만 나타내어진 그래프를 이해하고 평가하며 나름의 추리를 통해 해석하는 경험 또한 비형식적인 추론이 된다. 연구자들은 그래프의 해석에도 여러 수준이 존재함을 밝혀왔으며, 이와 같은 그래프 해석의 수준은 그래프에 대한 학생들의 비형식적인 추론의 진보를 판별하는 하나의 도구가 될 수 있다. 관련하여, Friel 외(2001)는 그래프 이해 수준에 관한 선행 문헌들을 분석하여 그래프 해석을 세 가지 수준으로 식별하였다. 이들에 따르면 그래프 해석에 있어 자료 사이를 읽을 수 있는(read between the data) 수준은 2수준, 자료 너머를 읽을 수 있는(read beyond the data) 수준은 3수준이 된다.[2] 2수준에서는 하나의 그래프에서 두 가지 이상의 자료들의 크기를 비교하거나 자료들의 합, 차를 계산할 수 있으며, 3수준에서는 두 그래프의 기울기를 비교하거나 자료를 기반으로 향후 추세를 읽어 추론 및 예측을 할 수 있다. 2수준과 3수준의 가장 큰 차이는 그래프에 나타나있지 않은 맥락의 해석 가능 여부로, 자료 밖의 현상을 추측 및 예측하는 활동이 바로 그래프 해석의 3수준에 해당된다.

이 절에서 소개할 '일일 코로나 기자되기' 수업은 현실 맥락 소재로부터 그래프 이면의 정보를 해석해봄으로써 그래프에 대한 비형식적인 추론 기회를 제공하기 위해 설계된 수업이다. 비형식적인 추론을 통해 그래프 해석의 수준 상승을 기대하였다. 이

2) 첫 번째 수준은 자료 읽기(read the data)로, 그래프에서 특정 값을 읽어 구체적인 정보를 얻을 수 있다.

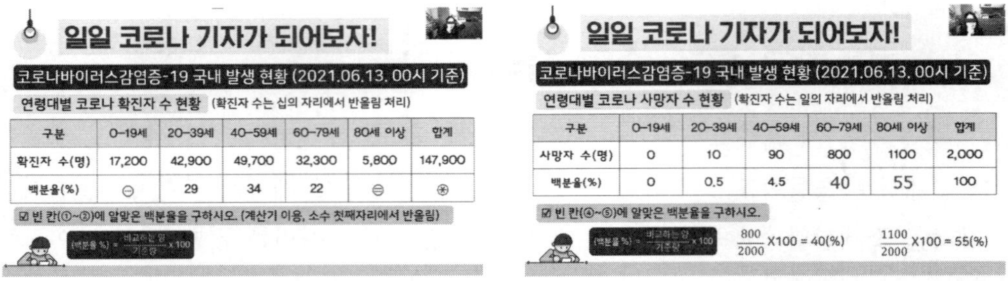


[그림 3] 그래프 해석 수준 개선을 위해 고안된 자료

수업은 서울시에 위치한 K초등학교에서 2021년 1학기에 실시된 6학년 1학기 5단원 여러 가지 그래프 단원의 도전 수학 차시의 일부이며 온라인 수업[3]으로 진행되었다. 교사가 코로나 확진자 및 사망자와 관련된 자료를 미리 준비하여 제시하고([그림 3] 참조) 학생들이 이를 그래프로 정리한 뒤, 학급 전체가 함께 그 의미를 해석하여 기사문을 작성하는 방식으로 수업이 진행되었다. '일일 코로나 기자되기' 수업이 진행된 도전 수학 차시는 초등학교급에서 실시되는 통계교육의 가장 마지막 차시로, 자료의 수집부터 분류, 정리, 해석까지 일련의 통계 관련 활동이 완성되는 지점이기도 하다. 비형식적인 추론 과정에서 Friel 외(2001)에 따른 그래프 해석의 수준이 상승해나가는 구체적인 수업 장면을 일부 발췌하여 소개한다.

### 3.1.1 그래프 너머의 맥락 탐색

'일일 코로나 기자되기' 수업에서 교사는 먼저 특정 날짜의 코로나 확진자 수 현황을 연령대별로 제시하고, 학생들에게 이를 띠그래프로 나타내도록 하였다. 교사는 도출된 띠그래프([그림 4] 참조)를 보면서 확진자 중 각 연령대가 차지하는 비율에 대한 논의를 유도하였다.

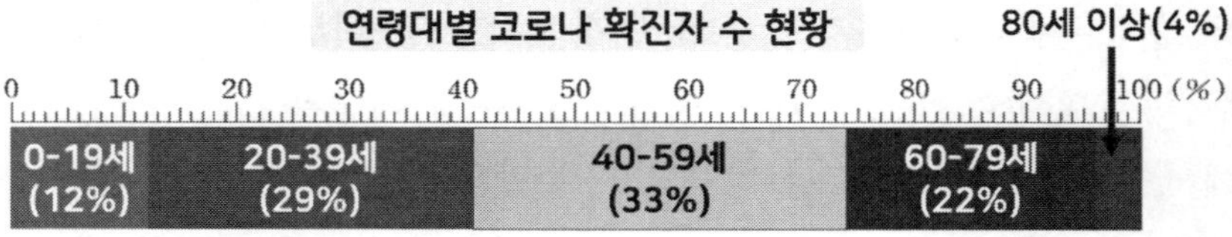


[그림 4] 연령대별 코로나 확진자 수 현황 띠그래프

3) Zoom(https://zoom.us/)을 이용한 실시간 쌍방향 수업

교　사: 그러면 이 그래프 이제 우리 완료했으니까 이 그래프에 대해서 한번 생각을 해 봅시다.

…

교　사: 그러면 확진자 수가 가장 적은 비율의 연령대는 어디예요?

학생들: 80대 이상이요.

교　사: 80세 이상이죠. <u>그런데 왜 80세 이상이 가장 적을까요?</u>

학생들: 왜냐하면 이게 뭐라고 해야지. 다른 연령대에 비해 집에만 계시고.

학생들: 외출을 많이 안하신다고 할까요.

교　사: 맞아요. 그거는 여러분들이 여기(띠그래프)에서 파악을 하시는 거예요. 80대 이상의 분들 같은 경우에는 완전한 노인층이잖아요. 보통 노인층의 특징이 거동을 많이 안하시고 나가시지 않는 특징이 있죠. 그래서 여기에서 우리가 80세 이상의 연령대는 인구 수가 일단 적기도 하고 그다음에 사회 활동이 적기 때문에 감염이 조금 덜 되는구나라고 하는 거로 예상을 해볼 수가 있습니다.

교사는 코로나 확진자 수 현황에 대한 띠그래프에서 가장 낮은 비율의 연령대를 찾는 데에서 그치지 않고 학생들이 그 비율의 의미를 탐색하도록 유도하였다. 그래프에 나타난 80세 이상의 연령대에서 확진자 비율이 가장 낮다는 정보를 실제 노인들의 활동성과 같은 사회적인 맥락과 연결지어 생각해보도록 하고 있는 것이다. 이는 그래프에 나타난 연령대별 수치를 비교하는 그래프 해석의 2수준에서 그래프에 나타나있지 않은 맥락을 고려하는 3수준으로의 상승으로 볼 수 있다.

이어서 교사는 동일 날짜의 코로나 사망자 수 현황을 연령대별로 제시하고, 학생들에게 이를 원그래프로 나타내도록 하였다. 교사는 도출된 원그래프([그림 5] 참조)를 보면서 사망자 중 각 연령대가 차지하는 비율에 대한 논의를 유도하였다.

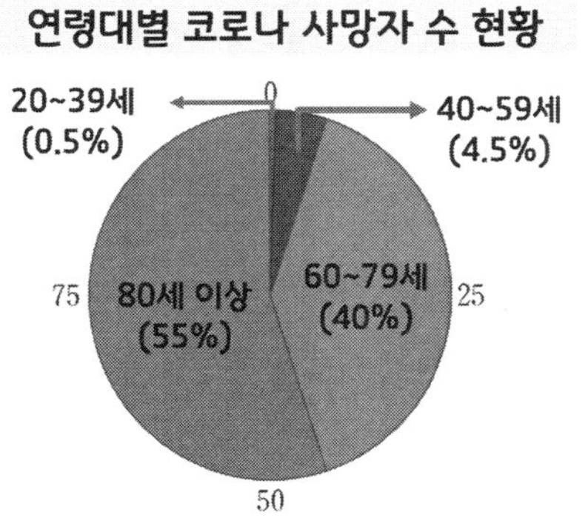


[그림 5] 연령대별 코로나 사망자 수 현황 원그래프

교 사: 그러면 이번에는 아까는 확진자 수였잖아요. 이번에는 사망자 수입니다. 연령대별 사망자의 수예요.

…

교 사: 그러면 이 원그래프를 보면서 한번 생각을 해봅시다. 사망자 수의 비율은 연령대가 높아질수록 어떤 경향을 보이는 거예요?

학생들: 높아져요

교 사: 네 이게 여러분들 지금 보시는 것처럼 0.5%였다가 4.5%였다가 40%였다가 55%로 완전 어떻게 되요, 연령대가 높아지면서?

학생들: 연령대가 높을수록 높아져요

교 사: 그렇죠 급격하게 상승하는 거를 보실 수가 있습니다. 그러면 이 그래프를 봤을 때 사망자 수 비율이 가장 높은 연령대는 지금 어디죠?

학생들: 80대 이상이요 죽는 사람 중에 50%는 80대예요.

교 사: 맞아. 이거 왜 그런 것 같아요?

학생들: 고령층이어서 코로나가 확진되면 젊은 사람들보다 면역력이 부족해서 빨리 사망?

학생들: 원래 병 있는 사람들이 많아서요

교 사: 맞아요. 지금 이 연령에는 젊은 사람들에 비해서 면역력이 약하기도 하고 기저질환자도 많기 때문에 아마도 가벼운 질병에도 크게 앓게 되는 거죠. 그리고 앓다 못해 이제 돌아가시는 분들이 많다는 거지 그죠. 그래서 80세 이상의 분들이 사망자 수의 반 이상을 차지한다라고 하는 것을 우리는 여기서 알아낼 수가 있습니다.

교사는 코로나 사망자 수 현황에 대한 원그래프에서도 연령대에 따른 사망자 수 비율의 경향을 찾는 데에서 그치지 않고 학생들이 그 경향의 의미를 탐색하도록 유도하였다. 그래프에 나타난 80세 이상의 연령대에서 사망자 비율이 가장 높다는 정보를 실제 노인들의 평소 면역력이나 기저질환자의 비율과 같은 사회적인 맥락과 연결지어 생각해보게 하고 있는 것이다. 이는 코로나 확진자 그래프에서와 마찬가지로 그래프에 나타난 연령대별 수치를 비교하는 그래프 해석의 2수준에서 그래프에 나타나있지 않은 맥락을 고려하는 3수준으로의 상승을 의미한다.

### 3.1.2 두 그래프로부터 새로운 정보 도출

이어서 교사는 먼저 탐색하였던 코로나 확진자 수와 코로나 사망자 수를 토대로 치명률의 개념을 새롭게 도입하였다. 학생들은 직전에 다루었던 연령대별 코로나 확진자 수와 연령대별 사망자 수에서 연령대별 코로나 치명률을 구하였다. 다음은 구해낸 치명률([그림 6] 참조)을 참고하면서 이루어진 논의의 일부이다.

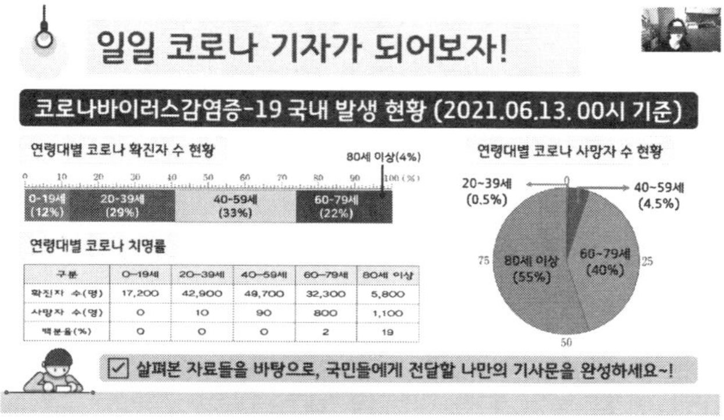


[그림 6] 연령대별 코로나 치명률

교 사: 그럼 마지막 자료예요. 이번에는 마지막으로 치명률에 대해서 한번 생각해보도록 하겠습니다. 치명률이 뭐냐면 확진자들 중에서 사망자 수가 얼마나 차지하는지를 나타낸 비율이거든요.

…

교 사: 여기에(0세부터 59세) 치명률은 대부분 다 뭐죠

학생들: 0이요

교 사: 그죠. <u>이게 의미하는 게 뭘까?</u> 0%다, 확진자 수에 비해서 사망자 수의 비율이 0%다 이건 뭔 말일까?

학생들: 확진자 중에서 사망자의 비율을 구했더니 0%요.

학생들: 확진된 사람은 많지만 뭐 사망자 수는 적다.

교 사: 네 확진자 수 중에서 사망자 수가 적다고 하는 것이죠. 실제 여러분들 여기 값을 보시면 20세부터 39세도 10명의 사망자 수가 있잖아요. 여기도 네 40세 59세도 50명의 사망자 수가 있어요. 없는 게 아니야 근데 0%잖아요. 이건 확진자 수가 많기는 하지만 사망자 수가 적어가지고 비율이 극히 낮다라고 하는 걸 의미합니다. 이거 이해가 되셨을까요. 그러면 마지막 치명률이 가장 높은 연령대 누구로 나왔어요?

학생들: 80대

교 사: 여기 지금 19 나왔으니까 그쵸 19% 나왔으니까 여기는 애들아 19가 나왔다는 얘기 뭐냐면 100명이 걸리면 그러니까 20명은 죽는다는 얘기예요. 이거는 다른 말로 다섯 명이 걸리면 한 명은 죽는다는 얘기야. 이거 애들아 치명률이 높은 거예요, 낮은 거예요?

학생들: 대박. 높아요

교 사: 엄청 높은 거지 얘들아. 80세 이상은 5명이 코로나 걸리면 한 명은 죽는다고 통계가 말하는 거예요.

교사는 확진자 수 자료와 사망자 수 자료에서 계산해낸 연령대별 치명률을 통해 연령이 높을수록 코로나 사망자의 수가 높다는 데에서 더 나아가 연령대별로 극단적으로 달라지는 코로나의 위험성을 해석해내도록 유도하였다. 치명률은 연령대별 확진자 수의 비율 그래프나 사망자 수의 비율 그래프로 도출되는 개념이 아니지만, 두 그래프에 대한 추론을 바탕으로 치명률이 노령층에 의미하는 바를 나름대로 생각해보록 하고 있는 것이다. 기존의 두 그래프에 나타나있지 않은 맥락을 고려한다는 점에서 그래프 해석의 3수준에 해당한다고 할 수 있다.

'일일 코로나 기자되기' 수업은 초등학교 통계 수업에서도 교사의 적절한 안내가 있다면 그래프의 수치 혹은 경향이 의미하는 바를 그래프 밖의 사회적인 맥락과 연결지어 탐색하는 비형식적인 추론이 가능하며, 두 가지 그래프에서 새로운 의미를 도출해내는 것 또한 가능함을 보여준다.

## 3.2 누구에게 상을 주어야 할까?

변이성(variability)이란 변화하는 자연의 관찰 가능한 특징으로(Reading & Shaughnessy, 2004), 통계학의 목적이 사회, 과학적 현상에 존재하는 변이성을 설명하는 데에 있다는 점에서 통계적 사고의 핵심 아이디어이자(Pfannkuch & Wild, 2004; Stigler, 2002), 통계교육의 중요한 구심점이 되어왔다(Watson, 2006). 연구자들은 학생들에게 통계적 변이성에 대한 추론을 지도할 것을 제안해왔으며, Ben-Zvi(2004)는 단일 분포 자료 상황 속에서 이스라엘 7학년 학생들에 대한 관찰을 통하여 변이 추론의 발달 단계를 7단계로 상세화하여 제안한 바 있다.

이 절에서 소개할 수업은 '누구에게 상을 주어야할까?' 과제를 통해 초등학생들의 통계적 변이성에 대한 비형식적인 추론 기회를 제공하기 위해 설계된 수업이다. 분산 및 분포의 개념을 배우지 않은 초등학생 수준에서도 자료 탐색을 통해 비형식적으로 통계적 변이 추론이 가능할 것으로 기대하였다. 이 수업은 서울시에 위치한 S초등학교에서 2017년 1학기에 6학년 학생을 대상으로 한 방과후 프로젝트 수업의 일환으로 실시되었다.[4] 학생들은 모둠 단위로 Kapur(2014)가 제안한 비-구조화된 농구 선수 문제 '누구에게 상을 주어야 할까?'를 협력하여 해결하도록 요구받았다. 이들은 평균은 학습하였지만, 분산 및 표준편차와 같이 데이터에 편재된 변이성을 다루는 방식(Wild, 2006)은 학습하지 않은 상태이다. 과제는 득점 평균 및 분산, 득점별 횟수가 동일한 두 농구선수의 경기 성적을 보고 일관성 있는 경기력을 지닌 선수가 누구인지 판별하

---

4) 한채린 외(2018)에서 일부 발췌하였다.

**누구에게 상을 주어야 할까?**

재석이와 명수는 한국 농구 리그에서 최고의 기량을 가지고 있는 농구선수입니다. 오른쪽 표는 재석이와 명수가 이번 시즌에 뛰었던 20경기의 득점을 나타냅니다.

농구 협회에서는 가장 일관성 있는 경기력을 지닌 선수 1명에게 상을 주기로 하였습니다. 이러한 결정은 수학적인 근거가 있어야 합니다.
(일관성 : 하나의 방법이나 태도로써 처음부터 끝까지 한결같은 성질)
(경기력 : 운동선수나 팀이 운동경기를 해 나가는 능력)

여러분이 농구 협회 관계자라면, 상을 받을 선수를 정하기 위해 일관성을 측정하는 방법을 최대한 여러 가지로 설계해보세요.

모든 과정은 모둠 활동지에 표시해 주세요.

| 경기 | 재석 | 명수 |
|---|---|---|
| 1 | 24 | 21 |
| 2 | 19 | 19 |
| 3 | 24 | 26 |
| 4 | 20 | 26 |
| 5 | 25 | 20 |
| 6 | 21 | 21 |
| 7 | 25 | 23 |
| 8 | 21 | 24 |
| 9 | 26 | 25 |
| 10 | 22 | 29 |
| 11 | 26 | 22 |
| 12 | 22 | 22 |
| 13 | 27 | 27 |
| 14 | 23 | 24 |
| 15 | 27 | 27 |
| 16 | 23 | 23 |
| 17 | 28 | 24 |
| 18 | 24 | 28 |
| 19 | 29 | 24 |
| 20 | 24 | 25 |

[그림 7] 통계적 변이 추론 발달을 위해 설계된 과제

는 내용으로, 답이 없기 때문에 변이성의 편재를 다양한 방식으로 비교하도록 유도하였다([그림 7] 참조). 초등학교 6학년 학생 4명으로 이루어진 한 모둠의 과제 해결 과정을 Ben-Zvi(2004)의 통계적 변이 추론 발달 프레임에 따라 분석한 결과를 일부 발췌하여 소개한다.

### 3.2.1 2단계: 변이성을 비형식적으로 기술할 수 있음

Ben-Zvi(2004)의 프레임에서 변이성을 비형식적으로 기술한다는 것은 단순히 데이터에 초점을 맞추는 데에서 나아가 데이터의 변화에 주목하고 변이성에 대한 모델을 세우는 일을 포함한다. 여기서의 모델은 정확하고 형식적인 수학의 언어를 사용한 것은 아니지만, 변이성에 대한 보다 발전된 논의를 위한 토대로 기능하게 된다. '누구에게 상을 주어야 할까?' 과제 해결 과정의 초기에 포착된 아래의 발화들은 관찰 대상 학생들이 점수의 변화와 관련이 있다는 인식을 갖기 시작했으며, 점수의 차 또는 점수차의 차를 통해 일관성을 알아보기 시작하였음을 보여준다. 이를 통해 학생들은 변이 추론 2단계에 도달하였음을 알 수 있다.

학생1: 이게 23에 19는 3 차이가 나고, 19랑 23은 3이 차이나고, 거의 비슷비슷하게 차이가 나잖아. 그런데 명수는 2나 7이나 0이나 6이나 1이나 2, 그냥 막 뒤죽박죽 차이가 나는 거야.

학생2: 봐봐, 이거 봐봐, 일단 첫 번째는 해당이 안 될 수도 있는데, 두 번째 때는 4지, 4고, 4고, 4빼고, 4빼고 4지. 4고, 4고, 4.

### 3.2.2 4단계: 집단 간의 비교를 통해 변이성을 설명하고자 함

이 수준의 변이 추론에 이른 학생들은 두 집단 간의 도수분포표 비교를 통해 변이성에 대한 설명을 시도한다. 학생들은 미가공 자료를 정리한 두 개의 도수분포표에서 가장 값이 낮은 계급과 높은 계급 또는 불연속인 계급, 서로 이웃한 계급 등을 찬찬히 살펴보며 자신의 종합적 결론을 만들어 간다. 관찰 대상 학생들 또한 다양한 문제 해결 탐색 과정에서 [그림 8]과 같은 점수별 빈도표를 작성하기 시작하였다. 이는 학생들이 변이 추론 4단계에 도달하였다는 증거가 된다.

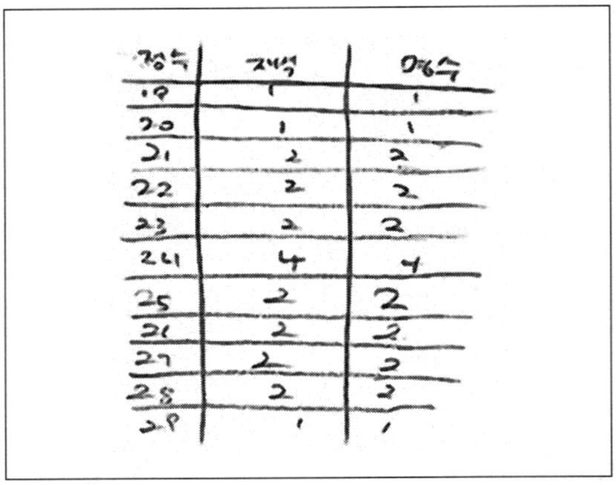

[그림 8] 과제 해결 과정에서 학생들이 작성한 빈도표

### 3.2.3 5단계: 집단 간의 비교를 위해 중심 측도(대푯값)와 분산 측도(산포도)를 이용함

이 수준의 학생들은 주로 최빈값, 평균, 중앙값(대푯값)과 자료의 범위(산포도) 및 이상점의 개념을 사용하여 두 집단을 비교한다. 자료 집단 간의 변이성을 비교하기 위하여 자료의 대푯값인 평균을 구하거나 평균과 점수분포의 상관관계를 살피는 경우가 이 수준에 해당된다. 관찰 대상 학생들은 두 자료 집단의 일관성을 비교하기 위해 각 자료의 최댓값, 최솟값을 구하며, 그것이 각각 29와 19로 동일하다는 것을 식별해 내기 시작하였다. 이어서 학생들은 평균을 구하고자 시도하였는데, 이는 자료 집단의 평균과 일관성 간에 어떠한 관계가 있을 것으로 주목했다는 의미로 5단계의 증거가 된다.

학생1: 야야, 최대랑 최소랑 구해야 돼, 평균이랑.

학생2: 최소 득점이 둘이 다 똑같이 19고, 최대 득점은 명수도 29고, 재석도 29야.

학생1, 학생2: 한 경기 총 득점은...

학생1: 다 더하자.

학생2: 아니야 안 더해도 돼.

… (중략) …

학생4: 있잖아, 평균은 일관성이 아니지 않아?

학생1: 그렇지. 그래도 평균을 구해야하지 않을까 그래도? 평균 득점이니까.

… (중략) …

학생2: 너네들이 재석이는, 너네들이 명수를 구해봐.

학생1: 재석 몇 나왔는데? 재석 몇 나왔습니까?

… (중략) …

학생3: 480 나왔는데

학생1: 480?

… (중략) …

학생3: 재석이 480

학생2: 재석이 480 맞아.

학생1: 명수는?

… (중략) …

학생3: 480 같은데?

학생1: 뭐라고? 480? 똑같다고?

학생3: 어...똑같을 수도 있지 않나?

학생4: 똑같으면...

학생1: 야, 이 최대가 똑같잖아. 최대랑 최소가. 똑같으면 평균도 총 득점도 똑같을 수도 있네?

… (중략) …

학생2: 평균 24

### 3.2.4 6단계: 이상점 처리를 통해 변이성을 모델링할 수 있음

6단계 수준의 학생들은 보다 명시적으로 이상점에 초점을 맞추고 다룸으로써 비형식적으로나마 변이성에 대한 모델을 세울 수 있다. 이상점을 단순히 특정한 자료의 값이 아닌 독립적인 하나의 분류로 개념화하는 것은 학생들의 개념적 이해의 발전에 기여한다. 관찰 대상 학생들 중 일부가 이상점에 대한 고려를 나타냈는데, 해당 학생은 집단에 대해 심적으로 가지고 있는 가설에 크게 위배되는 자료가 있을 경우 그 자료를 배제하려는 경향을 보였다. 다음의 발화와 같이 평균과 차이가 큰("높은") 자료가 있을 경우 이를 포함하지 않으려는 시도는 이상점에 대한 고려를 보이는 대목으로 학생들이 일시적으로 6단계에 해당하는 발달 수준을 보였다는 증거가 된다.

학생2: (선생님에게)...높았다고 하면 그 수 포함하면 안 되죠?

'누구에게 상을 주어야 할까?' 수업은 적절하게 설계된 과제가 있다면 분산의 개념을 배우지 않은 초등학교 6학년 수준의 학생들도 통계적 변이 추론을 발달시킬 수 있음을 보여준다. 과제에 참여한 학생들에게 Ben-Zvi(2004) 프레임의 최종 단계인 그래프로 나타나는 분포들 간 비교를 시행하는 7단계의 증거는 관찰되지 않았다. 그러나 Ben-Zvi(2004)의 실험이 그래프를 비교적 쉽게 생성해낼 수 있는 컴퓨터 환경에서 실시되었던 것과 달리 본 수업은 지필 환경에서 실시되었으므로 공학적 도구를 통해 그래프에 대한 접근성을 높인다면 초등학생 수준에서도 비형식적이지만 통계적 변이 추론의 7단계까지 발달시키는 것이 가능할 것으로 예상해볼 수 있다.

## 4. 결론

본고에서는 우리나라 초등학교급에서 이루어지는 통계교육의 실제를 탐색하고자 우리나라의 초등학교급 통계 내용의 학습 경로를 살피고 실제 초등교실에서 이루어진 통계 수업 사례를 분석하였다. 이 과정에서 어린 학습자의 통계적 소양을 신장시킬 수 있는 비형식적 추론의 기회 제공의 필요를 개진하고 실제 교실에서 제공된 비형식적 추론의 기회가 학생들의 그래프 해석 능력 및 통계적 변이 추론 능력을 향상시킬 수 있음을 보였다.

'일일 코로나 기자되기' 수업에서 시행된 그래프에 대한 비형식적인 해석은 어린 학생들을 위한 통계적 소양에 있어 '과정'으로서의 비형식적 추론(English, 2018)에 해당한다. 이때의 '과정'은 통계 내용 학습 경로의 통계적 처리과정([그림 2] 참조)에 해당되며, 이는 통계적 처리 과정의 그래프 해석 요소에서 비형식적 추론 기회 제공의 가능성을 시사한다. 실제로 우리나라 초등학교 수학과 교육과정 역시 그래프를 그리고 읽는 것에서 그래프 해석을 강조하는 방향으로 변화하고 있지만(이자미, 고은성, 2019b), 그래프 해석 활동이 특정 학년에만 집중되거나(방정숙 외, 2016), 그래프에 대한 비형식적 추론을 통한 나름의 예측이나 판단보다는 일차적인 정보 도출에 그치는 경우가 많다(박영희, 2016). 통계학의 궁극적인 목적이 합리적인 의사결정을 내리는 데에 있음을 생각해볼 때, 그래프 해석이 단순히 주어진 수치를 읽는 데에서 그치는 것이 아니라 그래프 이면의 맥락까지 읽어내는 수준까지 나아가야 하며(Kwon et al., 2021), 그 첫걸음으로서 초등학교 통계교육에서도 비형식적인 해석하기 활동을 보다 적극적으로 도입할 필요가 있다.

'누구에게 상을 주어야 할까?' 수업에서 시행된 통계적 변이성에 대한 비형식적 추론은 어린 학생들을 위한 통계적 소양에 있어 '지식'으로서의 비형식적 추론(English, 2018)에 해당한다. 이때의 '지식'은 통계 내용 학습 경로에서 자료의 성질([그림 2] 참조)에 가까운데, 이는 자료의 성질을 탐색하는 과정에서 비형식적 추론 기회 제공의 가능성을 시사한다. 모든 자료에는 체계 고유 변이성 및 자료 수집에 의한 변이성이 존재하며(고은성, 이경화, 2010) 이 변이성은 통계적 사고의 핵심 요소(Moore, 1990)이지만 현재 우리나라를 포함한 여러 국가의 초등학교 수학과 교육과정에는 포함되어 있지 않다. 이는 계산에 초점을 맞추는 학교수학의 전통에 따라 변이성 또한 측정 가능해야 하고, 변이성의 측정은 표준편차를 구함으로써 이루어지므로 절차적으로 제곱근을 배운 이후에야 변이성을 다룰 수 있다고 보아왔기 때문이다(Watson, 2018). 그러나 변이성에 대한 이해는 자료의 분포에 대한 다면적인 이해로 이어진다는 점(Langrall et al., 2017)과 변이성에 대한 이해를 통해 확률과 통계의 연결성을 조직화할 수 있다는 점에서(Green, 1993; Moore, 1990; Shaughnessy, 1997) 초등학교 수준에서도 표준편차와 같은 측정값을 통하지 않은 나름의 방식으로 비형식적 추론을 통해 통계적 변이성에 대한 탐색 기회를 제공해야 한다는 주장이 꾸준히 개진되고 있다(Ben-Zvi et al., 2018; Shaughnessy, 1997; Watson, 2018). 최근 개정된 호주 교육과정에서는 이러한 주장을 받아들여 초등학교 저학년 단계에서 자료의 변이에 대한 인식 개발을 추가한 바 있다(ACARA, 2016). 호주의 교육과정 실행에 주목하며 우리나라에서도 초등학교급에서 비형식적 추론을 통해 변이성에 대한 탐색기회 제공을 고려할 필요가 있다.

기술 발달에 따라 각종 자료의 접근성이 그 어느 때보다 높아지면서 우리 삶의 거의 모든 영역에서 자료를 통해 예측하고 의사결정 내리는 능력이 그 어느 때보다 중요해지고 있다. 본고는 학생들이 적절한 의사결정 능력을 갖출 수 있도록 초등학교급 통계교육에서 시행하는 준비 및 그 준비의 개선 방안을 구체적으로 보여주었다는 데에 의의가 있다. 2022 교육과정 개정에서 이루어지는 데이터 기반 통계교육을 위한 수학과 교육과정의 재구조화 과정(이경화 외, 2021)에도 본고의 논의가 도움되기 바란다.

## 참고문헌


고은성, 이경화(2010). 변이성과 변이 추론의 지도를 위한 지식. **수학교육학연구, 20**(4), 493-509.

고은성, 이경화(2011). 통계적 변이성 설명과 제어 과정에서 나타나는 초등· 중학교 학생들의 사고 수준 연구. **수학교육학연구, 21**(2), 201-220.

교육부(1997). **수학과 교육과정**. 교육부 고시 제 1997-15호.

김희정, 고은성, 이동환, 조진우, 조형미, 최지선, 한채린, 황지현(2020). **수학 학습 어려움 진단을 위한 평가 문항 개발**. 연구보고, 한국과학창의재단, 서울.

문은혜, 이광호(2018). 가상적 자료 생성 과정에 기반을 둔 자료 표현 과제에 대한초등학교 5, 6학년 학생들의 통계적 소양. **초등수학교육, 21**(4), 397-413.

박경미 외 43인(2015). **2015 개정 수학과 교육과정 시안 개발 연구 Ⅱ**. 연구보고, 한국과학창의재단, 서울.

박영희(2016). 2009 개정 교육과정에 따른 초등 수학 교과서의 통계 영역 내용 분석 연구. **한국초등수학교육학회지, 20**(1), 17-34.

방정숙(2008). 통계 학습과 관련된 제7차 초등학교 수학과 교과용 도서 분석. **한국학교수학회논문집, 11**(4), 655-676.

방정숙, 유은서, 김유경(2016). 통계 내용에 관한 초등학교 수학과 교과용 도서 분석: 정보 처리 능력을 중심으로. **한국초등수학교육학회지, 20**(3), 499-519.

배혜진, 이동환(2016). 통계적 문제해결 과정 관점에 따른 초등 수학교과서 통계 지도 방식 분석. **한국초등수학교육학회지, 20**(1), 55-69.

이경화(2016). 통계, 통계교육, 그리고 통계교육연구로의 시간여행. **수학교육학논총, 49**(2), 41-56.

이경화, 안민웅, 고은성, 최성이, 문성재(2019). 확률실험 환경에서 초등학교 수학영재 학생과 일반 학생의 확률 탐구 특성 비교. **학교수학, 21**(2), 369-389.

이경화, 유연주, 탁병주(2021). 데이터 기반 통계교육을 위한 수학과 교육과정 재구조화 방향 탐색. **학교수학, 23**(3), 361-386.

이경화, 지은정(2008). 그래프의 교수학적 변환 방식 비교: 우리나라 교과서와 MiC 교과서의 초등 통계 내용을 중심으로. **수학교육학연구, 18**(3), 353-372.

이대현, 오영열(2021). 수학 학습 양식에 따른 초등학생의 통계적 사고 수준 분석. **한**

**국초등수학교육학회지, 25**(2), 121-150.

이자미, 고은성(2019a). 초등학교 4·5·6학년 학생들의 그래프 이해 능력 조사. **한국초등수학교육학회지, 23**(1), 169-192.

이자미, 고은성(2019b). 초등수학 교육과정에 따른 통계 그래프 지도의 분석. **한국초등수학교육학회지, 23**(2), 247-272.

이형근, 김동원, 탁병주(2019). 타 교과 통계 그래프 분석을 통한 초등학교 수학 수업에서의 그래프 지도 개선 방안 탐색. **한국초등수학교육학회지, 23**(1), 119-141.

이형숙, 이경화, 김지원(2010). 초등수학영재들의 통계적 사고 특성 사례 분석: 변이성에 대한 인식을 중심으로. **수학교육학연구, 20**(3), 339-356.

임다미, 박영희(2017). 초등 6학년의 학교 통계와 통계적 소양에 대한 연구. **한국초등수학교육학회지, 21**(2), 391-414.

탁병주(2020). 초등학교 수학 교과서에서 통계 그래프의 틀에 대한 교육적 고찰. **초등수학교육, 23**(4), 157-173.

탁병주, 김다빈(2020). 통계적 소양 교육을 위한 그래프 오류 유형 분석: 자료 분석 단계에서의 통계 윤리 문제. **한국초등수학교육학회지, 24**(1), 1-30.

탁병주, 이경화(2017). 우리나라 통계교육 연구의 동향 분석: 2000 년 이후 발행된 국내 통계교육 연구논문을 중심으로. **수학교육학연구, 27**(2), 269-289.

한채린, 이경원, 김도연, 배미선, 권오남(2018). 과제의 구조화 정도에 따른초등학생들의 통계적 변이성 이해 양상에 대한 사례 연구. **초등수학교육, 21**(2), 131-150.

Australian Curriculum, Assessment and Reporting Authority [ACARA]. (2016). *Australian curriculum, version 8.2*. Sydney, NSW: Authors.

Bakker, A. (2004). *Design research in statistics education: On symbolizing and computer tools.* Doctoral dissertation, Utrecht University.

Bakker, A., & Derry, J. (2011). Lessons from inferentialism for statistics education. *Mathematical Thinking and Learning, 13*(1-2), 5-26.

Ben-Zvi, D. (2004). Reasoning about variability in comparing distributions. *Statistics Education Research Journal, 3*(2), 42-63.

Ben-Zvi, D., & Garfield, J. (2004). Statistical literacy, reasoning, and thinking: Goals, definitions, and challenges. In D. Ben-Zvi&J. Garfield (Eds.), *The challenge of developing statistical literacy, reasoning and thinking* (pp. 3-25). Dordrecht: Kluwer.

Ben-Zvi, D., Makar, K., & Garfield, J. (Eds.), (2017). *International handbook of research in statistics education*. Cham: Springer

English, L. D. (2012). Data modelling with first-grade students. *Educational Studies in Mathematics, 81*(1), 15-30.

English, L. D. (2018). Young children's statistical literacy in modelling with data and chance. In A. Leavy, M. Meletiou-Mavrotheris, & E. Paparistodemou (Eds.), *Statistics in early childhood and primary education* (pp. 295-313). Singapore: Springer.

Friel, S. N., Curcio, F. R., & Bright, G. W. (2001). Making sense of graphs: Critical factors influencing comprehension and instructional implications. *Journal for Research in Mathematics Education, 32*(2), 124-158.

Gal, I. (2002). Adults' statistical literacy: Meanings, components, responsibilities. *International Statistical Review, 70*(1), 1-25.

Green, D. (1993). Data analysis: What research do we need. In L. Pereira-Mendoza (Ed.), *Introducing data analysis in the schools: Who should teach it?* (pp. 219-239). Voorburg: International Statistical Institute.

Groth, R. E. (2018). Unpacking implicit disagreements among early childhood standards for statistics and probability. In A. Leavy, M. Meletiou-Mavrotheris, & E. Paparistodemou (Eds.), *Statistics in early childhood and primary education*(pp. 149-162). Singapore: Springer.

Kapur, M. (2012). Productive failure in learning the concept of variance. *Instructional Science, 40*(4), 651-672.

Kwon, O. N., Han, C., Lee, C., Lee, K., Kim, K., Jo, G., & Yoon, G. (2021). Graphs in the COVID-19 news: A mathematics audit of newspapers in Korea. *Educational Studies in Mathematics, 108*, 183-200.

Langrall, C. W., Makar, K., Nilsson, P., & Shaughnessy, J. M. (2017). Teaching and learning probability and statistics: An integrated perspective. In J. Cai (Ed.), *Compendium for research in mathematics education* (pp. 490-525). Reston, VA: National Council of Teachers of Mathematics.

Leavy, A., & Hourigan, M. (2018). The role of perceptual similarity, data context and task context when selecting attributes: Examination of considerations made by 5-6 year olds in data modelling environments. *Educational Studies in Mathematics, 97*(2), 163-183.

Leavy, A., Meletiou-Mavrotheris, M., & Paparistodemou, E. (2018). *Statistics in early childhood and primary education*. Singapore: Springer.

Makar, K. (2014). Young children's explorations of average through informal inferential reasoning. *Educational Studies in Mathematics, 86*(1), 61-78.

Meletiou-Mavrotheris, M., & Paparistodemou, E. (2015). Developing young learners' reasoning about samples and sampling in the context of informal inferences. *Educational Studies in Mathematics, 88*(3), 385-404.

Moore, D. S. (1990). Uncertainty. In L. A. Steen (Ed.), *On the shoulders of giants: New approaches to numeracy* (pp. 95-137). Washington, DC: National Academy Press.

Pfannkuch, M. & Wild, C. (2004). Towards an understanding of statistical thinking. In D. Ben-Zvi & J. Garfield (Eds.), *The challenge of developing statistical literacy, reasoning and thinking* (pp. 17-46). Dordrecht: Kluwer academic publishers.

Reading, C. & Shaughnessy, J. M. (2004). Reading About Variation. In D. Ben-Zvi, & J. Garfield (Eds.), *The challenge of developing statistical literacy, reasoning and thinking* (pp. 201-226). Dordrecht: Kluwer academic publishers.

Rumsey, D. J. (2002). Statistical literacy as a goal for introductory statistics courses. *Journal of Statistics Education, 10*(3). DOI: 10.1080/10691898.2002.11910678

Shaughnessy, J. M. (1997). Missed opportunities on the teaching and learning of data and chance. In J. Garfield & J. Truran (Eds.), *Research papers on Stochastics education* (pp. 129-145). Minneapolis: The University of Minnesota.

Stigler, S. M. (2002). *Statistics on the table: The history of statistical concepts and methods*. Cambridge, MA: Harvard University Press.

Vere-Jones, D. (1995). The coming of age of statistical education. *International Statistical Review, 63*(1), 3-23.

Wallman, K. K. (1993). Enhancing statistical literacy: Enriching our society. *Journal of the American Statistical Association, 88*, 1-8.

Watson, J. M. (2006). *Statistical literacy at school: Growth and goals*. Mahwah, NJ: Lawrence Erlbaum.

Watson, J. (2018). Variation and expectation for six-year-olds. In A. Leavy, M. Meletiou-Mavrotheris, & E. Paparistodemou (Eds.), *Statistics in early childhood and primary education* (pp. 55-73). Singapore: Springer.

# 제6장

# 중학교 수학 영재의 데이터 기반 통계 수업 사례 분석

이윤경(선주중학교), 조정수(영남대학교)

## 1. 서론

최근에는 AI, 빅데이터 시대에 적합한 통계교육에 대한 논의가 활발해지면서, 데이터 리터러시 역량이 강조되고 있다(이경화 외, 2021; Gould, 2017). 컴퓨터 기술의 급속한 발전과 인터넷을 통한 정보량의 증가, 소셜 네트워크를 통한 활발한 소통 등은 기존의 정형화된 데이터 개념을 뛰어넘는 빅데이터에 대한 관심을 일으키고 있다(허순영, 2018). 통계는 데이터를 수집하고 정리·분석하여 어떤 현상을 설명하거나 예측하는 것을 목적으로 한다(Zieffler et al., 2008, 재인용). 전통적 통계학은 표본을 뽑아 모집단을 추측하는 통계적 방법을 사용하지만, 빅데이터 분석에서는 주어진 데이터에서 의미있는 정보를 추출하거나 구조화하는 문제가 중요하다. 또한 이미 수집되고 정리된 2차 데이터를 새로운 관점과 목적에 따라 다시 분석하는 기법도 발달하면서, 데이터는 분석 기법에 따라 그 가치도 새롭게 평가될 수 있다(Bargagliotti et al., 2020).

데이터 자체와 데이터 정리 및 시각화 등 데이터 탐색의 과정은 데이터 연구와 활용에 있어 더욱 중요해졌다. 데이터 분석의 동기와 도구, 데이터의 시각화 기법에 따라 데이터의 의미를 생성하거나 해석하는 방법이 달라질 수 있기 때문이다. 2차 데이터 분석은 데이터 수집을 위한 시간과 비용을 아끼면서 기존 데이터를 새로운 관점에서 분석하여 데이터를 이해하고 통계적으로 추론하는 기회를 제공할 수 있다. 통계적 소양 함양을 지향하는 학교 통계교육의 목적에 비추어볼 때, 전통적인 통계학의 내용 지식을 그대로 고수하여 전달하는 데 그치지 않고 데이터라는 폭넓은 관점에서 AI, 빅데이터와 관련된 데이터 소양을 아우를 수 있는 새로운 지향점을 모색할 필요가 있다. 학생들은 학교수학의 통계 단원에서 통계적 문제해결 과정을 통해 데이터를 탐구하는 경험을 하게 되는데(이경화 외, 2021), 이때 2차 데이터를 활용하는 방안을 생각해 볼 수 있다.

통계학자에게 데이터는 현실의 모델이기 때문에 이들은 데이터를 통해 세상을 바라본다. GAISE Ⅱ(Guidelines for Assessment and Instruction in Statistics Education Ⅱ)에서 강조한 통계적 사고와 통계적 문제해결 과정은 모든 데이터를 탐구하는 기본이 된다(Bargagliotti et al., 2020). Bakker와 Derry(2011)는 학생들의 비형식적 통계적 추리를 개발하는 수업을 설계할 때 맥락을 고려하게 하는 것이 통계적 소양의 발달을 도모하고 실제 상황에서 직면하는 과제에 대응해 나갈 수 있게 한다고 주장하였다. 맥락, 데이터, 통계 지식, 공학적 도구와 같은 다양한 측면의 요소들이 학생들의 비형식적 통계적 추리를 더 형식적으로 방식으로 발달시키는 데 어떤 역할을 하는지, 학생들의 비형식적 통계적 추리를 발달시키는데 도움이 되는 다른 교수적 자원에는 어떤 것들이 있는지에 대한 연구가 이루어질 필요가 있다(Zieffler et al., 2008).

Makar와 Rubin(2009)은 주어진 자료의 그래프를 그리거나 통계값을 계산하는데 집중하는 대신 통계적으로 추리하는 과정 중심의 통계를 지도해야 한다고 하였다. 통계적 문제해결 과정은 본질적으로 통계적 추리 과정을 내포하기 때문에, 본고에서는 데이터 기반 통계교육의 지향을 반영한 중학교 수학 영재반 수업의 통계적 문제해결 과정에서 나타난 학생들의 비형식적 통계적 추리를 분석하고자 한다.

## 2. 이론적 배경

이론적 배경에서는 통계교육 개선 방향을 구체화하는 두 가지 핵심 목표인 비형식적 통계적 추리와 통계적 문제해결 과정에 대해 논의하고자 한다.

## 2.1 비형식적 통계적 추리

불확실성에 대한 학생들의 추론을 발달시키기 위해서는 비형식적 통계적 추리에 초점을 맞추어야 한다(박민선, 2015; Makar et al., 2011; Zapata-Cardona, 2015). 비형식적 통계적 추리(informal statistical inference)는 가설검정과 같은 형식적인 통계적 과정을 거치지 않으면서 표본에서 모집단으로 확률적 일반화를 만들어내는 과정을 말한다. 이는 이론적이고 형식성을 띤 절차나 기법보다는 '주어진 데이터를 넘어서는 경험'이 중요함을 강조한 개념이다(Makar & Rubin, 2009). 통계적 추리는 데이터 시대를 살아가는 사람들이 갖추어야 할 데이터 리터러시의 핵심이므로 중학교에서 통계적 추리를 지도하기 위해서는 비형식적인 통계적 추리 경험을 제공해야 한다. 비형식적인 통계적 추리에는 다음과 같은 요소들이 포함되어 있다(이경화 외, 2021; 지영명, 2020; Makar & Rubin, 2009, 2018).

- 주어진 데이터의 기술을 넘어서는 일반화
- 불확실성을 확률적 언어로 표현
- 데이터를 근거로 한 주장
- 데이터의 전체적 특성을 고려
- 맥락적 지식을 통합한 추론

비형식적 통계적 추리는 형식적 통계적 추리로 나아가는 발판이 되며, 그 자체로 데이터를 현명하게 사용하는 소양이 된다. 이를 통해 불확실하고 비결정론적 세상을 경험하면서(박민선, 2015) 데이터를 바탕으로 의사소통하고 문제를 해결할 수 있게 된다. 학생들에게 적절한 학습 환경을 제공하면 학생들은 사전지식을 활용하여 비형식적 통계적 추리를 할 수 있으므로, 데이터를 수집/숙고하고 시각화하여 분석 및 해석하는 과정을 경험하게 할 필요가 있다.

## 2.2 통계적 문제해결 과정

학생들의 통계적 사고와 추론, 통계적 소양을 기르는 통계교육을 위해 실제 맥락에 기반을 둔 통계적 문제해결 과정을 통한 교육의 중요성이 강조되고 있다(Franklin et al., 2007; Garfield et al., 2008; Wild & Pfannkuch, 1999). 통계적 문제해결 과정은 (1) 통계적 탐구 질문을 설정하고, (2) 데이터를 수집/숙고하고, (3) 데이터를 분석하

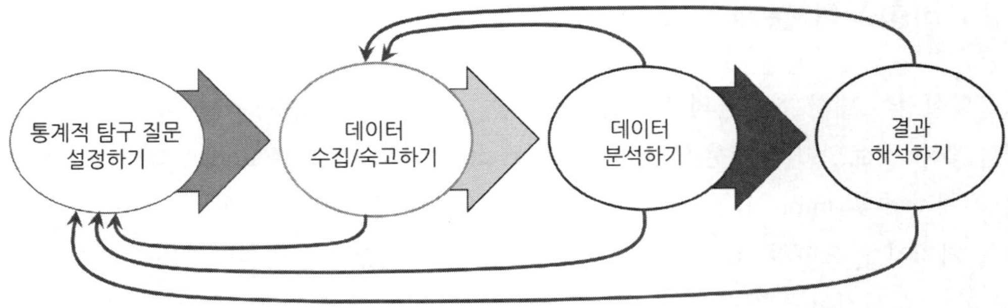


**[그림 1]** 통계적 문제해결 과정(Bargagliotti et al., 2020, p. 13)

고, (4) 결과를 해석하는 4단계 과정으로 정의된다.

통계적 문제해결 과정의 목적은 통계적 탐구 질문에 대한 답을 이끌어내기 위해 데이터를 수집하고 분석하는 것이다. 이러한 과정에서 학생들이 데이터를 절차적으로 처리하기보다는 문제해결의 목적과 데이터의 맥락에 주목할 수 있도록 공학적 도구를 충분히 활용하도록 하는 것이 좋다(Makar & Rubin, 2009). 빅데이터의 등장과 데이터 과학의 발전은 컴퓨터의 폭발적 성장에 힘입은 측면이 크다. 데이터 기반 통계교육에서 공학적 도구는 기능의 숙달이 아닌 활용 역량의 측면에서 강조되어야 한다. 또한 데이터를 기반으로 통계적 탐구를 하는 목적과 가치, 중요성을 파악하여 미래 시민의 소양을 갖추도록 해야 한다. 실제 데이터를 다루어 숨겨진 의미를 파악하고 비형식적 통계적 추리를 경험해보는 통계적 문제해결 과정은 데이터 리터러시 역량 개발에 관한 하나의 모델이 될 수 있을 것이다.

## 3. 연구 방법 및 절차

### 3.1 연구 환경

중학교 영재반 학생들의 통계적 문제해결 과정에서 나타난 비형식적 통계적 추리를 분석하기 위하여 본 연구는 G영재원에서 이루어진 ‘빅데이터 분석 보고서 쓰기’ 통계 수업 활동을 선정하였다. ‘빅데이터 분석 보고서 쓰기’ 수업 활동은 컴퓨터를 이용하여 데이터를 시각화하고 해석하는 활동으로 이루어졌는데, Google Classroom을 이용한 원격수업으로 진행되었다. ‘빅데이터 분석 보고서 쓰기’ 수업 활동은 서울특별시

6개 구별 COVID-19 확진자 데이터를 'Flourish'[1] 사이트를 이용하여 4개의 그래프로 시각화하는 활동을 한 후에 진행되었으며, 수업 시간에 모두 완성하기에는 시간이 부족하여 과제로 제시하였다.

과제에 사용한 데이터는 '국가통계포털(KOSIS)'의 100대 지표[2]를 이용하였으며, 자료를 수집, 다양한 그래프로 시각화하고 해석하는 활동에서 학생들의 비형식적 통계적 추리를 분석하고자 하였다.

## 3.2 연구 참여자

연구 참여자는 수업을 담당한 수학교사와 중학교 3학년 학생 40명이다. 본 수업을 담당한 수학교사는 본 연구의 연구자로 교육경력은 15년이고 AI 데이터 리터러시 모델학교 담당자로 데이터 기반 통계교육에 관심이 많은 편이다.

영재캠프에 참여한 학생들은 경북의 중학교 3학년 학생들로 G영재원에 소속된 학생들이다. 총 40명의 학생들이 영재캠프에 참가하였으며, Flourish 사이트에서 데이터를 시각화하는 활동은 처음 접하였다. 일부 학생들은 학교에서 자료를 수집하여 통계 포스터를 만드는 활동에 참여한 경우도 있었지만, 2차 자료를 실제로 수집하고 컴퓨터를 이용해 데이터를 분석하고 보고서를 쓰는 활동은 처음 해 본다고 하였다. COVID-19로 인해 학생들은 원격수업에 익숙하였기 때문에 Google Classroom을 사용하여 수업을 진행하고 과제를 수행하는 과정에 큰 어려움은 없었다.

## 3.3 영재캠프의 수업 설계 및 내용

본 연구는 G영재원에서 이루어진 '빅데이터 분석 보고서 쓰기' 통계적 문제해결 활동에서 나타난 학생들의 비형식적 통계적 추리를 분석하는 것이 목적이다. 1시간 50분 동안 이루어진 '빅데이터 분석 보고서 쓰기' 활동의 내용은 〈표 1〉과 같다.

---

1) Flourish는 대화형 지도나 그래프를 쉽게 만들 수 있게 도와주는 자료 시각화 도구이다. 크롬 브라우저를 사용하여 구글 검색창에서 'flourish'를 입력하면 Flourish 사이트에 접속할 수 있다(구글 로그인 후 New visualisation 버튼 클릭). Flourish 사이트(https://app. flourish.studio/templates)에는 시각화할 수 있는 다양한 그래프들을 제공하고 있다.

2) 국가통계포털(http://kosis.kr)의 'KOSIS 100대 지표'는 국민의 관심이 높은 통계를 10개 부문, 100개 지표로 구성하여 세부 지표, 그래프, 연관 지표 정보를 한눈에 볼 수 있도록 만든 통계 시각화 콘텐츠이다. KOSIS 홈페이지 상단 메뉴 '쉽게 보는 통계＞통계시각화콘텐츠'에 100대 지표가 있다.

〈표 1〉 '빅데이터 분석 보고서 쓰기' 활동

| 시간 | 활동 | 내용 |
|---|---|---|
| 8분 | • 데이터 리터러시의 중요성<br>• 수업 활동 및 과제에 대한 안내 | • 데이터 리터러시의 개념과 중요성에 대해 안내한다.<br>• 오늘 수업 활동과 과제에 대해 설명하고, 주의할 점을 안내한다. |
| 55분 | • Fourish를 활용한 COVID-19 데이터 시각화 활동 | • 서울특별시 6개 구에 대한 COVID-19 누적확진자 데이터를 4개의 그래프로 시각화하는 활동을 진행한다. |
| 10분 | • 쉬는 시간 | • 질문이 있는 학생은 질문을 하도록 한다. |
| 45분 | • 빅데이터 분석 보고서 쓰기(과제) | • 국가통계포털(KOSIS) 통계 시각화 콘텐츠의 '100대 지표'에서 관심있는 주제를 선정하고 데이터를 수집한다.<br>• 데이터를 정리하고 Fourish 사이트에서 적절한 그래프로 시각화한다.<br>• 데이터를 분석하고 결과를 해석한다.<br>• 새롭게 알게 된 점 및 느낀 점을 정리한다. |

〈표 1〉의 '빅데이터 분석 보고서 쓰기' 활동에서 교사는 수업의 도입부(8분간)에서 학생들에게 데이터 리터러시의 개념과 중요성에 대해 안내하고, 수업 활동의 흐름과 빅데이터 분석 보고서 과제에 대해 설명한다.

비대면으로 진행되는 활동이므로 교사의 설명을 놓치게 되면 활동을 이해하기 어려우므로 최대한 집중해서 수업에 참여하게 했다. 혹시 이해가 되지 않는 부분은 채팅창을 통해 질문하거나 음소거를 해제하고 질문을 하게 하였다. 또한 과제 수행 방법과 마감기한을 미리 안내하여 수업에서 어떤 부분에 주의를 기울여야 할지 학생들이 스스로 인지할 수 있게 하였다.

이후의 55분 동안에는 교사 주도로 Fourish 사이트에서 데이터를 시각화하는 활동을 진행하였다. 학생들에게 실제적이고 친숙한 맥락을 제공하기 위하여 서울특별시

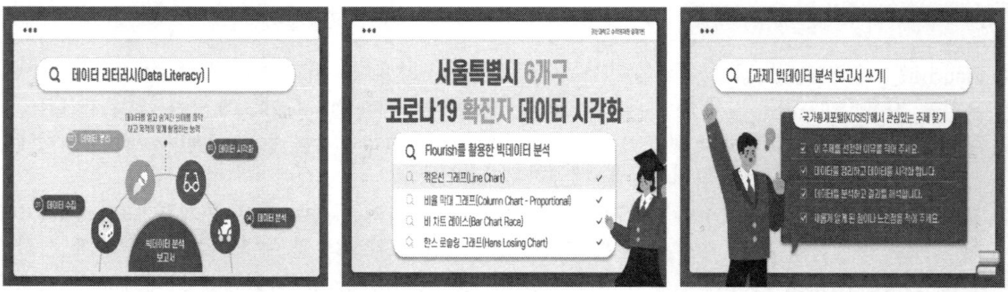


[그림 2] 데이터 리터러시의 중요성과 수업 활동에 대한 안내(8분)

6개 구의 COVID-19 누적 확진자 수에 대한 빅데이터를 사용하였고, 꺾은선그래프, 비율막대그래프, 바차트레이스, 한스로슬링그래프 등 학생들이 평소에 다루어 보지 못했던 그래프로 시각화하는 방법을 실습하였다. 실습 수업에서는 한 부분을 놓치면 그 이후의 활동을 진행하지 못하는 경우가 많기 때문에 쉬는 시간(10분)을 주고 그 시간 동안 질문을 받아서 학생들의 개인적인 어려움을 해결할 수 있도록 하였다.

네 가지 그래프로 시각화하는 활동을 진행한 후에는 학생들이 스스로 관심있는 주제의 데이터를 수집/숙고하여 시각화하고, 분석 및 해석하는 통계적 문제해결 과정을 경험하도록 하였다. 빅데이터 보고서 쓰기 과제에 대해 다시 한번 안내한 후에 각 단계에서 어떤 부분에 유의해야 할지 예시 자료를 통해 설명하여 학생들이 과제를 수행할 때 발생할 수 있는 어려움을 최소화하였다. 본 연구에서 설계한 수업은 확률과 통계를 가르친 경험이 있는 수학교사 2인과 통계교육 연구자 1인에게 검토를 받아 수정을 거쳤다.

### 3.4 자료 수집 및 분석

본 연구를 위해 수집한 자료는 수업 녹화물 및 학생들이 제출한 과제 파일이다. 통계적 문제해결 과정에서 나타난 비형식적 통계적 추리를 살펴보기 위한 분석의 주된 자료는 학생들이 작성한 빅데이터 분석 보고서 파일이며, 학생들이 작성한 새롭게 알게 된 점 및 느낀 점은 수업 맥락의 이해를 돕기 위한 보조 자료로 사용하였다.

자료 분석을 위하여 먼저 학생들이 제출한 보고서 과제 파일의 자료 분석 및 해석 부분을 3회 반복하여 읽으면서 비형식적 통계적 추리가 나타난 부분을 색깔로 표시하였다. 그 후 주어진 데이터의 기술을 넘어서는 일반화, 불확실성을 확률적 언어로 표현, 데이터를 근거로 한 주장, 데이터의 전체적 특성을 고려, 맥락적 지식을 통합한 추론 등으로 학생들의 비형식적 통계적 추리를 구분하였다. 마지막 단계에서는 비형식적 통계적 추리 과정에서 공학적 도구는 어떤 역할을 하였는지를 분석하였다.

## 4. 연구 결과

이 연구는 '빅데이터 분석 보고서 쓰기' 통계적 문제해결 과정에서 나타난 학생들의 비형식적 통계적 추리의 특징과 비형식적 통계적 추리 과정에서 도구는 어떤 역할을 하는지 알아보기 위한 것이다. 이러한 연구 목적으로 수행된 학생의 결과물에서 나타난 비형식적 통계적 추리의 특성과 도구의 역할을 제시하면 다음과 같다.

## 4.1 주어진 데이터의 기술을 넘어서는 일반화

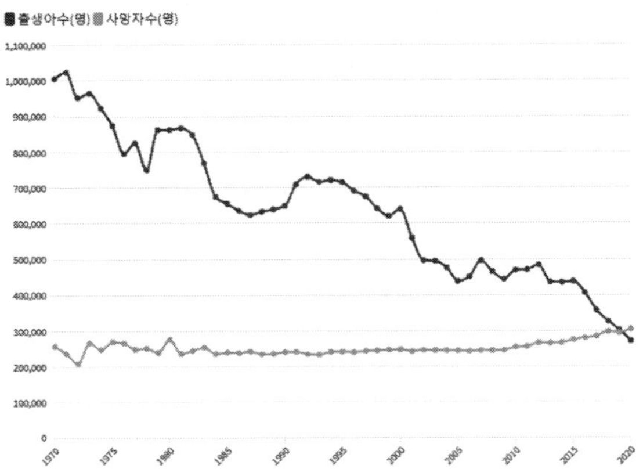


1. 그래프를 보면 출생아 수는 계속 해서 줄고 있고 감소량이 매우 크다.
2. 2020년의 출생아 수는 1970년쯤 출생아 수의 $\frac{1}{3}$도 안된다.
3. 2020년에는 사망자 수가 출생아 수보다 많아졌다.
4. 이러한 저출산 현상이 계속되고 사망자 수가 그대로 유지된다면 우리나라의 총 인구 수는 결국 감소하게 될 것이다.

- 학생 A의 보고서 중에서 발췌 -

[그림 3] 학생 A의 꺾은선그래프

학생 A는 Line 1~3에서 주어진 데이터에 대해 기술하고 있다. Line 4에서는 주어진 데이터를 넘어서는 일반화를 하고 있음을 확인할 수 있다.

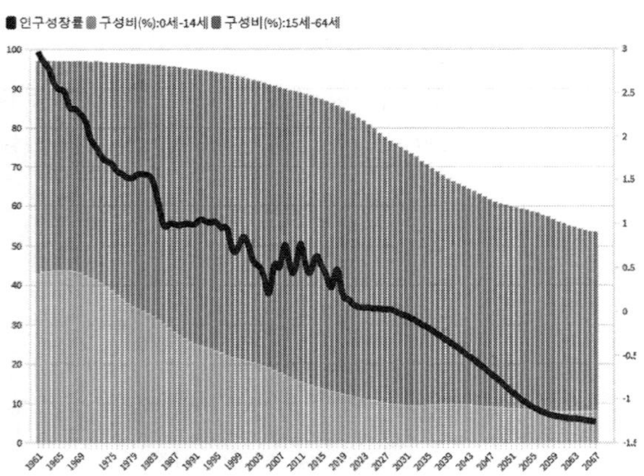


1. 급격히 감소하는 인구성장률 그래프를 보고 저출산과 고령/초고령 사회가 생각보다 심각한 문제라는 것을 깨달을 수 있었다.
2. 15세~64세는 노동가능인구로 전체 인구에서 노동가능인구의 비율이 점점 줄어들고 노인 인구의 비율이 계속 늘고 있기 때문에 인구 문제는 국가 경제 문제에도 영향을 준다.

- 학생 B의 보고서 중에서 발췌 -

[그림 4] 학생 B의 꺾은선+비율막대그래프

학생 B는 Line 1~2에서 급격히 감소하는 인구성장률 그래프와 노동가능인구의 비율이 감소하는 그래프를 보고 저출산, 고령/초고령 사회 문제는 국가 경제 문제에도 영향을 줄 것이라고 진술하고 있다. 이러한 비형식적 통계적 추리는 '주어진 데이터를 넘어서는 일반화' 요소로 볼 수 있다.

비형식적 통계적 추리의 사고 요소 중 '주어진 데이터의 기술을 넘어서는 일반화'는 추리 과정의 최종 결과를 나타내기 때문에 가장 상위에 있는 것으로 간주된다. 데이터를 수집/숙고하여 데이터를 기술하고 추리를 뒷받침하는 증거로 어떤 기술통계를 사용하는 것이 타당한지 판단하며, 추리의 불확실성을 표현하고 통계적 지식과 맥락적 지식을 통합하는 것은 결국 주어진 데이터를 넘어서는 합리적인 일반화를 만들기 위한 것이다(지영명, 2020). 많은 연구 참여 학생들은 주어진 데이터를 넘어서는 일반화보다는 주어진 데이터 그 자체를 기술하는 경향이 많았다.

## 4.2 불확실성을 확률적 언어로 표현

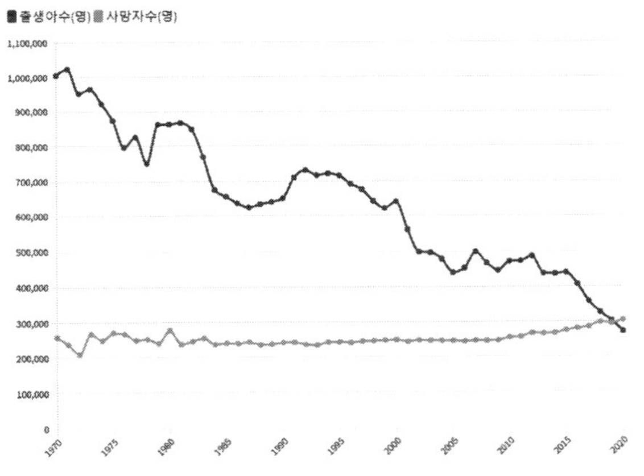


1. 사망자 수는 거의 일정하게 유지되다가 2010년쯤부터 조금씩 증가하고 있다.

- 학생 A의 보고서 중에서 발췌 -

[그림 5] 학생 A의 꺾은선그래프

학생 A는 Line 1에서 불확실성을 '거의'라는 확률적 언어를 사용하여 표현하고 있다. 비형식적 통계적 추리는 데이터를 해석하는 과정에서 발생하는 사고과정이므로 결론이 항상 100% 확실하다고 말할 수 없다(이윤경, 2015). 이러한 확률적 언어는 자신의 주장의 불확실성을 나타내는 상황에서 불확실성의 수준에 적합한 한정어로 나타난다(Makar & Rubin, 2009).

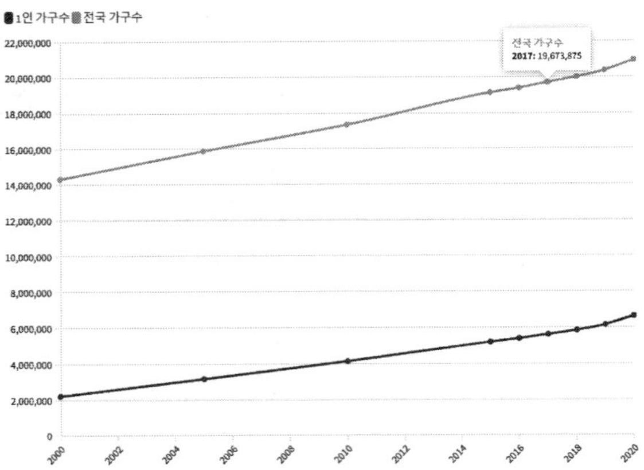


1. 현재의 가구 수의 증가가 대부분 1인 가구 수의 증가와 같다는 것을 알 수 있었다.

- 학생 C의 보고서 중에서 발췌 -

[그림 6] 학생 C의 꺾은선그래프

학생 C는 Line 1에서 불확실성을 '대부분'이라는 확률적 언어를 사용하여 표현하고 있다. 통계적 추리는 표본에서 나타난 패턴이 그 표본을 추출한 원래 모집단에서 나타나는 경향일 가능성을 평가한다는 점에서 확률적이다(Cobb & McClain, 2010). 또한 일상 생활에서 얻은 확률 직관 및 학교에서 배운 형식적 또는 비형식적 지식과 같은 사전 지식은 추리의 불확실성을 확률적 언어로 표현할 때 영향을 미친다(Makar & Rubin, 2009). 하지만 연구 참여 학생들의 대부분은 확률적 언어를 거의 사용하고 있지 않음을 확인하였다. 학생들은 흑백의 결정론적 세계관으로 세상을 바라보는 경향이 있으므로 불확실성이 편재하는 세상을 이해하고 양화할 수 있는 다양한 과제의 개발이 필요하다(Makar & Rubin, 2009; Zapata-Cardona, 2015).

중학교 1학년의 통계 단원에서 도수의 총합이 다른 두 집단의 분포를 비교할 때 상대도수의 분포표보다는 상대도수의 도수분포다각형 모양의 그래프를 이용하면 더 쉽게 비교할 수 있다(이준열 외, 2018). 이 경우에 두 집단 중 어느 집단의 값이 더 높은지 또는 더 낮은지에 대해서만 발문하는 경우가 많은데, 학생들이 '전체적으로', '대부분', '경향이 있다', '더 높은(낮은) 편이다' 등의 확률적 언어를 사용하여 분포의 특징을 기술하도록 유도하는 교사의 담화 전략이 필요하다고 본다.

## 4.3 데이터를 근거로 한 주장

1. 유가는 국제사회에 어떠한 문제가 발생할 때 가장 민감하게 반응하는 요소 중 하나이다.
2. 유가 분석을 통해 국제 사회에 어떤 큰 일이 있었는지 쉽게 알 수 있을 것 같아 주제로 선정하였다.
3. 세계의 큰 사건들과 그래프가 나타내는 모습이 일치하는 것을 보면서 유가가 정말로 세계의 상황에 민감한 요소라는 것을 다시 한번 느낄 수 있었다.

- 학생 D의 보고서 중에서 발췌 -

[그림 7] 학생 D의 꺾은선그래프

학생 D의 통계적 탐구 질문은 '국제 유가는 국제적 상황에 민감하게 반응할까?'이고 이러한 질문에 답할 수 있는 데이터를 '국가통계포털(KOSIS)'에서 검색하여 수집하였다. 이후 Flourish 사이트에서 꺾은선그래프로 시각화하여 큰 변화가 나타난 부분과 국제적 상황을 연결하여 해석함으로써 국제 유가가 국제적 상황에 민감하게 반응한다는 자신의 주장을 데이터를 근거로 제시하였다.

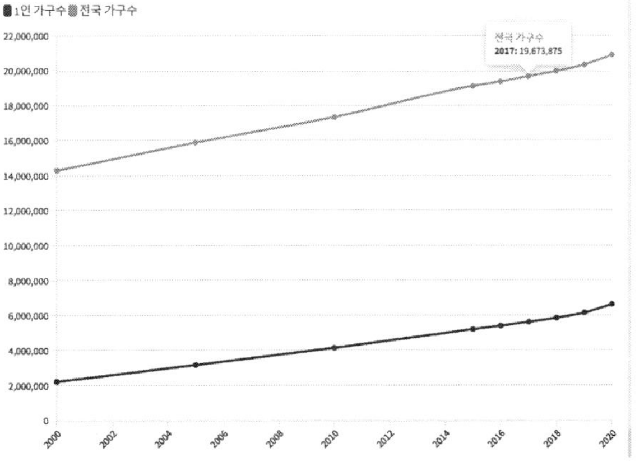


1. 전국 가구 수의 증가는 1인 가구 수의 증가와 비슷하다는 것을 알 수 있는데 이를 통해 전체 가구 수에서 1인 가구 수의 비율이 점점 커지고 있다는 것을 알 수 있다.
2. 1인 가구 수가 증가하고 있는 속도가 우리가 생각하지도 못할 속도로 증가하고 있다는 것을 알게 되어 놀랐다.
3. 현재의 가구 수의 증가가 대부분 1인 가구 수의 증가와 같다는 것을 알 수 있었다.

- 학생 C의 보고서 중에서 발췌 -

[그림 8] 학생 C의 꺾은선그래프

학생 C는 Line 1~3에서 데이터를 근거로 "전체 가구 수에서 1인 가구 수의 비율이 점점 커지고 있다.", "1인 가구 수가 증가하고 있는 속도가 매우 빠르다.", "현재의 가구 수의 증가가 대부분 1인 가구 수의 증가와 같다."는 자신의 의견을 주장하고 있다.

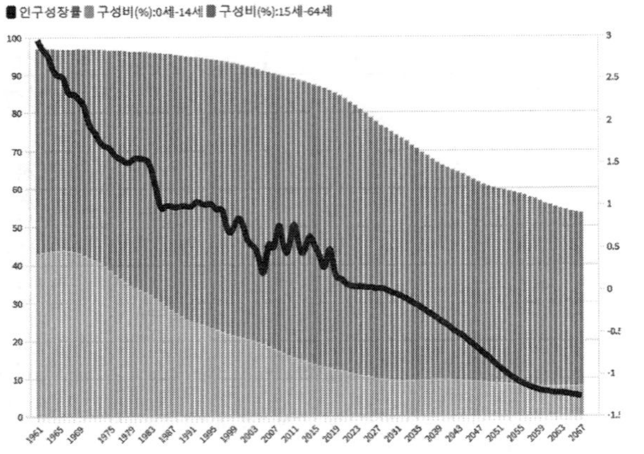


1. 0세~14세는 다음 세대의 경제활동인구인데 저출산으로 인해 유소년층의 비율이 매우 낮다.
2. 개인적인 차원을 넘어서 국가와 정부 차원에서 이 문제의 해결 방법을 진지하게 고민해 봐야 한다고 생각한다.

- 학생 B의 보고서 중에서 발췌 -

**[그림 9]** 학생 B의 꺾은선+비율막대그래프

학생 B는 Line 2에서 "국가와 정부 차원에서 문제의 해결 방법을 진지하게 고민해 보아야 한다"는 자신의 의견을 Line 1의 데이터를 근거로 주장하고 있다. [그림 9]의 꺾은선+비율막대그래프에는 연도에 따른 인구 성장률, 연령별 인구 구성비의 변화를 함께 나타낼 수 있으므로 다양한 현상을 연결하여 해석할 때 편리하다. Flourish 사이트에는 데이터를 시각화할 수 있는 다양한 그래프가 있는데, 이러한 시각화 도구는 데이터의 숨겨진 의미를 드러나도록 해 주고 학생들이 데이터를 근거로 한 비형식적 통계적 추리 활동에 집중할 수 있도록 해 주었다.

## 4.4 데이터의 전체적 특성을 고려

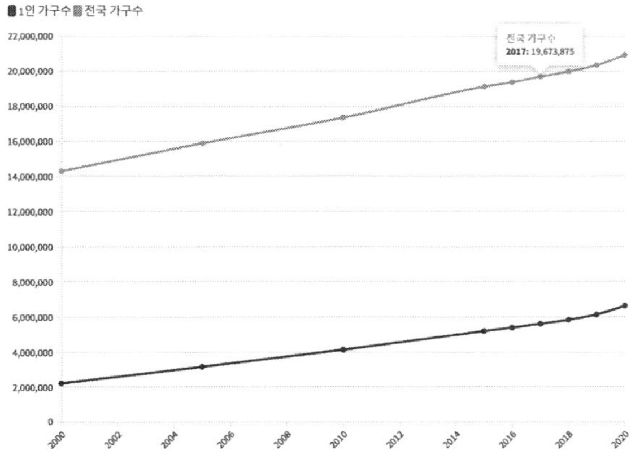


1. 왼쪽의 그래프는 2000년대에 5년을 주기로 전국 가구 수와 1인 가구 수를 측정하다가 비교적 최근인 2015년 이후로부터는 1년마다 전국 가구 수와 1인 가구 수를 측정하였다.
2. 전국 가구 수는 2000년대에는 약 14,000,000 가까이에서 증가가 시작된 이후 계속 증가하는 추세를 보이며 현재는 약 20,000,000 가까이라는 것을 알 수 있다.
3. 1인 가구 수는 2000년대에 약 2,000,000에서 증가가 시작되어 현재는 1인 가구 수가 약 60,000,00이다.

- 학생 C의 보고서 중에서 발췌 -

[그림 10] 학생 C의 꺾은선그래프

학생 C는 Line 1에서 측정 단위가 5년에서 1년으로 바뀌었다는 전체적인 변화를 기술하였고, Line 2, 3에서는 특정 지점의 값보다는 계속 증가하는 전반적인 추세에 주목하는 경향을 보이고 있다.

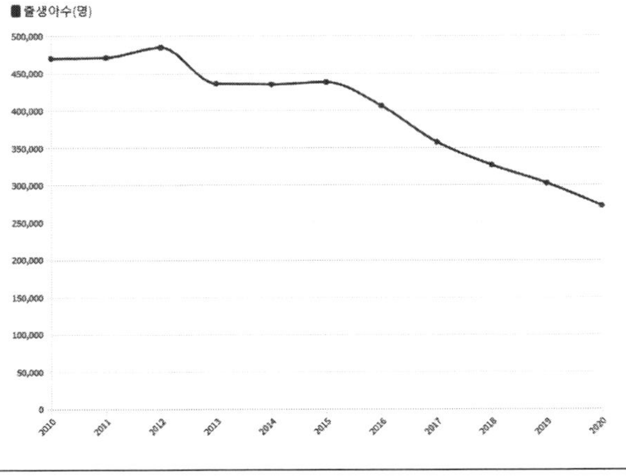


1. 10년간 눈에 띄게 출생아의 수가 줄어들고 있다.
2. 2015년에서 2020년간 출생아 수가 급격히 줄어드는 것을 볼 수 있다.

- 학생 E의 보고서 중에서 발췌 -

[그림 11] 학생 E의 꺾은선그래프

학생 E는 Line 1에서 10년간의 전체적인 변화를 기술하였고, Line 2에서는 급격히 줄어드는 구간에 대해 언급하고 있다. Flourish 사이트를 이용하면 특정 지점의 자료 값을 쉽게 알 수 있지만 학생들은 특정 자료 값보다는 증가, 감소 등의 변화 현상에 좀 더 집중하는 경향이 있었다. 수학의 함수 영역에서 변화하는 양 사이의 관계를 그래프로 나타내고 해석하는데 익숙한 학생들이었기 때문에 통계 그래프에 나타난 증가, 감소, 일정 등의 변화 현상을 기술하는 데 특별한 어려움은 없어 보였다.

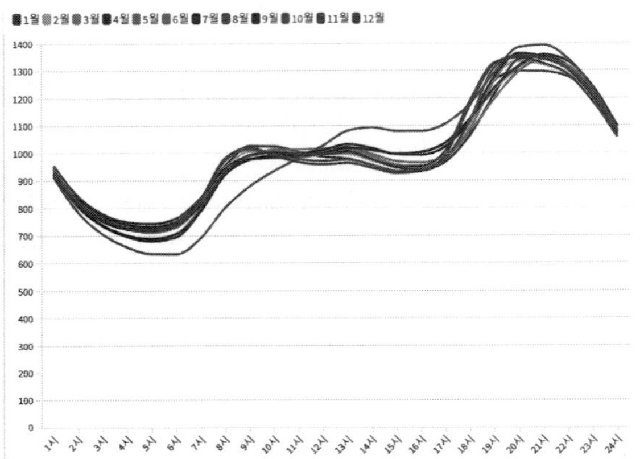


1. 주택용 월별 1~24시 전력 소비량은 가족이 모두 모이는 저녁 5시 이후부터 소비량이 늘어난다.
2. 저녁 9시 이후부터는 다시 감소한다.
3. 아침 6시 이후부터 다시 증가하여 계속 비슷한 소비량을 유지하는 경향이 있다.

\- 학생 F의 보고서 중에서 발췌 -

**[그림 12]** 학생 F의 꺾은선그래프

비형식적 통계적 추리의 사고 요소 중 '데이터의 전체적 특성을 고려'는 '데이터를 근거로 한 주장' 요소에 선행한다. 왜냐하면 추리를 뒷받침하는 증거로 데이터를 사용할 수 있는지 판단하기 위해서는 주어진 자료의 전체적 특성 및 분포의 다양한 측면을 기술적으로 분석해야 하기 때문이다(지영명, 2020). 연구 참여 학생들의 대부분은 데이터의 전체적 특성을 이해하는 데는 어려움이 없었지만 데이터의 전체적 특성에 대한 표현은 다소 부족한 부분이 많았다. 이는 분포의 전체적 특성을 기술해 본 경험이 별로 없었기 때문이라 생각되며, 저학년에서부터 자료의 중심 및 퍼짐과 관련된 분포의 다양한 측면을 비형식적이지만 통합적으로 다루고 표현할 수 있는 기회가 필요함을 시사한다고 볼 수 있다.

## 4.5 맥락적 지식을 통합한 추론

1. 그래프 중 유가가 가장 낮았던 시기(급락한 시기)는 세 군데이다.
2. 첫번째로 낮은 곳은 2009년 3월이며 이때 글로벌 금융위기로 인해 유가가 급락하였다.
3. 두 번째로 급락한 부분은 2016년 6월달이며, 이때 미국이 원유 수입국에서 수출국으로 전환됨과 동시에 국제 원유시장에 큰 변화가 생겼다고 한다.
4. 세 번째로 낮은 시기인 2020년 4월은 COVID-19로 인해 유가가 낮아졌다.

- 학생 D의 보고서 중에서 발췌 -

[그림 13] 학생 D의 꺾은선그래프

학생 D는 유가가 국제사회에 어떠한 문제가 발생할 시 가장 민감하게 반응하는 요소 중 하나라고 생각했고, 유가 분석을 통해 국제 사회에 어떤 큰 일이 있었는지 쉽게 알 수 있을 것 같아 주제로 선정하였다고 하였다. [그림 13]의 그래프에서 갑자기 국제 유가가 급락한 부분이 세 부분인데, 급락한 부분을 글로벌 금융위기, 미국의 원유 수출국 전환, COVID-19라는 실제 맥락과 연결지어 추론하였다(Line 2~4). 학생 D는 ‘빅데이터 분석 보고서 쓰기’ 활동을 통해 그래프에 대해 해석하고 큰 변화가 나타난 부분에 어떤 일이 있었는지 알아가는 과정이 흥미로웠다고 하였다. 통계 자료는 맥락이 있는 수치이며, 맥락과 연결지어 결론을 도출하는 것이 통계적 추론의 특징이다. 학생들에게 익숙하고 실제적인 자료를 사용하는 경우에 맥락적 지식을 통합한 추론이 더 활발히 이루어지며, 통계에 흥미를 가지고 가치를 인식하는 기회가 될 수 있기 때문에 교사는 자료 맥락의 사용에 신중을 기해야 할 것이다.

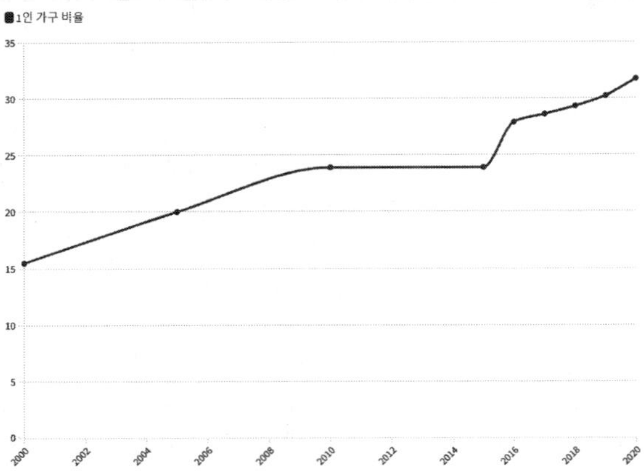


1. 전체 가구 수에서 1인 가구 수의 비율이 점점 커지는 현상은 고령화 사회 또는 수도권 집중 문제, 집값 상승, 그 외 일자리 문제 등 여러 복합적인 이유로 일어난다는 추측을 할 수 있다.
2. 이로 인해 저출산 등 여러 심각한 문제가 발생할 수 있기 때문에 주의를 해야 할 것이다.

- 학생 G의 보고서 중에서 발췌 -

**[그림 14]** 학생 G의 꺾은선그래프

학생 G는 1인 가구 비율의 증가 현상을 고령화 사회, 수도권 집중 문제, 집값 상승, 일자리 문제 등의 맥락적 지식과 연결지어 추리하였고(Line 1), 이로 인해 저출산 등의 문제가 발생할 수 있다는 주어진 데이터의 기술을 넘어서는 일반화를 하였다(Line 2). 사회 현상에 대한 사전 지식이 없는 경우라면 “1인 가구 비율은 증가하다가 일정해졌다가 다시 급격히 증가하는 현상을 보인다.”라고 단순하게 기술할 수 있을 것이다. 그러나 학생 G는 주어진 데이터와 맥락적 지식을 통합하여 이러한 현상의 원인은 무엇이며, 미래에 어떤 일이 발생할 지에 대한 자신의 주장을 진술하고 있다.

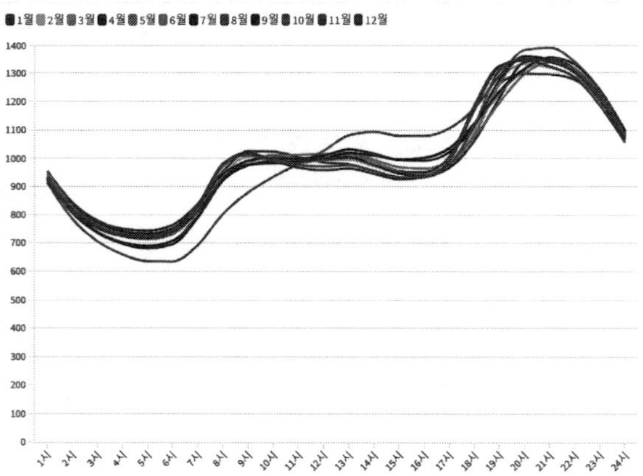


1. 8월의 그래프가 다른 경향을 보이는 것은 여름철에는 아침에 시원하기 때문에 전략 소비량이 다른 달에 비해 적고, 낮 12시 이후에는 덥기 때문에 에어컨 등의 사용으로 전력소비량이 높은 편이기 때문이다.

- 학생 F의 보고서 중에서 발췌 -

**[그림 15]** 학생 F의 꺾은선그래프

[그림 15]의 그래프를 살펴보면, 8월의 시간에 따른 전략 소비량은 다른 달과 다른

패턴을 보인다는 것을 확인할 수 있다. 학생 F는 여름철에는 아침에 시원하고 낮이 되면 더워진다는 날씨에 관한 맥락적 지식을 이용해 8월의 전략 소비량의 패턴을 설명하고 있다(Line 1). 학생들은 비형식적 통계적 추리 과정에서 통계적 지식 영역과 맥락적 지식 영역 사이를 계속 순환한다. 맥락적 지식은 학생들이 그래프를 해석할 때 불명확하거나 모순되는 점들을 해결할 수 있도록 해 주고, 학생들의 사전 지식과 자료에서 얻은 정보 사이에서 발생하는 인지적 갈등을 해소해준다(Gil & Ben-Zvi, 2011).

## 5. 결론

본 연구는 중학교 수학 영재의 데이터 기반 통계 수업에서 나타난 비형식적 통계적 추리의 특성과 도구의 역할을 알아보기 위하여 학생들이 제출한 '빅데이터 분석 보고서' 과제를 분석하였다. 이를 통해 수학 영재 학생들의 비형식적 통계적 추리의 특성을 주어진 데이터의 기술을 넘어서는 일반화, 불확실성을 확률적 언어로 표현, 데이터를 근거로 한 주장, 데이터의 전체적 특성을 고려, 맥락적 지식을 통합한 추론의 다섯 가지 요소로 구분하여 이해할 수 있었다. 또한 이러한 비형식적 통계적 추리 과정에 사용된 컴퓨터는 학생들에게 데이터에 대한 다양한 표상을 제공해 줌으로써 학생들에게 자료의 특성과 숨겨진 의미를 발견할 수 있는 탐구 맥락을 제공해 주고 학생들이 데이터를 근거로 한 비형식적 통계적 추리 활동에 집중할 수 있도록 해 주었다.

연구 결과, 학생들의 빅데이터 분석 보고서에는 데이터의 전체적 특성을 고려한 기술, 데이터를 근거로 한 주장이 많이 나타났으며, 맥락적 지식을 통합한 추론과 주어진 데이터의 기술을 넘어서는 일반화는 적게 나타나는 경향이 있었다. 중학교 수학 영재 학생들이지만 자료를 분석하고 해석하는 통계적 문제해결 과정에 대한 경험의 부족으로 맥락적 지식을 통합하거나 데이터의 기술을 넘어서는 일반화 관련 추리가 체화되지 않았다고 생각한다.

추리에 대한 불확실성을 나타내는 확률적 언어를 사용한 학생의 비율은 매우 낮았다. 이는 결정론적으로 사고하는 학생들의 성향이 반영된 결과로 볼 수 있다. 주어진 데이터를 이용해 티처블머신(Teachable Machine)이 '가위바위보'를 학습한 후 결과를 예측할 때 추리의 불확실성을 확률로 나타내는 과정을 보여주며([그림 16] 참조), 실제 사회 현상에는 아닐 가능성이 늘 존재함을 인식시켜주는 것은 불확실성을 표현하는 것에 대한 하나의 지도 방법이 될 수 있을 것이다.

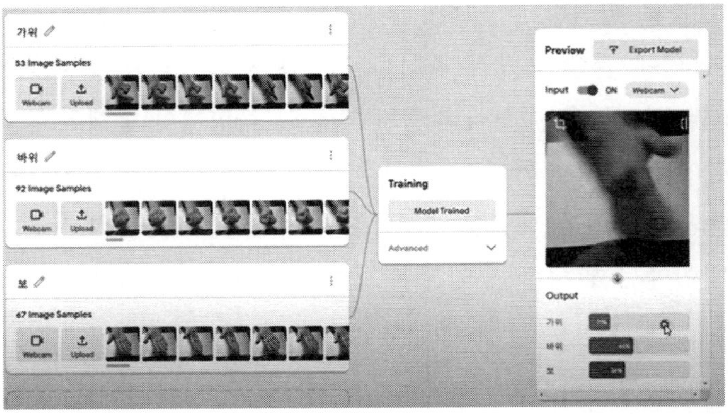


**[그림 16] 결과에 대한 불확실성을 확률로 표현**[3)]

본 연구를 통해 얻을 수 있는 결론은 다음과 같다. 첫째, 탐구 기반 수업 활동을 설계하고 운영하는 교사는 문제해결 과정에 필요한 규범을 만들고 학생들의 비형식적 통계적 추리를 발달시키는 데 중요한 역할을 한다(박민선, 2015; Makar et al., 2011). 본 연구는 실시간 쌍방향으로 빅데이터 분석 활동을 진행한 원격수업으로 비대면 수업 설계 및 운영 방법은 대면 수업과 차이가 있다. 교사는 수업 상황에 맞는 수업 자료 및 진행 방법을 선정해야 하고, 학생들이 통계의 핵심 아이디어를 이해하고 문제해결 과정과 통계 지식을 연결하여 표현할 수 있도록 지원해야 한다. 또한 비형식적 통계적 추리를 지도하기 위해 수업을 계획하고, 실행하고 반성하는 과정에서 합의된 이해를 이끄는 의미있는 수업 담화 전략을 고려해야 할 것이다.

둘째, 가치있는 통계적 문제해결 과제를 통해 학생들은 맥락과 과제에 포함된 통계 개념을 이해하게 된다. 학생들은 실생활 데이터 기반 통계적 문제해결 과정을 경험하면서 탐구하고 싶은 질문을 만들고 가설을 설정하고, 자료를 수집하고 정리하며, 자료를 분석하고 결과를 해석한다. 이러한 과정에서 자료에 근거한 주장을 만들어 논쟁하며, 불확실성을 확률적 언어로 표현하고, 과제를 해결할 때 그들의 사전 지식과 문제의 맥락을 통합하는 비형식적 통계적 추리를 도출할 수 있다.

학생들이 몰입하여 수업에 참여하도록 하기 위해 교사는 가치있는 수학 과제를 사용할 필요가 있다. 그러한 과제는 내용과 과정 측면에서 풍부해야 한다. 의사소통과 연결성을 증진하는 과제는 학생들이 수학의 가치와 아름다움을 보고 표현하게 도와줄 수 있다. 교사는 자신의 목표를 추구하기 위해서 다양한 도구를 융통성 있게 활용해야 한다(NCTM, 2011). 본 연구의 참여자들은 주제를 선정할 때 사회나 과학 교과에

---

3) 출처: YouTube, cited 2021: 티처블 머신(Teachable Machine)을 통한 쉽고 간단한 인공지능 교육. [Available online at https://www.youtube.com/watch?v=LV6BowwBbg8.]

서 학습한 저출산, 고령화와 관련된 인구 데이터, 전력량, 온실가스 데이터 등 자신에게 익숙한 자료를 사용하는 경향이 있었다. 이러한 실제적 맥락의 자료 사용은 학생들의 사전 지식과 데이터를 근거로 나타나는 결과를 연결시켜 데이터를 넘어서는 비형식적 통계적 추리를 자연스럽게 유도하는데 도움을 주었다고 본다.

셋째, 공학적 도구는 통계적 문제해결 과정에서 비형식적 통계적 추리를 경험하고 발달시키는 탐구 기회를 제공한다(Trouche, 2005). 자료의 시각화 도구로 사용된 컴퓨터 도구는 탐구활동의 비계로 사용되어 학생들이 비형식적 통계적 추리 활동에 집중할 수 있도록 해 주었다. Flourish 사이트는 학생들이 빅데이터를 손쉽게 다룰 수 있게 하고 데이터 표상을 다양하게 시각화함으로써 자료에서 나타나는 특성을 직관적으로 이해하고 데이터에 숨겨진 의미를 발견할 수 있도록 지원하였다. 따라서 모든 학생들을 위한 질 높은 학습 경험을 만들기 위해서는 공학적 도구를 사용한 교수 학습 경로 디자인과 교수법에 세심한 주의를 기울여야 할 것이다.

공학적 도구는 학생들의 수학 학습을 향상시키고 교사의 교수 방법에 영향을 준다(NCTM, 2000). 뿐만 아니라 공학적 도구를 사용할 때 학생들의 흥미 및 학습 주도성이 높아지는 경향이 있었다. 그러나 도구를 활용할 때는 도구를 맹신하기보다는 공학적 도구가 가진 한계를 비판적으로 분석해 볼 필요가 있다. 소프트웨어 시스템의 불안정으로 표나 그래프가 실제 자료와 다르게 나타날 수 있으며, [그림 17]과 같이 계급이 중복되어 표시되거나 실제 자료 값의 단위는 %인데 그래프에는 일반적인 수치로 표현되는 경우도 발생할 수 있다.

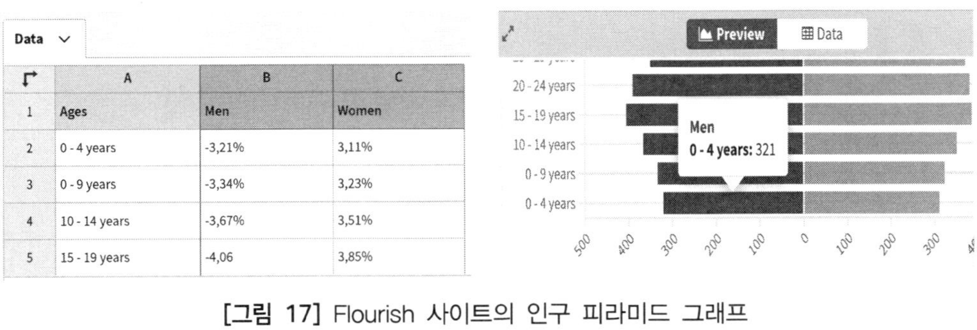


[그림 17] Flourish 사이트의 인구 피라미드 그래프

넷째, 통계적 문제해결 과정을 소그룹별로 상호작용하면서 함께 논의해 보는 것은 비형식적 통계적 추리 활동에 도움이 된다(박민선, 2015). 그러나 본 연구는 COVID-19 상황에서 개인별로 활동한 원격수업이었기 때문에 소그룹 모둠활동 나타나는 비형식적 통계적 추리에 대한 분석은 이루어지지 못했다. 공동체 내에서 서로 상호작용하면

서 데이터에 근거한 주장을 만들고, 불확실성을 확률적 언어로 표현하며, 그들의 사전 지식과 문제의 맥락을 통합하는 통계적 의사소통 과정에 대한 연구도 추후 필요할 것으로 보인다.

모든 학생들은 통계적 탐구 질문을 설정하고 데이터를 통해 문제를 해결하는 것, 다양한 주제와 자신의 사전 지식과 경험을 연결하는 것, 공학적 도구를 이용하여 데이터를 다양하게 표현하면서 탐색해 보는 것, 자료를 분석하고 해석하는 것을 배워야 한다. 이러한 통계적 문제해결 과정을 통한 비형식적 통계적 추리의 경험이 데이터 기반 통계 수업의 지향점이 되어야 한다. 데이터 기반 통계 수업은 학생들이 데이터를 깊게 탐색하고, 다양한 통계 개념을 연결하며, 실세계 맥락과 통합하여 추론하도록 자극하기 때문에 AI, 빅데이터 시대를 살아가는 학생들의 통계적 소양 개발에 도움을 줄 수 있을 것으로 기대한다.

## 참고문헌


박민선(2015). **비형식적 통계적 추리의 평가**. 박사학위논문, 서울대학교, 서울.

이경화, 유연주, 탁병주(2021). 데이터 기반 통계교육을 위한 수학과 교육과정 재구조화 방향 탐색. **학교수학, 23**(3). 361-386.

이윤경(2015). 고등학교 확률 수업의 '몬티홀 문제' 과제 맥락에서 나타난 논증과정 분석. **학교수학, 17**(3), 423-446.

이준열, 최부림, 김동재, 이정례, 김상미, 원유미, 강해기, 김성철, 강순구(2018). **중학교 수학 1**. 서울: 천재교육.

지영명(2020). **비형식적 통계적 추리 지도를 위한 예비초등교사의 통계지식 연구**. 박사학위논문, 서울대학교, 서울.

허순영(2018). **풀어 쓴 통계학**. 파주: 자유아카데미.

Bakker, A., & Derry, J. (2011). Lessons from inferentialism for statistics education. *Mathematical Thinking and Learning, 13*(1-2), 5-26.

Bargagliotti, A., Franklin, C., Arnold, P., Gould, R., Johnson, S., Perez, L., & Spangler, D. A. (2020). *Pre-K-12 guidelines for assessment and instruction in statistics education Ⅱ: A framework for statistics and data science education*. Alexandria, VA: American Statistical Association.

Cobb, P., & McClain, K. (2004). Principles of instructional design for supporting the development of students' statistical reasoning. In D. Ben-Zvi & J. Garfield (Eds.), *The challenge of developing statistical literacy, reasoning and thinking* (pp. 375-395). Dordrecht: Kluwer Academic Publishers.

Franklin, C., Kader, G., Mewborn, D., Moreno, J., Peck, R., Perry, M., & Scheaffer, R. (2007). *Guidelines for assessment and instruction in statistics education (GAISE) report: A pre-K-12 curriculum framework*. Alexandria, VA: American Statistical Association

Garfield, J. B., Ben-Zvi, D., Chance, B., Medina, E., Roseth, C., & Zieffler, A. (2008). *Developing students' statistical reasoning: Connecting research and teaching practice*. New York: Springer.

Gil, E., & Ben-Zvi, D. (2011). Explanations and context in the emergence of students' informal inferential reasoning. *Mathematical Thinking and Learning, 13*(1-2), 87-108.

Gould, R. (2017). Data literacy is statistical literacy. *Statistics Education Research Journal, 16*(1), 22-25.

Rossman, A. (2008). Reasoning about informal statistical inference: One statistician's view. *Statistics Education Research Journal, 7*(2), 5-19.

Makar, K., Bakker, A., & Ben-Zvi, D. (2011). The reasoning behind informal statistical inference. *Mathematical Thinking and Learning, 13*(1-2), 152-173.

Makar, K., & Rubin, A. (2009). A framework for thinking about informal statistical inference. *Statistics Education Research Journal, 8*(1), 82-105.

Makar, K., & Rubin, A. (2018). Learning about statistical inference. In D. Ben-Zvi, J. Garfield & K. Makar (Eds.), *International handbook of research in statistics education* (pp. 261-294). New York: Springer.

National Council of Teachers of Mathematics [NCTM] (2000). *Principles and standards for school mathematics*. Reston, VA: The author.

National Council of Teachers of Mathematics [NCTM] (2011). **수학 수업의 현재와 미래**(류희찬 외 5인 역). 서울: 경문사. (원본은 2007년에 출판됨.)

Trouche, L. (2005). An instrumental approach to mathematics learning in symbolic calculator environments. In D. Guin, K. Ruthven, & L. Trouche (Eds.), *The didactical challenge of symbolic calculators: Turning a computational device into a mathematical instrument* (pp. 137-162). Boston: Springer.

Wild, C. J., & Pfannkuch, M. (1999). Statistical thinking in empirical enquiry. *International Statistical Review, 67*(3), 223-248.

Zapata-Cardona, L. (2015). Exploring teachers' ideas of uncertainty. In A. Zieffler, & E. Fry (Eds.), *Reasoning about uncertainty: Learning and teaching informal inferential reasoning* (pp. 163-181). Minneapolis, MN: Catalyst Press.

Zieffler, A., Garfield, J., Delmas, R., & Reading, C. (2008). A framework to support research on informal inferential reasoning. *Statistics Education Research Journal, 7*(2), 40-58.

# 제 7 장

# 고등학교 실용통계 수업의 실제

김은하(현풍고등학교)

## 1. 서론

21세기로 넘어오면서 4차 산업혁명, 인공지능, 빅데이터 등의 용어가 사회 전반에서 사용되고 있다. 최근에는 이러한 변화에 적합한 수학교육에 대한 논의가 활발해지면서, 교사의 수업 역량과 학생의 학습 역량에서 통계적 소양의 함양이 강조되고 있다(나귀수 외, 2018; 이경화 외, 2021). 교육부(2021)는 2022 개정 교육과정 총론 주요 사항(시안)을 발표하였는데, 초·중·고 학생의 디지털 소양 함양 교육을 강조하였고, 융합선택 과목으로 실용통계를 신설하는 방안을 제기하였다. 이에 따라 통계교육의 개선을 기반으로 하는, 통계적 소양의 함양에 대한 다양한 의견이 초등학교부터 고등학교까지의 전체 교육과정에서 제기될 것으로 예상하며, 실용통계 과목의 내용 체계와 성취기준을 만드는 과정에서 통계교육의 내용과 틀이 여러 각도에서 논의될 것이다.

수치적 계산이 주를 이루는 통계교육의 문제점을 극복하고, 통계교육의 변화에 부응하는 통계교육의 대안으로 실용통계교육이 2017년부터 제기되었다. 이경화(2017)는 자료를 기반으로 하는 실제적 문제를 통계적 문제해결 과정에 따라 해결하는 통계교육을 실용통계교육으로 정의하였다. 여기서 실용통계교육은 현실 맥락, 자료 과학, 통계적 문제해결을 기반으로 하고 있다. 그리고 통계적 문제해결 과정에 따라 실용통계

교육을 초등학교부터 고등학교까지 현장에서 구현할 수 있는 교수·학습 자료인 실용통계교육을 위한 교사용 가이드북이 제작되어 현장에 제공되었다(고은성 외, 2017).

2022 개정 교육과정 총론 주요사항(시안)에서 제시된 실용통계 과목과 별도로 이미 2019년에 고등학교 실용통계 과목에 대한 교육과정이 만들어졌고, 대구광역시교육청에서 인정 교과로 승인되었다. 실용통계 교육과정은 통계적 문제해결의 각 과정에 필요한 통계적 소양과 빅데이터의 이해로 구성되어 있다(이경화 외, 2020). 본 연구자는 실용통계 인정 교과서 집필에 참여하였고 2020년 1학기부터 2021년 1학기까지 3학기 동안 실용통계 수업을 진행하여 학생들을 지도한 경험을 가지고 있다.

본 연구에서는 2015 개정 교육과정에서 행해지는 고등학교 통계 학습 실태를 살펴보고, 실용통계교육의 측면에서 고려할 사항을 진단해보고자 한다. 그리고 2019년에 인정 교과로 승인된 실용통계 과목의 수업 사례를 통해 그동안 다양하게 논의된 통계교육의 개선 방안들이 현장에 적용되는 사례를 탐색해보고자 한다. 본 연구는 2022 개정 교육과정에서 고등학교 통계교육 개선에 관한 아이디어를 제공하고, 융합 과목군에 신설되는 실용통계 과목의 교육과정 구성에 유용한 수업 사례를 제공할 것으로 기대된다.

## 2. 고등학교 통계 학습 실태

### 2.1 통계 교육과정

고등학교에서의 통계 학습은 확률과 통계 과목에서만 가능하다. 다시 말해, 일반선택 과목인 확률과 통계를 선택한 학생만 통계에 관한 내용을 학습할 수 있다. 확률과 통계 과목의 내용은 경우의 수, 확률, 통계의 3개 핵심 개념 영역으로 구성되어 있다. ‘경우의 수’ 영역에서는 원순열, 중복순열, 중복조합, 이항정리를 다루고 있고, ‘확률’의 영역에서는 통계적 확률과 수학적 확률, 확률의 성질과 활용, 조건부확률을 다루고 있으며, ‘통계’ 영역에서는 확률변수와 확률분포, 이항분포, 정규분포, 통계적 추정을 다루고 있다. 여기서 통계의 내용 체계는 〈표 1〉과 같다.

〈표 1〉 확률과 통계에서 통계의 내용 체계

| 핵심 개념 | 일반화된 지식 | 내용 요소 |
|---|---|---|
| 통계 | 자료를 수집하고 정리하여 결과를 분석하고 추정하는 통계는 현대 정보화 사회의 불확실성을 이해하고 미래를 예측하는 중요한 도구이다. | • 확률분포<br>• 통계적 추정 |

통계 영역의 성취기준은 다음과 같다.

• 확률분포

[12확통03-01] 확률변수와 확률분포의 뜻을 안다.

[12확통03-02] 이산확률변수의 기댓값(평균)과 표준편차를 구할 수 있다.

[12확통03-03] 이항분포의 뜻을 알고, 평균과 표준편차를 구할 수 있다.

[12확통03-04] 정규분포의 뜻을 알고, 그 성질을 이해한다.

• 통계적 추정

[12확통03-05] 모집단과 표본의 뜻을 알고 표본추출의 원리를 이해한다.

[12확통03-06] 표본평균과 모평균의 관계를 이해하고 설명할 수 있다.

[12확통03-07] 모평균을 추정하고, 그 결과를 해석할 수 있다.

통계 영역의 학습 요소는 다음과 같다.

• 확률변수, 이산확률변수, 확률분포, 연속확률변수, 기댓값, 이항분포, 큰수의 법칙, 정규분포, 표준정규분포, 모집단, 표본, 전수조사, 표본조사, 임의추출, 모평균, 모분산, 모표준편차, 표본평균, 표본분산, 표본표준편차, 추정, 신뢰도, 신뢰구간, $\mathrm{P}(X=x)$, $\mathrm{E}(X)$, $\mathrm{V}(X)$, $\sigma(X)$, $\mathrm{B}(n, p)$, $\mathrm{N}(m, \sigma^2)$ $\mathrm{N}(0, 1)$, $\overline{X}$, $S^2$, $S$

## 2.2 실용통계교육 측면에서의 고려사항

확률과 통계 과목의 통계 영역에서의 내용체계, 성취기준, 학습 요소 등을 살펴보면 실용통계교육에서 강조하는 통계적 문제해결이 드러나지 않는다. 또 디지털 소양의 표현으로 볼 수 있는 공학적 도구의 사용에 관한 언급이 교수·학습 유의사항 정도로 제한되어 있다. 학생들은 문제 설정, 자료 수집, 자료 분석, 결과 해석으로 이어지는 통계적 문제해결 과정에 관한 학습을 할 수 없고, 통계 이론 또는 수리통계에 가까운 내용만 학습하는 실정이다. 하지만, 통계교육은 평균이나 표준편차와 같은 통계치의 계산에 치우치기보다 통계적 문제해결을 통해 통계 정보를 생산하는 데 사용하는 통계의 핵심 주제와 아이디어들을 의미 있게 학습할 수 있도록 학생들에게 통계적 문제해결 경험을 제공해야 한다(고은성, 박민선, 2017).

앞에서도 언급한 것처럼 우리나라 고등학생들이 학습할 수 있는 통계 영역은 일반선택 과목인 확률과 통계에서의 학습으로 제한되어 있다. 학생이 확률과 통계를 선택하지 않으면, 고등학교 3년 동안 통계에 관한 내용을 전혀 학습하지 않는 상황이 발생한다. 그리고 확률과 통계를 선택하더라도 수리적인 통계 이론만 학습하므로 통계교육의 주요한 학습 요소인 통계적 문제해결을 학습할 수 없다. Guidelines for assessment and instruction in statistics education Ⅱ에서는 초등학교부터 고등학교까지 전 과정에서 통계적 문제해결을 학습하도록 권고하고 있다. 또 그 과정에서 공학적 도구를 적극적으로 활용하도록 권고하고 있다(Bargagliotti et al., 2020).

## 3. 실용통계 과목의 이해

실용통계 과목은 통계적 문제해결과 각 단계에서의 공학적 도구 사용에 초점을 두고 있다. 실용통계 과목의 내용은 '통계적 문제와 자료 수집', '자료의 분석과 해석', '빅데이터'의 3개의 핵심 주제 영역으로 구성된다. '통계적 문제와 자료 수집' 영역에서는 통계, 변이성, 통계적 문제해결 개념을 토대로 자료와 표본, 자료의 수집 등의 내용을, '자료의 분석과 해석' 영역에서는 공학적 도구의 활용을 기반으로 자료의 요약과 표현, 변수 사이의 관계, 통계적 추정과 검정 등의 내용을, '빅데이터' 영역에서는 데이터에 대한 이해를 바탕으로 빅데이터와 의사 결정, 텍스트마이닝 등의 내용을 다룬다(이경화 외, 2020). 따라서 실용통계 교육과정과 교과서는 통계교육에서 지향하는 통계적 문제해결과 공학적 도구 사용의 경험을 학생들이 학습할 수 있도록 구성되어 있다.

### 3.1 실용통계 과목의 목표

통계적 문제해결을 위한 각 단계의 주요 내용을 습득하고 경험함으로써, 통계 정보의 소비자이자 생산자로서 역량을 갖추기 위한 통계적 지식과 기능의 습득은 물론, 비판적 사고와 태도를 기른다. 또 수학의 가치를 이해하고 합리적으로 의사 결정하는 능력을 기른다.

- 실세계 현상에 변이성이 편재해 있음을 이해하고 통계의 필요성과 유용성을 인식한다.
- 문제 설정, 자료 수집, 자료 분석, 결과 해석의 통계적 문제해결을 위한 각 단계의 주요 내용을 이해하고 습득하며 이를 통해 통계적으로 추론하고 의사소통하는 능력을 기른다.
- 통계 정보의 소비자이자 생산자로서 역량을 기른다.
- 통계에 대한 흥미와 자신감을 갖고 통계 학습자로서 바람직한 태도와 실천 능력을 기른다.

## 3.2 실용통계 과목의 내용 체계와 성취기준

실용통계 과목의 내용 체계는 〈표 2〉와 같다. 통계적 문제해결이 2개 영역으로, 빅데이터가 1개의 영역으로 구성되어 있다.

〈표 2〉 실용통계 과목의 내용 체계

| 영역 | 핵심 개념 | 일반화된 지식 | 내용 요소 |
|---|---|---|---|
| 통계적 문제와 자료의 수집 | 통계적 문제해결 | 문제 설정, 자료 수집, 자료 분석, 결과 해석의 통계적 문제해결 과정은 실세계에서 나타나는 변이성을 이해하고 설명하는데 활용된다. | • 통계와 통계적 문제해결<br>• 자료와 표본<br>• 자료의 수집 |
| 자료의 분석과 해석 | 요약과 표현 | 요약과 표현은 공학적 도구를 이용하여 자료를 과학적으로 표와 그래프로 나타내는데 활용된다. | • 자료의 요약<br>• 자료의 표현 |
| | 추정과 검정 | 추정과 검정은 분석된 자료를 바탕으로 합리적인 의사결정을 내리는데 활용된다. | • 변수 사이의 관계<br>• 통계적 추정과 검정 |
| 빅데이터 | 빅데이터 | 빅데이터는 정형 및 비정형 데이터를 이해하고 탐색하는데 기초 지식으로 활용된다. | • 빅데이터와 의사결정<br>• 텍스트마이닝 |

실용통계 과목의 성취기준은 다음과 같다.

• 통계적 문제와 자료의 수집

[12실통01-01] 통계와 통계학의 유용성과 필요성을 설명할 수 있다.

[12실통01-02] 변이성의 뜻을 알고, 통계적 문제해결 과정을 구분할 수 있다.

[12실통01-03] 자료의 종류를 구분할 수 있다.

[12실통01-04] 표본의 뜻을 알고, 표본조사 방법을 구분할 수 있다.

[12실통01-05] 자료 수집 방법을 알고, 구분할 수 있다.

[12실통01-06] 설문지 작성 단계에 따라 설문지를 작성할 수 있다.

• 자료의 분석과 해석

[12실통02-01] 그래프의 종류를 알고 자료의 특성을 가장 잘 나타내는 그래프를 그릴 수 있다.

[12실통02-02] 중심과 퍼짐의 뜻을 이해한다.

[12실통02-03] 상자그림을 그려 두 집단을 비교하여 설명할 수 있다.

[12실통02-04] 두 개의 자료를 산점도로 나타내고 상관관계를 설명할 수 있다.

[12실통02-05] 공학적 도구를 사용하여 상관계수를 구할 수 있다.

[12실통02-06] 분할표를 작성하고 자료의 특성을 설명할 수 있다.

[12실통02-07] 표본비율의 분포의 뜻을 알고 신뢰구간을 계산하여 모비율을 추정할 수 있다.

[12실통02-08] 가설을 설정하고 p값을 계산하여 가설을 검정할 수 있다.

• 빅데이터

[12실용03-01] 빅데이터의 뜻을 안다.

[12실용03-02] 빅데이터의 처리 과정을 안다.

[12실용03-04] 텍스트마이닝의 뜻을 알고 텍스트마이닝 활용 방법을 이해한다.

[12실용03-05] 텍스트마이닝을 활용하여 텍스트에서 핵심 주제를 이끌어내고 텍스트의 감성을 판단할 수 있다.

[12실용03-06] 텍스트마이닝의 결과를 효과적으로 시각화할 수 있다.

# 4. 실용통계 수업의 실제

본 연구에서는 2020년과 2021년에 고등학교 3학년 학생을 대상으로 실용통계 수업을 실시한 사례를 제시한다. 2020년에는 11명, 2021년에는 19명의 학생이 실용통계 수업에 참여하였다. 3학년 대부분 과목은 진로선택 과목으로 구성되어 있는데, 실용통계 과목도 그중에 하나였다. 학생들은 자신의 진로와 대학 진학에 필요한 과목을 자발적으로 수강하였는데, 실용통계 과목의 수강 학생들은 통계 과목에 관심이 있거나, 통계와 관련된 학과로의 진학을 염두에 두고 있었다. 수업은 모두 3학년 1학기에 진행되었다. 2020년에는 실용통계의 교육과정이 4차시 수업으로, 2021년에는 3차시 수업으로 구성되었다. 4차시 수업에서 3차시 수업으로 시수가 변경된 이유는 3학년 전체 교육과정 구성이 4단위 위주에서 3단위 위주로 변경되었기 때문이다. 비록 시수가 줄었지만, 3차시 수업을 통해서도 실용통계 교수·학습 활동은 교육과정에 맞게 충실하게 이루어졌다.

2년 동안의 수업을 통해 실용통계 교육과정의 현장 적합도를 살펴볼 수 있었다. 그리고 교수·학습 활동에서 학생들의 학습 상황을 점검할 수 있었다. 또 교과서의 내용 구성과 개념의 지도에서 발생하는 교수학적 오류를 확인하고 개선점을 모색할 수 있었다.

## 4.1 실용통계 수업 운영

2020년 1학기 실용통계 수업은 〈표 3〉과 같이 운영되었다. 이 시기에는 코로나 19의 확산을 막고, 감염을 예방하기 위해 4월 9일부터 1학기 수업이 시작되었다.

그리고 5월 19일까지는 대구광역시교육청의 비대면 수업 방침에 따라 원격으로 수업이 진행되었으므로 연구자는 실용통계 수업을 영상으로 촬영하여 학생들에게 제공하였다. 교육과정 중에서 분할표까지 원격수업 영상이 제작되었고, 등교수업 이후에는 대면 수업이 진행되었으며, 원격수업으로 학습된 부분에 대한 복습이 이루어졌다. 이때 대면 수업에서는 원격수업으로 제시했던 공학적 도구인 통그라미 활용에 관한 내용을 교과서 내용의 복습과 연계하여 다시 학생들에게 설명하는 것에 중점을 두었다. 이를 통해 학생들에게 공학적 도구에 기반하여 실용통계의 학습 내용을 이해하는 경험을 제공하였다.

〈표 3〉 실용통계 교육과정 운영계획

<table>
<tr><td colspan="2" rowspan="3">2020학년도(실용통계)과<br>1학기 교육과정 운영계획표</td><td>학 년</td><td>3</td></tr>
<tr><td>교 과</td><td>실용통계</td></tr>
<tr><td>주당 수업시수</td><td>4</td></tr>
<tr><td>기간</td><td colspan="2">학습 요소</td><td>시간</td></tr>
<tr><td>4.9~10</td><td colspan="2">통계와 통계학</td><td>1~4차시(4시간)</td></tr>
<tr><td>4.13~17</td><td colspan="2">변이성과 통계적 문제해결</td><td>5~8차시(4시간)</td></tr>
<tr><td>4.20~24</td><td colspan="2">자료의 종류</td><td>9~12차시(4시간)</td></tr>
<tr><td>4.27~5.1</td><td colspan="2">모집단과 표본, 표본추출하기</td><td>13~16차시(4시간)</td></tr>
<tr><td>5.4~8</td><td colspan="2">자료의 수집 방법</td><td>17~20차시(4시간)</td></tr>
<tr><td>5.11~15</td><td colspan="2">설문지법, 문헌연구법</td><td>21~24차시(4시간)</td></tr>
<tr><td>5.18~22</td><td colspan="2">여러 가지 그래프</td><td>25~27차시(3시간)</td></tr>
<tr><td>5.25~29</td><td colspan="2">자료의 분포</td><td>28~31차시(4시간)</td></tr>
<tr><td>6.1~5</td><td colspan="2">상자그림</td><td>32~33차시(2시간)</td></tr>
<tr><td>6.8~12</td><td colspan="2">상관관계</td><td>34~35차시(2시간)</td></tr>
<tr><td>6.15~19</td><td colspan="2">상관계수</td><td>36~39차시(4시간)</td></tr>
<tr><td>6.22~26</td><td colspan="2">분할표</td><td>40~43차시(4시간)</td></tr>
<tr><td>6.29~7.3</td><td colspan="2">표본비율의 분포, 모비율의 추정</td><td>44~47차시(4시간)</td></tr>
<tr><td>7.6~10</td><td colspan="2">가설검정의 뜻, 가설 검정 활용하기</td><td>48~51차시(4시간)</td></tr>
<tr><td>7.13~17</td><td colspan="2">빅데이터</td><td>52~55차시(4시간)</td></tr>
<tr><td>7.20~24</td><td colspan="2">빅데이터의 처리 과정</td><td>56~59차시(4시간)</td></tr>
<tr><td>7.27~31</td><td colspan="2">텍스트마이닝의 뜻</td><td>60~61차시(2시간)</td></tr>
<tr><td>8.3~7</td><td colspan="2">텍스트마이닝 활용</td><td>62~63차시(2시간)</td></tr>
<tr><td>8.10~14</td><td colspan="2">텍스트마이닝 시각화</td><td>64~67차시(4시간)</td></tr>
</table>

## 4.2 실용통계 수업 사례

〈표 4〉는 2020년 1학기 실용통계 수업의 학습지도안 중 일부이다.

〈표 4〉 학습지도안 예시

| 교 과 | 단원명 | 수업학반 | 일 시 | 장소 | 담당교사 |
|---|---|---|---|---|---|
| 실용통계 | 1.2. 변이성과 통계적 문제해결 | 3-2 | 2020.4.16.<br>( 3 )교시 | 가우스<br>(온라인) | 김은하 |

<table>
<tr><td>수업<br>모형</td><td>발표수업 및 모둠활동 수업</td></tr>
<tr><td>성취<br>목표</td><td>문제 설정, 자료 수집, 자료 분석, 결과 해석의 통계적 문제해결을 위한 각 단계의 주요 내용을 이해하고 습득하며 이를 통해 통계적으로 추론하고 의사소통하는 능력을 기른다.</td></tr>
<tr><td>성취<br>기준</td><td>[12실통01-02] 변이성의 뜻을 알고, 통계적 문제해결 과정을 구분할 수 있다.</td></tr>
<tr><td>지도<br>상의<br>유의점</td><td>1. 통계포스터는 통계적 문제해결을 경험할 수 있는 좋은 산출물이므로 수업을 통해 학생들이 통계포스터를 접할 수 있도록 지도한다.<br>2. 문제 설정 과정에 해당하는 통계포스터의 주제를 모둠별로 의논하도록 지도한다.</td></tr>
<tr><td>학습<br>내용<br>정리</td><td>어떤 집단에 의문이나 문제점이 생기면 그 집단을 이루는 요소를 구체적으로 조사하게 된다. 중요한 것은 의문이나 문제점을 느끼고 있어야 한다는 것이다. 그리고 의문이나 문제점에 대해 자기 나름대로의 판단(가설 설정)이 있어야 한다. 이 가설을 확인하기 위해 관련 자료를 수집하고 분석하여 결론을 내는 것을 통계적 문제해결이라고 한다. 일반적으로 통계적 문제해결은 다음과 같은 과정으로 진행된다.<br><br>문제 설정 ➡ 자료 수집 ➡ 자료 분석 ➡ 결과 해석<br><br>예를 들어, 우리 반 학생들이 다른 반 학생들보다 독서를 많이 한다고 가정하자. 이 주장이 옳은 것인지를 통계적 문제해결 과정으로 살펴보자.<br><br>문제 설정: 우리 반 학생들이 다른 반 학생들보다 독서를 많이 한다. (가설 설정)<br>➡ 자료 수집: 학년의 모든 학급에 대해서 특정 시기 동안 읽은 책의 수를 조사한다.<br>➡ 자료 분석: 조사된 내용을 표와 그래프로 나타낸다. 검정을 할 수도 있다.<br>➡ 결과 해석: 표와 그래프 또는 검정을 통해 가설의 성립 여부를 판단한다.<br><br>통계포스터는 하나 이상의 연관된 그래프를 사용해 자료를 요약하고, 여러 관점에서 문제에 접근하는 과정에서 문제의 해답을 찾고, 자료를 분석한 것을 시각적으로 보여주는 자료이다.</td></tr>
<tr><td>형성<br>평가</td><td>-17쪽 활동하기 과제를 모둠별로 해결한다.<br>-중단원 마무리 문제를 해결하고 변이성과 통계적 문제해결에 관해 피드백한다.</td></tr>
<tr><td>탑재<br>자료</td><td>-학교홈페이지/교수학습센터/학습도움방</td></tr>
</table>

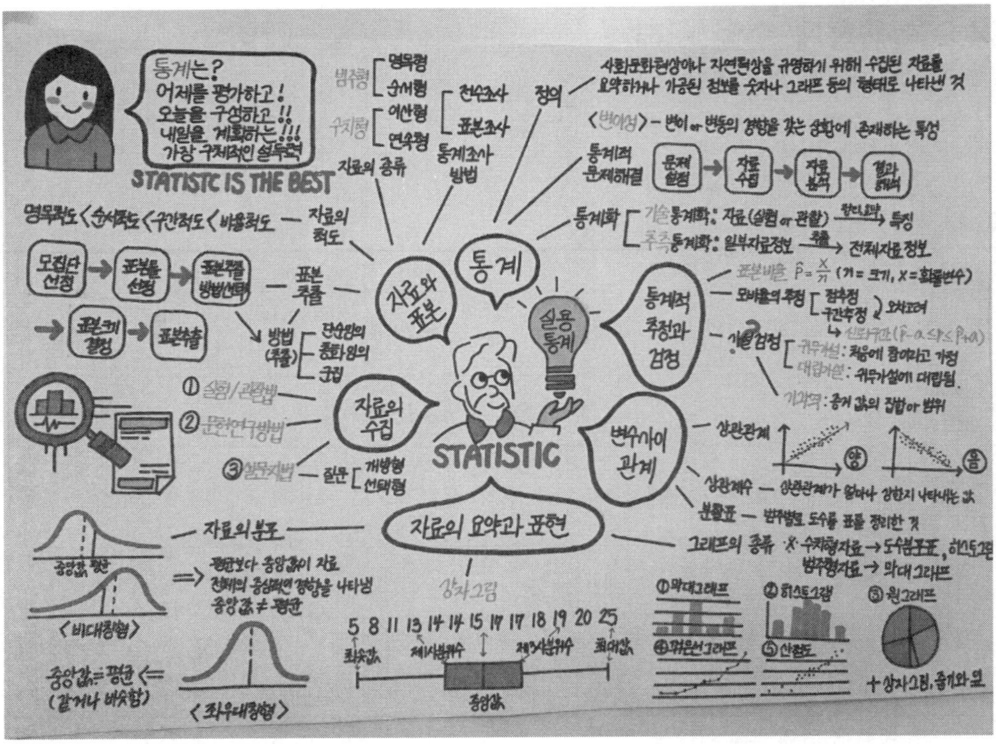


[그림 1] 학생의 학습 내용 체계도

2020년 1학기 기말고사 이후 실용통계 수업 시간에 학생들이 학습한 내용을 그림으로 표현하는 활동을 실시하였다. [그림 1]은 한 학생이 그린 학습 내용 체계도이다. 이를 통해 실용통계 과목을 수강한 학생이 수용하는 내용 체계를 살펴볼 수 있다.

## 4.3 실용통계 수업의 평가 사례

〈표 5〉는 2020년 2학기 실용통계 과목의 평가 계획이다. 실용통계는 진로선택 과목이므로 지필 평가를 기말고사로만 제한할 수 있었다. 전체 평가 비중에서 지필 평가에 대한 비중을 20% 정도로 낮추고, 수업시간에 학생들이 수행하는 활동을 평가하는 과정중심 평가의 비중을 80% 정도로 높였다. 특히, 통계포스터 만들기 활동은 실용통계 과목의 빅아이디어인 통계적 문제해결의 이해와 적용을 탐색할 수 있는 중요한 수업 과정이므로 평가의 비중이 가장 높다.

〈표 5〉 실용통계 평가 계획

| 학년 | 과목 | 평가 구분 | 1학기 | | | |
|---|---|---|---|---|---|---|
| | | | 지필 | 수행(과정중심) | | 합계 |
| | | | 기말고사 선택형 | 통계적 문제해결 과정 평가 (통계포스터 만들기) | 통계 도서 독후감 쓰기 | |
| 3 | 실용 통계 | 만점 | 100 | 100 | 100 | 300 |
| | | 반영 비율 | 20% | 50% | 30% | 100 |
| | | 반영 점수 | 20 | 50 | 30 | |
| | | 평가 시기 | 7월 | 수업시간 활동 평가 | | |

통계포스터 평가의 전체적인 틀은 [그림 2]에서 볼 수 있다. 평가 시기는 5월 말에서 6월 초에 실시되었고, 수업시간에 2주 정도로 진행되었다.

### 가. 통계적 문제해결 과정 평가(통계포스터 만들기)

□ 영역별 성취기준 : [12실통01-02], [12실통01-03], [12실통01-04], [12실통01-06], [12실통02-01]

□ **제출 방법**

1) 1명 또는 2명이 하나의 통계포스터를 제작함.

2) 포스터 규격

① A1(594x841mm, A4 8장 크기) 크기
② 가로세로 양 방향 가능
③ 시력 1.0 기준으로 2미터 거리에서도 읽을 수 있어야 함
(내용 설명에 12pt 미만의 폰트는 사용을 지양할 것을 권함)

3) 포스터 제작 : 통계포스터를 손으로 그리지 않고 컴퓨터를 이용해 한글 프로그램이나 파워포인트 프로그램을 활용하여 제작하여야 함. (반드시 pdf 파일 또는 jpg 파일로 제출)

**[그림 2] 통계포스터 평가의 개관**

〈표 6〉은 통계포스터 평가기준표이다. 통계포스터 제작에 관한 동영상 자료, 학습 자료 등은 있지만, 평가와 관련된 자료는 별로 없다. 그래서 미국통계협회(ASA)에서 활용하는 통계포스터 평가기준표를 실용통계 수업에 맞도록 변형하였다.

〈표 6〉 통계포스터 평가기준표

| 점수 | 창의성<br>(문제 설정 및 자료 수집)<br>문제 설정, 자료 수집, 자료의 크기, 문제와 자료의 적합성 | 기술적 측면<br>(통계적 정확성)<br>통계적 방법, 계산 및 해석의 적절한 사용 | 그래프의 적합성, 그래프의 통계적 적합성, 공학적 도구의 사용 | 통계적 문제해결 4단계 과정의 구현, 주제에 대한 전달력 | 포스터 디자인<br>색상/패턴, 문법, 맞춤법, 치수, 가독성, 깔끔함 |
|---|---|---|---|---|---|
| 20 | 전반적인 질문이 흥미롭고 제목, 질문의 표현은 창의적이다. 주제, 그래프 설계 또는 데이터 수집에서 창의적인 사고를 보여준다. 데이터는 적절하게 수집되었고 중요한 주제에 대해 답하고 있다. | 사용된 통계적 방법이 문제의 해결과 분석된 데이터에 적합하다. 통계를 제안하기에 충분한 정보가 올바르게 계산된다. 해석상의 오류가 없다. | 그래프가 질문의 내용과 사용된 데이터에 적합하다. 그래프가 올바르게 구성되었다. 공학도구를 사용하여 그래프를 표현하였다. | 질문이나 목적이 명확히 기술되어 있고, 문제 설정부터 결과 해석까지 쉽고 명확하게 이어진다. 포스터 시청자가 연구 결과를 바로 알 수 있다. | 포스터에 색상/패턴을 잘 사용한다. 정확한 문법과 철자를 사용한다. 포스터는 잘 써진 글꼴, 사진 등으로 깔끔하게 제작되어 있다. 질문이나 문제의 다양한 차원을 다룬다. 읽기 쉽고 깔끔하다. 전체적인 구성은 눈길을 끌지만 통계적 내용에 손상이 없다. |
| 16 | 전반적인 질문은 흥미롭다. 디자인이나 데이터 수집에 있어서 어느 정도의 창의적 사고를 보여준다. 적절한 데이터를 수집했다. | 통계적 방법의 적절한 사용과 해석이 되어 있지만 계산의 명확성이 부족하다. | 적어도 하나의 그래프에 사소한 오류가 존재한다. 좀 더 적절한 그래프의 시각적 표현이 요구된다. 공학적 도구를 사용하여 그래프를 표현하였다. | 문제 설정에서 결과 해석까지의 진행 과정에서 한 단계가 누락되거나 따라가기 어렵다. | 색상/패턴을 더 잘 사용하면 프레젠테이션에 도움이 되지만, 일반적으로 포스터가 시청자의 주의를 끈다. 정확한 문법과 철자를 사용한다. 질문의 여러 차원을 다룬다. 글꼴의 단정함과 크기가 내용을 손상시키지 않는다. |
| 12 | 전반적인 질문은 흥미롭다. 약간의 창의성이 느껴진다. 데이터의 수집과 관련된 사소한 오류가 있다. | 통계적인 방법의 선택, 계산 또는 해석에서 사소한 오류가 있다. | 그래프의 이해도 또는 그래프와 포스터의 목적의 연관성을 입증하는 데 상당한 차이가 존재한다. 공학적 도구를 사용하여 그래프를 표현하였다. | 문제 설정에서 결과 해석까지의 진행에서 두 단계 이상이 빠지거나 따라가기 어렵다. 추가적인 정보 확인을 필요로 한다. | 더 많거나 다른 색상/패턴을 사용하면 포스터의 매력을 크게 향상시킬 수 있다. 사소한 문법 또는 철자 오류가 있다. 질문의 여러 차원을 다룬다. 가독성이나 깔끔함 면에서 포스터의 전체적인 매력이 떨어진다. |
| 8 | 최소한의 창의성으로 이루어져 있다. 주제는 최소한의 관심을 끈다. 데이터의 수집을 개선해야 한다. | 방법 선택 또는 해석에서 심각한 오류가 있다. | 그래프에 심각한 오류가 있고 이 오류가 부적절한 결론으로 이어진다. 공학적 도구를 사용하지 않았다. (1점 영역도 동일) | 포스터의 모든 과정을 이해하기 위해서는 추가적인 정보가 필요하다. | 색상/패턴, 문법, 철자, 깔끔함 및 구조와 관련된 심각한 문제들로 인해 포스터가 눈에 잘 띄고 쉽게 이해되는 것을 막는다. 질문의 여러 차원을 다룬다. |
| 4 | 포스터에 창의성이 거의 없거나 부적절한 방법으로 데이터를 수집하였다. | 통계적인 계산이나 분석의 증거가 거의 없다. | 표현이 연구 질문 및 데이터 유형에 부적절하다. (예시-필요하지 않거나 시각적으로 오해의 소지가 있는 3D 막대그래프 및 원그래프의 사용) 주제를 잘못 이해하여 터무니없는 결과가 나온다. | 포스터를 사실상 이해할 수 없다. | 포스터가 색상이나 패턴과 일치하지 않으며 여러 문법 및 철자 오류가 있어 심하게 주의를 산만하게 한다. 포스터는 일차원적이다. 깔끔함 또는 가독성에 문제가 있다. |

[그림 3]은 2020년 실용통계 수업 시간에 3명의 학생이 각각 만든 통계포스터이다.

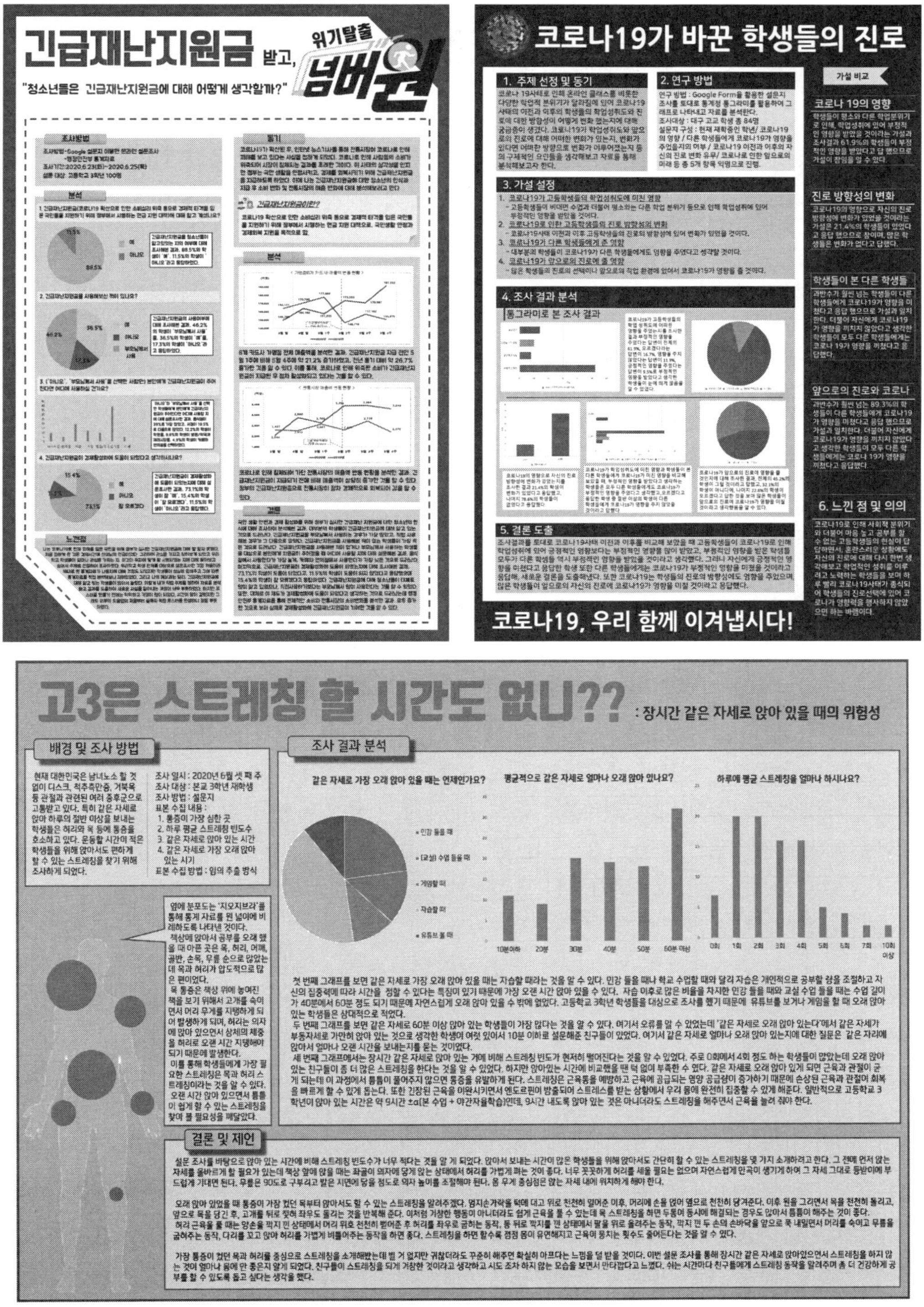


[그림 3] 통계포스터 사례

## 4.4 실용통계 수업에서의 공학적 도구 사용

실용통계 교육과정의 성취기준에서도 기술된 것처럼 수업시간에 본 연구자는 공학적 도구를 적극적으로 활용하였다. 통계청에서 개발한 무료 프로그램인 통그라미를 주로 사용였다. 통그라미의 사용 방법을 별도의 수업시간을 편성하여 지도하지는 않았다. 교육과정 내용을 학습하는 과정에서 수시로 해당 내용이 통그라미에서는 어떻게 사용되는지를 보여주었다. 예를 들어, 상관관계에 관한 내용 학습이 끝나면, 통그라미 프로그램을 구동하여 자료를 입력하고, 상관관계를 분석하는 활동을 실시하였다. 그래서 학습된 내용과 공학적 도구의 사용이 연결되도록 수업을 운영하였다.

## 4.5 실용통계 수업에 대한 학생 반응 사례

2021년 실용통계 수업을 수강한 학생들에 대해 수업 소감문을 수집하였다. 다음은 수업 소감문을 제출한 학생 중에 2명의 학생이 제시한 내용이다.

3학년 선택과목 선정에 고민이 있었는데, 경영 및 마케팅 분야를 비롯하여 다방면에서 실제로 쓰이는 통계를 공부하고 싶어 '실용통계' 과목을 선택했습니다. 확률과 통계 과목과는 달리 이론 공부와 더불어 실습 활동을 함께 진행하는 점에서 큰 매력을 느꼈습니다. 특히 가설을 설정하고 검정하는 부분에 관심이 생겼고, 상품의 수익성을 판단할 때 통계 검정이 쓰인다는 것을 알게 되었습니다. 통그라미를 사용해서 검정을 사용하는 법을 학습하며, 통그라미에서 예제를 사용해 실습을 진행했습니다. 실습을 진행하며 마케팅 전문가가 되어 직접 조사한 데이터 분석을 꼭 해보고 싶다는 생각이 뚜렷해졌습니다.

- 3학년 최○○

4차 산업 혁명 시대에 통계적 소양은 행정가가 지녀야 할 필수 소양이라고 생각했습니다. 따라서 저는 이와 관련된 역량을 함양하고자 3학년 때 실용통계 수업을 수강하였고, 이 수업을 통해 자료의 수집과 분석, 통계 프로그램의 활용, 빅데이터의 기본 개념 등을 배웠습니다. 가설검정 단원에서는 z검정과 t검정을 배웠는데, 이론적인 학습만으로는 완벽히 이해가 되지 않았습니다. 따라서 저는 수업시간에 배운 이론적 내용을 실제로 적용해보고자 '통그라미'를 이용해 통그라미에서 제공하는 사례를 z검정과 t검정을 적용하여 분석하는, 통계적 추론 활동을 하였습니다. 단순히 이론을 배우는 것에 그치지 않고, 실제로 적용하고 응용해보는 활동은 어려운 통계 내용을 이해하는데, 유용하였습니다.

- 3학년 김○○

### 4.6 실용통계 수업의 학교생활기록부 기록 사례

실용통계 수업을 수강한 학생들의 학교생활기록부 과목별세부능력특기사항 기록은 교육과정-수업-평가-기록의 일체화의 원칙에 기초를 두고 있다. 즉, 교육과정에 기초를 두고 수업을 진행하고, 수업한 내용을 평가하며, 평가한 내용을 기록하는 '교-수-평-기 일체화'의 원칙에 따라 기록하였다. 다음은 2021년에 실용통계 수업을 수강한 학생의 과목별세부능력특기사항의 기록 사례이다.

광고가 소비자에게 미치는 영향을 주제로 하는 통계포스터를 작성함. 상품이나 서비스에 대한 정보를 매체를 통해 소비자에게 알리는 행위를 광고로 정의하고 학생들이 가장 많이 접하는 인터넷 강의에서 광고가 미치는 영향을 조사함. 3학년 학급을 군집으로 규정하고 군집추출을 통해 2개 학급을 임의추출하여 설문조사를 실시하여 자료를 수집함. 수집한 자료를 표와 그래프로 표현하여 시각적으로 분석하였고 인터넷 강의 광고가 학생들에게 미치는 영향을 체계적으로 기술함. 인터넷 강의에서 맛보기 강의가 차지하는 비중은 별로 크지 않았으며, 학생들은 친구의 추천이나 강사의 스펙이나 수업 방식을 보고 인터넷 강의를 수강한다는 것을 결론으로 제시함.

온라인 마케팅에서 활용되는 빅데이터 사례를 조사하여 제시함. 온라인 마케팅 사이트에서는 소비자의 접속 및 검색 데이터를 활용해서 소비자의 유형을 분류하고 관심도를 파악하여 정보로 저장할 수 있는데, 이 과정에서 빅데이터 기술이 활용됨을 보여줌. 또 빅데이터 기술을 통해 개인별 맞춤형 소비를 유도한다는 내용을 재미있는 표현으로 기술함.

## 5. 결론

현재 2022 개정 교육과정에 대한 논의가 다양하게 진행되고 있다. 그 논의 가운데는 제4차 산업혁명, 인공지능 시대를 대비하여 데이터와 관련된 역량을 학생에게 어떻게 지도할 것인지도 포함되어 있다. 아직 확정된 것은 아니지만, 인정 교과로 개발된 실용통계 과목이 융합선택 과목으로 정식으로 편성되는 것은 수학교육에서 통계교육의 비중이 확대되었음을 보여주는 사례이다. 또 통계교육에서 데이터 소양에 관한 관심이 증가함에 따라 데이터 기반 통계교육이 새롭게 대두되고 있다(이경화 외,

2021). 데이터 기반 통계교육은 실용통계교육의 미래지향적이고, 좀 더 구체화된 통계 교육 체계이다. 또, 학생의 미래 역량을 함양하기 위해 반드시 필요한 교육 내용이다.

지금까지 제시한 실용통계 교육과정, 실용통계 수업 사례에 관한 다양한 분석과 사례 등은 데이터 기반 통계교육의 체계를 수립하고, 새로운 교육과정에서 신설될 실용통계 과목 또는 데이터 관련 과목의 내용 체계를 구성하고, 성취기준을 수립하는데 중요한 단서를 제공할 것으로 기대한다.

## 참고문헌


고은성, 강현영, 신보미, 김은하, 정승호, 홍창섭, 지영명, 이자미, 하병수, 탁병주 (2017). **실용통계 교육을 위한 교사용 가이드북**. 서울: 한국과학창의재단.

고은성, 박민선(2017). 통계적 문제해결 지도를 위한 예비초등교사들의 통계적 소양 조사 연구. **학교수학, 19**(3), 443-459.

교육부(2021). **2022 개정 교육과정 총론 주요사항**(시안). 교육부 보도자료(2021. 11. 24).

나귀수, 박미미, 김동원, 김연, 이수진(2018). 미래 시대의 수학교육 방향에 대한 연구. **수학교육학연구, 28**(4), 437-478.

이경화(2017). 실용 통계교육 활성화 방안. 통계청(편.), **실용 통계교육 활성화 추진 설명회 자료집**. 대전: 통계교육원.

이경화, 고은성, 신보미, 탁병주, 김은하, 정승호, 지영명, 구나영, 홍창섭, 윤형주, 양정은(2020). **고등학교 실용통계**. 서울: 씨마스.

이경화, 유연주, 탁병주(2021). 데이터 기반 통계교육을 위한 수학과 교육과정 재구조화 방향 탐색. **학교수학, 23**(3), 361-386.

American Statistical Association [ASA] (2021). *Poster Judging Criteria/Rubric.* Retrieved from https://www.amstat.org/asa/education/ASA-Statistics-Poster-Competition-for-Grades-K-12.aspx

Bargagliotti, A. et al. (2020). *Pre-K-12 guidelines for assessment and instruction in statistics education Ⅱ: A framework for statistic and data science education.* Alexandria: American Statistical Association.

# 제 IV 부

# 통계교육에서 공학적 도구의 활용

단순히는 그래프를 그리고 통계량을 계산하는 것에서부터, 엄청난 용량의 빅데이터를 수집, 변환, 처리하는 과정까지, 통계 영역에서 공학적 도구의 활용은 선택이 아닌 필수가 되었다. 제Ⅳ부에서는 통계교육에서 공학적 도구의 의미와 가치, 그리고 활용 방식에 대한 논의를 통해, 공학적 도구가 거의 쓰이지 않는 통계교육의 현실을 어떻게 개선할 수 있을지에 대해 함께 고민한다.

제8장

# 통계교육과 공학적 도구

전수경(대구국제고등학교)

## 1. 들어가는 말

지필 환경에서 불가능한 활동을 가능하게 하고 인간의 정신적 활동을 돕는다는 관점에서 공학적 도구는 인간 사고의 도구(tool)가 된다(Heid & Blume, 2008). 학생들은 공학적 도구를 통해 반성적 사고, 추론, 문제제기, 문제 해결, 의사결정 등 고차원적인 활동을 할 수 있어서(Gadanidis & Geiger, 2010) 통계교육에서 공학적 도구를 연구하고 활용하는 것은 중요하다.

공학적 도구의 사용은 학생들의 통계 학습에 영향을 미친다. 미국 통계협회에서 발간한 GAISE(Guidelines for Assessment and Instruction in Statistics Education) 보고서에서는 기술과 현대 데이터 분석 방법의 발전이 학교 통계 교육과정의 발달을 이끌었다고 밝혔다(Franklin & Garfield, 2006). 많은 연구자는(Friel, 2007; Garfield, Chance, & Snell, 2000) 공학적 도구를 통해 단순한 숫자 계산을 넘어서 통계 개념과 아이디어를 탐색하고 학생의 통계 학습을 강화할 수 있다고 주장했다. 이경화와 구나영(2015)은 통계교육에서 공학적 도구를 사용하는 것은 교수학습의 초점을 추론에 두기 위함이고, 자료의 생성, 표현 등을 지원할 수 있으며, 학생들의 참여를 활성화할 수 있다고 하였다. 이러한 이유로 여러 나라의 교육과정에서 학생들이 통계 학습에서 공학적 도구를 사용할 수 있는 능력을 개발할 것을 요구하고 있다(ACARA, 2013).

공학적 도구는 통계학자들의 문제 해결 방식을 변화시켜 통계를 가르치는 내용에도 영향을 미쳤다(Moore et al., 1995). 예를 들어 통계 프로그램이나 계산기를 사용하여 표준정규분포표와 같은 통계표를 사용하면 기각역을 결정하거나 P값을 추정하는 것보다 더 빨리 정확한 결과를 찾을 수 있어서 많은 통계교육자는 표준정규분포표나 표준편차 계산법과 같은 주제는 이제 통계수업에서 다룰 필요가 없다고 주장한다(Chance et al., 2007).

이 글은 통계교육에 공학적 도구의 중요성을 강조하고 공학적 도구를 활용하는 통계 수업에 대해 교수학적 시사점을 제시하는 데 목적을 둔다. 이를 위해 통계교육을 위한 공학적 도구의 역사를 살펴보고, 우리나라 통계수업에 사용하고 있는 공학적 도구의 기능을 개괄적으로 분석하였다.

## 2. 통계 공학적 도구의 역사[1)]

### 2.1 새로운 데이터 분석 방법 EDA의 출현

통계에서 사용하는 공학적 도구의 기능은 두 가지 서로 다른 통계적 분석 방법인 탐색적 자료 분석(EDA)과 확인적 자료 분석(CDA)을 재해석하면서 발달하였다(Tukey, 1977). EDA는 데이터와 상호작용하면서 데이터를 분석, 표현, 해석하고 가설을 개발하는 실용적인 전략을 강조한다. CDA는 EDA의 다음 단계로, 통계적 추론을 하기 위해 결과를 확인하고 추론의 불확실성 정도를 정량화한다. 이 방법은 기존의 통계에서 강조한 이상적이고 단순화된 조건 아래에서 통계적 추론을 실행하는 이론적 접근법과 대조적이다.

통계 데이터를 분석하는 방식의 변화는 새로운 기술이 발전하면서 가능해졌다. EDA를 위한 통계 프로그램에 대화형 탐구 도구와 상자그림, 산점도와 같은 그래픽 도구 기능과 같은 새로운 기술이 추가되었다. 통계 프로그램은 EDA 방식이 확대되면서 새롭게 만들어지고 수정되었다. 1970년대 후반과 1980년대 초, 미국의 Bell Labs에서 통계 프로그래밍 언어 S(현재 R의 초기 버전)를 처음 만들었다(Becker, 1994). S는 EDA의 그래픽, 대화형 스타일을 갖추었고 통계적 탐구가 가능하도록 만들어졌으

1) 본 내용은 Biehler 외(2012)에서 발췌하여 정리하였다.

며, 확장이 가능하며 프로그래밍을 할 수 있는 시스템으로서 새로운 통계 방법의 개발과 탐구를 지원할 수 있도록 설계되었다.

새로운 통계 분석 방법의 예로 Bootstrap과 같은 컴퓨터 집약적인 통계 분석 방법의 발달을 들 수 있다(Diaconis & Efron, 1983). 이러한 컴퓨터 시뮬레이션 기능은 통계적 방법을 이론적으로 탐구할 수 있는 새로운 수단으로서 중심적인 역할을 했다. 시뮬레이션 기능이 발달하면서 무작위화(randomization) 및 순열 검정(permutation test) 기능이 새로운 통계 프로그램에서 실용적인 옵션이 되었다.

CDA 중심의 추리 통계 방법도 새로운 기술에 따라 변화하였다. 컴퓨터가 없이 추론을 해야 하는 예전에는 모형 가정(독립성, 선형성, 정규성)을 지나치게 단순화하여 분석했다. 하지만 새로운 공학적 도구의 잔차 분석이나 그래픽을 통한 데이터 탐색과 같은 기능은 전통적인 절차의 복잡한 가정들을 세밀하게 점검할 수 있도록 지원한다. 따라서 추리 통계가 기술을 이용하여 강력한 추론 방법을 개발하고 구현할 수 있게 되었다. 예를 들어 이전의 최소 제곱 방법은 적합선을 맞추기 위해 비교적 간단하게 계산했다. 하지만 계산이 더 복잡한 절대 편차의 합을 최소화하여 곡선을 맞추는 방법이 실현 가능해지면서 최소 제곱 방법의 대안이 되었다. 또 새로운 기술을 이용하여 사용자는 두 변수의 관계에서 패턴을 더 쉽게 찾을 수 있고, 적절한 모델을 선택한 다음 모델의 편차에 대한 잔차를 확인할 수 있다. 이것은 단지 최소 제곱 알고리즘을 적용하는 것보다 훨씬 더 어려운 통계적 추론 과정이다. 이러한 복잡한 과정은 실제 문제를 해결하는 데 더 적합하므로 기술의 발달은 간접적으로 문제를 해결하기 위한 통계적 추론 방법에 이바지했다고 할 수 있다.

## 2.2 통계 분석 프로그램의 발달

기술이 발전하면서 통계 분석 전문가를 위해 SPSS와 BMDP와 같은 통계 패키지들이 개발되었다. 두 도구는 사용자가 통계 문제를 해결하기 위해 적절한 방법을 선택하고 결과를 찾는 통계 분석 방법이 집약된 통계 패키지로 구성되어 있다. 초기 이 도구들은 대화형 운영 스타일이나 통계 그래프가 지원되지는 않았다.

통계 프로그래밍 언어, 통계 패키지 다음으로 새로운 통계 공학적 도구의 종류는 1985년 Apple Macintosh의 그래픽 사용자 인터페이스를 사용한 초기 프로토타입 도구인 DataDesk(Velleman, 1998)를 들 수 있다. 이 도구는 새로운 상호작용 작업 형태와 사용자 친화적인 특징을 가지고 있다. DataDesk는 S의 명령 기반 인터페이스를 대체하면서 EDA의 대화식 그래픽 운영 스타일을 지원하도록 설계되었다(Biehler, 1993).

초기에는 세 가지 유형의 통계 공학적 도구(R, BMDP, DataDesk)의 특징이 구별되었지만, 점점 그 경계는 무너지고 있다. 예를 들어 R은 그래픽 사용자 인터페이스를 사용할 수 있게 되었으며, SPSS도 R의 인터페이스를 지원하면서 통계 방법을 개발할 수 있는 방향으로 통합하고 있다.

## 2.3 통계 학습을 위한 공학적 도구

통계교육에서 통계학과 교육학, 그리고 기술의 변화를 함께 고려해야 한다는 논의가 시작되면서, 통계교육에서 기술 사용에 대해 두 가지 관점이 나타났다. 한 가지는 통계 학습을 위한 공학적 도구는 통계를 배우는 것과 통계를 사용하는 방법 사이의 격차를 최대한 줄이기 위해 전문 통계 패키지의 이론과 실행 방법을 반영해야 한다는 견해이다. 또 다른 관점은 기술은 통계 학습을 개선하는 방향으로 사용해야 한다는 것이다. 두 번째 관점에서의 초점은 통계를 시각적이고 역동적이며 대화형 형태로 만들고, 계산보다는 개념에 초점을 맞추고, 학생들이 데이터를 이용하여 통계 실험에 참여할 기회를 제공하는 것에 기술을 사용해야 한다는 것이다(Olive & Makar, 2010).

통계교육 연구자들은 학교에서 경험이 부족한 학생들을 위해 특정 공학적 도구를 만들 계획을 세웠다(Konold, 2010). 1990년대 초, Cliff Konold의 팀은 배우기 쉽고 학생들이 충분히 할 수 있는 프로그램 두 가지 ProvSim과 DataScope를 개발했는데, ProvSim은 확률 시뮬레이션 기능을 위해 개발했으며 DataScope은 데이터 분석이 목적이었다. 하지만, 이 두 프로그램은 기존의 통계 실험이나 새로운 방법의 개발을 지원하지 않으며(Ernie, 1996) 두 가지가 별도의 독립적인 도구인 것이 단점이었다. 이후 Chris Hancock은 데이터를 재배열할 수 있는 가상 테이블의 새로운 인터페이스를 갖춘 TableTop(Hancock, 1995)을 개발했다. 현재 TableTop의 상용 확장 버전인 InspireData는 4~8학년 학생들이 동적 탐구 소프트웨어 환경에서 데이터를 탐색하면서 의미를 도출할 수 있도록 시각적 표현을 지원한다. 학생들을 위한 소프트웨어의 또 다른 예는 Minitools를 들 수 있다(Cobb et al., 1997; Bakker et al., 2001; Bakker & Gravemeijer, 2004). Minitool은 데이터를 나타내고 비교할 수 있는 제한된 실험 환경 형태로 설계되었다.

이후 학생을 위한 통계교육 프로그램으로 Fathom(Finzer, 2001)과 TinkerPlots(Konold & Miller, 2005)이 개발되었다. TinkerPlots 1.0은 Minitools, DataScope, TableTop의 아이디어에 기반하여 만들어졌기 때문에 통계 학습 도구 기능을 모두 구현할 수 있으면서도 일반적인 통계 문제를 다룰 수 있다. TinkerPlots은 버전 2.0에서 어린아이들을 위한 통계 학습 도구로서 업그레이드되어 ProbSim과 Pathom의 시뮬레이션과 데이터 분석 기능을 기초로 통합된 시뮬레이션 기능을 추가하였다.

## 3. 통계 공학적 도구의 특성

현재 통계교육에 사용할 수 있는 많은 공학적 도구들이 있다. 하지만, 통계 수업에서 사용할 공학적 도구를 선택할 때에는 학습 목표에 가장 적합한 기술과 기술의 조합이 무엇인지를 알아야 하며, 도구를 사용하는 방법과 사용 빈도, 사용 목적 등 고려해야 할 사항들이 다양하다(Chance et al., 2007). 이를 위해 Biehler(1993, 1997)는 학생들이 탐색적이고 확인적인 데이터 분석을 하고 통계 실행 방법을 탐구하는데 도움을 주는 공학적 도구에 대한 필요성을 제기하며, 공학적 도구를 활용한 통계적 실행과 통계 학습의 유형과 공학적 도구가 갖추어야 할 조건에 대해 다음과 같이 제안했다.

첫째, 학생들이 데이터를 시각적인 측면과 수치적인 측면에서 분석할 수 있도록 탐색적 자료 분석 방식의 기능이 필요하다. 탐색적 자료 분석을 위한 기능은 여러 창을 실행할 수 있는 시스템(Multi-View)과 자료의 시각적, 수치적인 결과를 나타낼 수 있는 기능들이 있다. 또 분석 결과 중 하나를 선택해서 결과를 수정할 수 있고 결과와 데이터가 서로 대화형 방식으로 상호작용해야 한다.

둘째, 학생들이 무작위 실험을 위한 통계 모델을 구성하고 그것을 실험할 수 있는 컴퓨터 시뮬레이션 기능이 가능해야 한다. 무작위 실험은 많은 프로그램이 가능하지만, 예전에 컴퓨터 시뮬레이션 기능은 R이나 엑셀과 같은 프로그래밍 기능이 탑재된 도구에 의해서만 가능했다. 하지만 통계 프로그램이 R이나 엑셀보다 더 단순한 인터페이스를 통해 시뮬레이션과 다양한 통계 모델링을 지원할 수 있는 기능이 필요하다.

셋째, 학생들이 공학적 도구를 통해 통계적 방법을 고안하고 분석하고 비교하는 통계 연구가 가능해야 한다. 학생들은 통계 조사 방법을 만들고 분석하고 비교하는데 참여함으로써 다른 사람이 만든 통계 방법을 사용하는 것이 아니라 새로운 통계 방법을 만들 수 있어야 한다. 이처럼 새로운 통계 방법을 정의하기 위해서는 기호 표기, 수학식 등을 입력할 수 있는 기능이 있어야 한다.

넷째, 학생들이 통계 개념을 탐구하기 위해 소프트웨어에 내장된 Microworld를 사용하고 수정하고 만들 수 있어야 한다. 여기서 Microworld란 프로그램 내에서 탐색적 대화형 실험, 시각화, 시뮬레이션, 애플릿 등을 포함하는 개념이다. 이것은 통계 프로그램에서 교사가 Microworld를 구성할 수 있도록 메타 도구나 메타 매체로서 기능하는 도구가 있어야 한다는 것을 의미한다.

## 4. 통계 공학적 도구의 현재

현재 통계교육에 활용할 수 있는 통계 공학적 도구는 다양하다. Biehler et al.(2012)의 관점에 따르면 통계 공학적 도구는 통계 분석을 위한 도구, 통계교육을 목적으로 한 도구로 구분할 수 있다. 이 글은 이러한 관점에서 통계 공학적 도구를 통계 분석용 도구, 통계교육용 도구로 구분하고, 일반적인 수학교육에 활용되는 공학적 도구 중에서 통계 관련 기능이 탑재된 도구로 구분하였다. 현재 통계 수업을 위한 기능을 포함하고 있는 수학교육 공학적 도구는 크게 지오지브라, 매스매티카, 그래핑 계산기가 있으며, 많이 사용하고 있는 통계 분석용 도구는 SAS, SPSS, 엑셀, R, 파이선, Minitab 등이 있다. 또한, 통계교육용 도구는 CODAP, Fathom, TinkerPlots, StatCrunch 등의 해외 개발 도구와 국내에서 통계교육을 목적으로 개발한 통그라미, 이지통계, eStat 등을 들 수 있다.

이 글은 통계교육에서 공학적 도구 활용에 대한 방향성과 통계수업에 대한 교수학적 시사점을 제시하기 위해 국내에서 활용 가능한 통계 공학적 도구를 Biehler(1993, 1997)의 이론에 근거하여 분석하였다. 통계교육에 활용 가능한 통계 공학적 도구는 교사와 학생의 접근성을 고려하여 도구의 구입 비용이 높지 않고 사용이 어렵지 않으며, 교수학습자료에 대한 지원이 다양한 것을 기준으로 선정하였다. 그 결과 총 8종의 통계 공학적 도구가 선정되었는데, 수학교육용 도구는 지오지브라, TI-Nspire CAS 그래핑 계산기, 통계 분석용 도구은 엑셀, R, 통계교육용 도구는 TinkerPlots,[2] 통그라미, 이지통계, eStat이다. 이러한 8종의 통계 공학적 도구가 가지는 특징은 데이터 생성 기능, 데이터 분석 기능, Microworld 관련 기능의 세 부분으로 나누어 분석하였다.

---

2) TinkerPlots는 ver 2.3.4를 기준으로 분석하였다.

## 4.1 데이터 생성

통계 공학적 도구는 다양한 기능을 이용하여 데이터를 생성할 수 있다. 데이터 생성에 관한 기능으로는 설문조사와 같은 데이터 수집 방법을 지원하거나, 수집된 데이터를 스프레드시트 창으로 불러오거나, 무작위 기능을 이용하여 분포에 맞는 데이터를 생성하거나 예제 데이터를 제공하는 기능으로 구분할 수 있다. 예를 들어 통그라미는 [그림 1]과 같이 통계분석 기능과 설문조사 기능을 함께 제공하여 학생들의 자료 수집 단계를 지원한다.

엑셀, R, 지오지브라, TinkerPlots 등은 [그림 2]와 같이 무작위 기능을 활용하여 표본 추출을 하거나 임의 데이터를 생성할 수 있는 기능을 탑재하고 있으며, 통그라미,

[그림 1] 통그라미의 설문조사 기능

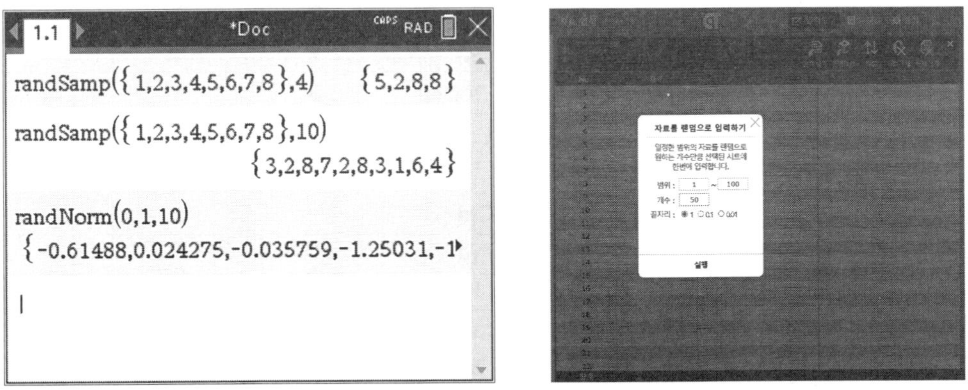


[그림 2] 무작위 기능을 활용한 데이터 생성(좌:TI-Nspire, 우:이지통계)

TinkerPlots 등은 자료를 수집하지 않고도 통계 개념을 학습하거나, 자료 분석을 경험할 수 있는 예제 데이터를 제공하고 있다([그림 3] 참조).

US States

| | State | YearAd... | Capital | Latitude | Longitu... | Region | Rainfall... | Populati... | Area | PopDen... | Income... | BushVote | RedBlu... | Median... | Internet... | Internet... | Lottery | Ed_Spe... | Teacher... |
|---|---|---|---|---|---|---|---|---|---|---|---|---|---|---|---|---|---|---|---|
| 1 | Alabama | 1819 | Montgo... | 32 | -86 | East Sou... | 56.9 | 4.5 | 50750 | 88.67 | 23460 | 57 | RedState | 37.2 | 37.6 | low | no | 5638 | 35820 |
| 2 | Alaska | 1959 | Juneau | 58 | -134 | Pacific | 53.1 | 0.6 | 570374 | 1.05 | 29597 | 59 | RedState | 32.5 | 64.1 | high | no | 8806 | 46845 |
| 3 | Arizona | 1912 | Phoenix | 33 | -112 | Mountain | 7.1 | 5.5 | 113642 | 48.40 | 24991 | 51 | RedState | 35.5 | 51.9 | medium | yes | 4999 | 35025 |
| 4 | Arkansas | 1836 | Little Rock | 34 | -92 | West So... | 49.2 | 2.7 | 52075 | 51.85 | 21945 | 51 | RedState | 37.4 | 36.9 | low | no | 5277 | 32350 |
| 5 | California | 1850 | Sacrame... | 38 | -121 | Pacific | 17.3 | 35.1 | 155973 | 225.04 | 32225 | 42 | BlueState | 34.4 | 55.3 | medium | yes | 6314 | 45400 |
| 6 | Colorado | 1876 | Denver | 39 | -104 | Mountain | 15.3 | 4.5 | 103729 | 43.38 | 32441 | 51 | RedState | 35.4 | 58.5 | high | yes | 6215 | 38025 |
| 7 | Connecti... | 1788 | Hartford | 41 | -72 | New Eng... | 44.4 | 3.5 | 4845 | 722.39 | 40870 | 39 | BlueState | 38.6 | 55.0 | medium | yes | 9753 | 51584 |
| 8 | Delaware | 1787 | Dover | 39 | -75 | South Atl... | 41.4 | 0.8 | 1955 | 409.21 | 31074 | 42 | BlueState | 37.1 | 52.5 | medium | yes | 8310 | 43164 |
| 9 | Florida | 1845 | Tallahas... | 30 | -84 | South Atl... | 49.9 | 16.7 | 53997 | 309.28 | 27836 | 49 | BlueState | 40.1 | 52.8 | medium | yes | 5831 | 35916 |
| 10 | Georgia | 1788 | Atlanta | 33 | -84 | South Atl... | 48.6 | 8.6 | 57918 | 148.49 | 27790 | 55 | RedState | 34.6 | 46.7 | low | yes | 6437 | 39675 |
| 11 | Hawaii | 1959 | Honolulu | 21 | -157 | Pacific | 23.5 | 1.2 | 6423 | 186.83 | 27819 | 38 | BlueState | 37.4 | 55.2 | medium | yes | 6530 | 40377 |
| 12 | Idaho | 1890 | Boise | 43 | -116 | Mountain | 11.7 | 1.3 | 82751 | 15.71 | 23640 | 69 | RedState | 34.2 | 52.7 | medium | yes | 5315 | 34063 |
| 13 | Illinois | 1818 | Springfield | 39 | -89 | East Nor... | 33.3 | 12.6 | 55593 | 226.65 | 31842 | 43 | BlueState | 36.0 | 46.9 | low | yes | 7133 | 45569 |
| 14 | Indiana | 1816 | Indianap... | 39 | -86 | East Nor... | 39.1 | 6.2 | 35870 | 172.85 | 26838 | 57 | RedState | 36.5 | 47.3 | low | yes | 7192 | 41163 |
| 15 | Iowa | 1846 | Des Moi... | 41 | -93 | West No... | 34.7 | 2.9 | 55875 | 51.90 | 26376 | 48 | BlueState | 38.0 | 51.0 | medium | yes | 6564 | 34927 |
| 16 | Kansas | 1861 | Topeka | 39 | -95 | West No... | 28.6 | 2.7 | 81823 | 33.00 | 27408 | 58 | RedState | 36.5 | 50.9 | medium | yes | 6294 | 37405 |
| 17 | Kentucky | 1792 | Frankfort | 38 | -84 | East Sou... | 43.6 | 4.1 | 39732 | 103.19 | 24057 | 57 | RedState | 37.1 | 44.2 | low | yes | 5921 | 35526 |
| 18 | Louisiana | 1861 | Baton R... | 30 | -91 | West So... | 59.7 | 4.5 | 43566 | 103.29 | 23041 | 53 | RedState | 35.3 | 40.2 | low | yes | 5804 | 32510 |
| 19 | Maine | 1820 | Augusta | 44 | -69 | New Eng... | 43.5 | 1.3 | 30865 | 42.12 | 25399 | 44 | BlueState | 39.6 | 53.3 | medium | yes | 7667 | 34906 |
| 20 | Maryland | 1788 | Annapolis | 38 | -76 | South Atl... | 41.8 | 5.5 | 9775 | 562.66 | 33621 | 40 | BlueState | 37.0 | 57.8 | high | yes | 7731 | 42526 |
| 21 | Massach... | 1788 | Boston | 42 | -71 | New Eng... | 43.8 | 6.4 | 7838 | 816.53 | 37710 | 33 | BlueState | 37.7 | 54.7 | medium | yes | 8761 | 45075 |
| 22 | Michigan | 1837 | Lansing | 42 | -84 | East Nor... | 32.2 | 10.1 | 56809 | 177.79 | 29071 | 47 | BlueState | 36.6 | 51.2 | medium | yes | 8110 | 48207 |
| 23 | Minnesota | 1858 | St.Paul | 44 | -93 | West No... | 26.4 | 5 | 79617 | 62.80 | 31913 | 46 | BlueState | 36.3 | 55.6 | medium | yes | 7190 | 39458 |
| 24 | Mississippi | 1817 | Jackson | 32 | -90 | East Sou... | 52.8 | 2.9 | 46914 | 61.82 | 20856 | 57 | RedState | 35.3 | 36.1 | low | no | 5014 | 29530 |
| 25 | Missouri | 1821 | Jefferso... | 38 | -92 | West No... | 33.9 | 5.7 | 68898 | 82.73 | 27186 | 51 | RedState | 37.4 | 49.9 | medium | yes | 6187 | 34746 |
| 26 | Montana | 1889 | Helena | 46 | -112 | Mountain | 11.4 | 0.9 | 145556 | 6.18 | 22541 | 58 | RedState | 38.5 | 47.5 | low | yes | 6314 | 31356 |

**[그림 3]** TinkerPlots에서 제공하는 예제 데이터 예시

총 8종의 통계 공학적 도구의 데이터 생성 기능을 정리하면, <표 1>과 같다. 8종의 통계 공학적 도구 중 데이터를 수집하는 단계인 설문조사를 지원하는 기능은 통그라미만 제공하고 있다. 나머지 도구는 모두 수집된 데이터를 입력하거나, 복사하여 도구 내에 있는 스프레드시트창에 붙여넣거나(Ctrl-C, V), CSV 또는 엑셀 파일을 불러오는 형태로 데이터를 생성할 수 있다. 또, 기존의 데이터셋에서 표본의 임의추출하거나 분

<표 1> 데이터 생성 기능

| 도구 \ 기능 | | 설문조사 | 데이터 입력 | 데이터 불러오기 | 표본 추출 | 무작위 데이터 생성 | 예제 데이터 제공 |
|---|---|---|---|---|---|---|---|
| 수학 | 지오지브라 | | ● | Ctrl+C,V | ● | ● | |
| | TI-Nspire | | ● | Ctrl+C,V | ● | ● | |
| 통계 분석 | R | | ● | Import | ● | ● | ● |
| | 엑셀 | | ● | Ctrl+C,V<br>Import | ● | ● | |
| 통계 교육 | 이지통계 | | ● | Ctrl+C,V | | | |
| | 통그라미 | ● | ● | Ctrl+C,V<br>Import | ● | ● | ● |
| | eStat | | ● | Ctrl+C,V<br>Import | ● | ● | ● |
| | TinkerPlots | | ● | Import | ● | ● | ● |

포에 적합한 실험용 데이터셋을 만드는 기능은 이지통계를 제외한 7종의 도구가 모두 지원하고 있었다. 그리고 R, 통그라미, eStat, TinkerPlots 총 4종의 도구는 자체적으로 예시 데이터를 탑재하여 학습용으로 사용할 수 있다.

## 4.2 데이터 분석

다양한 방법으로 생성된 데이터는 수치적으로 요약하거나 시각적으로 표현하는 등 여러 가지 방법으로 분석할 수 있다. 통계 공학적 도구의 데이터 분석에 관한 기능은 다양한 그래프로 나타내는 시각적 표현 기능과 데이터를 요약하여 통계량으로 나타내는 수치적 요약 기능, 추정, 검정과 같은 통계적 추론 기능으로 구분할 수 있다.

8종의 공학적 도구는 모두 다양한 그래프와 통계량을 제공하고 있지만, 학교 통계 교육에 대한 시사점을 모색하기 위해 우리나라 교육과정에 포함된 내용 요소를 시각적 표현, 수치적 요약 기능 중심으로 조사하였다.

2015 개정 교육과정을 기준으로 하였을 때, 통계 수업에서 필요한 시각적 표현 기능은 학교급에 따라 다르다. 초등학교는 막대그래프, 꺾은선그래프, 점그래프, 띠그래프, 원그래프 기능이 필요하며, 중학교는 줄기와 잎 그림, 히스토그램, 도수분포다각형, 산점도, 고등학교 진로선택 과목인 실용통계는 상자그림을 다루고 있으므로 이러한 그래프 기능이 필요하다. 8종의 공학적 도구 중 TinkerPlots을 제외한 7종의 도구는 명령어 또는 도구상자를 통해 통계 그래프가 바로 나타나는 메뉴 기반 구성 방식을 따른다. 메뉴 기반 구성 방식의 도구는 [그림 4]와 같이 데이터를 선택해서 통계 그래프 메뉴를 클릭하면 바로 그래프가 나타난다.

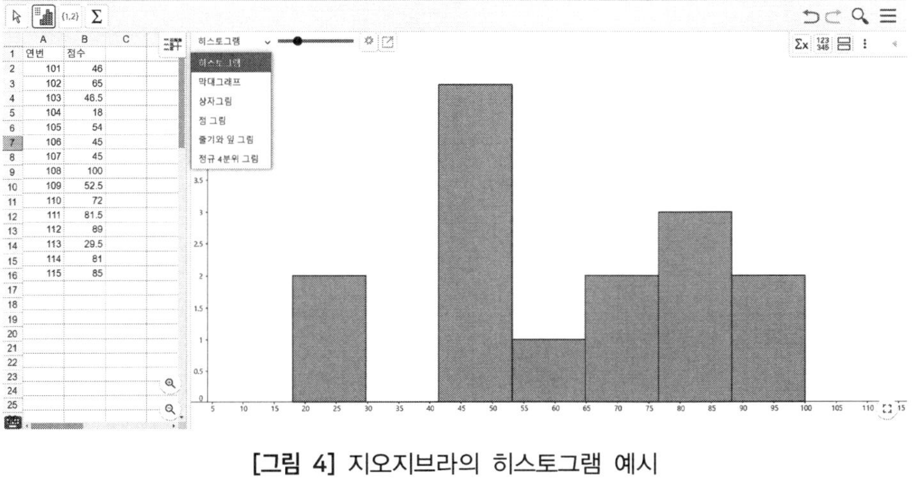

[그림 4] 지오지브라의 히스토그램 예시

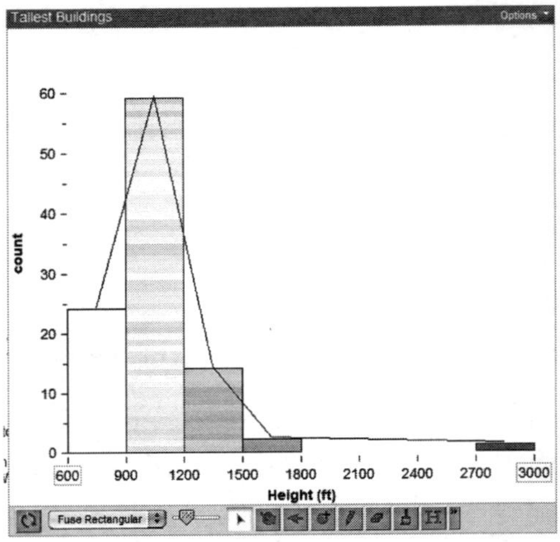


[그림 5] TinkerPlots의 히스토그램 예시

하지만, TinkerPlots은 시각적 표현 기능은 메뉴로 제공하지 않지만, 드래그와 조작을 2~3회 정도 거쳐 그래프를 구성하는 방식의 도구이다([그림 5] 참조). TinkerPlots은 데이터와 그래프 사이의 상호작용에 중점을 두고 데이터의 변화를 통한 그래프의 구성을 역동적으로 표현하고 조작하는 데 초점을 둔다. TinkerPlots이 아닌 7종의 도구는 메뉴 기반 구성 방식의 도구지만, 메뉴로 제공하지 않는 그래프는 여러 가지 기능을 혼합하여 구성할 수 있는 경우도 있다. 〈표 2〉는 공학적 도구가 가지는 시각적 표현 기능을 자체적으로 가지고 있는 메뉴를 중심으로 정리하였으며, 다른 기능으로

〈표 2〉 시각적 표현 기능

| 학교급별 기능 / 도구 | | 초 | | | | | 중 | | | | 고(실용통계) |
|---|---|---|---|---|---|---|---|---|---|---|---|
| | | 막대 그래프 | 꺾은선 그래프 | 점 그래프 | 띠 그래프 | 원 그래프 | 줄기와 잎그림 | 히스토 그램 | 도수 분포 다각형 | 산점도 | 상자 그림 |
| 수학 | 지오지브라 | ● | ● | ● | ○ | ○ | ● | ● | ● | ● | ● |
| | TI-Nspire | ● | ● | ● | ○ | ● | ○ | ● | ○ | ● | ● |
| 통계 분석용 | R | ● | ● | ● | ● | ● | ● | ● | ● | ● | ● |
| | 엑셀 | ● | ● | ● | ● | ● | ○ | ● | ● | ● | ● |
| 통계 교육용 | 이지통계 | ● | ● | | ● | ● | ● | ● | ● | | |
| | 통그라미 | ● | ● | ● | ● | ● | ● | ● | ● | ● | ● |
| | eStat | ● | ● | ● | ● | ● | ● | ● | ● | ● | ● |
| | TinkerPlots | ○ | ○ | ○ | ○ | ○ | ○ | ○ | ○ | ○ | ○ |

구현할 수 있는 표현은 점선으로 표시하였다.

2015 개정 교육과정의 통계 수업에서 필요한 수치적 요약 기능도 학교급에 따라 상이하다. 초등학교는 대푯값 중 평균, 중학교는 대푯값 중 최빈값과 중앙값을 다루며, 산포도 중 분산과 표준편차를 다룬다. 고등학교 실용통계 과목에서는 사분위수와 상관계수를 공학적 도구를 이용하여 계산하도록 다루고 있다. 이러한 내용 요소를 중심으로 한 8종의 공학적 도구의 수치적 요약 기능을 정리하면 〈표 3〉과 같다.

고등학교 일반선택 과목 확률과 통계에서는 모평균의 추정을 다루고, 실용통계 과목

〈표 3〉 수치적 요약 기능

| 도구 \ 학교급별 기능 | | 초 | 중 | | | | 고(실용통계) | |
|---|---|---|---|---|---|---|---|---|
| | | 평균 | 최빈값 | 중앙값 | 분산 | 표준편차 | 사분위수 | 상관계수 |
| 수학 | 지오지브라 | ● | ● | ● | ● | ● | ● | ● |
| | TI-Nspire | ● | ● | ● | ● | ● | ● | ● |
| 통계 분석용 | R | ● | ● | ● | ● | ● | ● | ● |
| | 엑셀 | ● | ● | ● | ● | ● | ● | ● |
| 통계 교육용 | 이지통계 | ● | ● | ● | ● | ● | | |
| | 통그라미 | ● | ● | ● | ● | ● | ● | ● |
| | eStat | ● | ● | ● | ● | ● | ● | ● |
| | TinkerPlots | ● | ● | ● | ● | ● | ● | ● |

〈표 4〉 통계적 추론 기능

| 도구 \ 기능 | | 고 (확률과 통계) | 고 (실용통계) | | 기타 | |
|---|---|---|---|---|---|---|
| | | 모평균의 추정 | 모비율의 추정 | z-검정 | t-검정 | 회귀 |
| 수학 | 지오지브라 | ● | ● | ● | ● | 선형, 다항, 로지스틱 등 |
| | TI-Nspire | ● | ● | ● | ● | 선형, 다항, 로지스틱 등 |
| 통계 분석용 | R | ● | ● | ● | ● | 선형, 다항, 로지스틱 등 |
| | 엑셀 | ● | ● | ● | ● | 선형, 다항, 로지스틱 등 |
| 통계 교육용 | 이지통계 | | | | | |
| | 통그라미 | ● | ● | ● | ● | 선형(추세선) |
| | eStat | ● | ● | ● | | 선형 |
| | TinkerPlots | | | ● | | 선형 |

에서는 모비율의 추정, z-검정을 다루면서 학생들의 통계적 추론 능력 함양을 목표로 하고 있다. 현재 교육과정에서는 z-검정까지 다루고 있지만, 이글은 통계 분석에서 많이 사용하는 t-검정과 회귀 분석 기능을 포함하여 8종의 공학적 도구 기능을 살펴보았다. 특히 회귀분석 기능은 선형 회귀, 다항 회귀, 로지스틱 회귀 중에서 지원하는 기능을 명시하였다. 8종의 통계 공학적 도구의 통계적 추론 기능을 정리하면 〈표 4〉와 같다.

## 4.3 Microworld[3)]

Biehler et al.(2012)은 통계 공학적 도구에서 구성된 Microworld를 탐색적 대화형 실험 도구, 시각화, 시뮬레이션, 애플릿 등으로 설명하였다. 또, 통계 공학적 도구가 교사의 메타 도구로서 Microworld 구성을 지원해야 한다고 밝히면서 교사는 Microworld를 잘 준비된 Black-Box로 사용하거나, 도구에 대한 지식을 활용하여 필요에 따라 Microworld를 수정하여 사용할 수 있어야 한다고 말했다. 이러한 관점에서 이 글은 8종의 통계 공학적 도구가 Microworld 사용을 지원하는지에 대해 탐색적이고 대화형 형태의 실험이 가능한 환경이 되는지와 도구 내에서 통계 학습용 시뮬레이션을 구성할 수 있는지로 구분하여 조사하였다.

먼저 탐색적 대화형 형태의 통계 실험 환경에 대해 다중 창(Multi-View)의 지원과 데이터와 시각적 표현 사이의 역동적인 상호작용(Dynamic Visualization) 환경 구축을 중요한 요소로 보았다. 다중 창은 [그림 6]과 같이 데이터의 속성, 초기 데이터, 시각

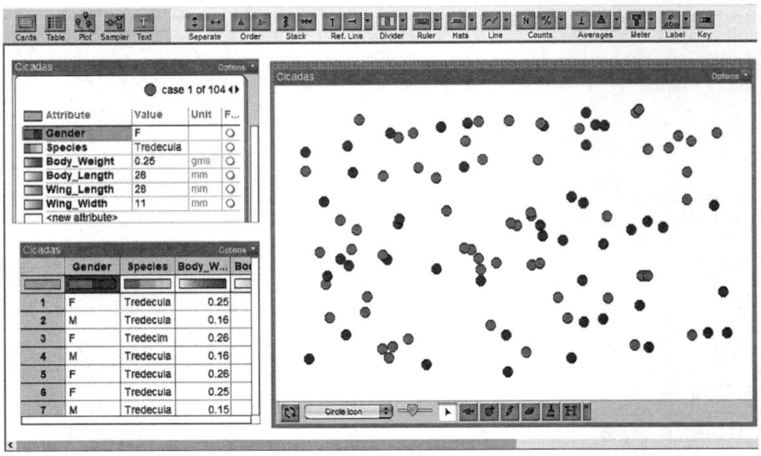

**[그림 6]** TinkerPlots의 Multi-View

3) Papert(1980)에 따르면 Microworld는 학생 중심의 컴퓨터 환경으로 컴퓨터를 통해 학생이 스스로 지식을 구성할 수 있는 환경을 의미한다.

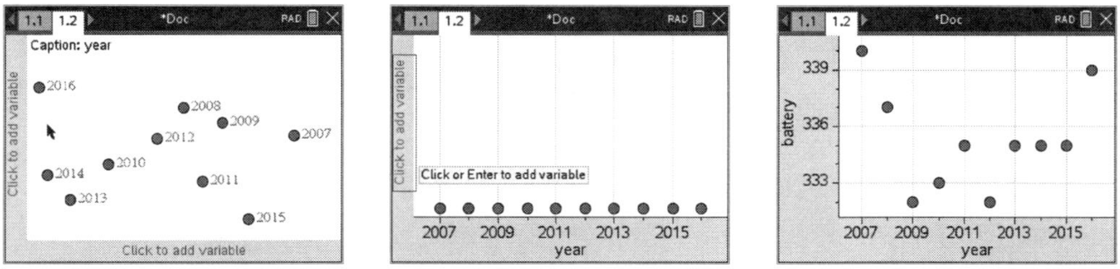


[그림 7] TI-Nspire의 Dynamic Visualization

적 표현, 텍스트 등을 한꺼번에 표현할 수 있는 기능으로 여러 관점에서 데이터를 탐색할 수 있는 기능이다. 데이터와 시각적 표현 사이의 역동적인 상호작용은 [그림 7]과 같이 데이터의 수정이 분석 자료에 즉각적으로 반영하거나 통계 그래프에서 변수를 변화시키거나, 또는 점 데이터의 드래깅을 통해 데이터의 변화가 통계 실험에 역동적으로 영향을 주는 것과 같은 기능 지원을 의미한다. 이러한 환경은 학생들이 직접 데이터를 조작해 보는 경험을 제공할 수 있고, 학생들에게 즉각적인 피드백을 줄 수 있으며, 학생들이 Microworld 속에서 몰입하는 환경을 제공한다(Biehler et al., 2012).

공학적 도구가 시뮬레이션을 구성할 수 있는 환경 구축은 무작위 기능을 이용한 반복 모의실험 가능성, 도구에서 자체 개발한 통계 교수학습 Applet 제공 여부, 사용자의 통계 교수학습 Applet 제작을 지원하는 도구와 같은 세 가지 요소를 중심으로 조사하였다. 무작위 기능을 이용한 반복 모의실험 가능성은 무작위 기능을 이용한 데이터 생성과 함께 모의실험을 지원하는 도구이다. 예를 들어 통그라미는 [그림 8]과 같이 평균이 0이고 표준편차가 1인 정규분포에서 표본의 크기가 100인 표본을 50번과

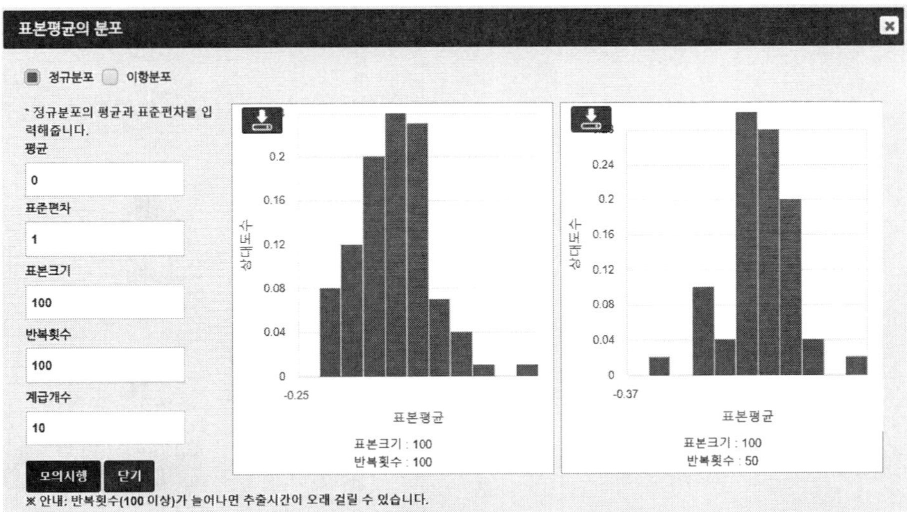


[그림 8] 통그라미의 표본평균 분포에 관한 모의실험

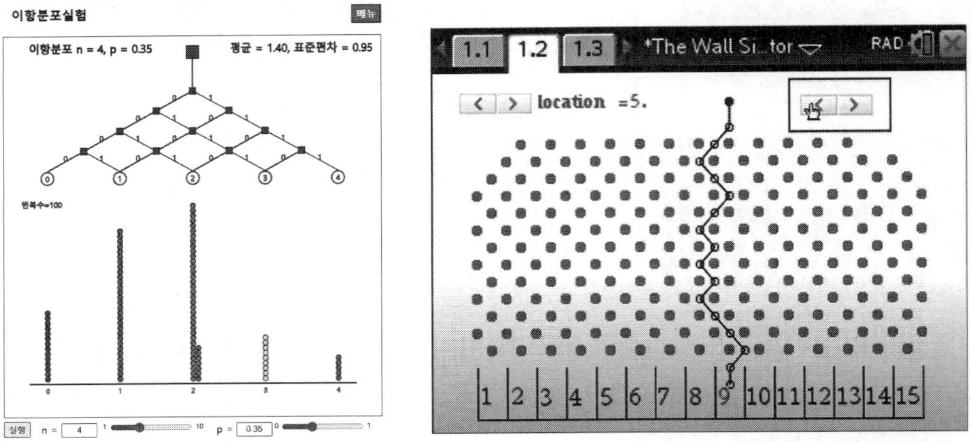


[그림 9] 이항분포 실험기 Applet(좌:eStat, 우:TI-Nspire)

100번 반복적으로 임의추출했을 때 표본평균의 분포를 나타내 준다.

통계 교수학습용 Applet을 자체 개발하여 제공하는 공학적 도구는 통그라미, eStat, TinkerPlots이 있으며 모두 통계교육용 도구이다. 일반적인 수학 공학적 도구와 통계 분석용 도구는 개발된 Applet을 제공하기보다 사용자들이 Applet을 직접 개발할 수 있는 도구를 제공하고 있다. 이러한 도구들은 사용자가 Applet을 직접 개발하여 사용자 커뮤니티나 인터넷을 통해 공유하고 있다. 예를 들어 [그림 9]에서 두 가지는 모두 이항분포실험을 보여주는 Applet이지만, 왼쪽은 eStat에서 제공하는 Applet이며, 오른쪽은 TI-Nspire의 사용자가 직접 프로그래밍을 통해 개발해서 TI 사용자에게 공유하고 있는 Applet이다. 그리고 [그림 10]은 지오지브라 커뮤니티에서 공유되고 있는 통계 Applet 자료의 예시이다.

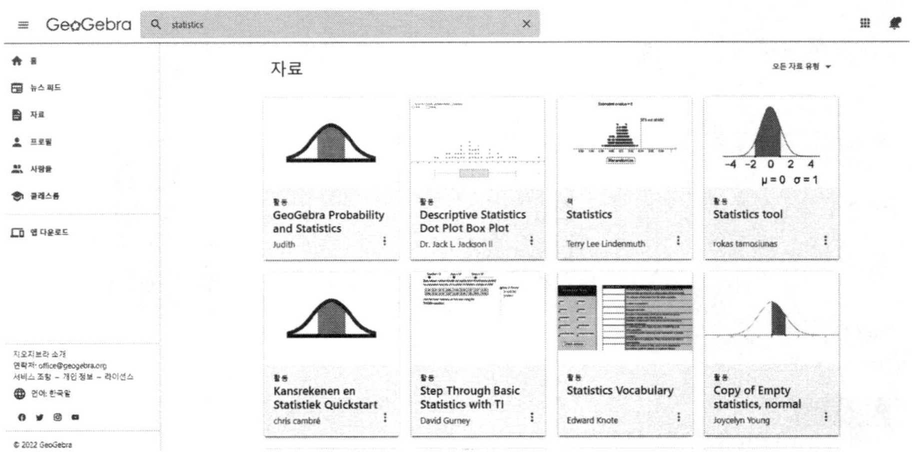


[그림 10] 지오지브라 커뮤니티의 통계 Applet

〈표 5〉 Microworld

| 기능 / 도구 | | 탐색적 대화형 통계 실험 환경 | | 시뮬레이션 | | |
|---|---|---|---|---|---|---|
| | | Multi-View | Dynamic visualization | 반복을 통한 모의실험 | Applet 제공 | Applet 제작 도구 |
| 수학 | 지오지브라 | ◌ | | ● | 사용자 공유 | ● |
| | TI-Nspire | ◌ | ● | ● | 사용자 공유 | ● |
| 통계 분석용 | R | ● | | ● | 사용자 공유 | ● |
| | 엑셀 | ● | | ● | 사용자 공유 | ● |
| 통계 교육용 | 이지통계 | | | | | |
| | 통그라미 | ● | ◌ | ● | ● | |
| | eStat | ◌ | ◌ | ● | ● | |
| | TinkerPlots | ● | ● | ● | ● | ● |

이 세 가지 요소를 이용하여 통계 공학적 도구의 Microworld 지원 기능을 정리하면 〈표 5〉와 같다. 〈표 5〉에서 다중창의 경우 새로 만들 수 있는 창의 개수가 2개 또는 3개로 제한된 경우 점선으로 표시하였다. 또, 역동적 상호작용 역시 드래깅을 통한 역동적인 시각화 기능이 지원되지만, 데이터를 수정하면 시각 자료가 변하는 단방향의 역동성만 지원할 경우 점선으로 표시하였다.

## 5. 마치는 글

현재 기술의 발달로 수업에 활용할 수 있는 공학적 도구가 다양해지고 있다. 이와 더불어 공학적 도구를 수업에 사용할 수 있는 교사의 교수학적 지식에 대한 관심도 함께 높아지고 있다. Mishra와 Koehler(2006, 2008)는 Shulman(1987)의 교수내용지식(PCK; Pedagogical Content Knowledge)에서 테크놀로지[4]를 포함한 테크놀로지 교수 내용지식(TPACK; Technological Pedagogical and Content Knowledge)을 제시하였다. 테크놀로지 교수 내용지식(TPACK)은 테크놀로지 지식(TK; Technological Knowledge),

4) 이 글은 테크놀로지를 공학적 도구로 사용하였으나, TPACK을 많은 연구자들이 테크놀로지 교수 내용지식 또는 테크놀로지 교수학적 내용지식으로 사용하고 있어 테크놀로지라는 용어를 사용하였다.

내용 지식(CK; Content Knowledge), 교육학적 지식(PK; Pedagogical Knowledge) 사이의 복잡한 상호작용을 교사들이 이해하고 교육적 활동에 적용하는 역량에 대한 이론적 개념틀을 제공해준다(Koehler et al., 2004; Mishra & Koehler, 2006). TPACK은 교수학습 환경에서 사용되는 다양한 기술의 존재, 구성 요소 및 능력에 대한 지식 그리고 특정한 테크놀로지 사용이 교육의 변화에 미치는 영향을 아는 것과 관련이 있으며, 테크놀로지, 교육학, 내용학의 세 가지 주요 형태에 대한 통합적이고 상호의존적인 이해의 중요성을 강조하였다(Mishra & Koehler, 2006).

이러한 관점은 통계교육에도 마찬가지로 적용된다. Lee와 Hollebrands(2011)는 테크놀로지를 사용하여 통계를 가르치는 데 필요한 지식의 중요한 측면을 강조하며 통계 지식을 통합한 테크놀로지 교수통계지식(TPSK; Technological Pedagogical Statistical Knowledge)을 제시하였다([그림 11] 참조).

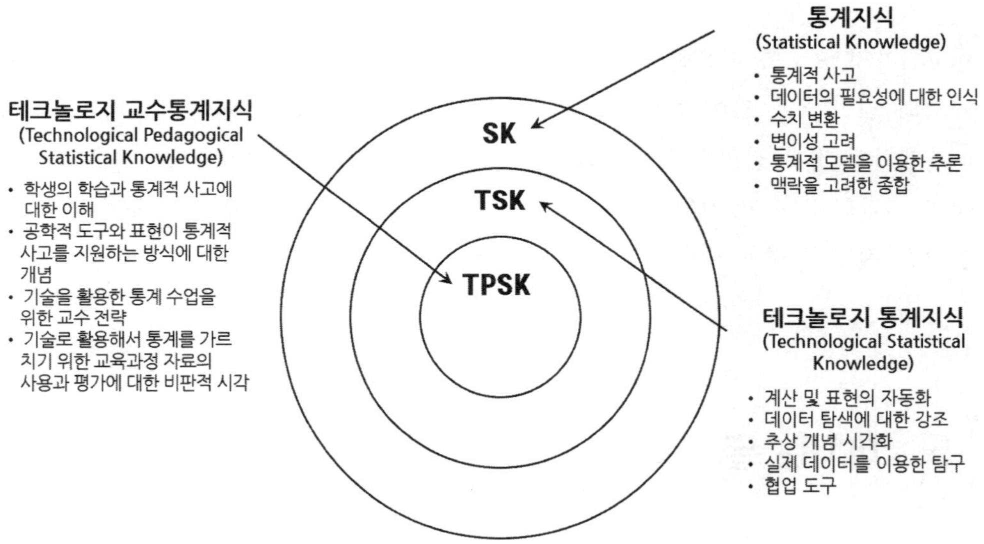


[그림 11] 테크놀로지 교수통계지식 TPSK 이론적 개념틀(Lee & Hollebrands, 2011)

Lee와 Hollebrands(2011)에 따르면 교사의 통계 지식은 테크놀로지 통계지식, 테크놀로지 교수통계지식의 기초가 된다. 통계적 사고를 위해서는 통계 조사가 수행되는 이유와 방법, 통계 조사의 기초가 되는 기본 개념에 대해 잘 이해하고 있는 교사(Ben-Zvi & Garfield, 2004)가 필요하다. 하지만 이러한 통계 지식이 테크놀로지 교수통계지식의 기초가 되기도 하지만, 통계 분석과 통계 교수학습에 사용되는 공학적 도구에 대한 지식은 교사의 성공적인 테크놀로지 교수통계지식 개발에 중요한 토대가 된다.

통계 교사가 통계수업에 공학적 도구를 잘 활용하기 위해서는 통계 공학적 도구를 활용하는 내용지식과 교수지식의 특별한 부분 집합인 테크놀로지 교수통계지식(TPSK)을 개발하는 것이다(Lee & Hollebrands, 2011). 이를 위해 교사의 테크놀로지 통계지식과 통계 지식도 교사들의 테크놀로지 교수통계지식을 개발하기 위한 필수적인 준비사항이다. 하지만 이와 더불어 학생들의 학습과 통계적 사고에 대한 이해, 공학적 도구가 통계적 사고를 지원하는 방식에 대한 이해, 공학적 도구를 활용한 통계 교수전략 설계, 공학적 도구를 활용하여 교육과정 구현 방법에 대한 이해가 테크놀로지 교수통계지식을 위해 필요한 사항이다.

통계를 가르치는 교사가 교실에서 공학적 도구를 적절히 활용할 수 있도록 준비하는 것은 어렵고 중요한 일이다. 통계지식은 테크놀로지 교수통계지식 이론적 개념틀에서 기초가 되지만, 테크놀로지 통계지식과 테크놀로지 교수통계지식을 갖출 수 있도록 하는 교사교육이 통계교육 발전을 위해 더 중요할 것이라 본다. 앞으로 테크놀로지 교수통계지식을 갖춘 통계 교사를 위해 다양한 교사교육이 활발히 진행되어야 할 것이다.

# 참고문헌

Australian Curriculum Assessment and Reporting Authority [ACARA] (2013). *Health and Physical Education*. Retrieved from http://www.acara.edu.au/hpe.html

Bakker, A., & Gravemeijer, K. P. (2004). Learning to reason about distribution. In D. Ben-Zvi, & J. B. Garfield (Eds.), *The challenge of developing statistical literacy, reasoning and thinking* (pp. 147-168). Dordrecht: Kluwer Academic Publishers.

Bakker, A., Gravemeijer, K. P. E., & van Velthoven, W. (2001). *Statistical minitools 1 and 2*. Nashville, TN & Utrecht: Vanderbilt University & Utrecht University.

Becker, E. W. (1994). *Microalgae: Biotechnology and Microbiology* (Vol. 10). Cambridge: Cambridge University Press.

Ben-Zvi, D., & Garfield, J. B. (2004). Statistical literacy, reasoning, and thinking: Goals, definitions, and challenges In D. Ben-Zvi, & J. B. Garfield (Eds.), *The challenge of developing statistical literacy, reasoning and thinking* (pp. 3-16). Dordrecht: Kluwer Academic Publishers.

Biehler, R. (1993). Software tools and mathematics education: The case of statistics. In C. Keitel & K. Ruthven (Eds.), *Learning from computers: Mathematics education and technology* (pp. 68-100). Berlin, Heidelberg: Springer.

Biehler, R. (1997). Software for learning and for doing statistics. *International Statistical Review, 65*(2), 167-189.

Biehler, R., Ben-Zvi, D., Bakker, A., & Makar, K. (2012). Technology for enhancing statistical reasoning at the school level. In A. Bishop, K. Clement, C. Keitel, J. Kilpatrick, & A. Y. L. Leung (Eds.), *Third international handbook of mathematics education* (pp. 643-689). New York: Springer.

Chance, B. L., Ben-Zvi, D., Garfield, J., & Medina, E. (2007). The role of technology in improving student learning. *Technology Innovations in Statistics Education, 1*(1). Retrieved from http://escholarship.org/uc/item/8Sd2tyrr

Cobb, P., Gravemeijer, K. P. E., Bowers, J., & Doorman, M. (1997). *Statistical Minitools*. Nashville & Utrecht: Vanderbilt University, Freudenthal Institute, &

Utrecht University.

Diaconis, P., & Efron, B. (1983). Computer-intensive methods in statistics. *Scientific American, 248*(5), 116-131.

Ernie, K. (1996). Technology reviews: DataScope and ProbSim. *Mathematics Teacher, 89*, 359-360.

Finzer, W. (2001). *Fathom dynamic statistics.* Key Curriculum Press.

Franklin, C. A., & Garfield, J. (2006). The GAISE project: Developing statistics education guidelines for grades pre-K-12 and college courses. In G. Burrill & P. Elliott (Eds.), *Thinking and reasoning with data and chance* (pp. 345-376). Reston, VA: National Council of Teachers of Mathematics.

Friel, S. (2007). The research frontier: Where technology interacts with the teaching and learning of data analysis and statistics. In G. W. Blume & M. K. Heid (Eds.), *Research on technology and the teaching and learning of mathematics: Cases and Perspectives* (Vol. 2, pp. 279-331). Greenwich, CT: Information Age Publishing, Inc.

Gadanidis, G., & Geiger, V. (2010). A social perspective on technology-enhanced mathematical learning: from collaboration to performance. *ZDM, 42*(1), 91-104.

Garfield, J., Chance, B., & Snell, J. L. (2000). The Teaching and learning of mathematics at university level: An ICMI Study. In D. Holton (Ed.), *Technology in college statistics course* (pp. 357-370). Dordrecht: Kluwer Academic Publishers.

Hancock, C. (1995). *Tabletop.* Cambridge, MA: TERC.

Heid, M. K., & Blume, G. W. (2008). Algebra and function development. In M. K. Heid & G. W. Blume (Eds.), *Research on technology and the teaching and learning of mathematics* (Vol. 1, pp. 55-108). Charlotte, NC: Information Age Publishers.

Koehler, M. J., Mishra, P., Kereluik, K., Shin, T. S., & Graham, C. (2014). The technological pedagogical content knowledge (TPACK) framework. In J. M. Spector, M. D. Merrill, J. Ellen, & M. J. Bishop (Eds.), *Handbook of research on educational communications and technology* (pp. 101-111). New York: Springer.

Konold, C. (2002). Teaching concepts rather than conventions. *New England Journal of Mathematics, 34*(2), 69-81.

Konold, C., & Miller, C. D. (2005). *TinkerPlots: Dynamic Data Exploration™*. Emeryville, CA: Key Curriculum Press.

Lee, H. S., & Hollebrands, K. F. (2011). Characterising and developing teachers' knowledge for teaching statistics with technology. In C. Batanero, G. Burrill, & C. Reading (Eds.), *Teaching statistics in school mathematics-challenges for teaching and teacher education* (pp. 359-369). New York: Springer.

Mishra, P., & Koehler, M. J. (2006). Technological pedagogical content knowledge: A framework for teacher knowledge. *Teachers College Record, 108*(6), 1017-1054.

Mishra, P., & Koehler, M. (2008, March). Introducing technological pedagogical content knowledge. In *Proceeding of the annual meeting of the American Educational Research Association*, New York.

Moore, D. S., Cobb, G. W., Garfield, J., & Meeker, W. Q. (1995). Statistics education fin de siecle. *The American Statistician, 49*(3), 250-260.

Olive, J., & Makar, K. (2010). Mathematical knowledge and practices resulting from access to digital technologies. In C. Hoyles & J.-B. Lagrange (Eds.), *Mathematics education and technology revisited: Rethinking the terrain* (pp. 133-177). New York: Springer.

Papert, S. (1980). *Mindstorms: Children. computers and powerful ideas*. New York: Basic Books.

Shulman, L. (1987). Knowledge and teaching: Foundations of the new reform. *Harvard Educational Review, 57*(1), 1-23.

Tukey, J. W. (1977). *Exploratory data analysis.* Reading, MA: Addison-Wesley.

Velleman, P. (1998). *ActivStats*. Reading, MA: Addison-Wesley.

# 제9장

# TinkerPlots 도구를 활용한 비형식적 통계적 추리 교수 자원 탐색

지영명(대전신계중학교)

## 1. 들어가는 말

현대 통계학에서 통계적 추리는 표본 데이터로부터 얻은 정보를 이용하여 모집단에 관한 추측이나 결론을 이끌어 내는 과정이며 그 결론의 신빙성을 수치로 나타내기 위해 확률분포 이론을 이용하는 것이 그 특징이다(김우철 외, 2018, p. 195). 학부 수준의 통계학 교재에서 다루는 통계적 추리 내용은 모수 추정, 유의성 검증과 가설검정, 두 모집단의 비교 등이 포함된다. 우리나라 수학과 교육과정에는 고등학교 일반선택 과목인 「확률과 통계」 과목에서 모평균의 신뢰구간 추정을 다루고 있다(교육부, 2015). 그런데 여러 통계교육연구에서는 고등학생, 대학생, 대학원생, 예비교사 또는 현직교사를 대상으로 통계적 추리 개념에 대한 그들의 이해를 조사한 결과 형식적인 절차나 공식을 적용하여 답을 제시할 수 있더라도 그 공식 이면의 개념이나 의미를 설명하는 경우는 거의 찾아보기 힘들다는 사실을 지속적으로 보고해왔다(유연주, 지영명, 2019; Castro-Sotos et al., 2007; delMas, 2010; Garfield & Ben-Zvi, 2008; Reaburn, 2014). 통계적 추리를 처음 접하는 학생들이 너무 많은 상호 관련 개념들을 짧은 시간 동안에 단번에 통합시켜 이해하기란 매우 어려운 일이다(Garfield & Ben-Zvi, 2008). 이에 따라 Garfield와 Ben-Zvi(2008)는 형식적인 통계적 추리 방법을 배우기 전 이른 단계에서부터 통계적 추리와 관련된 개념 및 비형식적 추론 과정을 점진적이고 일관성 있게 학습할 필요가 있다고 주장하였다. 연구자들은 이러한 교수학적 입장에 따라 “비형식적 통계적 추리”라는 대안적인 학습경로를 제안하였는데, 이것은 최근까지 통계교육연구의 중심 주제 중 하나에 해당된다(Makar & Rubin, 2018). 비형식적 통계적 추리는 전통적인 통계학에서 요구하는 형식적인 논리 체계를 갖추지 못했더라도 학생의 수준과 사전지식하에서 나름대로 조리정연한 논증을 바탕으로 표본으로부터 모집단에 대한 추측이나 결론을 도출하는 사고과정을 의미한다(박민선, 2015).

학생 또는 교사들의 비형식적 통계적 추리가 가능하도록 지원하는 수업 설계 요소 중 하나로 최근에 교육용으로 개발된 공학적 도구의 차원을 빼놓을 수 없다(Makar et al., 2011). 본고에서는 다양한 교육용 통계패키지 중에서도 TinkerPlots 프로그램(Konold & Miller, 2011)에 주목하고자 한다. 왜냐하면, 2000년도 초반에 TinkerPlots 프로그램 개발에 착수한 연구자 Cliff Konold는 해당 프로그램의 사용자로 초등학교 저학년부터 학부과정의 대학생에 이르기까지 ‘바닥은 낮고 천장은 높게’(Konold, 2007) 설정함으로써 누구나 쉽고 간편하게, 때에 따라서는 수준 높은 개념을 구체적으로 탐색해볼 수 있는 역동적인 데이터 분석 소프트웨어를 개발하였다. 실제로 초·중·고·대학생, 예비교사 또는 현직교사의 비형식적 통계적 추리 전략을 탐색하는 연구에서 TinkerPlots 프로그램을 활용한 연구 사례는 매우 풍부하다(예를 들어, 김서영, 2020; 서민주, 유연주, 2019; 전혜진, 이경화, 2020; 지영명, 2020; Ben-Zvi, Aridor et al., 2012; Ben-Zvi & Ben-Aruch, 2014; Biehler et al., 2012; Fitzallen, 2012, 2013; Fitzallen & Watson, 2010; Frischemeter, 2014; Frischemeter & Biehler, 2018; Henriques & Oliveira, 2016; Khairiree & Kurusatian, 2009; Saldanha & Thibault, 2018; Watson, 2014; Watson & Donne, 2009). 또한, 2011년에 출시된 TinkerPlots 버전2는 2005년에 최초로 출시한 TinkerPlots 버전1에 샘플러 기능을 추가함으로써 데이터와 가능성을 연결시켜 고려하고(Konold & Kazak, 2008), 표집 행동을 시각적으로 관찰하고 탐구하고 반성할 수 있는 학습의 장을 마련하였다(Pfannkuch, 2008). 샘플러 기능을 탑재한 TinkerPlots 프로그램을 활용하면 확률분포 이론에 의지하지 않더라도 표집 시뮬레이션에 의한 근사적인 유한표집분포를 구성함으로써 유의성 검증이나 신뢰구간 추정 논리를 비형식적이고 직관적으로 이해할 수 있는 여지를 제공한다. 예를 들어, 부트스트랩이나 순열검정과 같은 직관적인 방법을 활용하여 추정량의 불확실성의 측도를 고려한다거나 가설의 유의성을 검사해볼 수 있다(Bruce et al., 2021). 연구자들에 의하면, 학생들이 이와 같이 비형식적이고 경험적인 방법에 익숙해지면 향후 형식적인 통계적 추리를 보다 더 의미있게 학습해나갈 것이다(Garfild &

Ben-Zvi, 2008; Pfannkuch et al., 2012; Wild et al., 2011; Wild et al., 2017).

이상으로부터 본고에서는 비형식적 통계적 추리의 맥락에서 가설검정과 신뢰구간 추정의 논리를 공학적 도구의 힘을 빌려 비형식적으로 접근할 수 있는 교수 자원을 살펴보고자 한다. 이 비형식적인 접근 방식은 확률분포 이론을 사용하지 않는 대신 무작위 표집을 반복해서 시뮬레이션해볼 수 있고 그 결과로 만들어진 유한표집분포를 시각적으로 관찰, 탐색해볼 수 있도록 지원하는 공학적 도구의 사용이 필수적이다. 특히TinkerPlots 소프트웨어는 이러한 활동을 가능하게 하는 탁월한 도구로서 본고에서 중심적으로 다루고자 한다.

# 2. 문헌 검토

## 2.1. 통계적 추리의 유형

대개 통계학자들은 통계적 추리를 두 가지 유형으로 구별한다. 하나는 표본으로부터 모집단의 모수를 추정하는 것이고, 다른 하나는 무작위화 비교 실험을 통해 인과관계를 추리하는 것이다(Ben-Zvi, 2006; Garfield & Ben-Zvi, 2008; Rossman, 2008). 일반적으로 통계적 추리의 첫 번째 유형은 표본에서 얻은 정보로부터 더 넓은 모집단으로 일반화하는 것과 관련이 있고, 두 번째 유형은 데이터 내 패턴이 실제 처치 효과에서 기인한 것인지 아니면 단순히 우연한 것인지 그 여부를 결정하는 것이다(Zieffler et al., 2008). 통계교과서 『The Statistical Sleuth』(Ramsey & Schafer, 2002)에서 제시한 [그림 1]은 두 종류의 통계적 추리가 각각 개체를 무작위로 선정하는 것과 개체를 집단에 무작위로 할당하는 것에 기반을 두고 이루어진다는 사실을 보여준다. 첫 번째 유형의 통계적 추리는 모집단에서 표본을 무작위로 추출하고 이를 이용하여 모집단에 대해 이야기할 수 있는 것을 파악하기 위해 통계적 기법을 사용한다(Rossman, 2008). 이러한 설계에서 표본이 무작위로 추출되는 경우 두 집단 간의 차이에 대한 추리는 가능하지만 그 차이의 원인에 대해서는 말할 수 없다(Makar & Rubin, 2018). 두 번째 유형의 통계적 추리는 의학 및 과학 분야에서 특정 치료법이나 개입의 효과를 평가할 때 일반적으로 사용되는 통계적 기법이다. 이때 연구참여자는 보통 지원자를 대상으로 하기 때문에 무작위로 선정된 것은 아니지만 두 집단(실험군, 대조군)에 무작위로 할당 처리된다(ibid). 이러한 유형의 실험 설계는 인과관계에 관한 추리를 가능하게

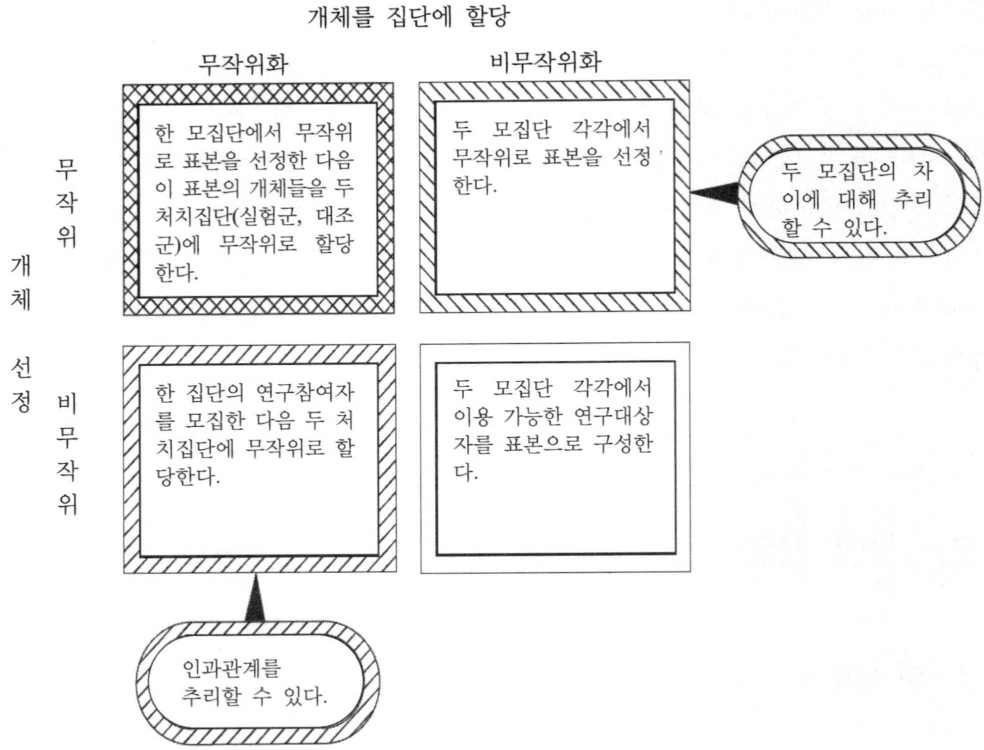


[그림 1] 연구 설계에서 승인된 통계적 추리(Ramsey & Schafer, 2002, p. 9)

하지만(Rossman, 2008), 표본을 넘어서는 일반화에 대해서는 신중해야 한다(Makar & Rubin, 2018).

## 2.2 컴퓨터 집약적 통계적 추리 방식

최근 공학 기술이 발전함과 동시에 통계적 추리에 대한 형식적인 접근 방식의 어려움이 지속적으로 보고됨에 따라 통계적 추리에 접근할 수 있는 대안을 모색하는 연구가 활발하게 진행되었다. 특히 컴퓨터의 시각화 및 시뮬레이션 기능은 통계적 추리와 관련된 핵심 개념들에 대해 새로운 이론적 탐색 수단을 제공한다(우정호, 2000; Biehler et al., 2013). 예를 들어, Cobb(2007)은 무작위 표집을 계속 반복하는 컴퓨터 시뮬레이션 기능과 각각의 표본 통계량들이 계속 누적되어 만들어지는 경험적 표집분포를 시각화하는 기능을 이용하여 관측된 데이터의 가능성을 평가하는 방식의 교수학습방안을 제안하였다. 그는 이 과정을 간단히 “3R(Randomize, Repeat, Reject)”(p. 12)이라고 일컬었는데, 이 약어를 풀어서 설명하면 1) 표본을 무작위로 추출하고, 2) 시뮬레이션을 통해 표집을 반복하고, 3) 모델에 견주어 특정 표본의 결과가 꼬리부분에 놓이면 그 모델을 기각할 수 있다. 이와 같은 컴퓨터 집약적 접근 방식은 시뮬레이션 기능을 활용한 무작위 반복 표집에 기반을 두고 추리하는 경험적 접근방식으로 최근 많은 연구자들에 의해 받아들여지고 있다(Budgett et al., 2013; Budgett & Wild, 2014; Garfield et al., 2012; Lock et al., 2012; Tintle et al., 2014; Wild et al., 2017).

통계적 추리의 유형 중 첫 번째 유형인 모수 추정과 관련한 컴퓨터 집약적 접근 방식으로 부트스트랩(Efron, 1987)이 있다. 이 방법은 무작위로 추출한 한 개의 표본을 이용하여 복원으로 무작위 재표집을 반복함으로써 부트스트랩 표집분포를 생성하고 이를 표본 통계량의 표집분포로 간주하여 모수에 대한 신뢰구간을 추정하는 방법이다(Hesterberg et al., 2005). 또, 통계적 추리의 두 번째 유형인 인과관계 추리에 관한 컴퓨터 집약적 접근 방식으로 순열검정(permutation test)이 있다.

### 2.2.1 반복 표집 시뮬레이션

연구자들은 학생들이 표집 시뮬레이션 과정에서 세 단계 분포, 즉 모집단 분포, 표본 분포, 표본 통계량의 표집분포를 구별하는데 어려움을 겪는다는 사실을 발견하였다(Saldanha & Thompson, 2002; Lane-Getaz, 2005, 2006; Lipson et al., 2003). Lane-Getaz(2006)에 따르면, 학생들이 통계적 추리 개념을 습득하기 위해 모집단에서 표본이 어떻게 생성되는지, 개개의 표본들과 그 각각의 통계량들이 얼마나 다른지, 그리고 표본 통계량의 표집분포에 견주어 실제로 관측한 표본 통계량이 일어날 가능성은 어떠한지를 포함하여 다른 단계의 분포들 사이의 관계를 이해할 수 있어야 한다. 그는 Saldanha와 Thompson(2002)의 MCS 도식화에 기반하여 [그림 2]와 같은 표집 시뮬레이션 모델을 제안하였다.

이 모델은 데이터를 세 단계, 즉 모집단 단계, 모집단에서 무작위로 뽑은 수많은 표본 및 각각의 표본 통계량 단계, 그리고 표본 통계량의 분포 단계로 구별한다. 이 모델은 통계적 추리의 논리에 대한 학생들의 이해를 개발시키기 위해 통계 과정의 초반부터 도입될 수 있고 활동 전반에 걸쳐 시뮬레이션 과정의 큰 그림과 관련짓기 위해 재검토될 수 있다(Lane-Getaz, 2005). Lane-Getaz(2006)가 이 모델을 활용하여 설계한 교수 경로의 목표는 학생들이 가설을 세우고, 표집을 반복적으로 실행하여 표본 통계량을 모으고, 이로부터 만들어진 표본 통계량의 분포에 견주어 실제 관측한 표본 통계량의 희귀성을 평가해보는 활동에 참여함으로써 종국에는 통계적 추리의 논리를 이해시키는 것이다. 그는 교사들이 따로 분리된 주제들을 개념적 전체로 엮어내고 학생들이 통계적 추리의 통합 스키마를 스스로 구성할 수 있도록 도와주기 위해 자신이 개발한 표집 시뮬레이션 모델을 통계교수학습에 포함시킬 것을 권고하였다. 실제로

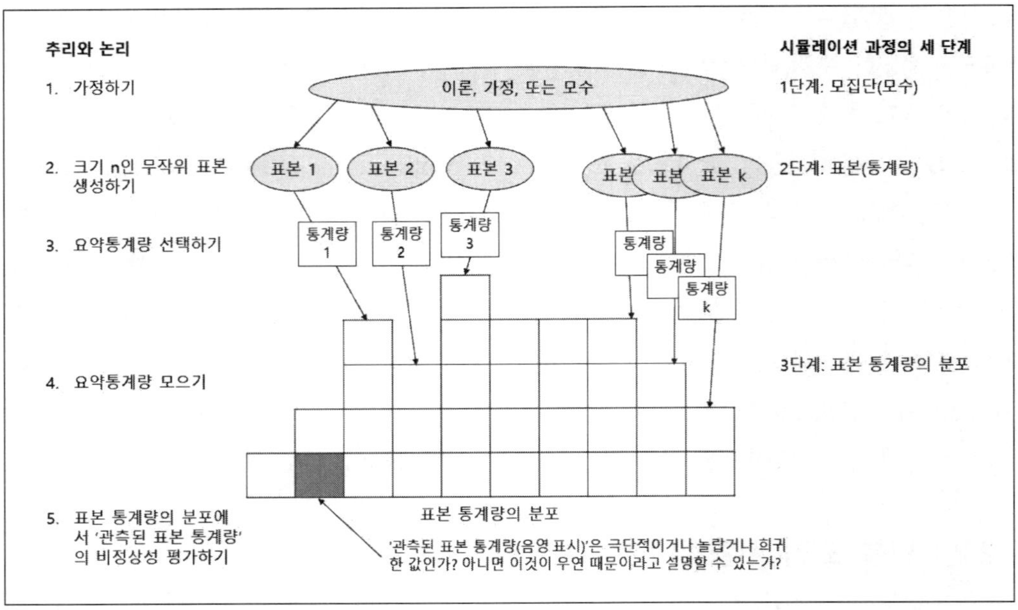


[그림 2] 세 단계 분포 시뮬레이션 모델(Lane–Getaz, 2006, p. 280)

Garfield와 Ben-Zvi(2008)는 Lane-Getaz의 모델을 기반으로 표본 시뮬레이션 모델을 개발하여 통계적 추리에 대한 교수학습 설계에 적용한 바 있다.

### 2.2.2 부트스트랩 신뢰구간

우리는 충분히 큰 표본을 가지고 원하는 만큼 모수의 참값에 가까이 다가갈 수 있다. 즉, 더 많은 사례들에 기초한 값이 더 낫다는 전제 아래 모집단의 모수를 각 표본의 통계량으로부터 추정할 수 있다. 이 통계량들이 얼마나 정확한 것인지 알아내기 위해, 상상 속에서 표본 추출 과정을 여러 차례 반복했을 때 통계량들이 얼마나 많이 변할지 생각해보아야 한다(Pfannkuch, 2008). 그 값들이 얼마나 많이 달라질지 알면, 실제 추정값이 얼마나 정확한지 말할 수 있다. 불행히도 통계량의 변이성을 정확히 알아내려면 모집단에 관한 세부 사항들을 정확하게 알아야 하는데 바로 이것이 우리가 모르는 것이다. Spiegelhalter(2019)에 의하면, 이 순환논리를 해결하는 방법은 두 가지가 있다. 하나는 모집단의 분포에 대해 어떤 수학적 가정을 하고서 확률분포 이론을 이용해 추정량의 예상되는 변이성을 알아내는 것이다. 그러면 표본 평균이 모집단 평균으로부터 얼마나 멀리 떨어져 있는지 알 수 있다. 이것은 통계교과서에서 가르치는 전통적인 방법이다. 또 다른 방법은 모집단이 대강 표본처럼 보일 거라는 가정에 기반한다. 그리고 모집단에서 새로운 표본을 반복해서 뽑을 수는 없지만, 대신 표본에서 새로운 표본을 반복해서 뽑을 수 있다는 점을 이용한다. 예를 들어, 모집단에서 무작위로 추출한 크기가 50인 표본이 하나 주어져 있을 때 이 표본에서 50개의 데이터 점을 다시 차례대로 뽑는데, 매번 직전에 뽑았던 것을 다시 넣은 후에 뽑는 복원 추출을 수행한다. 이때 재표집된 표본은 원래 표본과 같은 값을 다른 개수만큼 포함하기 때문에 분포와 평균이 약간씩 달라진다는 사실에 유의하자. 이처럼 복원 추출을 반복해 추정량의 변이성에 관한 아이디어를 얻는 과정을 데이터의 부트스트랩[1]이라고 한다(Efron, 1987). 매우 놀랍게도 이 부트스트랩 재표집에서 무작위 복원 추출이라는 아이디어를 제외하면 어떤 확률 이론도 필요 없을 뿐만 아니라 이 전략은 더 복잡한 상황에도 적용할 수 있다. 부트스트랩은 모집단의 수학적 형태에 관한 가정이나 복잡한 확률 이론을 이용하지 않고서 추정량의 불확실성을 평가하는 직관적이고 컴퓨터 집약적인 방법이다(Salsburg, 2006). 부트스트랩은 표본의 크기가 작고 어떤 확률 이론에도 기댈 수 없는 상황에서 주어진 데이터만을 가지고 표본 통계량의 확률분포의 근사적인 유한표집분포를 구하는 방법이며, 표본의 크기가 작은 경우 이 방법은 정규분포를 이용하는 정규 근사보다 근사의 정확도가 높은 것으로 알려져 있다(류근관, 2013, pp. 285-286).

Pfannkuch 외(2012)는 이 부트스트랩 재표집 분포를 시각화하는 소프트웨어[2]를 활용하여 모집단의 모수에 대한 신뢰구간 추정 방법을 지도하는 교수경로를 제안한 바 있다. 이 과정을 간략히 살펴보면, [그림 3]에서 맨 상단에 상자그림은 모집단에서 추출한 표본을 나타내고, 맨 아래의 점그래프는 표본 데이터로부터 생성된 부트스트랩 재표집 분포를 나타낸다. 이 유한표집분포에서 95%의 점을 포함하는 가장 짧은 구간이 결정되고(여기서는 [65.49, 74]) 이 구간은 처음에 뽑은 표본의 상자그림 위에 회색 선분으로 표시된다. 그다음 [그림 4]는 부트스트랩을 통해 얻은 이 구간의 신뢰도를 설명하기 위해 각 표본마다 생성된 부트스트랩 신뢰구간들이 모집단의 모수를 얼마나 포함하는지를 보여준다. 즉, [그림 4]의 맨 아래에는 1000개의 표본 각각에서 생성된 부트스트랩 재표집 분포의 95%를 포함하는 구간 1000개가 세로열로 나열되어 있고 이 중 956개의 구간이 모집단의 모수를 포함한다는 사실을 확인시켜 준다. 이것은 부트스트랩을 통해 모집단의 모수에 대한 95% 신뢰구간을 구성할 수 있음을 경험적으로 정당화한다.

---

1) '부트스트랩(bootstrap)'이라는 단어는 자기 부츠 손잡이를 잡아당겨 스스로를 들어 올린다는 마법 같은 아이디어처럼 모집단 분포와 관련해 어떤 가정도 하지 않고서 추정량의 변이성에 대해 알 수 있다는 의미로 이러한 이름이 붙여졌다(Spiegelhalter, 2019, p. 219).

2) http://www.stat.auckland.ac.nz/~wild/VIT 참고

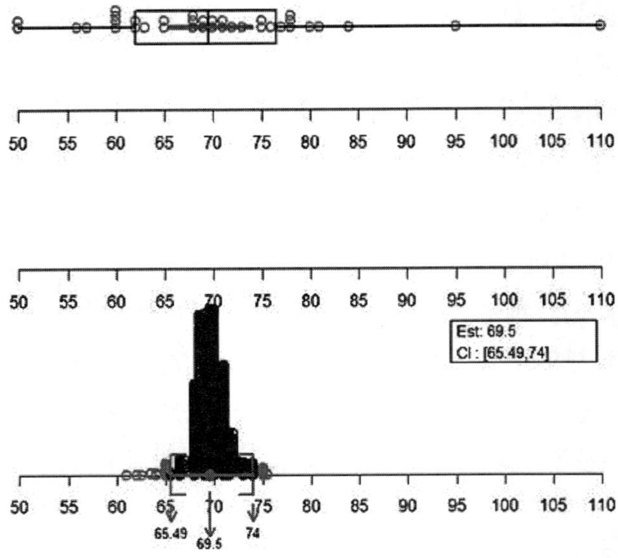


[그림 3] 부트스트랩 재표집 분포와 신뢰구간의 시각화(Pfannkuch et al., 2012, p. 908)

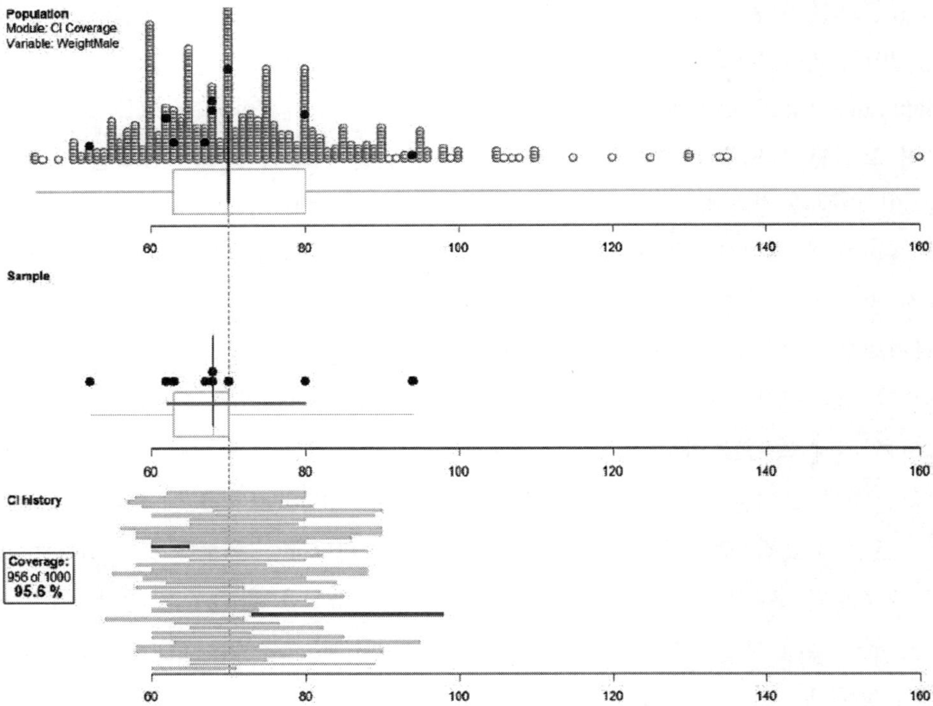


[그림 4] 부트스트랩 신뢰구간(Pfannkuch et al., 2012, p. 909)

## 2.3 순열검정

순열검정(permutation test)은 두 개 이상의 표본을 함께 결합하여 관측값들을 무작위로 재표본으로 추출하는 방법을 통해 두 개 이상의 집단 간 차이에 대한 가설을 검증하는 방법을 말한다(Bruce et al., 2020, p. 119). 'permutate'라는 단어의 의미는 말 그대로 어떤 값들의 순서를 무작위로 변경한다는 것이다. 순열검정의 첫 단계는 집단 A와 집단 B의 관측 결과를 하나로 합쳐서 만든 데이터셋의 원소를 무작위로 재표본으로 추출해서 얻은 통계량 간의 차이를 검사해봄으로써 가설을 검증한다. Spiegelhalter (2019)가 순열검정을 설명하기 위해 든 예시로 다음과 같이 성별과 팔짱 끼기 사이에 연관성 여부에 관한 질문을 생각해보자.

> 팔짱을 껴보자. 왼팔이 위로 올라오는가, 오른팔이 위로 올라오는가? 기존 연구들은 절반 정도의 사람들이 오른팔을 위에 놓고, 나머지 절반 정도가 왼팔을 위에 놓는다고 말한다. 그렇다면 어느 팔이 위에 올려놓는지와 성별은 관계가 있을까? (p. 289)

그는 이 질문에 답하기 위해 자신의 통계학 강좌에 등록한 대학원생 54명으로부터 성별과 팔짱을 낄 때 위로 올라가는 팔에 대한 데이터를 얻었다. 다음 〈표 1〉은 이 데이터를 분할표로 정리한 것을 보여준다. 이 표를 보면, 과반수가 팔장을 낄 때 오른팔을 위에 놓았다(32/54, 59%). 그런데 오른팔이 위로 오는 사람의 비율은 남성(23/40, 57%)보다 여성(9/14, 64%)이 더 높고, 남녀간의 비율 차이는 7%p이다. 이 문제 상황에서 영가설[3]은 '팔짱 끼기와 성별 사이에는 아무 연관이 없다'는 것이다. 그리고 영가설이 참이라면, 성별 간 비율의 차이는 0%p일 것이라 기대할 것이다. 그러나 데이터 수집에서 우연에 의한 변이성이 불가피하기 때문에 영가설하에서도 관측된 차이가

〈표 1〉 남녀별 팔짱 끼기 결과 분할표

(단위: 명)

| | 여성 | 남성 | 총합 |
|---|---|---|---|
| 왼팔이 위로 | 5 | 17 | 22 |
| 오른팔이 위로 | 9 | 23 | 32 |
| 총합 | 14 | 40 | 54 |

3) 영가설이란 그에 반하는 충분한 증거가 나올 때까지 우리가 사용하는 단순한 통계 모형이다. 영가설은 그렇지 않다고 증명될 때까지 우리가 참이라고 가정한 것이다. 그것은 언제나 부정적이며, 모든 진전과 변화를 거부한다. 영가설은 더 나은 무언가가 나타나기 전까지 받아들이는 하나의 잠정적인 가정일 뿐이다(Spiegelhalter, 2019, pp. 288-289).

정확히 0%p는 아닐 것이다. 따라서 자연스럽게 '7%p라는 관측된 차이가 영가설에 반하는 증거로서 충분한가?'라는 질문이 생겨난다. 더 엄밀하게는 '이 7%p라는 차이가 영가설에 모순되지 않는가?'라고 물을 수 있다. 이 질문에 답하기 위해 관측된 차이가 단순히 무작위적 변이성 때문에 생긴 것인지, 다시 말해 영가설이 정말로 참이고 팔짱 끼기가 전적으로 성별과 무관한지 알아내야 한다. 이때 순열검정은 복잡한 수학 이론을 피하면서도 강력한 검증 방법으로 사용될 수 있다.

이 방법을 보다 구체적으로 살펴보기 위해 먼저 54명의 학생들이 전부 한 줄로 늘어선 것을 상상해보자. 처음 14명은 여학생이고 다음 40명은 남학생이 일렬로 서 있다. 그리고 1부터 54까지 번호가 하나씩 적힌 54장의 카드를 각 학생들에게 한 장씩 순서대로 나누어준다. 각 학생들은 숫자가 적힌 카드의 반대 면에 자신이 팔짱을 낄 때 왼팔이 위로 오는지 오른팔이 위로 오는지를 작성한다. 이제 이 카드를 모두 모아서 잘 섞은 다음 다시 각 학생들에게 한 장씩 나누어 준다. 이때 무작위로 잘 섞은 54장의 카드를 각 학생들에게 한 장씩 나누어주면 팔짱 끼기와 성별을 무관하게 만든다. 그럼에도 불구하고 우연이 작동해 오른팔이 위로 오는 사람의 남녀 비율이 정확히 같지는 않을 것이다. 이때 남녀간 오른팔이 위로 오는 비율에서 관측된 차이를 계산할 수 있다. 그런 다음 관측된 팔짱 끼기 결과를 두 그룹에 무작위로 할당하는 이 과정을 이를테면 1000번 반복하고서, 그 각각의 남녀간 비율 차이의 값을 분포로 나타내 살펴볼 수 있다. 그 결과가 [그림 5]의 (a)에 제시되어 있는데, 오른팔이 위로 오

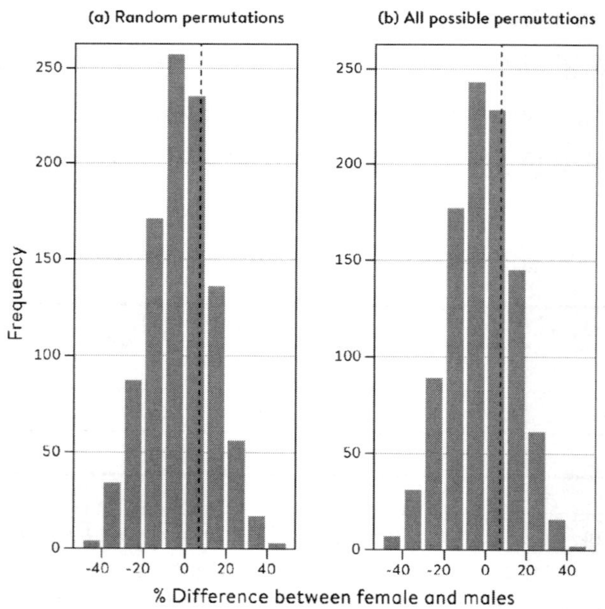


**[그림 5]** 남성과 여성 간의 비율 차이(Spiegelhalter, 2019, p. 292)

는 사람의 비율이 남성에서 더 많은 경우와 여성에서 더 많은 경우가 섞여 있음을 알 수 있다. 비율 차이가 0%p인 경우는 중앙에 놓이고 실제 관측된 차이인 7%p는 이 분포의 중앙 근처에 놓인다. [그림 5]의 (b)는 초기하분포를 사용해서 54장의 카드의 가능한 모든 순열에서 오른팔이 위에 오는 사람의 남녀 비율 차이에 대한 확률분포를 이론적으로 계산한 결과를 나타내는데 두 분포가 매우 유사하다는 사실을 확인할 수 있다. [그림 5]의 (a)는 (b)의 근사적 유한표집분포로서 이를 이용하면 오른팔이 위에 오는 사람의 비율에서 실제 관측한 비율 차이가 성별에 따라 유의한 차이가 있다고 말할 수 없다는 사실을 뒷받침하는 증거로 사용될 수 있다.

## 3. TinkerPlots 프로그램을 활용한 비형식적 통계적 추리 교수 자원 탐색

### 3.1 유의성 검정: 여인의 차 시음 실험

Salsburg(2006)의 저서 〈The Lady Tasting Tea〉에는 다음과 같이 차 마시는 여인에 대한 일화를 소개하며 이야기를 시작한다.

> 한 여인이 우유에 차를 부어 마실 때와 차에 우유를 부어 마실 때 차 맛이 다르다는 주장을 펴기 시작했다. 거기 모인 사람들의 과학적인 사고방식에 비추어본다면 그것은 터무니없는 주장으로 비웃음을 살 만했다. 도대체 뭐가 다르겠는가? 똑같이 차와 우유가 만들어내는 화학적인 혼합물인데, 무엇을 먼저 붓느냐에 따라 맛이 달라진다는 것은 있을 수 없지 않은가(Salsburg, 2006, p. 17).

위의 이야기로부터 실제로 차를 탈 때, 우유를 먼저 찻잔에 따르고 차를 붓는 경우와 차를 먼저 찻잔에 따르고 우유를 붓는 경우 정말로 맛의 차이를 구분할 수 있는지 시험한다고 해보자. 이 여인에게 차를 두 잔 주면서 두 잔이 각각 다른 혼합순서로 만들어졌다고 이야기해주고 두 잔 각각을 시음해보게 했을 때, 그녀가 어떤 찻잔에 어떤 방식으로 만든 차가 담겨 있는지 정확히 맞힌 경우 그 여인이 정말로 차 맛의 차이를 구별해서 맞혔을 수도 있지만, 순전히 추측으로 맞혔을 수도 있다. 그래서 이 여인이 추측으로만 맞힐 수 있는 확률은 1/2이 된다. 이 여인에게 같은 방식으로 또 한

번 차 두 잔을 제공하고 마찬가지로 그녀가 두 차 맛의 차이를 구분하는지 시험했을 때 이번에도 정확히 맞혔다고 해보자. 여전히 이 여인이 정말로 차 맛의 차이를 구별했는지, 혹은 운이 좋아서 그렇게 맞혔는지 확인할 길은 없지만, 그녀가 두 번 다 추측으로 답을 냈는데 운이 좋아서 두 번 다 맞혔다면, 그렇게 될 확률은 1/4이 될 것이다. 다시 한번 차를 두 잔 제공했는데, 이 여인이 이번에도 그 맛의 차이를 구별했다고 해보자. 맛의 차이를 구별하지 못했는데도 추측을 해서 세 번 연속 맞는 답을 내놓을 가능성은 1/8이다. 이렇게 계속 같은 실험을 반복해보고, 이 여인이 계속 그 맛의 차이를 정확하게 구분한다면, 우리는 어느 순간에 우연히 맞히는 것이 아니라 진짜 맛의 차이를 구분한다고 확신하게 될 것이다. 그런데 이 여인이 계속 반복된 실험에서 계속 맞는 답을 내다가 24번째로 제시된 두 잔에서 틀린 답을 냈다고 했을 때 여전히 그녀가 맛의 차이를 구별할 수 있다고 생각할 수 있을까? 만약 24번의 시험 중 다섯 번 잘못된 답을 냈다고 했을 때 이 여인이 차 맛의 차이를 구분한다고 주장할 수 있을까?

이상의 상황은 가설검정 또는 유의성 검정과 관련이 있는데, 가설검정은 어떤 가설이 참이라는 전제 아래 관측 결과가 가설에 부합하게 나올 확률을 계산하는 통계학적인 과정이다(김용대, 2021). 여기서 계산된 확률이 아주 낮게 나온다면 이 가설이 옳지 않다고 결론지을 수 있다. 이때 주의할 점은 가설검정은 어떤 가설을 기각할 수 있게 해주는 도구이지 주어진 가설을 받아들여야 하는지 알려주는 절차는 아니라는 점이다. 그래서 그 가설과 관련된 확률이 매우 높게 나온 경우라도 어떤 가설을 받아들여야 하는지에 대해서는 아무런 말을 할 수 없다(Salsburg, 2006).

차 마시는 여인 실험에서 애초의 가설은 '그 여인이 차 맛의 차이를 구별한다는 말은 터무니없고 오직 추측만으로 대답을 한다'는 것이었다. 이 가설을 전제할 때 24번의 차 시음 실험 중 다섯 번 잘못된 답을 낼 가능성을 TinkerPlots의 샘플러를 활용한 시뮬레이션을 통해 검사해볼 수 있다. 먼저, 이 여인이 오로지 추측만으로 차 맛을 구분한다고 할 때 그 확률은 1/2이므로 이 실험 상황을 동전 던지기 메커니즘을 사용하여 모델링할 수 있다. [그림 6]은 동전을 24번 던지는 상황을 TinkerPlots 샘플러로 구현한 것을 보여준다. 이 샘플러에서, 여인이 각 실험에서 추측만으로 차 맛을 구별하는 답('correct')을 내놓을 확률은 50%이고 이 실험을 독립적으로 24번 반복(Repeat 24)하도록 설정되었다. 샘플러를 실행(Run)한 결과는 다음 [그림 7]과 같이 플롯창으로 정리하여 나타낼 수 있다. 샘플러의 실행 버튼을 누를 때마다 플롯창에서 결과 값의 도수가 계속 변한다는 사실을 확인할 수 있는데, 이것은 우연에서 기인한 표집변이성을 경험할 기회를 제공한다. 그다음 플롯창에서 'no correct'범주의 도수([그림 7]

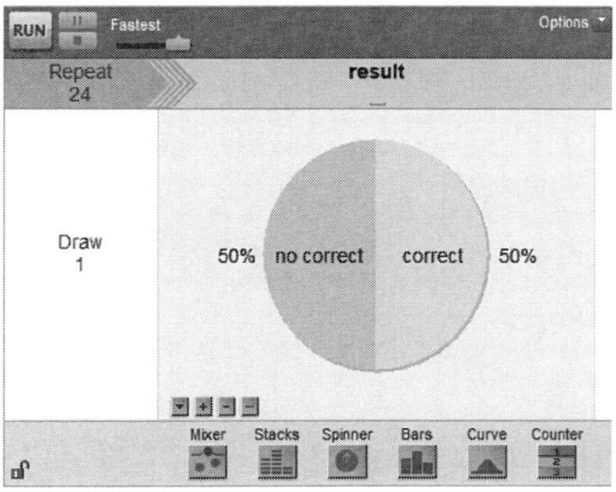


[그림 6] 차 시음 실험 모델링 샘플러

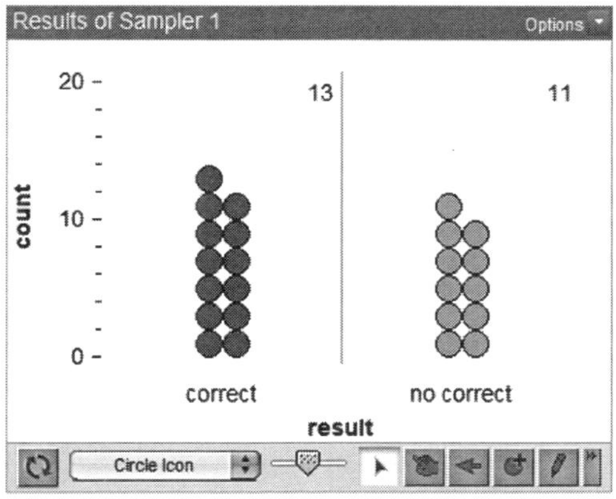


[그림 7] 샘플러 실행 결과

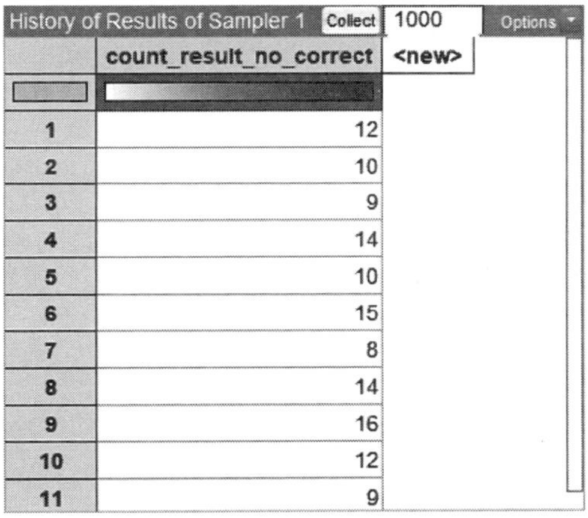


[그림 8] 샘플러로 생성된 결과의 이력

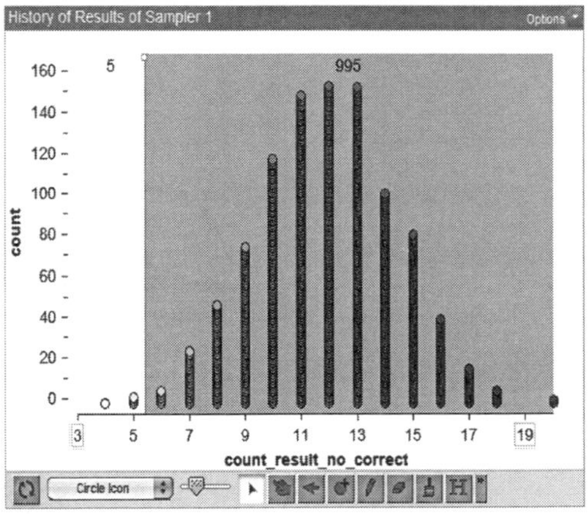


[그림 9] 샘플러 시뮬레이션 결과의 분포

에서 '11')를 클릭한 상태에서 마우스 오른쪽 버튼을 누르면 메뉴가 나타나는데, 그 중 'Collect Statistic'을 선택하면 [그림 8]과 같이 샘플러를 실행할 때 마다 'no correct'범주의 도수의 이력을 확인할 수 있는 창이 생성된다. 이때, 샘플러 버튼을 일일이 누를 필요 없이 'Collect' 버튼 옆 빈칸에 원하는 샘플러 실행 횟수를 입력한 후 Collect 버튼을 누르면 설정한 횟수만큼 관심사에 해당하는 통계량을 수집하는 시뮬레이션이 실행된다(여기서는 'no correct'범주의 도수 1000개). 이 시뮬레이션 결과를 플롯창을 이용하여 나타낸 것은 [그림 9]와 같은데, 이것은 'no correct' 범주의 도수에 대한 유한표집분포이다. [그림 9]를 이용하면 24번의 차 시음 실험 중 최대 다섯 번 잘못된 답을 내는 경우가 얼마나 자주 일어나는지 검사해볼 수 있다. 즉 시뮬레이션 결과 이러한 경우는 1000번 중 기껏해야 5번 일어난다고 예측할 수 있는데 이 결과는 24번의 차 시음 실험 중 다섯 번 잘못된 답을 내는 경우가 매우 희귀한 사건임을 알려준다. 여기서 계산된 확률(0.005)이 매우 낮기 때문에 영가설, 즉 "그 여인이 차 맛의 차이를 구별한다는 말은 터무니없고 오직 추측만으로 대답을 한다."는 주장은 옳지 않다고 결론내릴 수 있다. 통계학적으로 말하면, 설정한 가설을 기각할 수 있을 정도로 확률이 매우 낮게 나왔기 때문에 24번의 실험 중 총 5번 틀린 답을 내는 사건은 "통계적으로 유의하다."[4]고 주장할 수 있다.

## 3.2 부트스트랩 신뢰구간: 중학교 1학년 평균 키에 대한 신뢰구간 추정

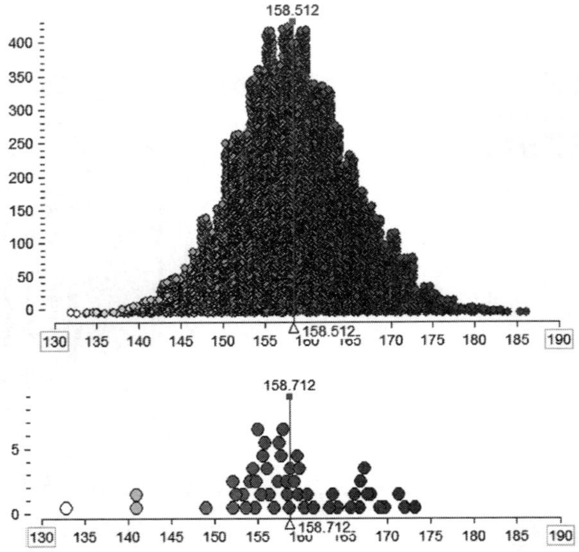

[그림 10] 모집단 분포(위)와 표본 분포(아래)

[그림 10]에서 위에 있는 그래프는 우리나라 전국 표본 중학교 1학년 7217명의 키 데이터[5]를 TinkerPlots 프로그램을 이용하여 점그래프로 나타낸 것이다. 구간 추정의 신뢰도를 확인하기 위해 이 데이터셋을 모집단으로 간주하고 이로부터 크기가 50인 표본을 무작위로 추출한 결과는 [그림 10]의 하단에 제시되어 있다. 이 표본을 이용하여 부트스트랩을 실행할 때마다 그 각각에서 생성된 재표본 분포의 평균을 구할 수

4) 통계학에서 '유의하다(significant)'는 단어는 시험되는 가설이 맞다면, 그렇게 될 확률이 매우 낮음을 의미하는 용어로 쓰이고 있다(Salsburg, 2006, p. 148).

5) 우리나라 교육부에서는 매년 전국 초·중·고등학교 표본을 선정하여 학생건강검사를 실시하고 있는데, 이때 학생들의 신체발달 상황을 조사하기 위해 조사 항목 중 키와 몸무게를 포함한다. 본고에서 사용한 데이터는 2017년에 전국 표본 학교 765개교에서 총 82,883명의 학생들을 대상으로 실시한 학생건강검사 결과의 데이터셋의 일부를 사용하였다.

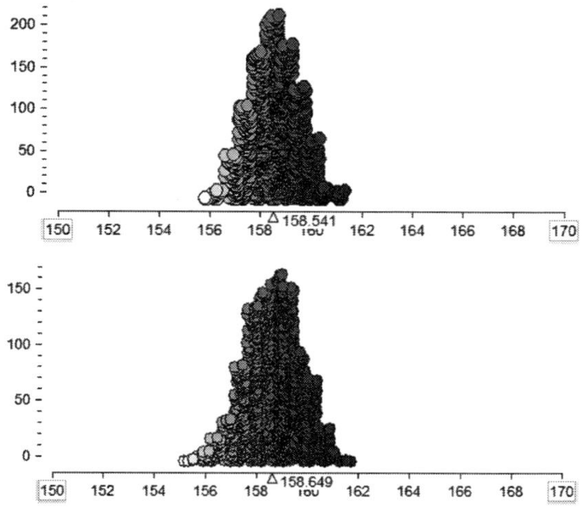

**[그림 11]** 모집단 분포가 주어진 경우 크기 50인 표본 통계량의 경험적 표집분포(위), 크기 50인 표본의 부트스트랩 재표집 분포(아래)

있고 이 과정을 1000번 반복하여 만들어진 분포를 점그래프로 나타내 보면 [그림 11]의 하단에 제시된 것과 같다. 한편, [그림 11]의 위에 제시된 그래프는 주어진 모집단 분포([그림 10] 참조)에서 크기가 50인 표본을 무작위로 추출하는 시행을 1000번 반복할 때 그 각각의 표본 평균들을 모아 점그래프로 나타내는 과정을 시뮬레이션한 결과를 보여준다. 이 두 분포를 비교해보면 중심과 퍼짐, 형태가 매우 유사하다는 사실을 확인할 수 있고, 이러한 사실은 부트스트랩을 통해 얻은 재표집 분포를 이용하면 확률분포 이론에 기대지 않고서도 추정량의 변이성의 근삿값을 추정할 수 있다. 구체적으로 부트스트랩 재표본의 평균 중 95%를 포함하는 최소 구간을 구할 수 있고, 이것을 원래 표본에서 얻은 추정값에 대한 95% 불확실성 구간 또는 오차범위라고 부를 수 있다(Spiegelhalter, 2019, p. 221).

부트스트랩을 이용한 95% 신뢰구간이 모집단의 모수를 얼마나 포함하는지 확인하는 교수방법에 대해 간단히 논의해보자. 학생들은 각자 [그림 10]과 같이 알려진 모집단에서 일정한 표본의 크기를 갖는 표본을 추출한다고 해보자. 그러면 학생들은 저마다 조금씩 다른 표본을 가지고 부트스트랩 신뢰구간을 만들어낼 수 있고 그 개수는 교실에 있는 학생들의 명수와 동일할 것이다. 교사는 원래 모집단의 모수를 알려주고 학생들이 만든 서로 다른 부트스트랩 신뢰구간들 중 모수를 포함하는 전체 비율을 확인함으로써 부트스트랩을 이용한 신뢰구간 추정 방법의 신뢰성을 평가해볼 수 있다. 만약 좀 더 많은 부트스트랩 신뢰구간(예를 들어, 부트스트랩 신뢰구간 1000개)에 대해 모집단의 모수의 포함 비율을 확인할 수 있도록 하기 위해 교실에 있는 학생들이 직접 만든 부트스트랩 신뢰구간과 교사가 미리 준비한 것들을 합쳐서 그 결과를 관찰, 탐구하도록 지도할 수 있을 것이다.

## 3.3 순열검정: 성별과 팔짱 끼기의 연관성 탐구

2.3절에서 제시한 성별과 팔짱 끼기의 연관성에 관한 가설을 순열검정을 활용하여 검증하기 위해 무작위 재할당 과정을 TinkerPlots 프로그램을 이용하여 시뮬레이션해 보자. [그림 12]는 Spiegelhalter가 제시한 사례에서 성별에 따른 팔짱 끼기의 데이터를 TinkerPlots 프로그램을 이용하여 도식화한 것이다.

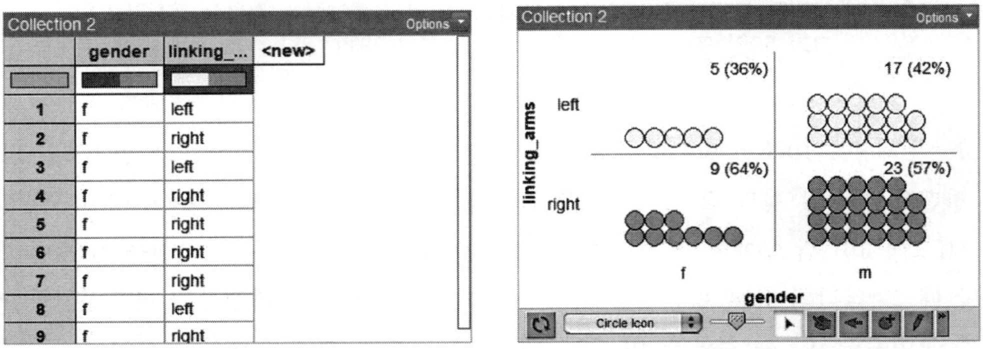


[그림 12] 성별에 따른 팔짱 끼기 데이터 도식화

개개의 학생들에게 1부터 54까지 번호가 각각 적힌 54장의 카드를 한 장씩 무작위로 나누어주는 과정을 TinkerPlots 프로그램으로 시뮬레이션하기 위해, 먼저 “rank” 변수를 추가한 다음 이 변수에 공식 “uniqueRank(random())”을 설정하여 1부터 54까지의 숫자열의 무작위 순열을 생성한다. 그다음, “group” 변수를 추가한 다음 이 변수에 [그림 13]과 같은 공식을 설정하면 무작위 순열에서 1부터 14까지의 숫자는 “female”로, 15에서 54까지의 숫자는 “male”로 재그룹핑된다. [그림 14]의 왼쪽 테이블 창은 무작위 순열에서 1부터 14까지는 “female”로, 15부터 54까지는 “male”로 무작위 할당된 결과를 나타낸다. 무작위 할당된 남녀 그룹 변수(“group”)를 $x$축에, 원래 데이터에서 팔짱 끼기 변수(“linking arms”)를 $y$축에 놓고 정리하면 [그림 14]에서 오

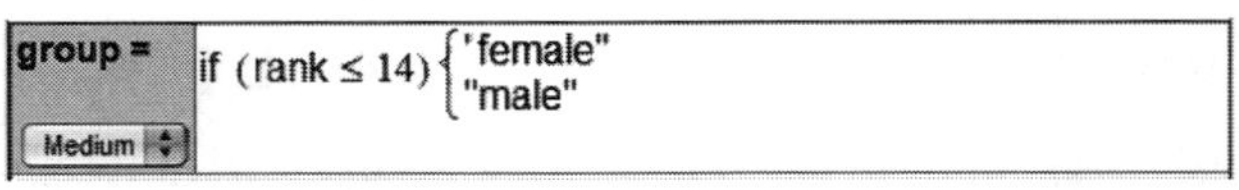


[그림 13] ‘group’ 변수를 설정하는 공식

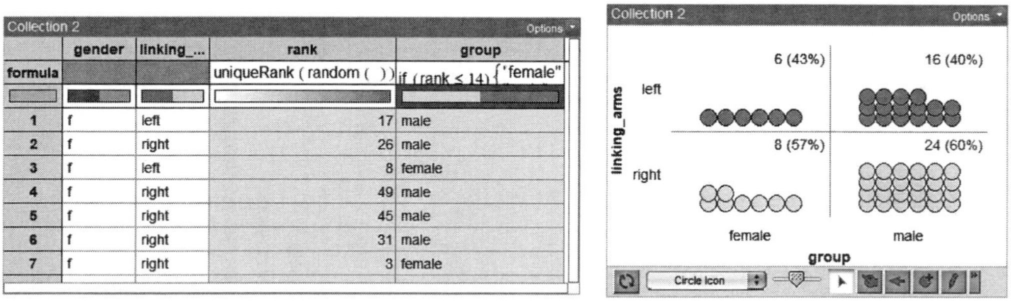


[그림 14] 무작위 할당으로부터 만들어진 재표본의 분포

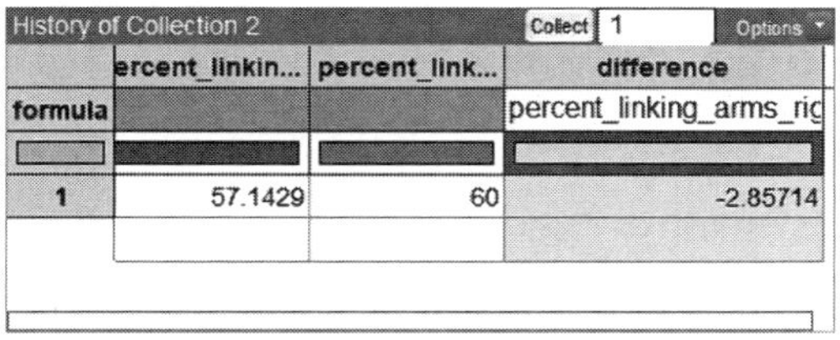


[그림 15] History of Collection 테이블 창

른쪽 그림과 같다. 이 그림에서 무작위 할당 결과 오른팔이 위로 오는 사람의 남녀간 비율 차이는 3%p(60−57=3)임을 확인할 수 있다. 이제 이 무작위 재할당에 따른 남녀간 비율 차이를 구하는 과정을 1000번 반복하기 위해 여성 중 오른팔이 위로 오는 비율을 나타내는 "57%"와 남성 중 오른팔이 위로 오는 비율을 나타내는 "60%"에 각각 마우스 커서를 놓고 마우스 오른쪽 버튼을 눌러 "Collect Statistic" 메뉴를 선택하면, 위의 [그림 15]와 같이 "History of Collection" 테이블 창이 생성된다. 남녀 집단(male/female)으로 재할당된 데이터에 대해 오른쪽 팔이 위로 오는 사람의 남녀간 비율의 차이를 확인하기 위해 History of Collection 창에서 "difference" 변수를 추가한 다음 이 변수의 공식으로 여성의 비율(이 경우 "57.1429")에서 남성의 비율(이 경우 "60")을 빼는 계산 공식을 설정하면 그 결과(이 경우 "-2.85714")를 확인할 수 있다. 그다음 History of Collection 창의 오른쪽 상단에 있는 "Collect" 버튼을 누르면 이상의 무작위 재할당 및 남녀 간 비율 차이 계산 시뮬레이션을 1회 반복하는 과정을 동적으로 보여주며 최종적으로 difference 변수의 값을 결과로 만들어낸다. Collect 버튼 오른쪽에 디폴트로 설정된 숫자 "1"을 더 큰 숫자로 변경할 수 있으며, 만약 숫자 "999"로 설정한 다음 Collect 버튼을 누르면 현재 수집된 경우의 개수에 999개의 경우를 누적시켜 나가는 과정을 동적으로 보여준다. 그 결과는 [그림 16]의 왼쪽에 있는 테이블 창에서 확인할 수 있으며, [그림 16]의 오른쪽은 "difference" 변수의 값을 점

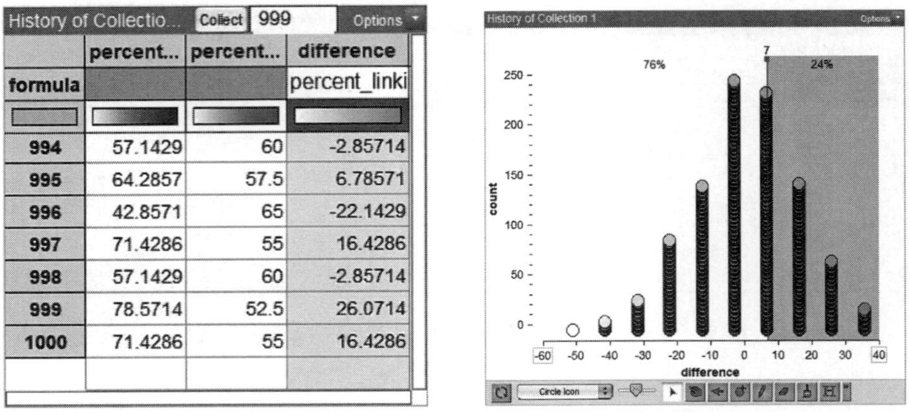


[그림 16] ‘difference’ 변수의 값의 정의와 그 분포

그래프로 나타낸 것이다. 이때 관측한 데이터에서 남녀 간 비율의 차이 7%p를 기준으로 이 값보다 크거나 같은 경우의 비율은 24%임을 확인할 수 있다. 이 그림은 오른팔이 위에 오는 사람의 비율에서 실제 관측된 차이가(여성이 7%p 더 높다) 그다지 극단적인 결과가 아님을 보여준다. 즉, 대학원생을 대상으로 관측한 데이터로 성별과 팔짱 끼기 사이에 어떤 연관성이 있음을 설명하기에는 역부족이다. 실제 관측된 차이가 연관성이 전혀 없을 때 예상되는 차이의 분포 중앙에 상당히 가깝게 나타난다. 관측한 값이 중앙에 얼마나 가까운지 요약하는 척도 중 하나는 [그림 16]에서 difference 변수의 값 7 이상에 해당하는 오른쪽 꼬리부분의 넓이로 여기서 그 값은 24%이다. 통계학에서는 이 꼬리 넓이를 p값이라고 하는데, 그것은 오늘날 가장 중요한 개념 중 하나다(Spiegelhalter, 2020). p값은 영가설이 정말로 참이라면, 우리가 얻는 것 이상의 극단적인 결과를 얻을 확률을 말하는데, 24%라는 값의 통계학적 의미는 p값의 근삿값으로 간주할 수 있으며 이로부터 처음에 설정한 영가설이 통계학적으로 유의하지 않음을 확인할 수 있다.

## 4. 마치는 말

본고에서는 비형식적 통계적 추리의 맥락에서 가설검정과 신뢰구간 추정의 논리를 공학적 도구의 힘을 빌려 비형식적으로 접근할 수 있는 교수 자원을 살펴보고자 하였다. 이 비형식적인 접근 방식은 확률분포 이론을 사용하지 않는 대신 무작위 재표집 또는 무작위 재할당을 반복해서 시뮬레이션해볼 수 있고 그 결과로 만들어진 경험적 유한표집분포를 시각적으로 관찰, 탐색해볼 수 있도록 지원하는 공학적 도구의 사용에 기반을 둔다. TinkerPlots 소프트웨어는 이러한 활동을 가능하게 하는 탁월한 도구로서 본고에서는 이를 활용하여 통계적 추리의 논리를 비형식적으로 경험시킬 수 있는 교수 자원을 간단한 예를 들어 설명하였다. 구체적으로 본고에서는 TinkerPlots 프로그램을 활용하여 유의성 검정, 부트스트랩 신뢰구간, 순열검정을 비형식적으로 경험할 수 있도록 하는 문제상황, 가설, 무작위 과정 시뮬레이션 및 그 결과를 바탕으로 유의성 검정, 모수 추정 또는 인과관계 추리 방법 등을 제시하였다.

본고에서는 학생들이 비형식적이고 직관적인 방법을 통해 통계적 추리의 논리에 익숙해 진다면 향후 형식적인 통계적 추리를 보다 더 의미있게 학습할 수 있을 것이라는 가정에서 출발하였다. 향후 본 연구에서 제안한 교수 자원을 토대로 설계한 수업에 참여한 학생들의 통계적 추리가 어떤 측면에서 변화되었는지를 탐색하거나 이러한 변화가 보다 형식적인 통계적 추리의 학습에서 어떤 도움을 제공하는지 살펴보는 후속 연구가 수행되길 기대한다.

## 참고문헌

교육부(2015). **2015 개정 수학과 교육과정**. 교육부 고시 제 2015-74호 [별책8].

김서영(2020). **통합적 모델링 접근(IMA)에 기반한 고등학생의 통계적 추론 사례 연구**. 석사학위논문, 서울대학교, 서울.

김용대(2021). **데이터과학자의 사고법.** 파주: 김영사.

김우철, 김재주, 박병욱, 박성현, 송문섭, 이상열, 이영조, 전종우, 조신섭(2018b). **일반 통계학**(개정판). 서울: 영지문화사.

류근관(2015). **통계학(제3판)**. 파주: 법문사.

박민선(2015). **비형식적 통계적 추리의 평가.** 박사학위논문, 서울대학교, 서울.

서민주, 유연주(2018). 통계적 논증활동에서 나타나는 반박의 유형 및 상호작용 패턴과 통계적 추론 수준의 관계 분석. **수학교육학연구, 28**(1), 113-139.

우정호(2000). 통계교육의 개선방향 탐색. **학교수학, 2**(1), 1-27.

전혜진, 정혜윤, 이경화(2020). 초등학생의 비형식적 통계적 추리 개발을 위한 자료 모델링 과제 및 수업의 설계. **학교수학, 22**(3), 689-716.

지영명(2020). **비형식적 통계적 추리 지도를 위한 예비초등교사의 통계지식 연구.** 박사학위논문, 서울대학교, 서울.

지영명, 유연주(2019). 통계적 추리에서 표집분포와 신뢰구간에 대한 이해 조사: 기초 통계학을 이수하지 않은 대학생들을 대상으로. **학교수학, 21**(1), 125-153.

Ben-Zvi, D. (2006). Scaffolding students' informal inference and argumentation. In A. Rossman & B. Chance (Eds.), *Proceedings of the 7th International Conference on Teaching Statistics.* International Association for Statistics Education: Voorburg, The Netherlands.

Ben-Zvi, D. & Ben-Arush, T. (2014). Exploratory data analysis instrumented learning with TinkerPlots. In D. Frischemeier, P. Fischer, R. Hochmuth, T. Wassong & P. Bender (Eds.), *Using tools for learning mathematics and statistics* (pp. 193-208). New York: Springer.

Biehler, R., Ben-Zvi, D., Bakker, A., & Makar, K. (2012). Technological advances in developing statistical reasoning at the school level. In A. Bishop, K. Clement, C. Keitel, J. Kilpatrick, & A. Y. L. Leung (Eds.), *Third international handbook on mathematics education,* (pp. 643-689). New York: Springer.

Bruce, P., Bruce, A., & Gedeck, P. (2021). **데이터 과학을 위한 통계**(2판)(이준용 역). 서울: 한빛미디어. (원본은 2020년에 출판됨).

Budgett, S., Pfannkuch, M., Regan, M., & Wild, C. J. (2013). Dynamic visualizations and the randomization test. *Technology Innovations in Statistics Education, 7*(2). DOI: 10.5070/T572013889.

Budgett, S., & Wild, C. J. (2014). Students' visual reasoning and the randomization test. In K. Makar, B. de Sousa, & R. Gould (Eds.), *Proceedings of the 9th International Conference on Teaching Statistics,* Flagstaff, Arizona, USA. Voorburg, The Netherlands: International Statistical Institute.

Castro-Sotos, A., Vanhoof, S., Noortgate, W., & Onghena, P. (2007). Students' misconceptions of statistical inference: A review of the empirical evidence from research on statistics education. *Educational Research Review, 2*, 98-113.

Cobb, G. (2007). The introductory statistics course: A Ptolemaic curriculum? *Technology Innovations in Statistics Education, 1*(1), DOI: 10.5070/T511000028.

delMas, R. (2010). 수학적 추론과 통계적 추론. In D. Ben-Zvi & J. Garfield(Eds.), **통계적 사고의 의미와 교육**(이경화 외 9인 역)(pp. 95-114). 서울: 경문사. (원본은 2004년에 출판됨).

Efron, B. (1987). Better bootstrap confidence intervals. *Journal of the American statistical Association, 82*(397), 171-185.

Fitzallen, N. (2013). Characterising students' interaction with TinkerPlots. *Technology Innovations in Statistics Education, 7*(1). DOI: 10.5070/T571015572.

Fitzallen, N., & Watson, J. (2010). Developing statistical reasoning facilitated by TinkerPlots. In C. Reading(Ed.), *Proceedings of the 8th International Conference on Teaching Statistics,* Ljubljana, Slovenia. Voorburg, The Netherlands: International Statistical Institute.

Frischemeier, D. (2014). Comparing groups by using TinkerPlots as part of a data analysis task—Tertiary students' strategies and difficulties. In K. Makar, B. de Sousa, & R. Gould (Eds.), *Sustainability in Statistics Education. Proceedings of the 9th International Conference on Teaching Statistics,* Flagstaff, Arizona, USA. Voorburg, The Netherlands: International Statistical Institute.

Frischemeier, D., & Biehler, R. (2014). Design and exploratory evaluation of a learning trajectory leading to do randomization tests facilitated by TinkerPlots. In B. Ubuz, C. Haser & M. A. Mariotti (Eds.), *Proceedings of the 8th Congress of the European Society for Research in Mathematics Education* (pp. 799-809). Ankara: Middle East Technical University and ERME.

Frischemeier, D., & Biehler, R. (2018). Preservice teachers comparing groups with tinkerplots—an exploratory laboratory study. *Statistics Education Research Journal, 17*(1), 35-60.

Garfield, J., & Ben-Zvi, D. (2008). *Developing students' statistical reasoning: connecting research and teaching practice.* New York: Springer.

Garfield, J., delMas, R., & Zieffler, A. (2012). Developing statistical modelers and thinkers in an introductory, tertiary-level statistics course. *ZDM, 44*(7), 883-898.

Henriques, A. & Oliveira, H. (2016). Students' expressions of uncertainty in making informal inference when engaged in a statistical investigation using tinkerplots. *Statistics Education Research Journal, 15*(2), 62-80.

Hesterberg, T., Moore, D., Monaghan, S., Clipson, A., & Epstein, R. (2009). Bootstrap methods and permutation tests. In D. Moore, G. McCabe, & B. Craig (Eds.), *Introduction to the practice of statistics* (6th ed., pp. 16-60). New York, NY: Freeman.

Khairiree, K., & Kurusatian, P. (2009). *Enhancing students' understanding statistics with Tinker plots: problem-base learning approach.* Retrieved from http://atcm.mathandtech.org/EP2009/papers_full/2812009_17324.pdf.

Konold, C. (2007). Designing a data analysis tool for learners. In M. Lovett & P. Shah (Eds.), *Thinking with data: The 33rd Annual Carnegie Symposium on Cognition* (pp. 267-291). Hillside, NJ: Lawrence Erlbaum Associates.

Konold, C., & Kazak, S. (2008). Reconnecting data and chance. *Technology Innovations in Statistics Education, 2*(1). DOI: 10.5070/T521000032.

Konold, C., & Miller, C. (2005). *Tinkerplots* (v. 1.0). Emeryville, CA: Key Curriculum Press.

Konold, C., & Miller, C. (2011). *TinkerPlots* (v. 2.0). Emeryville, CA: Key Curriculum Press.

Lane-Getaz, S. J. (2006). What is statistical thinking, and how is it developed? In G. F. Burrill (Ed.), *Thinking and reasoning about data and chance: 68th NCTM*

*Yearbook* (pp. 273-289). Reston, VA: National Council of Teachers of Mathematics.

Lipson, K., Kokonis, S., & Francis, G. (2003). Investigation of students' experiences with a Web-based computer simulation. In *Proceedings of the IASE satellite conference on statistics education and the Internet,* Berlin. Voorburg, The Netherlands: International Statistical Institute.

Makar, K., Bakker, A., & Ben-Zvi, D. (2011). The reasoning behind informal statistical inference. *Mathematical Thinking and Learning, 13*(1-2), 152-173.

Makar, K., & Rubin, A. (2018). Research on inference. In D. Ben-Zvi, J. Garfield & K. Makar (Eds.), *International handbook of research in statistics education* (pp. 261-294). New York: Springer.

Pfannkuch, M. (2008). Building sampling concepts for statistical inference: A case study. In *Proceedings of the 11th International Congress on Mathematical Education,* Monterrey, Mexico.

Pfannkuch. M, Wild. C. J., & Parsonage. R. (2012). A conceptual pathway to confidence intervals. *ZDM, 44*(7), 899-911.

Ramsey, F., & Schafer, D. (2002). *The statistical sleuth: A course in methods of data analysis*(2nd ed.). Belmont, CA: Duxbury Press.

Reaburn, R. (2014). Students' understanding of confidence intervals. In K. Makar, B. de Sousa, & R. Gould (Eds.), *Proceedings of the 9th International Conference on Teaching Statistics,* Flagstaff, Arizona, USA. Voorburg, The Netherlands: International Statistical Institute.

Rossman, A. (2008). Reasoning about informal statistical inference: One statistician's view. *Statistics Education Research Journal, 7*(2), 5-19.

Saldanha, L., & Thibault, M. (2018). Promoting Students' Reasoning About Statistical Inference Through Engagement with a Problem-Based Instructional Activity Involving the Use of TinkerPlots Software. In A. Kajander, J. Holm, & E. J. Chernoff (Eds.), *Teaching and Learning Secondary School Mathematics: Canadian Perspectives in an International Context* (pp. 353-365). Cham: Springer.

Saldanha, L. & Thompson, P. (2002). Conceptions of sample and their relationship to statistical inference. *Educational Studies in Mathematics, 51*(3), 257-270.

Salsburg, D. (2006). **천재들의 주사위**(최정규 역). 서울: 뿌리와 이파리. (원본은 2001년에 출판됨).

Spiegelhalter, D. (2020). **숫자에 약한 사람들을 위한 통계학 수업**(권혜승, 김영훈 역). 파주: 웅진지식하우스. (원본은 2019년에 출판됨).

Tintle, N., Rogers, A., Chance, B., Cobb, G., Rossman, A., Roy, S., et al. (2014). Quantitative evidence for the use of simulation and randomization in the introductory statistics course. In K. Makar, B. de Sousa, & R. Gould (Eds.), *Proceedings of the 9th International Conference on Teaching Statistics,* Flagstaff, Arizona, USA. Voorburg, the Netherlands: International Statistical Institute.

Watson, J. (2014). TinkerPlots as an interactive tool for learning about resampling. In *Mit Werkzeugen Mathematik und Stochastik lernen-Using Tools for Learning Mathematics and Statistics* (pp. 421-436). Springer Spektrum, Wiesbaden.

Watson, J., & Donne, J. (2009). TinkerPlots as a research tool to explore student understanding. *Technology Innovations in Statistics Education, 3*(1). DOI: 10.5070/T531000034.

Wild, C. J., Pfannkuch, M., Regan, M., & Horton, N. (2011). Towards more accessible conceptions of statistical inference. *Statistics in Society, 174*(2), 247-295.

Wild, C., Pfannkuch, M., Regan, M., & Parsonage, R. (2017). Accessible conceptions of statistical inference: Pulling ourselves up by the bootstraps. *International Statistical Review, 85*(1), 84-107.

Zieffler, A., Garfield, J., delMas, R., & Reading, C. (2008). A framework to support research on informal inferential reasoning. *Statistics Education Research Journal, 7*(2), 40-58.

# 제 V 부

# 데이터 시대의 확률교육

학교수학에서 확률교육은 데이터보다 조합론적인 수학의 형식에 기반을 두어 지도되곤 하지만, 현실에서는 데이터에 기반을 둔 여러 가지 예측과 설명을 위한 척도로서 확률 개념을 활용하고 있다. 제Ⅴ부에서는 데이터 시대에 학교수학에서 이루어지는 확률교육을 어떻게 실제 데이터와 연결지어 다룰 수 있을지에 대하여 빈도적 접근과 시뮬레이션 활용을 바탕으로 논의한다.

# 제10장

# 초등학교 수학에서의 가능성 지도 : 빈도적 접근을 중심으로

장혜원(서울교육대학교)

## 1. 서론

본 장에서는 확률에 대응하는 초등학교 수학의 기초 개념인 '가능성'에 대해 다룰 것이다. 왜 통계를 주제로 하는 책 속에서 가능성을 다룰까? 이 질문에 답하기 전에 우선 '왜 수학과 교육과정에서 확률과 통계는 붙어 다닐까?'를 생각해보는 것이 의미 있을 것 같다. 교실에서는 확률과 통계가 분리된다(Steinbring, 1991a). 표집이나 가설 검정, 신뢰구간 학습시 확률이 직접 언급되기까지 학생들은 확률과 통계가 붙어 다닌다는 사실조차 인지하지 못할 것이다. 실제로 초등학교 교과서에서 두 주제는 독립적인 별도의 단원으로 다루어져 왔다. 그러나 확률과 통계에서 공통으로 다루어지는 하위 개념을 근거로 양자의 통합 교육에 대한 주장을 Jones(2006), Shaughnessy(2003), Steinbring(1991a) 등에서 확인할 수 있다.

확률과 통계의 연계에는 두 개의 키워드가 개입한다. 불확실성과 합리적 의사결정이다. 자료와 가능성은 불확실성을 다루는 두 개의 관련된 주제이다(Kazak & Confrey, 2006). 불확실성의 표현은 일상 맥락에서 데이터를 기반으로 예측과 결정이 이루어지는 통계적 사고 과정의 필수 요소이다(Kazak & Leavy, 2018). 미결정의 불확실한 상황에서 데이터를 수집, 정리, 해석하여 의사결정의 근거로 삼고, 그러한 해석을 근거로 오류일 확률이 작은 방향으로 의사결정을 하는 것은 중요한 수학적 능력이다. 이러한 관점으로부터 불확실한 상황에서 자료를 이용하여 확률에 기초한 합리적 판단을 내리기 위해 확률과 통계에 대한 학습이 요구된다고 할 수 있다. 이는 2015 개정 수학과 교육과정의 중학교 '확률과 통계' 영역 내 도입글에서 명확히 설명되고 있다: '사건이 일어날 가능성을 수치화한 확률, 그리고 자료를 수집, 정리, 해석하는 통계는 현대 정보화 사회의 불확실성을 이해하는 중요한 도구이다. 다양한 자료를 수집, 정리, 해석하고, 확률을 이해함으로써, 미래를 예측하고 합리적인 의사 결정을 하는 민주 시민으로서의 기본 소양을 기를 수 있다(교육부, 2015, p. 35).'

수학적 사고 유형의 측면에서도 양자의 연계성이 주장된다. Sriraman과 Chernoff(2020)는 수학교육에서 확률적 사고, 통계적 사고, 확률-통계적 사고가 광범위한 범주의 것들을 포괄하는 용어라고 하였다. Borovcnik(2005)는 확률적 사고와 통계적 사고를 묶어서 추계적 사고(stochastic thinking)라 하고, 이를 여타의 사고인 논리적 사고나 인과적 사고와 구별하였다. 전자의 확률-통계적 사고나 후자의 추계적 사고는 확률과 통계를 연계한 통합적 사고이며, 관련 개념인 무작위성, 데이터, 가능성, 불확실성과 같은 주제와 관련된 현상을 규명하기 위해 사용되는 사고라 할 수 있다.

이중 불확실성에서 기인하는 모호함을 다룬다는 특성은 학교 수학에서 확률 학습의 어려움을 유발하는 한 가지 이유이다. Piaget와 Inhelder(1969)는 사고의 조작적 특성과 관련하여 개발된 많은 활동이 현실을 동화하기 쉬운 정도에 따라 구조화되고, 이 활동들이 인과성과 우연성이라는 본질적인 두 극단 사이에 분포하는 것으로 보았다. 학교 수학의 주제 대부분은 인과성에 기초한 논리가 지배하는 반면, 확률은 다른 쪽 극단에 위치한다. 따라서 불확실성과 우연성을 특징으로 하는 대상을 다루는 확률 학습은 인과성에 기초한 논리·연역적 사고를 요구하는 수학 학습 과정과는 다르게 경험될 수밖에 없다. Fischbein(1975)에 따르면 가능성에 대한 직관은 전조작기에도 발현되지만, 형식적 조작기에 하나의 결정론을 추구하는 학교 교육의 영향으로 인해 모호함이 없는 인과성을 추구하는 사고 성향을 양성하게 되므로, 결국 모호성과 불확실성을 함의하는 가능성은 인지적 불편함을 야기하는 것이다.

형식적인 수학 개념인 확률에 대해, 그것을 의미하는 비형식적 개념이 바로 가능성이다. 가능성에 대한 아동의 이해는 일관되지 않다(Watson et al., 2004). 이는 가능성 개념의 복잡성에 기인하며, 곧 확률 개념의 다면성까지 거슬러 오른다. 확률에 대한 해석은 다양하며, 빈도, 증거, 신념(우정호, 2017), 고전적, 빈도적, 주관적(Kazak & Leavy, 2018; Konold, 1991), 인식론적, 물리적(Hacking, 1971) 해석으로 구분하기도 한다. 이러한 해석에 근거하여 확률 개념은 고전적 관점에 따라 표본 공간에 있는 모든 경우의 등확률성을 전제로 한 수학적/이론적 확률, 빈도적 관점에서의 통계적/실험적 확률,[1] 우연 현상에 대한 주체의 신념인 주관적 확률, 확률론의 공리적 체계화를 의도한 공리적 확률까지 복합적으로 정의된다. 확률적 추론의 복잡성으로 인해 그 직관적 개념인 가능성에 대한 이해 역시 다양한 인지적 요구를 조장하게 된다(Bryant & Nunes, 2012).

본 장에서는 이와 같이 복잡한 해석과 정의가 얽힌 확률 개념 및 계산 지도의 전단계에서 직관적인 기초 경험으로서 '가능성' 관련 학습 요소를 초등학교 수학에서 지도하는 현 상황에 대해 분석함으로써 가능성 지도의 내용과 방안에 대해 탐색하고자 한다. 특히 학교 수학에서 확률 정의 시 주로 취해왔던 고전적 관점이 아니라 빈도적 접근을 취할 경우의 가능성 지도에 관한 교수학적 논의에 초점을 맞출 것이다.

## 2. 초등학교 수학에서 가능성 지도

확률 교육의 핵심은 학교급에 따라 다룰 내용과 그 내용이 학생의 삶을 준비하도록 돕는 방법을 검토하는 것이고, 따라서 어린 아동에게는 형식적인 지도에 앞서 직관적인 이해를 강조할 필요가 있다(Batanero et al., 2005). 확률 개념의 역사적 발생만 보더라도 학교 수학에서 확률 개념에 앞선 가능성의 지도는 자연스럽다고 할 수 있다. 경우의 수의 비율로서 정의가 등장하는 19세기 초 Laplace 이전에는 가능성(possibility)에 대한 논의가 전개되었다. 가능성을 Bernoulli는 확실한 정도로, Leibniz는 쉬운 정도로 간주하였고, 철학적 논제로부터 수학으로 관심을 옮긴 Laplace조차 경험적 측면의 물리적 해석을 염두에 두었는데, 이를 확률이 아닌 가능성으로 칭하였다(Hacking, 1971).

우리나라 초등 수학에서는 교수요목에 제시된 '확률, 순열, 조합의 수학적 유희'가 교과서에서 네 개의 연습 문제로 다루어진 적이 있지만, 확률이 본격적으로 지도되기 시작한 것은 3차 교육과정기부터이다. 학교 수학의 내용 영역을 구분할 때 이전에 없던 '확률과 통계'를 설정하고 5, 6학년에 걸쳐 교과서의 많은 분량을 경우의 수와 확

1) 등확률을 전제로 한 이론적 확률과 반복 시행 결과의 상대도수의 극한인 실험적 확률을 각각 수학적, 고전적 확률이나 경험적, 빈도적 확률이라 부르기도 하지만, 본 장에서는 2015 개정 교육과정(교육부, 2015)의 고등학교 과목 '확률과 통계'에 따라 학교 수학에서의 명칭인 '수학적 확률'과 '통계적 확률'이라 칭할 것이다.

률에 할애하여 수학적 확률과 함께 확률실험, 등확률이 아닌 사건 등을 다채롭게 구현하였다. 이어 4차 교육과정에서는 확률이라는 용어 없이 '특정한 사건이 일어나는 비율'로 개념을 다룬다는 차이는 있지만, 확률 지도는 2007 개정 교육과정까지 이어진다(교육부, 2000). 교육과정기마다 다소간의 차이는 있지만, 공통적으로 확률을 지도하기에 앞서 경우의 수를 다루고, 이후 '모든 경우의 수에 대한 어떤 사건이 일어날 경우의 수의 비율'로 확률을 정의하였다. 이러한 정의를 위해서는 선수 학습 요소로서 경우의 수와 비율이 필수이므로 지도 시기는 6학년이다. 2009 개정 교육과정에서 확률이 삭제되고 대신 도입된 가능성 개념은 일이 일어날 것 같은 대략적인 정도를 직관적으로 파악할 것을 요구하므로 경우의 수나 비율 같은 선수 개념 없이 보다 이른 시기에 도입하는 것을 기대할 만하다. 확률을 도입하는 중학교와의 큰 간격을 우려하여 종국에는 5~6학년군에 포함되었지만, 시안 개발 과정에서는 3~4학년군에 배치하는 것을 고려했던 학습 요소였다는 사실이 이를 보여준다(황선욱 외, 2011). 2015 개정 교육과정에서 가능성은 5~6학년군의 학습 요소로 다루어지고, 교육과정의 해당 영역의 도입글 중 '사건이 일어날 가능성을 수치화하는 경험은 확률의 기초가 된다(교육부, 2015, p. 27).'는 설명은 가능성을 확률 개념의 기초 경험으로 의도하고 있음을 보여준다. '자료와 가능성'이라는 영역명의 변경에는 '2009 개정 교육과정 이후 초등학교에서 다루는 확률 영역의 주요 내용은 확률의 기초 개념인 사건이 일어날 가능성이다. 이와 같이 초등학교에서는 본격적으로 확률 개념을 다루지 않는다는 점에 근거하여 영역명에서 확률을 가능성으로 변경하였다(박경미 외, 2015, p. 80).'와 같은 이유가 첨언될 필요가 있다. 영미권에서 사용된 내용 주제인 'data & chance'에 대응하는 명칭이며, 3차 교육과정기의 교과서에서도 확률을 정의하고 나서 그 의미를 설명하기 위해 가능성이라는 용어를 사용한 것을 볼 수 있다. '그러므로, 확률은 기대되는 경우가 일어날 가능성을 나타내는 것(문교부, 1974a, p. 125)'이라는 설명이다.

불확실성의 시대를 살아가는 오늘날 학생들을 위한 학교 수학의 내용으로서 확률의 지도는 자연스럽고, 초등학생의 직관적인 수준에서 확률에 대한 기초 개념으로서 가능성의 지도 역시 무리가 없다고 할 것이다. 가능성을 다룰 수 있는 연령에 대해, 가능성에 대한 일차적 직관은 유아기에 가능하다(Fischbein, 1975)고 보는 한편, 가능성 개념은 구체적 조작기인 7세 이후 발생한다(Piaget & Inhelder, 2014)고도 한다. 가능성의 일차적 직관은 표본 공간을 고려한 조합적 조작이 불필요한 상황에서 개인의 경험으로부터 비롯된 인지적 신념인 '결정된 것'의 반대 의미로의 직관이 매우 일찍 출현하는 것인 반면, 가능성 개념은 필연성, 규칙, 인과 관계 개념에 대한 친숙함을 전제로 한다는 점에서 두 연구의 관점은 엇갈린다. 그러나 어느 쪽을 택하더라도 초등학교 시기 전반에 가능성을 다루는 것은 타당하다. 형식적인 수학 개념으로서 고전적 관점의 확률이 요구하는 경우의 수와 조합적 사고를 고려한다면 확률 지도는 대체로 중학교 이후에 포함될 것이 기대된다. 실제로 확률 지도는 주로 중학교에 이루어지고 초등학교에서는 가능성을 지도하며, 호주, 캐나다, 스페인 등의 일부 국가는 초등학교 전 학년에 걸쳐 가능성을 다루는 것으로 나타난다(권점례 외, 2018; 장혜원 외, 2021).

그렇다면 확률 지도에 앞서 초등학교 수준에서의 가능성 지도는 어떠한 내용으로 구성되는 것이 바람직할까?

확률 대신 가능성을 다루는 2009 개정 교육과정(교육과학기술부, 2011)과 2015 개정 교육과정(교육부, 2015)에서 관련 성취기준은 〈표 1〉과 같다.

〈표 1〉 2009 개정 교육과정과 2015 개정 교육과정에서 가능성 관련 성취기준

| 2009 개정 교육과정 | 2015 개정 교육과정 |
|---|---|
| ① 실생활 속에서 가능성을 수치로 나타내는 예를 알아보고, 사건이 일어날 가능성을 수로 표현할 수 있다.<br><br>〈교수·학습상의 유의점〉<br>① 사건이 일어날 가능성은 0, $\frac{1}{4}$, $\frac{1}{2}$, $\frac{3}{4}$, 1 정도로 표현할 수 있게 한다. | [6수05-05] 실생활에서 가능성과 관련된 상황을 '불가능하다', '~아닐 것 같다', '반반이다', '~일 것 같다', '확실하다' 등으로 나타낼 수 있다.<br>[6수05-05] 가능성을 수나 말로 나타낸 예를 찾아보고, 가능성을 비교할 수 있다.<br>[6수05-05] 사건이 일어날 가능성을 수로 표현할 수 있다.<br><br>〈교수·학습 방법 및 유의 사항〉<br>• 가능성을 수로 표현할 때 0, $\frac{1}{2}$, 1 등 직관적으로 파악되는 경우를 다룬다. |

이상에는 확률 개념 도입 전 직관적 수준에서 가능성을 인식하고, 비교하고, 간단한 수로 표현하는 활동이 포함된다. 2009 개정 교육과정기에 확률 용어 및 개념을 삭제한 것은 '고전적인 수학적 확률의 개념보다 실생활에서 경험하는 확률의 기초 개념인 가능성을 다루고자 함이다(박경미 외, 2015, p. 81)'. 2015 개정 교육과정에서의 변화는 2009 개정 교육과정에 비해 성취기준 내용이 훨씬 상세하다는 점이다. 2009 개정 시의 의도를 유지하면서 영역명의 변화로 보다 강조된 '가능성' 개념을 강화할 필요에서 풍부한 실생활 상황 속에서의 다양한 가능성 관련 경험을 성취기준으로 상세화한 것이다(박경미 외, 2015).

우선 가능성에 대한 언어적 표현으로서 '불가능하다/~아닐 것 같다/반반이다/~일 것 같다/확실하다'의 5단계 척도를 구체적으로 언급하고 있다. 장혜원 외(2021)에 따르면 가능성을 나타내기 위한 언어적 표현의 지도 범위가 나라마다 상이하다. 예를 들어,

가능성 비교의 맥락에서 '더 ~일 것 같다'와 같이 비교 부사를 사용하는 경우가 있고, '일어날 가능성이 같다'라는 표현은 n가지(n≧2) 경우에 대해 일반적으로 사용 가능하다는 점에서 우리나라의 '반반이다' 표현이 2가지 경우에만 사용된다는 제약을 드러낸다. 우리나라의 가능성 5단계 척도를 수직선에 나타낼 때 '불가능, 확실, 반반'의 경우는 한 지점에 대응시킬 수 있는 반면 '~일 것 같다. ~아닐 것 같다'는 개구간에 해당한다. 그 구간 내에서 가능성의 정도가 어디쯤 위치할 것인지 직관적으로 파악하기를 기대하는 것이다.

가능성의 언어적 표현에 대한 이해는 통계적 소양의 중요한 측면이지만, 아동은 이 용어의 이해에 어려움을 보인다(Kazak & Leavy, 2018). 초등학생은 물론 중학생조차도 '~일 것 같다'를 '확실하다', '~아닐 것 같다'를 '불가능하다'의 양극단으로 간주하는 언어적 혼동을 보였다(Watson, 2005). 이에 대해 두 가지로 설명해 볼 수 있다. 하나는 자신의 경험에 근거하여 가능성이 작은 사건을 불가능한 사건으로 표현한다는 것이다. 이는 아동이 사용한 용어에서 '불가능'은 확률적 의미가 아니라 사건 발생이 '극히 어렵다, 희귀하다'는 주관적 의미로 대체된 것이다(Kazak & Leavy, 2018). 장혜원(2020)에서도 주사위 2개를 던질 때 두 눈의 합 2나 10에 대해 그 가능성이 0이 아닌데도 학생들은 '2는 절대 안 돼, 2는 절대 안 나와, 10 안 나와 절대 안 나와'라는 극단적인 표현을 하는 경우가 종종 나타났다. 다른 하나는 Konold(1989)의 결과 접근법(outcome approach)의 영향이다. 이는 불확실한 상황에서 표집에서의 발생 빈도를 반영한 확률을 특정하는 것이 아니라 단일 시행의 결과를 예측하는 것을 목표로 보는 것을 말한다. 이 설명에서 핵심은 '단일' 시행 결과의 예측이다. 예를 들어, 한 면이 흰색, 다른 면은 모두 검은색인 주사위를 6번 던질 때 다섯 번은 검정, 한 번은 흰색인 것과 여섯 번 모두 검정인 것 중 더 그럴 것 같은 것을 고른다고 생각해보자. 정답은 전자이지만, 후자를 선택하는 이유는 던질 때 각 시행을 독립적으로 생각해서 각 경우에 검은색이 나올 테니까 여섯 번의 예측을 한꺼번에 고려하면 후자가 더 그럴듯하다는 것이다. 이런 식으로 표집에서 각각의 개별 사건을 고려한다면, '~일 것 같다'에 해당하는 사건은 각 사건 시행시 '~이다'로 예측되므로 전체 경우를 생각하면 가능성 1인 확실한 사건이 되는 것이다. 따라서 결과 접근법을 따르면 가능성은 0 아니면 1이고, $\frac{1}{2}$은 모름으로 표현된다.

언어적 표현과 관련하여, 서로 반대되는 양극단인 '불가능하다'와 '확실하다'가 언어적 의미상 상응하지 않는다는 점도 주목할 필요가 있다. 다시 말해, 확률 수직선의 양극단인 0과 1의 사건이 대칭적으로 반대되는 사건으로 간주되는 반면, '불가능하다'의 반대어는 '가능하다'이고 '확실하다'의 반대어는 '불확실하다'이다. 이때 '가능하

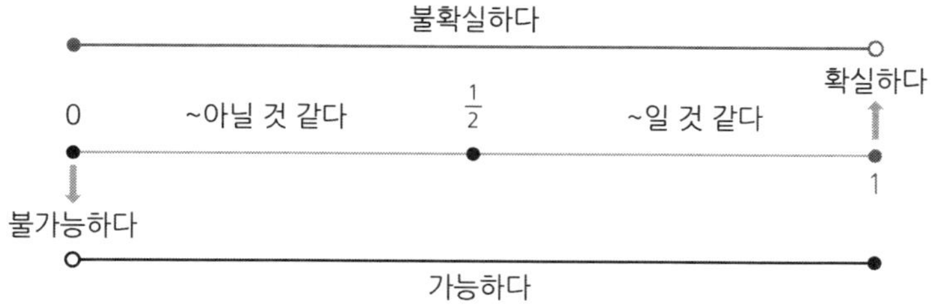


**[그림 1] 수직선에 나타낸 가능성**

다'는 '불가능하다'를 나타내는 가능성 0의 위치를 제외한 반 개구간 전체를 의미하며, 반대로 '불확실하다'는 '확실하다'를 나타내는 가능성 1의 위치를 제외한 반 개구간 전체를 의미하는 것이다([그림 1] 참조). 이와 같이 가능성을 나타내는 언어적 표현의 복잡성은 역사 속에서 그 흔적을 찾아볼 수 있다. 확률을 설명하기 위해 가능성(possibility), 용이성(facility), 확실성(certainty)의 정도를 복합적으로 채택하여 왔고(Hacking, 1971), 그와 같은 복합적 의미가 오늘날 확률을 나타내는 언어적 표현에 얽혀있는 것이다.

또한 교육과정에서 가능성의 표현과 관련하여, 언어적 표현의 예시 추가뿐만 아니라 수 표현에서 '0, $\frac{1}{4}$, $\frac{1}{2}$, $\frac{3}{4}$, 1'이 '0, $\frac{1}{2}$, 1 등'으로 변화되었다. '등'이라는 의존명사를 사용하여 수의 허용 범위를 열어놓기는 하였지만, 명시적으로 언급했던 $\frac{1}{4}$, $\frac{3}{4}$을 삭제한 것은 구체적인 분수 표현에서 함의되는 경우의 수의 비율로서의 수학적 확률에 대한 인상을 배제하기 위함이다. 그러나 주의할 점은 회전판에서의 부분-부분 비교나 분수 학습시 이미 다룬 바 있는 전체와 부분의 관계가 직관적으로 파악되는 경우라면 $\frac{1}{3}$이나 $\frac{3}{4}$과 같은 가능성도 얼마든지 다룰 수 있다는 것이다. 현행 2015 개정 교과서에서는 가능성의 수 표현을 0, $\frac{1}{2}$, 1의 세 가지로 국한하여 매우 소극적인 선택을 하였지만, 가능성의 상대적 크기에 따른 비교 측면에서 [그림 2]와 같은 회전판을 제시한 채, 흰색과 검은색 중 어느 색에 꽂힐지, 흰색에 꽂힐 가능성, 검은색에 꽂힐 가능성을 수직선 위에 표시해보는 것은 흰색과 검은색의 부분-부분 비교를 통해

**[그림 2] 가능성의 수 표현을 위한 회전판의 활용**

또는 반반의 가능성인 $\frac{1}{2}$과의 비교를 통해 모두 가능한 활동이다. 심지어 연속량의 분수 표현을 상기하면 $\frac{3}{8}$, $\frac{5}{8}$조차도 다룰 수 있을 것이다. 가능성의 양화를 위해서 부분-전체로서의 비율 개념이 요구되지만, 김민회와 장혜원(2021a)은 5학년 학생들이 구슬 꺼내기와 같은 이산량에 대해서도 비율 개념 없이 비형식적인 부분-부분 비교 전략을 이용하여 가능성을 파악하고 비교할 수 있음을 보여준다.

이외에 확률적 사고의 하위 요소로서 초등학교에서 가능성 지도시 고려할 만한 몇 가지 확률 관련 기초 개념을 생각해보자.

첫째, 무작위성(randomness)이다. 무작위성은 Bryant와 Nunes(2012)가 가능성에 대한 성공적 추론을 위해 중요하게 여긴 네 측면 중 첫째이다. 충분한 횟수의 시행 결과는 특정 패턴을 드러내는 반면 개개의 결과 예측은 어렵다는 예측불가능성이 무작위성을 야기한다. 무작위성은 확률 개념의 본질적 특성이지만 이에 대한 오개념은 종종 발생한다. 예를 들어, 동전 5개를 던질 때 THHTH가 THTTT나 HTHTH보다 더 발생하기 쉽다고 생각한다(Konold, 1991). 이는 대표성으로도 언급되는 오개념으로, 각 시행의 독립성에 따라 세 경우의 발생 가능성이 동일함에도 불구하고 양면이 거의 같은 수일수록 가능성이 크다고 생각한다. 그런데 양면의 수가 같은데도 HTHTH보다 THHTH의 가능성이 크다고 생각하는 것은 무작위성을 위반하고 있기 때문이다. 무작위성을 엄밀하게 정의하기는 어렵지만, 이때 무작위성은 불규칙성과 같은 의미로 간주된 것이다.[2)]

한편 무작위성의 배제로 인한 오개념 사례도 있다. 우리는 가능성 인식을 통해 우연성과 인과 관계에 대한 구별을 기대한다. 장혜원(2013)에서 학생들은 주어진 사건에 대해 불가능한, 확실한, 가능성 반반과 같이 표현할 수 있음에도 불구하고 각 가능성에 해당하는 사건을 말하는 것은 어려워한 것으로 나타난다. 확률실험과 달리 일상의 많은 사건은 우연성과 인과 관계의 복합물로 발생하기 때문이다(Bliss, 1978). 예컨대, 오늘 아침 학교 앞 문방구가 열려있을 가능성에 대해 불확실한 사건의 무작위성을 함의하는 평균 가능성이 아닌 문방구 주인의 의사에 달려있다고 인과 관계에 의한 판단을 하는 것이다. 발생 빈도에 대한 무작위성이 전제되어야 불확실한 사건이 성립하게 되므로, 학생들의 가능성 추론을 위해 무작위성에 대한 적절한 지도가 필요하다.

무작위성이 일상생활에서 공정성을 보장하는 데 중요한 역할을 한다는 양자 간의 연관성 덕분에 무작위성에 대한 아동의 이해를 독려하기 위해 공정성의 맥락을 이용

---

2) 무작위성에 대한 직관은 예측 불가능성, 불규칙성, 조종 불가능성, 공정성 등이다(Pratt, 2005). 특히 컴퓨터 환경에서는 국소적 의미로 컴퓨터 통제를 포함한다(Pratt, 1998).

하는 것은 유익하다(Bryant & Nunes, 2012). 공정성은 각 경우가 일어날 가능성이 같다는 등확률성으로 인해 확보되고, 수학적 확률의 전제가 된다. 일상에서 사다리타기나 제비뽑기로 술래를 정하거나 동전 던지기, 주사위 던지기, 회전판 돌리기 등의 상황이 확률실험으로 애용되는 이유는 등확률 사건의 무작위성에 의한 공정성을 확보할 수 있기 때문이다. 실제로 우리는 주사위 게임에서 주사위 눈의 무작위 출현으로 인한 공정성을 수용해야 게임에 임할 것이다. 그러나 Watson(2005)에서 보듯이 중학생조차도 주사위 던지기에서 1, 2, 3의 눈이 나올 가능성이 4, 5, 6의 눈보다 크기 때문에 그렇게 게임을 하는 것은 공정하지 않다고 생각하거나 6의 눈이 나오는 것이 가장 어렵다고 생각하는 등 어떤 수가 더 잘 나온다고 생각하여 공정성에 대한 혼동을 보인다. 이론적 기대와 별개로 자신의 구체적 경험에서 기인하는 이중적 신념이 공존하는 것이다. 한편 등확률이 아닌 확률실험을 통해 무작위적이지만 공정하지는 않은 경우를 경험하는 것은 확률 교육의 풍부한 맥락을 제공할 것이다.

둘째, 등확률성(equiprobability)이다. 동전이나 주사위 던지기 등 확률실험 상황에서 경우의 수의 비율로서 수학적 확률은 각 경우의 등확률성을 전제로 한다. 따라서 등확률 사건을 접하는 것은 학교 수학에서 자주 이용되는 실험 상황에서이고, 오늘 저녁 뉴스에서 접할 일기예보, 코로나 확산세 예측과 같이 일상에서 접하는 예측 상황은 등확률적 상황이 아니다. 따라서 교육과정에 명시된 바와 같이 가능성 학습을 실생활 상황에서 출발한다면 고전적 접근보다 빈도적 접근을 취하는 것이 타당하다. 수학사에는 수학자조차 등확률성을 고려하지 못한 사례가 전해져 확률 개념의 복잡성과 반직관성을 대변한다. 동전을 두 번 던졌을 때 적어도 한 번 뒷면이 나오면 이기는 게임에서 D'Alembert는 이길 확률을 $\frac{2}{3}$로 계산하였다. (뒤, □), (앞, 뒤), (앞, 앞)의 세 가지 경우를 생각하여 $\frac{2}{3}$라고 한 것이다(Batanero et al., 2005). 이때 첫 회에 뒷면이 나오면 다음에 던질 필요가 없이 게임이 종료되므로 하나의 경우로 간주한 것이지만, 우리는 가능한 모든 경우인 표본 공간을 고려할 때 (뒤, 뒤), (뒤, 앞)을 따로 생각해야 함을 알고 있다. 고전적 관점에서 네 가지 경우가 등확률이라는 조건을 만족해야 하고, 그때 전체 가능한 경우로 고려될 자격이 있는 것이다. 하물며 초등학교 교실 장면에서 등확률에 대한 인식은 더욱 어렵다. 장혜원(2013)에서 학생들은 일상에서 가능성 반반인 사건을 생각하는 과제에 대해 연구자의 어려움과 달리 쉽게 답하였는데, '지구가 멸망할 수도 있고 안 할 수도 있다', '장래 희망이 이루어질 수도 있고 없을 수도 있다'와 같은 오답이 포함되었다. 이는 결과가 두 가지일 때 50대50으로 사고하게 되는 현상(Rumsey, 2006), 즉 '~이거나 아니거나'의 두 가지 경우가 있기 때문에 각 경우에 대한 양화 없이 가능성을 반반으로 생각하는 등확률 편향의 오류이다. 이를 방지하기 위해 3차 교과서에서는 확률을 정의하면서 '단, 모든 경우의 수는 같은 가능성을 가진다(문교부, 1974a, p. 125)'라고 등확률성을 명시적으로 표시하고 있다. 수학적 확률을 정의하기 전에 각 경우가 일어날 가능성이 같은지 아닌지에 대해 생각할 기회를 제공할 필요가 있는 것이다.

셋째, 변이성(variability)이다. 변이성은 불확실성과 함께 개념적, 수학적, 계산적 가치와 도전을 지닌 이슈로, 실생활에서 변이성의 패턴을 이상적으로 표현하기 위해 확률을 사용하고 결론의 불확실성을 파악하기 위해 확률을 사용한다(Cox & Efron, 2017). 학교 수학에서 변이성은 확률과 통계 모두의 필수 요소이므로 양자를 연계하는 중요한 개념이다. 통계에서 변이는 평균이나 중앙값과 같은 대푯값으로부터 데이터가 벗어나는 차이를 말하며, 확률에서는 시행 결과가 기댓값과 달라진다는 의미에서 무작위화의 핵심 요소이다(Jones, 2006). 확률실험에서 수학적 확률로부터 벗어난 결과 데이터의 변이를 경험하는 것은 학생들이 일상에서 흔히 갖는 확률 관련 오개념인 예측과 결과의 혼동, 즉 가능성과 시행 결과의 혼동을 막을 수 있다. 앞서 언급했던 결과적 접근은 비확률적인 추론 유형으로, 시행 결과에 대한 집착에서 비롯되는 불확실한 사건에 대한 예측 오류를 보여준다. 연구 사례로서, Konold 외(1993)의 동전 5회 던지기 실험에서 많은 연구 참여자가 정답을 말했음에도 불구하고, 그들에게 정당화를 요구했을 때는 어떤 결과가 나올지 예측하는 것이 불가능하다는 답변이 다수 있었다. 동전을 다섯 번 던질 때의 예측을 위한 확률적 사고를 요구하는 질문임에도 불구하고 그들은 '실제로' 어떤 결과가 나올지를 묻는 것으로 생각한 것이다. 장혜원(2013)에서 1, 2, 3, 4가 쓰인 사면체 주사위 던지기 시행에서 4일 가능성 $\frac{1}{4}$에 대해 '네 번 던져도 안 나오는데요?'라는 학생의 반응 사례 역시 불확실성을 표현하는 가능성의 의미와 시행 결과가 나타내는 결정론적 함의를 혼동하고 있음을 보여준다. 확률실험에서 가능성의 의미상 예측의 역할과 가능성 0 아니면 1에만 대응되는 시행 결과와의 구별을 위해 확률의 개념 및 확률실험에서 변이를 경험하는 것은 유용할 것이다.

이 외에 확률적 사고를 위해 표본 공간, 조합적 사고, 비례추론 등이 요구된다. Piaget와 Inhelder(1969)는 가능성으로부터 확률로 발달하기 위해 표본 공간을 다루기 위한 조합적 사고와 비율 계산이 가능해야 한다고 했다. 가능성에 대한 이해에 Piaget 의미로의 조작(operation), 특히 조합적 조작과 비례추론이 결합되어야만 수학적 확률 개념에 대한 이해가 가능할 것인데, 양자는 형식적 사고기에 가능하므로(Piaget & Inhelder, 2014) 확률 지도를 중학교 시기까지 미루어두는 것이 무리가 없을 것 같다. 다만 비례추론 능력을 갖춘 학생에게 매우 유리한 과제에 대해 비와 비율을 학습하지 않은 5학년 학생들의 해결 전략을 분석한 연구인 김민회와 장혜원(2021a)을 통해 학생들의 가능성 비교 전략을 파악할 수 있다. 구체적으로, 검은 공과 흰 공의 비율이 다른 두 상자에서 하나의 공을 꺼낼 때 검은 공을 꺼낼 가능성이 큰 상자를 고르는 과제에 대해 비 개념의 학습 이전에도 비형식적 방법으로 가능성을 비교할 수 있었고, 사용된 전략은 크게 부분-부분 비교, 부분-전체 비교, 관계성을 고려 않은 비교로 구분되었다. 이 중 한 가지 색에만 주목하기와 같이 관계성을 고려 않은 비교는 오답 추론을 야기하였고, 과제 유형 및 문제 상황 구성에 따라 학생들이 선호하는 전략에 차이가 있는 것으로 나타났다. 일반적으로 부분-부분 비교가 부분-전체 비교보다 선호되었고, 문제에 따라 다르기는 하지만 비율 비교 외에 각 상자에서 두 색의 대소 비교, 동일 개수의 색깔 공을 제외한 나머지 색깔 공을 비교, 단위화 전략을 포함하여 공의 구성의 승법적 비교 등은 사용 빈도가 높은 정답 추론 전략으로 나타났다. '다른 상자보다 검은 구슬이 더 많아서'와 같은 단순 비교 전략, 두 색을 모두 비교했으나 수치 정보 없이 '다른 상자와 비교했을 때 검은색보다 흰색이 더 많아서 꺼내기 쉽다'와 같은 전략, 수치적 관계를 이용한 비례적 추론 전략은 Fischbein 외(1970)에서 학생들이 사용한 전략과 공통인 것으로 확인되었다. 아울러 그들이 동일 연구에서 교육의 효과성 실험을 위해 의도적으로 지도한 단위화 기법이 김민회와 장혜원(2021a)에서 학생의 자발적인 비교 전략으로 사용된 것은 주목할 만하다.

## 3. 가능성의 교수 · 학습에 대한 빈도적 접근 : 확률과 통계의 연결

확률의 이중적 개념은 가설과 증거 사이의 관계를 나타내는 확률의 인식론적 해석과 반복되는 시행에 의한 가능성의 물리적 특성을 나타내는 확률의 물리적 해석에서 비롯된다(Hacking, 1971). 전자는 수학적 확률 및 주관적 확률을 포함하며, 후자가 상대도수에 의해 표현되는 빈도적 접근의 통계적 확률을 함의한다. Hacking(1971)에 따르면, 역사적으로 오랫동안 'chance, odds, hazard'와 같은 용어가 혼용되었으며 17세기에 와서야 이들이 확률이라 불리는 것으로 합체되었다. 수학사를 들여다보면, Bernoulli는 『추측술(Ars Conjectandi)』에서 등확률성을 전제로 하는 전체에 대한 사건의 비율로서 의미인 고전적 확률은 자연적 상황이나 복잡한 인간사에서는 드문 경우이며, 따라서 일상에서 확률을 도구로 하거나 확률적 사고를 필요로 하는 전염병이나 기상 현상과 같은 사례처럼 구체적 사건에 대한 객관적이고 빈도적 관점에서의 확률을 다룰 것을 제안하였다(Batanero et al., 2005). 실생활의 상황은 오히려 등확률이 아닌 경우가 허다하며, 따라서 실제 사건의 확률을 구하는 방법으로 Bernoullli가 제안한 것은 유사한 다수의 결과에 대한 관찰에 의존하는 자연과학의 실험적 방법이다. 이와 같은 Bernoulli의 관점은 수학적 이론으로 번역되었고, 이는 통계적 확률을 위한 정당화로 역할하였다. 현대 수학에서 이 이론은 '큰 수의 법칙(law of large numbers)'으로 알려져 있다. 이 법칙은 확률과 통계 사이를 연계하며, 실험 과학에서 방법적 도구로서 통계에 타당성을 부여한다(Batanero et al., 2005). 확률에 대한 Bernoulli의 관점은 물리적 해석을, Laplace의 관점은 인식론적 해석을 주로 의미하지만, 종종 넘나드는 견해도 발견될 정도로 확률에 대한 두 해석을 모두 수용하면서 확률 용어는 사용된다.

이와 같이 수학적 관점에서 확률과 통계의 연계는 학교 수학의 내용 영역상 연계로 이어져, 우리나라 수학과 교육과정의 내용 영역 구분뿐만 아니라 PISA 2018(OECD, 2019)에서도 확인된다. 학교 수학의 내용 영역을 네 가지로 구분하는데 변화와 관계, 공간과 모양, 양, 그리고 '불확실성과 데이터(Uncertainty and data)'이다. 마지막 것이 확률과 통계에 해당하며, 영역명은 주로 수학적 주제 또는 내용으로 지칭되는 데 비해 불확실성은 확률과 통계가 공통적으로 다루는 빅 아이디어에 해당한다. 한편 뉴질랜드 교육과정(Ministry of Education, 2015)에서는 통계가 수학의 하위 영역이 아니라 '수학과 통계'라고 하여, 통계를 수학의 일부가 아닌 관련 교과로 여기며 그만큼 독립적인 위상을 부여함으로써 중요도를 인정한다는 점에서 주목할 만하다. 통계의 하위 요소는 통계 조사, 통계적 소양, 확률의 세 가지이다. 즉 수학과 구별하여 통계를 설정하고 그 하위 요소로 확률을 고려한다.

그러나 교육과정에서 양자의 연계성이 실제 수업에서 구현되는지, 학습 과정에서 학생들에게 경험되는지는 별개의 문제라 할 수 있다. 그나마 고등학교 수학에서는 통계적 추정을 하면서 확률 분포나 유의수준 등을 다루게 되어 연관성이 경험될 기회가 있다. 그러나 초등학교 수학에서 통계는 주로 자료의 수집, 정리, 해석의 절차로서, 확률은 가능성의 표현과 비교에 국한되기 때문에 양자의 교차점을 찾기 어렵다.

한편 확률과 통계가 별개로 다루어져 온 교수 실제와 달리 양자의 융합에 대해 주목한 다수의 연구가 있다. 그중 대표적인 연구로 Steinbring(1991a), Shaughnessy(2003), Kazak과 Confrey(2006)를 살펴보자.

Steinbring(1991a)은 교육 방법의 기초를 일반적으로 직관성과 일관성으로 구별하여, 확률 교육에서 전자는 빈도와 실험에 의한 통계와 연계되는 교육과, 후자는 경우, 결과, 사건, 표본 공간 등 개념의 내적 일관성에 기초한 명확한 정의를 내리는 교육과

대응시킨다. 보통 전자로 시작하여 후자로 이어진다고 하지만, 이 두 가지가 교실에서 함께 적용되더라도 두 접근 방식이 동일한 확률 개념에 대한 다른 측면이라는 개념적 연결은 논의되지 않는다. 실제로 빈도적 관점에 따른 통계적 확률은 수학적 확률로 이론적으로 연계되지 못하는 한편, 수학적 확률은 등확률이 아닌 경우에 대해서는 다룰 수 없는 적용 범위의 한계가 있게 된다. 또한 수학적 확률을 정의하기 위해 전제되는 등확률은 개념의 악순환을 야기하고, 빈도적 접근 역시 가능성, 독립성 등의 개념을 통해서만 설명될 수 있는 확률적 집합체의 개념이 요구된다는 점에서 개념적 순환성이 있다고 보았다. 이에 Steinbring은 확률, 무작위성, 우연상황 등의 기본 아이디어를 이용하여 확률과 통계를 하나의 교육과정 구조 속에서 통합할 가능성을 주장한다.

Shaughnessy(2003)는 미래를 위한 흥미로운 교수학적 도전은 확률과 통계 사이의 상호 관련성을 찾는 것이라고 하면서, 확률의 표본 공간 개념과 통계의 변이 개념의 본질 사이의 밀접한 연결성에 주목한다. 이에 기초하여 학생들에게 데이터를 통해 확률을 도입해야 한다고 제안한다. 이러한 접근은 통계가 확률 문제에 동기를 부여해야 하며, 따라서 확률 교육이 실제 데이터의 맥락에서 시작되어야 한다는 주장으로 이어진다. 데이터 분석을 통해 확률 문제의 답을 추론해보는 것이 확률 게임이나 계산으로 시작하는 과거의 확률 접근법보다 훨씬 중요하다는 관점을 취한다.

Kazak과 Confrey(2006)는 분포와 확률에 대한 논의를 초등학교 때부터 어떻게 통합할 것인지에 관심이 있다. 확률 분포에 대한 아이디어의 발달 경로를 추적하기 위한 연구의 일부로, 나무 아래 잎과 같은 존재의 자연적 분포와 분할된 상자에서 구슬 떨어뜨리기와 같은 설계된 상황에서 물체의 분포를 묘사하고 설명하도록 요구하는 과제 등을 통해 4명의 4학년 학생들의 확률과 분포에 대한 비형식적이고 직관적인 개념을 조사하였다. 연구 결과, 과제에서 학생들이 분포와 관련하여 보인 집합, 뭉치, 덩어리, 퍼짐, 밀도와 같은 자발적 아이디어가 확률의 양적 지각과 관련한 확률 분포 개념으로 발달할 수 있음을 보였다. 이를 통해 확률 관련 주제에 대한 학생들의 비형식적 개념이 일련의 과제를 통해 확률과 통계에서 더 강력한 사고로 발달될 수 있음을 예시한다.

이와 같은 맥락에서 가능성에 대해 빈도적 접근을 취할 때의 이점과 난점을 교수학적 입장에서 논의해보고자 한다. 가능성에 대한 빈도적 접근은 초등학교 수준에서 확률과 통계가 연결되는 지점에 해당한다. 초등학교 수준에서 가능성 지도를 위해 빈도적 접근을 취하는 이점으로 다음을 생각해볼 수 있다.

첫째, 확률 관련 개념의 이해를 위한 맥락을 제공한다. 빈도적 접근은 확률 개념의 기저 요소인 등확률성, 변이성 등을 이해하는 데 유용하다. 등확률성은 수학적 확률을 정의하기 위한 전제이지만 실생활에는 등확률이 아닌 상황이 더 빈번함을 이미 언급하였다. 그러나 실생활의 예측 상황을 학생들이 학교 수학 맥락에서 이해하는 것 또한 쉽지는 않다. 이에 등확률이 아닌 확률실험 상황을 다루는 빈도적 접근은 대안이 될 수 있다. 수학적 확률을 정의하지만 그와 함께 빈도적 접근을 강하게 취했던 3차 교과서에서처럼 압정이나 윷 던지기 실험을 통해 등확률이 아닌 경우와 동전이나 주사위 던지기 실험을 통해 등확률인 경우를 함께 다룸으로써 등확률의 의미를 더욱 명료히 이해시킬 수 있다. 수학적 확률만을 다룬다면 모든 경우가 등확률이라는 조건을 간과할 수 있지만, 빈도적 접근을 통해 등확률이 아닌 경우들도 경험함으로써 확률 정의시 필수 가정을 인식할 수 있게 될 것이다. 미국 교과서 HSP math Grade 2는 등확률이 아닌 경우를 포함하지는 않지만, 동전 던지기 실험을 통해 등확률성을 파악하도록 하는 활동을 구현하고 있다(장혜원 외, 2021).

또한 빈도적 접근은 반복 시행을 통해 결과를 예측하도록 발문함으로써 이론적 수치로부터 벗어나는, 실험 결과로서 변이성을 경험할 기회를 제공한다. 3차 교과서 6학년 2학기(문교부, 1974b)의 동전을 100번 던질 때 실험 결과로 제시된 앞면 53번, 뒷면 47번은 이론상 확률 $\frac{1}{2}$로부터의 변이를 예시하며, 각 경우의 비율 $\frac{53}{100}$, $\frac{47}{100}$을 '확률 $\frac{1}{2}$과 비교하여 보아라'와 같은 발문을 통해 예측과 결과의 차이를 인식하도록 도와준다. Watson과 Kelly(2004)는 우연 상황에서 변이성에 대한 학생의 이해를 평가하기 위해, 50-50 회전판의 반복 시행에 대한 13개의 문항을 개발하여 375명의 3, 5, 7, 9학년 학생들의 응답을 조사하였다. 13개 문항은 이론적 기대 가능성과 반복 시행을 나타낸 그래프 표현 등의 사전 지식을 묻는 문항, 점 추정(point estimate) 변이성의 인식 기회를 제공하는 문항, 분포 변이성 관련 문항으로 구성된다. 연구 결과로서, 학생들이 처음에는 가능성 관련 용어나 그래프 표현에 익숙하지 않고 변이성에 대한 자발적 인식이 부족하므로 이론적 접근과 변이성을 균형 있게 다루어야 하며, 너무 큰 변이가 부적절함을 인식하는 데 어려움이 있어 어느 정도의 변이성이 합리적인지 인식하기 위한 다수의 구체적 활동이 요구된다는 점이 주장된다.

둘째, 수학적 발견과 추론을 위한 도구로 역할한다. Piaget와 Inhelder(2014)의 연구에 근거하여, 경험에서 비롯된 주관적 신념으로부터 연역적 특성의 수학적 확률을 학습하기 전에 귀납으로서 역할하는 것이 빈도적 접근이라 할 수 있다. 수학적 확률은 이론적으로 계산된 값이므로 실험 없이 구할 수 있는 반면, 통계적 확률은 시행, 그것도 반복 시행이 요구된다. 통계적 확률은 (부분)/(전체)로서의 수학적 확률이 의미하는 바가 무엇인지를 보여주는 조작적 정의에 해당한다. 3차 교과서의 압정이나 윷 던지기 실험에서처럼 각 경우가 등확률이 아닐 때 우리는 각 경우의 가능성을 전혀 예측할 수 없다. 이 경우에는 빈도적 접근으로서 반복 시행 결과의 상대도수를 이용하여 가능성을 예측해야하는 것이다.

빈도적 접근시 애용되는 컴퓨터 시뮬레이션은 추론 경험도 제공한다. 물리적 해석(Hacking, 1971)을 고려한다면 50-50 가능성의 상황에서 시뮬레이션 결과는 반반이 아니기 쉽다. 변이성을 경험함으로써 오히려 아동이 선호하는 결과적 접근(Konold, 1989)으로부터 벗어나는 추론을 가능하게 할 것이다.

셋째, 빈도적 접근의 시행 결과는 물리적 증거로서 주관적 신념에 따른 예측 오류를 수정할 수 있다. 아동은 사건의 확률 예측에 있어 자신의 신념에 근거한 주관적 확률에 의존한다. 특히 확률에 대한 교육을 통한 형식적 지식을 갖기 이전에는 더욱 그렇다. 주관적 확률로 인한 예측 오류를 수정하는 데는 수학적 확률보다 물리적 실험과 시뮬레이션 결과를 기반으로 하는 것이 유효하다(Kazak & Leavy, 2018). 수학적 확률은 논리적 개념일 뿐 학생들이 신념을 수정하거나 확고히 하는 데 영향을 미치기 어렵다. 그러나 실험을 통한 시행 결과는 물리적 증거로서 신념을 수정하는 데 기여할 수 있다. 김민회와 장혜원(2021b)의 과제 중 아래에 세 칸으로 구성된 장치의 구슬 떨어뜨리기 시뮬레이션에서 6명의 5학년 학생은 자신의 신념에 따라 등확률이 아닌 가능성을 제대로 예측하지 못하였지만, 120회 시뮬레이션 결과에 근거하여 자신의 가능성 추론을 수정할 수 있었다.

넷째, 자료와 가능성 영역에서 자료 수집의 통계적 절차와 연계된 활동으로서의 확률실험 데이터를 수집하도록 하여 두 영역을 분리하지 않고 통합적으로 접근 가능하다. 확률 교육을 실제 데이터에 대한 확률적 질문으로부터 시작함으로써 확률 문제에 동기를 부여하고 자료 분석의 렌즈를 통해 확률을 시작할 것을 주장한 Shaughnessy(2003)와 같이, 통계적 절차에 기반한 확률 교수·학습의 연계를 고려할 수 있다. 예를 들어, 3차 교과서에는 반복 시행 결과를 표로 정리하고 상대도수를 표현하기 위해 그래프가 이용된다. Watson과 Kelley(2004) 역시 분포의 변이 파악을 위해 그래프와 같은 시각적 표현이 유익하게 활용된다고 보았고, 특히 구슬 떨어뜨리기 실험이나 시뮬레이션은 시행 결과 그 자체가 데이터의 분포를 보여주는 시각적 표현의 역할을 할 수 있다.

그런데 이와 같은 이점에도 불구하고, 고려해야 할 교육적 난제는 빈도적 접근을 통해 파악한 가능성 개념을 차후 수학적 확률과 어떻게 연계하는가이다. 경험적 데이터를 이론적 수치와 연계하기 위해서는 원하는 만큼 많은 시행을 고려해야 하는 큰 수의 법칙에 대한 이해가 필요한데, 이는 형식적 조작기 이후에야 가능하다(Piaget & Inhelder, 2014). 법칙의 이해를 위해 실험적 상황과 수학적 모델 간의 상보성 관계가 수학적으로 분석되고 설명되어야 하기 때문이다(Steinbring, 1991b). 학생들이 이 법칙을 이해하려면 시행 횟수의 증가에 따른 상대도수의 극한으로의 수렴성과 개별 시행에서 나타나는 변이성이라는 이중적 현상을 파악하고 상보적으로 해석할 수 있어야 한다. 결과적으로 빈도적 접근으로부터 수학적 확률로의 연계가 초등학교 시절에는 확보되지 못하는 미흡함이 있다. 그러나 큰 수의 법칙이 그 추상성으로 인해 아동에게 완전히 이해되기는 어렵지만, 직관적인 인식은 가능함을 함의하는 연구 결과도 볼 수 있다. Pratt(1998)는 동전 던지기 시뮬레이션에서 10~11세 아동이 1000회 시행 결과를 경험한 후 시행 횟수가 증가함에 따라 원그래프가 이등분된다는 관념을 추상화하였고, 이경화 외(2019)는 큰 수의 법칙에 대한 문장완성형 과제에서 5학년 수학 영재학생과 6학년 일반학생의 높은 정답률을 보였으며, 김민회와 장혜원(2021b)에서는 구슬 떨어뜨리기 시뮬레이션에 참여한 5학년 학생들이 시행 횟수가 증가하면 신뢰할 만한 결과일 것이라는 반응을 보였다.

또한 빈도적 접근으로부터 수학적 확률로의 연계를 위해 확률실험 결과를 표본 공간과 연결지어 생각하는 것이 핵심이지만, 학생들은 실제로 일어나지 않은 경우까지 고려하는 것을 어려워하기 때문에 적절한 교육적 지원이 필요하다(Kazak & Leavy, 2018). 예를 들어 장혜원(2020)의 두 개의 주사위 던지기 실험에서 가능성을 예측할 때 대부분의 학생은 실험 결과에만 의존하였고 교사의 개입 없이는 실험 상황의 표본 공간을 생각하지 못하였다.

요컨대, 가능성 경험은 차후 수학적 확률과 연계되어야 하고, 이를 위해 경험적 데이터를 이론적 기댓값과 연결하는 확률실험이나 시뮬레이션의 역할이 고려되어야 한다(Kazak & Confrey, 2006). 3차 교과서에는 확률실험으로서 동전 던지기를 100번, 300번, 500번 해보는 활동이 포함되어 있지만, 수업 시간에 컴퓨터의 도움 없이 그렇게 많은 시행을 허용하기는 쉽지 않을 것이다. 컴퓨터 시뮬레이션은 이와 같은 물리적 한계를 도와줄 뿐만 아니라 학생의 확률 직관 및 이해에 보다 효과적인 것으로 나타난다(이경화 외, 2019; Batanero et al., 2005; Pratt, 2005). 컴퓨터 시뮬레이션을 이용한 반복 시행은 형식적인 확률 지식을 얻기 위한 귀납적 과정으로서 확률적 경험을 제공하기 때문에 '원하는 만큼 많이' 시행할 수 있다는 사실에 의의가 있다. 이때 얼마나 많은 시행이 있어야 학생들에게 안정된 빈도로서 이해될 것인지 검토할 필요가 있다. Piaget와 Inhelder(2014)에서 학생들이 자신이 예측하지 않은 결과에 대해 뭔가 조작을 해놓은 것으로 생각했다는 연구 결과는 물리적 실험과 달리 자신이 직접 행하지 않은 컴퓨터 시뮬레이션에 대한 학생의 수용 민감성이 어떠할 것인지도 생각해보도록 한다.

또한 큰 수의 법칙에 대한 Bernoulli의 증명 덕분에 동일 실험을 충분히 많이 반복 시행하면 어떤 사건의 상대도수와 그 사건의 수학적 확률의 차를 원하는 만큼 줄임으로써 양자를 동일시할 수 있다는 수학적 타당성이 확보되지만, 학생들의 실험에서는 양자가 늘 가까워지는 것은 아님에 주의해야 한다. 예를 들어, 확률실험에서는 시행 횟수가 클 때보다 작을 때 오히려 수학적 확률에 가까운 상대도수를 얻을 수도 있고, Piaget와 Inhelder(2014)의 실험에서와 마찬가지로 김민회와 장혜원(2021b)에서 5학년 학생들은 비율 개념의 부재로 인해 시행 횟수가 증가할 때 결과의 차이를 전체에 대한 비로서의 상대적 차이가 아니라 절대적 차이로 인식하여 상대도수의 수렴성을 파악하지 못하는 한계를 드러내었다. 반복 시행의 결과인 구체적 사례로부터 개념을 특정 짓기 위해 그 개념의 불변적 특성을 규명할 때까지 경향성과 패턴 파악을 돕는 경험이 요구된다.

이때 컴퓨터 시뮬레이션은 무작위성을 활용한 마이크로월드(chance-maker microworld) 개념(Pratt, 1998; Pratt & Noss, 1998; Bryant & Nunes, 2012)이 통용될 정도로, 확률에 대한 빈도적 접근에 매우 유용할 것이 기대된다. 흔히 확률실험으로 대표되는 동전이나 주사위 던지기, 회전판, 구슬 떨어뜨리기 등의 시뮬레이션이 가능한 여러 프로그램을 가능성 마이크로월드로 이용할 수 있다.[3] 학생들은 시뮬레이션을 경험하면서 시행 횟수의 증가가 가능성을 나타내는 비율이나 그래프 결과에 어떠한 영향을 미치는지 스스로 확인하는 가운데 가능성 관련 지식을 구성하게 된다.

## 4. 결론

이 장에서 확률과 통계의 연계성의 맥락에서 초등학교 수학에서 다루는 가능성과 관련한 몇 가지 논제를 검토하였다. 확률 개념은 발생 과정에서 확인되는 바와 같이 내포의 복잡성으로 인해 다중적 의미를 지니며, 따라서 수학적 확률과 통계적 확률, 어느 한 가지로만 지도되어서는 안 된다. 그 기초 개념으로서의 가능성 역시 다양한 관점에서 접근하여 풍부한 개념 이미지를 갖게 된다면 차후 확률 개념 이해로 의미있게 연장될 것이 기대된다.

---

3) 예컨대 다음과 같은 시뮬레이션 프로그램을 참고할 수 있다: https://www.tinkerplots.com/, https://www.nctm.org/adjustablespinner/, https://www.geogebra.org/m/w8yPG6ht

보통 학교 수학에서 다루어지는 확률 개념인 수학적 확률과 통계적 확률을 고려할 때 지도 순서를 어떻게 취하더라도 순환성이 발생하고, 양자의 교수학적 연결고리를 매끄럽게 이어야 하는 교수학적 과제가 남는다. 교과서 구성시 전통적으로는 수학적 확률을 먼저 정의하고 통계적 확률 관련 활동을 도입하는 순서가 우세하였으나 오늘날은 역으로 빈도적 관점에서 통계적 확률을 먼저 정의하고 이후 수학적 확률을 도입하는 방식이 선호되는 경향이 있다. 확률론은 기초 개념으로부터 연역적으로 구성되는 것이 아니라 그러한 기초 개념의 의미와 적용을 점진적으로 결정하고 구체화하는 발달 이론이기 때문이다(Steinbring, 1991b). 연역적 접근인 수학적 확률로부터 확률의 핵심인 가능성을 직관하기 어려운 반면, 가능성으로부터 확률로의 귀납이 빈도적 접근이라 할 수 있다. 2015 개정 교육과정만 보아도 확률이 도입되는 중학교 수학에서 '확률은 실험이나 관찰을 통해 구한 상대도수로서의 의미와 경우의 수의 비율로서의 의미를 연결하여 이해하게 한다(교육부, 2015, p. 36).'는 교수·학습 방법 및 유의 사항에 따라 황선욱 외(2019)는 동전 던지기 실험을 통해 상대도수를 구해보고 1200회 결과표와 그래프를 제시하여 먼저 통계적 확률로 확률을 정의하고, 이어 경우의 수를 이용하여 수학적 확률을 소개한다. 즉 그래프에 의존하여 상대도수가 일정한 값에 가까워진다는 큰 수의 법칙에 대한 직관적 이해에 기초하여 통계적 확률을 정의한 다음, 실험 없이도 구할 수 있는 방법으로서 수학적 확률과 연계한 것이다. 다만 통계적 확률로서의 정의를 위한 실험 상황이 지나치게 간단하고 다양한 확률 관련 개념을 다루지 못하는 미흡함이 있는데, 이를 초등학교의 자료와 가능성 영역에서 풍부한 활동으로 보완할 것을 제안한다.

초등학교에서 직관적 수준으로 다루어지는 가능성 수업은 차후 수학적 확률이든 통계적 확률이든 확률 정의 도입에 앞서 그 준비 단계로서 확률의 다양한 관련 개념을 경험하는 장이 되어야 한다. 실생활의 상황이나 가능성의 직관적인 파악을 가능하게 하는 연속 모델 활용 등의 전략과 함께, 이 장에서 고찰했듯이 가능성에 대한 빈도적 접근은 물리적 실험이나 컴퓨터 시뮬레이션을 통한 활동의 구체성으로 인해 초등학생의 인지적 특성에 보다 적합할 것이며 무작위성, 등확률성, 변이성, 분포 등 다양한 확률 관련 개념을 경험하는 기회를 제공할 수 있을 것이다. 이러한 기저 개념들은 중학교에서 다룰 확률 용어에 대해 형식적으로 정의하기 이전에 경험될 것이 요구되지만, 그렇지 못한 교육 실태를 이미 언급하였다. 더욱이 이러한 개념들이 아동의 확률적 오개념과 밀접한 관계가 있다는 점을 고려할 때 초등학교의 직관적 수준에서 다수의 관련 경험을 제공하는 것은 확률 교육에서 매우 도전적이지만 의미 있는 과제라 할 것이다.

## 참고문헌


교육과학기술부(2011). **수학과 교육과정**. 교육과학기술부 고시 제2011-361호 [별책 8].

교육부(2000). **초·중·고등학교 수학과 교육과정 기준(1946~1997)**. 서울: 선명인쇄주식회사.

교육부(2015). **수학과 교육과정**. 교육부 고시 제2015-74호 [별책 8].

권점례, 이경언, 민용성, 김현미, 김기철, 김현정(2018). **초중등학교 교과 교육과정 국제 비교 연구: 국어, 사회, 수학, 체육, 음악 교과를 중심으로**. 연구보고, 한국교육과정평가원, 진천.

김민회, 장혜원(2021a). 초등학교 5학년 학생들의 가능성 비교 전략 분석. **학교수학, 23**(3), 411-432.

김민회, 장혜원(2021b). 구슬 떨어뜨리기 시뮬레이션 상황에서 초등학교 5학년 학생들의 가능성 추론 분석. 이광호, 김동원(편.), **수학교육관련학회 연합국제학술대회 프로시딩: 지능·정보화 시대에서 요구되는 수학교육의 방향과 과제**(pp. 239-242). 한국수학교육학회, 대한수학교육학회.

문교부(1974a). **수학 5-2**. 서울: 국정교과서주식회사.

문교부(1974b). **수학 6-2**. 서울: 국정교과서주식회사.

박경미 외 43인(2015). **2015 개정 수학과 교육과정 시안 개발 연구 II**. 연구보고, 한국과학창의재단, 서울.

우정호(2017). **학교수학의 교육적 기초(하)**. 서울: 서울대학교 출판문화원.

이경화, 안민웅, 고은성, 최성이, 문성재(2019). 확률실험 환경에서 초등학교 수학영재 학생과 일반 학생의 확률 탐구 특성 비교. **학교수학, 21**(2), 369-389.

장혜원(2013). 확률 개념을 위한 '가능성'의 지도: 2009 개정 교육과정에 따른 초등학교 확률지도 방안 탐색. **학교수학, 15**(2), 315-335.

장혜원(2020). 교수학적 상황론에 따른 직관적 확률 개념 지도: Roller Derby 게임을 활용하여. **학교수학, 22**(3), 589-608.

장혜원, 김민회, 박찬혜, 이연주, 표주은(2021). 수학 교과서의 비교 분석을 통한 '가능성' 지도 방안 탐색. **학교수학, 23**(1), 101-121.

황선욱, 강병개, 윤갑진, 이광연, 장홍월, 정종식, 조성율(2019). **중학교 수학 2.** 서울: 미래엔.

황선욱 외 32인(2011). **창의 중심의 미래형 수학과 교과내용 개선 및 교육과정 개정 시안 연구**. 연구보고, 한국과학창의재단, 서울.

Batanero, C., Henry, M., & Parzysz, B. (2005). The nature of chance and probability. In G. A. Jones (Ed.), *Exploring probability in school* (pp. 15-37). Boston, MA: Springer.

Bliss, J. (1978). Ideas of chance and probability in children and adolescents. *Physics Education, 13*(7), 408-413.

Borovcnik, M. (2005). Probabilistic and statistical thinking. In M. Bosch (Ed.), *Proceedings of the 4th Congress of the European Society for Research in Mathematics Education* (pp. 484-506). Sant Feliu de Guitxols, Spain: European Research in Mathematics Education.

Bryant, P. & Nunes, T. (2012). *Children's understanding of probability. A literature review (full report).* London: Nuffield Foundation.

Cox, D. R., & Efron, B. (2017). Statistical thinking for 21st century scientists. *Science Advances, 3*(6). DOI: 10.1126/sciadv.1700768.

Fischbein, E. (1975). *The intuitive sources of probabilistic thinking in children* (Vol. 85). Dordrecht: Springer Science & Business Media.

Fischbein, E., Pampu, L, & Minzat, I. (1970). Comparison of ratios and the chance concept in children. *Child Development, 41*(2), 377-389.

Hacking, I. (1971). Equipossibility theories of probability. *The British Journal for the Philosophy of Science, 22*(4), 339-355.

Jones, G. A. (2006). *The challenges of teaching probability in school.* Queensland: Griffith University. Retrieved from http://www.mathunion.org/fileadmin/ICMI/files/Digital_Library/ICMEs/Bulletin_Jones.pdf

Kazak, S., & Confrey, J. (2006). Elementary school students' informal and intuitive conceptions of probability distributions. In A. Rossman & B. Chance (Eds.), *Proceedings of the 7th International Conference on Teaching Statistics*, Voorburg, The Netherlands: International Statistical Institute.

Kazak, S., & Leavy, A. M. (2018). Emergent reasoning about uncertainty in primary school children with a focus on subjective probability. In A. Leavy, M. Meletiou-Mavrotheris, & E. Paparistodemou (Eds.), *Statistics in early childhood and primary education: Supporting early statistical and probabilistic thinking* (pp. 37-54). Singapore: Springer.

Konold, C. (1989). Informal conceptions of probability. *Cognition and Instruction, 6*(1), 59-98.

Konold, C. (1991). Understanding students' beliefs about probability. In E. von Glasersfeld (Ed.), *Radical constructivism in mathematics education* (pp. 139-156). Dordrecht: Springer.

Konold, C., Pollatsek, A., Well, A., Lohmeier, J., & Lipson, A. (1993). Inconsistencies in students' reasoning about probability. *Journal for Research in Mathematics Education, 24*(5), 392-414.

Ministry of Education (2015). *The New Zealand curriculum*. Wellington, NZ: Learning Media Limited.

Organization for Economic Co-operation and Development [OECD] (2019). *PISA 2018 assessment and analytical framework*. Paris: Author.

Piaget, J., & Inhelder, B. (1969). *The psychology of the child*. New York: Basic Books, Inc.

Piaget, J., & Inhelder, B. (2014). *The origin of the idea of chance in children (Psychological revivals)*. New York: Psychology press. (원본은 1951년에 출판됨)

Pratt, D. (1998). The co-ordination of meanings for randomness. *For the Learning of Mathematics, 18*(3), 2-11.

Pratt, D. (2005). How do teachers foster students' understanding of probability? In G. A. Jones (Ed.), *Exploring probability in school* (pp. 171-189). Boston, MA: Springer.

Pratt, D., & Noss, R. (1998). Expressions of control in stochastic processes. In L. Pereira-Mendoza, L. S. Kea, T. W. Kee, & W. Wong (Eds.), *Proceedings of the 5th International Conference on Teaching Statistics* (Vol. 2, pp. 1043-1049). Voorburg, The Netherlands: International Statistical Institute.

Rumsey, D. (2006). *Probability for dummies*. Indianapolis: IN: Wiley publishing, Inc.

Shaughnessy, J. M. (2003). Research on students' understanding of probability. In J. Kilpatrick, W.G. Martin, & D. Schifter (Eds.), *A research companion to principles and standards for school mathematics* (pp. 216-226). Reston, VA: National Council of Teachers of Mathematics.

Sriraman, B., & Chernoff, E. J. (2020). Probabilistic and statistical thinking. In S. Lerman (Ed.), *Encyclopedia of mathematics education*. Cham: Springer.

Steinbring, H. (1991a). The theoretical nature of probability in the classroom. In R. Kapadia & M. Borovcnik (Eds.), *Chance encounters: Probability in education* (pp. 135-167). Dordrecht: Kluwer Academic Publishers.

Steinbring, H. (1991b). The concept of chance in everyday teaching: aspects of a social epistemology of mathematical knowledge. *Educational Studies in Mathematics, 22*(6), 503-522.

Watson, J. (2005). The probabilistic reasoning of middle school students. In G. A. Jones (Ed.), *Exploring probability in school* (pp. 145-169). Boston, MA: Springer.

Watson, J., Caney, A., & Kelly, B. (2004). Beliefs about chance in the middle years: longitudinal change. In I. Putt, R. Faragher, & M. McLean (Eds.), *Proceedings of the 27th annual conference of the Mathematics Education Research Group of Australasia. Mathematics education for the third millennium: Towards 2010* (pp. 581-588). Sydney: MERGA.

Watson, J. M., & Kelly, B. A. (2004). Statistical variation in a chance setting: a two-year study. *Educational Studies in Mathematics, 57*(1), 121-144.

제11장

# 시뮬레이션 기반 확률 개념 지도

신보미(전남대학교)

## 1. 서론

학교 수학에서 확률 개념은 주로 고전적 접근에 기반한 수학적 확률로 다루어지며, 부분적으로 빈도적 접근에 따른 통계적 확률이 소개된다. 그러나 확률 개념의 본질은 고전적 접근과 빈도적 접근의 균형 있는 지도를 통해 의미있게 드러날 수 있으며(Saldanha & Liu, 2014), 이러한 지도의 구체적인 교수학적 도구로 시뮬레이션을 활용하는 방안이 확률 교육에서 오랫동안 논의되었다(Ireland & Watson, 2009; English & Watson, 2016; Konold & Pollatsek, 2002). 특히 Wild와 Pfannkuch(1999)는 확률 개념을 고전적 접근과 빈도적 접근을 통해 복합적으로 다루는 전략으로 시뮬레이션을 활용한 모델링 활동을 제안한 바 있으며, Eichler와 Vogel(2014)은 고전적 접근과 빈도적 접근 각각에 따른 확률 모델링의 구조를 구체화하였다.

이에 이 글은 확률 개념에 대한 대표적인 2가지 접근인 고전적 접근과 빈도적 접근의 의미를 살펴보고, 각 접근에 따른 확률 모델링의 구조를 Eichler와 Vogel(2014)에 비추어 개관한 다음, 각각의 모델링 구조에서 시뮬레이션이 활용되는 상황을 구체적인 문제를 통해 소개함으로써 시뮬레이션 기반 확률 개념 지도에의 교수학적 시사점을 기술하고자 한다.

## 2. 확률 개념에 대한 고전적 접근과 빈도적 접근

확률 개념의 역사적 발생 과정을 살핀 대부분의 선행 연구는 고전적 접근, 빈도적 접근, 주관적 접근, 공리적 접근으로 확률 개념에 대한 해석 방식을 범주화하여 설명하였다. 이하에서는 학교 수학에 명시적으로 반영되어 있는 고전적 접근과 빈도적 접근(Batanero et al., 2016)의 의미와 한계에 대해 알아본다.

### 2.1 고전적 접근

라플라스는 1814년에 출판한 『확률에 대한 철학적 시론(Essai Philosophique sur les Probabilitbilités)』에서 다음과 같이 등확률(equiprobability)을 결정하는 주관적인 견해에 대해 설명하면서 구체적인 상황의 수학적 확률을 정의하였다.

> 가능성에 대한 이론에서는 같은 종류의 모든 사건에 대해 그 사건이 일어날 각각의 가능성이 같다고 간주하는데, 실제로는 같다고 볼 수 없는 경우에도 그러하다. … 확률은 간단히 말해서 분수인데, 분자는 사건이 일어날 횟수이고 분모는 일어날 수 있는 모든 사건의 횟수이다(Laplace, 1814/1995, p. ix; Batanero et al., 2017, p. 10에서 재인용).

위 정의에 따르면 확률은 등확률성이 보장되는 상황, 즉 주사위나 동전, 항아리 속의 공 또는 스피너와 같은 인공적이며 대칭적인 무작위 생성자(random generator)에 의해 만들어지는 무작위 상황을 해석하는 데 적합하다. Chaput 외(2011)에 따르면 확률에 대한 고전적 접근은 등확률을 전제로 한다는 면에서 '사전(a priori)'이라는 단어와 연결된다. 이는 등확률성이 이론적으로 보장되는, 무작위 생성자와 관련되는 확률값은 실제 실험을 수행할 필요 없이 연역적으로 계산할 수 있음을 의미한다.

그러나 확률에 대한 라플라스의 위와 같은 정의는 확률이 일정 부분의 무지와 지식을 동시에 드러낸다고 언급한 것으로, 서로 다른 사건의 등확률성을 판단하는 데 주관적인 해석을 토대로 하였다는 점에서 논쟁을 일으켰다. 실제로 주사위 1개를 던질 때나 우연 게임을 진행할 때처럼 등확률성이 명백한 상황도 있지만 복잡한 실생활 맥락은 그렇게 간단하지 않다. 베르누이는 『추측술(Ars Conjectandi)』에서 전염병의 확산이나 날씨 현상을 예로 들어 이 점을 지적하였다. 베르누이에 따르면 등확률성은 "매우 드문 경우에만 관찰되며 우연 게임이 아닌 상황에서는 살펴보기 힘들다". 실제 사건에서 확률은 "이론적으로는 알지 못하더라도 실험을 통해 비슷한 많은 경우에 대한 결과를 관찰하여 구할 수 있다"(Batanero et al., 2017, p. 11에서 재인용). 즉, 베르누이는 확률 개념에 대한 고전적 접근의 한계를 지적하면서 구체적인 사건이 일어날 가능성에 대한 객관적이고 빈도적인 접근을 제안하였다.

## 2.2 빈도적 접근

Batanero 외(2017)에 따르면 무작위 실험의 반복 시행에서 관찰된 규칙성에 비추어 앞으로 일어날 사건의 가능성을 수량화하는, 빈도적 관점에 대한 이론적인 연구는 불과 3세기 전에 시작되었다. 빈도적 관점에서 확률 개념을 연구함에 있어 베르누이는, 같은 실험을 충분히 반복하면 어떤 사건의 상대도수와 그 확률 $p$의 차를 임의의 수보다 작게 만드는 확률을 1과 원하는 만큼 가깝게 할 수 있다[1)]는 큰 수의 법칙(law of large numbers)을 증명함으로써 확률에 대한 빈도적 예측을 정당화하였다.

무작위 실험에서 동일한 시행을 충분히 반복하였을 때 어떤 사건의 상대도수가 안정화되어간다는 사실은 이미 오래전부터 알려져 온 사실이었다. 이처럼 안정화되는 수치가 고전적인 확률과 관련됨을 보인 베르누이의 증명에 의해 확률은 무작위 사건의 객관적 특징이라는 사실이 확인되었다. 이는 상대도수의 안정성이 관찰되면 상대도수가 가까워지는 값을 확률의 물리적인 근삿값으로 간주할 수 있음을 의미한다.

Eicher와 Vogel(2014)에 따르면 확률은 관찰자와 무관한 값으로, 여러 번 시행해본 다음 어떤 사건이 일어난 도수를 나타내며, 물리적 양(magnitude)과 같이 측정될 수 있는 객관적인 가능성을 의미한다. Gnedenko와 Kolmogorov(1954)는 "만약 수학적 확률이 동일한 조건에서 수행된 반복 실험 결과로부터 얻은 상대도수를 통해 구체화되지 않으면 수학적 확률 자체로는 의미를 갖지 않는다"고 언급하였다(Batanero et al., 2017, p. 12에서 재인용). Chernoff(2008)에 따르면 빈도적 접근은 확률에 대한 실험적 논의를 기반으로 한다는 점에서 '사후(a posteriori)'라는 단어와 연결된다. 빈도적 접근에 따르면 반복 시행에서 얻은 데이터를 통해 확률을 예측할 수 있으며 이는 확률을 물리적인 양으로 해석하는 것이 가능하게 한다.

그러나 실제 상황에서는 빈도적 접근을 위해 물리적으로 충분히 많은 시행을 반복하는 것이 쉽지 않다. 또한 사건의 확률을 적절히 예측하는 데 어느 정도의 시행이 필

---

1) 어떤 시행에서 사건 A가 일어날 확률이 $p$일 때, $n$회의 독립시행에서 사건 A가 일어나는 횟수를 $X$라고 하면, 임의의 양수 $h$에 대하여 $\lim_{n\to\infty} P\left(\left|\frac{X}{n}-p\right|<h\right)=1$이 성립한다.

요한지 결정하는 데도 어려움이 있다. 그러나 확률에 대한 빈도적 정의와 관련하여 가장 두드러진 비판은, 해당 정의가 추상적인 수학적 대상과 실험에 의해 얻은 경험적인 도수 사이의 구분을 모호하게 한다는 점이다. von Mises(1952)의 공리 체계에 따르면 확률은 상대도수의 이론적인 극한값으로, 확률에 대한 이러한 개념은 모델과 실제 상황을 혼동하게 만드는 교수학적 문제를 야기할 수 있음에 유의할 필요가 있다 (Batanero et al., 2017, p. 12에서 재인용),

## 3. 시뮬레이션과 확률 모델링

확률적 사고의 주요한 능력 중 하나는 모델링 역량과 밀접한 관련이 있다(Wild & Pfannkuch, 1999). Eichler와 Vogal(2014)은 모델링에 대한 다양한 정의 및 단계를 구별하기보다는 모델링 역량의 핵심을 데이터로 구성된 실험적 세계와 확률이라는 이론적 세계 사이의 전이 관계에 대한 이해로 해석하여, 고전적 접근과 빈도적 접근을 통합적으로 지도하는 확률 모델링의 구조를 시뮬레이션과 관련하여 구체화하였다. 이하에서 고전적 접근과 빈도적 접근 각각에 따른 확률 모델링의 구조와 시뮬레이션의 역할을 Eichler와 Vogel(2014)에 비추어 살펴본다.

### 3.1 고전적 접근에 따른 확률 모델링과 시뮬레이션

Eichler와 Vogel(2014)은 고전적 접근에 따른 확률 모델링 단계를 다음과 같이 4단계로 제시하였다.

- 문제: 문제를 정의하고 구조화하기
- 사전 예측(looking ahead): 주어진 정보를 활용하여 이론적인 모델을 구성하고 이론적 모델에 비추어 예측하기
- 사후 검토(looking back): 이론적 모델에 기초한 시뮬레이션을 통해 얻은 데이터를 검토함으로써 사전 예측의 타당성을 알아보기
- 결론: 결과를 공식화하여 결론을 유도하기

이상의 확률 모델링 단계를 적용한 수업 상황은 다음과 같이 예시할 수 있다.

- 문제: 주사위를 100번, 1000번 던졌을 때 3의 눈이 나올 상대도수를 예측해 보고 그 타당성을 확인해 보자.
- 사전 예측: 중학생 대부분은 주사위의 물리적 대칭성을 근거로 3의 눈이 나올 가능성을 이론적 모델인 수학적 확률에 따라 $\frac{1}{6}$과 같이 '사전(a priori)에' 예측할 수 있다.
- 사후 검토: 학생들은 예측한 바가 적절한지 알아보기 위해 주사위를 던져봐야 한다. 이론적 모델에 기반한 컴퓨터 시뮬레이션의 [그림 1]과 같은 결과에 비추어 사전 예측의 타당성을 검토한다.
- 결론: [그림 1]에 따르면 3의 눈이 나온 상대도수가 존재하는 범위는 시행 횟수가 100번인 경우보다 1000번인 경우에 좀 더 작아진다. 즉, 3의 눈이 나올 상대도수는 시행횟수가 많을수록 이론적 확률인 $\frac{1}{6}$에 가깝다. 이 결과로부터 큰 수의 법칙이 경험적으로 성립함을 설명할 수 있다.

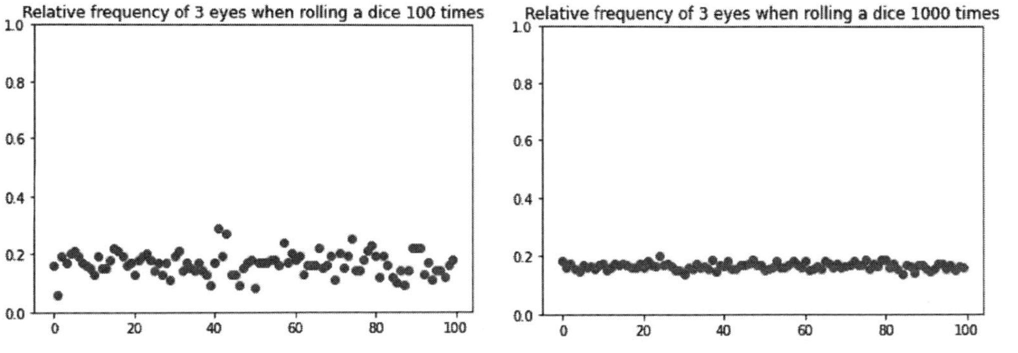


**[그림 1]** 주사위를 100번, 1000번 던졌을 때 3의 눈이 나온 상대도수의 분포

큰 수의 법칙은 무작위로 생성된 분포의 전체적인 경향(regularity)과 개별적인 변이성(variability)으로부터 통계적 확률과 수학적 확률 사이의 관계를 설명해 주는 주요 원리로, 확률 상황과 수학적 모델 사이의 상보적 관계를 상대도수와 고전적 확률 사이의 관련성에 기초하여 설명해 주는 최초의 수학적 이론이다(Batanero & Sanchez, 2017). 여러 연구는 학생들이 큰 수의 법칙을 개념적으로 더 잘 이해하도록 하려면 확률에 대한 실험적 접근이 필요하다고 주장하였다. Freudenthal(1972)은 많은 교과서가 동전을 100번 던졌을 때 앞면이 나오는 상대도수를 그 시행 횟수가 증가함에 따라 연

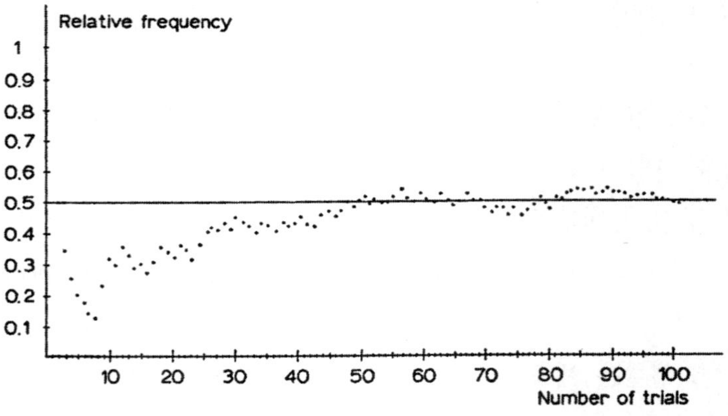


[그림 2] 교과서의 예(Freudenthal, 1972, p. 484)

속적인 순서로 $\frac{1}{2}$에 빠르게 수렴하는 것처럼 [그림 2]와 같이 제시하고 있으나, 이러한 설명은 통계적으로 적절치 않다고 지적하였다.

Freudenthal(1972)은 큰 수의 법칙을 의미있게 지도하기 위해서는 상대도수가 수학적 확률 주변에서 변화하는 현상을 직접적으로 다룰 기회를 주어야 한다고 하면서 그 구체적인 수업 상황을 다음과 같이 예시하였다. 학생 20명이 동전을 10번 던지는 시행을 10회 반복한다. 그 다음 각각의 시행에서 앞면이 나온 상대도수를 구하여 평균을 계산한다. 이렇게 구한 평균은 $\frac{1}{2}$과 0.1 또는 0.2 정도의 차이가 있으며, 각 시행을 두 배로 늘렸을 때 이들은 $\frac{1}{2}$과 약 0.05 정도의 차이가 있음을 확인한다(p. 485).

이처럼 큰 수의 법칙의 진가는 충분한 시행을 해보지 않고서는 알 수 없으며 여러 전문가들은 큰 수의 법칙 이면에 존재하는 아이디어를 학생들이 이해할 수 있도록 하기 위해서는 테크놀로지가 중요한 역할을 한다고 강조하였다. Biehler(1991)는 학생들이 큰 수의 법칙을 피상적으로 이해하는 경향이 있다고 지적하면서, 컴퓨터의 지원 없이는 큰 수의 법칙을 지도하기 어려울 뿐만 아니라 시행을 오랫동안 계속하였을 때 도수가 어떻게 되는지 알기 힘들다고 하였다.

이상에서 살펴본 Eichler와 Vogel(2014)의 고전적 접근에 따른 확률 모델링 단계는, 시행 횟수가 바뀜에 따라 상대도수가 변화하는 양상을 컴퓨터 환경에서 탐구할 기회를 준다는 점에서 큰 수 법칙에 대한 의미있는 이해를 개발하는 데도 주요한 시사를 준다.

## 3.2 빈도적 접근에 따른 확률 모델링과 시뮬레이션

Eichler와 Vogel(2014)은 빈도적 접근에 따른 확률 모델링 단계를 다음과 같이 5단계로 제시하였다.

- 문제: 문제를 정의하고 구조화하기
- 데이터 생성 및 분석: 주목하는 확률 현상의 변이성을 이해하기 위해 실험 데이터를 생성하여 분석함으로써 정보를 얻기
- 사전 추론(looking ahead): 얻은 정보를 활용하여 이론적인 모델을 구성하고 패턴을 추론하거나 일반화하기
- 사후 검토(looking back): 이론적 모델에 기초한 시뮬레이션을 통해 얻은 데이터를 검토함으로써 사전 추론의 타당성을 알아보기
- 결론: 결과를 공식화하여 결론을 유도하기

이상의 확률 모델링 단계를 적용한 수업 상황은 다음과 같이 예시할 수 있다(Eichler & Vogel, 2014, p. 90).

- 문제: 초콜릿 과자인 M&M에는 6가지 초콜릿이 들어 있다. 빨간 초콜릿의 분포를 알아보자.
- 데이터 생성 및 분석: M&M에 들어있는 6가지 초콜릿의 분포에 대한 이론적 정보가 없으므로, 주어진 문제를 해결하기 위해서는 실험 데이터를 얻는 방법밖에 없다. M&M 100봉지를 조사한 데이터로부터 [그림 3]과 같은 결과를 얻었다.

Averages

| blue | brown | green | orange | red | yellow |
|---|---|---|---|---|---|
| 3.1 | 3.1 | 2.9 | 3.1 | 3.0 | 2.8 |

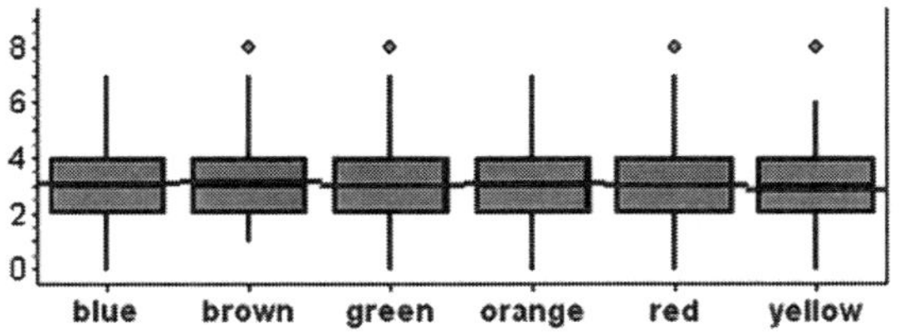


[그림 3] M&M 100봉지에 들어있는 6가지 초콜릿에 대한 통계 값(Eichler & Vogel, 2014, p. 90)

- 사전 추론: [그림 3]의 통계 값에서 얻은 정보를 활용하여 이론적 모델을 구성하기 위해서는 몇 가지 전제가 필요하다. 즉, M&M 한 봉지에는 항상 같은 개수의

초콜릿이 있으며(위 경우는 18개), 각 봉지에 들어있는 초콜릿의 색은 다른 봉지에 들어있는 초콜릿의 색에 영향을 주지 않고(초콜릿 색과 관련하여 각 봉지는 독립이고), M&M 한 봉지에서 특정한 색의 초콜릿을 꺼낼 확률은 변하지 않는다. 이상과 같은 모델링의 전제로부터 M&M 한 봉지에 들어있는 6가지 초콜릿의 분포를 균등 분포로 유도할 수 있으며, M&M 한 봉지에서 빨간 초콜릿을 꺼낼 가능성은 $\frac{1}{6}$, 그 밖의 색을 꺼낼 가능성은 $\frac{5}{6}$과 같이 추론함으로써 M&M 한 봉지에 있는 빨간 초콜릿 개수의 분포를 이항분포로 일반화할 수 있다.

- 사후 검토: 학생들이 이항분포를 모르면, 교사가 준비한 컴퓨터 시뮬레이션을 통해 얻은 데이터에 비추어 빨간 초콜릿의 개수에 대한 상대도수와 절대도수의 분포를 확인할 수 있다. [그림 4]는 가상의 M&M 10,000봉지에 들어있는 빨간 초콜릿의 개수에 대한 시뮬레이션 결과이다.
  사전 추론에서 학생들은 M&M 한 봉지에 들어 있는 빨간 초콜릿의 개수가 0이거나 8 이상이 될 수는 없다고 추론하였을 수도 있다. 그러나 [그림 4]에 따르면 M&M 10,000봉지에서 379봉지, 즉 3.8%정도에는 빨간 초콜릿이 하나도 없거나 8개 이상이 들어있다.
- 결론: 학생들은 위 문제 상황에서 구한 빨간 초콜릿의 분포가 주사위를 던져서 나온 특정 눈의 분포와 구조적으로 동치임을 유도할 수 있다.

| Simulation frequencies (10 000 bags) | | |
|---|---|---|
| $r$ | $H(X=r)$ | $h(X=r)$ |
| 0 | 366 | 0.037 |
| 1 | 1369 | 0.137 |
| 2 | 2329 | 0.233 |
| 3 | 2405 | 0.241 |
| 4 | 1871 | 0.187 |
| 5 | 1031 | 0.103 |
| 6 | 422 | 0.042 |
| 7 | 155 | 0.016 |
| 8 | 39 | 0.004 |
| $>8$ | 13 | 0.001 |

[그림 4] M&M 한 봉지에 들어있는 빨간 초콜릿의 개수 $r$에 대한 시뮬레이션 결과(Eichler & Vogal, 2014, p. 91)

Batanero 외(2017)에 따르면 확률 지식이 실제적인 현상에 대한 사회적인 활동과 해석에서 출발하였기 때문에 그 발생의 본질에 비추어 볼 때 확률 지식에 대한 학습은 모델링 학습과 통합되어야 하며, 이러한 모델링 활동에서 시뮬레이션이 핵심적인 역할을 한다. 시뮬레이션을 통해 학생들이 수학적인 형식주의에 의존하지 않고도 무작위 상황을 분석할 수 있다는 점에서 시뮬레이션은 실제 상황과 수학적인 모델사이의 매개체로서 기능할 수 있다. 이상에서 살펴본 Eichler와 Vogel(2014)의 빈도적 접근에 따른 확률 모델링 단계는 확률 개념의 또 다른 본질인 모델링과의 관련성을 토대로 한다는 점에서 교수학적 의미를 지닌다.

## 4. 결론

이제까지 확률 개념에 대한 고전적 접근과 빈도적 접근의 의미를 알아보고 Eichler와 Vogel(2014)에 비추어 고전적 접근과 빈도적 접근을 통합적으로 지도하는 확률 모델링의 구조 및 시뮬레이션의 활용 방안을 살펴보았다. 이상에 따르면 확률 모델링 활동에서 시뮬레이션의 역할은, '이미 존재하는 모델을 탐구하는 도구'로서의 역할과 '알려지지 않은 모델을 근사적으로 구성하는 도구'로서의 역할로 요약할 수 있다.

고전적 접근에 따른 확률 모델링에서 시뮬레이션은, 주사위의 눈에 대해 이미 알려진 모델에 따라 3의 눈이 나올 상대도수의 실험적 결과가 존재하는 범위를 보여준다. 즉 시뮬레이션은 확률이라는 이론적 세계와 데이터라는 실험적 세계를 연결하는 다리 역할을 한다.

빈도적 접근에 따른 확률 모델링에서 시뮬레이션은, 학생들이 이항분포를 모르더라도 M&M 한 봉지에 들어있는 빨간 초콜릿의 분포를 탐구할 수 있도록 한다. 즉, 시뮬레이션은 수학적인 형식화가 힘들거나 불가능한 상황에서 학생들에게 이론적인 모델, Heitele(1975, p. 195)의 용어를 빌리면 유사-구체적인(pseuo-concrete) 모델을 암묵적으로 다룰 수 있는 기회를 제공한다. 나아가 가상의 실험적 세계에 대한 시뮬레이션 활동은 학생들이 통계적 추리(inferential) 기법을 비형식적으로 경험하게 하는 데도 기여한다(Pfannkuch, 2017).

통계적 추리는 표본으로부터 모집단의 특징을 알아내는 것으로, 이는 유한 번의 시행 결과에서 얻은 상대도수를 이용하여 무한 번의 시행을 전제로 하는 통계적 확률을 추정하는 맥락과 비슷하다. 확률 교육을 통해 얻어지는 많은 개념이 통계적 추리와 분리될 수 없으며, 특히 고등학교 확률 교육과정은 통계적 추리 지도와 밀접한 관련을 갖는다. 시뮬레이션에 기반한 확률 개념 지도는 확률과 통계의 유기적 연결성을 드러낼 수 있다는 점에서 통계교육에도 시사하는 바가 크다.

# 참고문헌


Batanero, C., Chernoff, E., Engal, J., Lee, H., & Sánchez, E. (2016). *Research on teaching and learning probability*. New York: Springer.

Batanero, C., Henry, M., & Parzysz, B. (2017). 우연과 확률의 본성. In G. A. Jones (Ed.), **확률, 왜 그리고 어떻게 가르칠까?**(신보미, 이경화 역)(pp. 3-26). 서울: 경문사. (원본은 2005년에 출판됨)

Batanero, C. & Sánchez, E. (2017). 고등학생들은 확률에 대해 어떤 개념과 오개념을 갖고 있는가? In G. A. Jones (Ed.), **확률, 왜 그리고 어떻게 가르칠까?**(신보미, 이경화 역)(pp. 223-249). 서울: 경문사. (원본은 2005년에 출판됨)

Biehler, R. (1991). Computers in probability education. In R. Kapadia & M. Borovcnik (Eds.), *Chance encounters: Probability in education* (pp. 169-211). Dordrecht: Kluwer Academic Publisher.

Chaput, B., Girard, J., & Henry, M. (2011). Frequentist approach: Modelling and simulation in statistics and probability teaching. In C. Batanero, G. Burrill, & C. Reading (Eds.), *Teaching statistics in school mathematics: Challenges for teaching and teacher education* (pp. 85-96). New York: Springer.

Chernoff, E. J. (2008). The state of probability measurement in mathematics education: A first approximation. *Philosophy of Mathematics Education Journal, 23,* 1-23.

Eicher, A. & Vogel, M. (2014). Three approaches for modelling situations with randomness. In E. Chernoff & B. Sriraman (Eds.), *Probabilistic thinking* (pp. 75-99). New York: Springer.

English, L. & Watson, J. (2016). Development of probabilistic understanding in fourth grade. *Journal for Research in Mathematics Education, 47*(1), 28-62.

Freudenthal, H. (1972). The "Empirical law of large numbers" or "The stability of frequencies". *Educational Studies in Mathematics, 4*, 484-490.

Heitele, D. (1975). An epistemological view on fundamental stochastic ideas. *Educational Studies in Mathematics, 6,* 187-205.

Ireland, S. & Watson, J. (2009). Building a connection between experimental and theoretical aspects of probability. *International Electronic Journal of Mathematics Education, 4*(3), 339-370.

Konold, C. & Pollatsek, A. (2002). Data analysis as the search for signals in noisy processes. *Journal for Research in Mathematics Education, 33*(4), 259-289.

Pfannkuch, M. (2017). 학생들이 확률과 통계적 추론을 연결시킬 수 있도록 어떻게 도울까? In G. A. Jones (Ed.), **확률, 왜 그리고 어떻게 가르칠까?**(신보미, 이경화 역)(pp. 250-277). 서울: 경문사. (원본은 2005년에 출판됨)

Saldanha, L. & Liu, Y. (2014). Challenges of developing coherent probabilistic reasoning: Rethinking randomness and probability from a stochastic perspective. In E. Chernoff & B. Sriraman (Eds.), *Probabilistic thinking* (pp. 367-396). New York: Springer.

Wild, C. & Pfannkuch, M. (1999). Statistical thinking in empirical enquiry. *International Statistical Review, 67*(3), 223-248.

# 제 VI 부

# 인공지능과 통계교육

인공지능의 발전은 곧 데이터가 우리 사회에 미치는 영향력이 더욱 커졌다는 것을 의미한다. 통계학은 가장 고전적인 데이터 과학이라는 점에서, 이러한 변화는 통계학과 통계교육에도 적지 않은 시사점을 줄 것으로 보인다. 제VI부에서는 인공지능과 데이터 시대에 비추어 통계교육의 나아갈 방향에 대한 수학자와 수학교육자의 관점을 확인한다.

제12장

# 인공지능과 통계교육: 수학자의 관점

임성빈(울산과학기술원)

## 1. 들어가는 말

21세기의 가장 중요한 과학적 발전 분야 중 하나는 기계학습(Machine Learning)과 인공지능(Artificial Intelligence)이다. 컴퓨터 성능, 인터넷 속도, 데이터 저장 장치, 소프트웨어 공학 기술의 발전에 힘입어 기계학습 연구가 활발히 진행되었고 이와 더불어 인공지능에 대한 관심이 전세계적으로 높아지게 되었다.

인공지능은 흔히 말하는 유행어(Buzzword)가 결코 아니다. 영상분석이나 음성인식 분야에선 인공지능이 미래에 개발될 기술이 아니라 이미 현존하는 기술이고, 자율주행, 일상대화(Chen, 2017), 수학 증명(Davies, 2021), 그림 그리기(Gatys, 2016)처럼 인공지능이 학습 불가능하다고 여겨진 영역[1]도 딥러닝 알고리즘의 발전으로 현재진행형으로 개발되고 있기 때문이다. 인공지능 기술 축적은 전 세계적으로 이루어지고 있다.

2020년에 조사된 국가 인공지능 연구지수(National AI Research Index)에 따르면 인공지능 기술 축적은 미국, 영국, 캐나다, 중국 등을 중심으로 이루어지고 있고 한국은 91개 국가 중 14위를 기록하여 10위권 내에 진입하지 못하고 있다. 특히 인공지능 연구 분야 질적 성장을 나타내는 보정 피인용지수(FWCI; Field-Weighted Citation

1) 인간의 지성을 구현하는 강인공지능(Strong AI)의 실현은 철학적인 논쟁 대상이므로 본문에서 다뤄질 범위에서 제외한다.

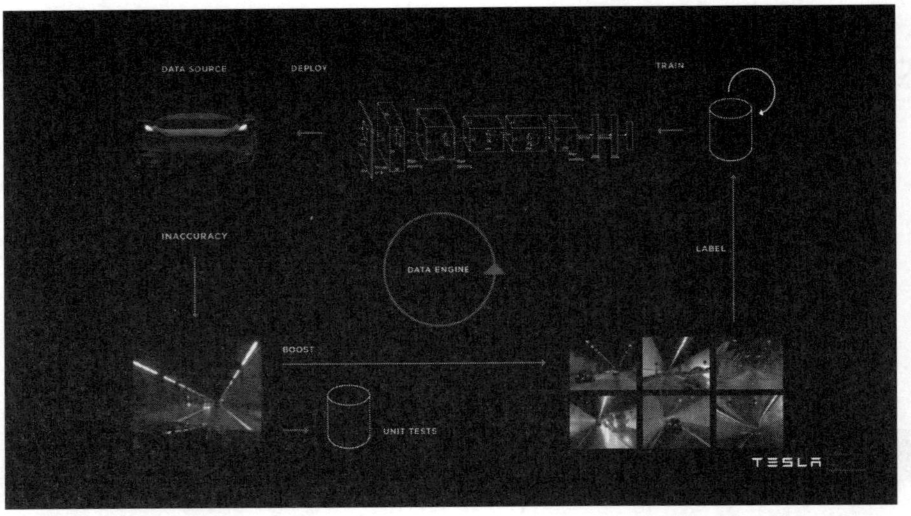


[그림 1] 현재 자율주행 기술은 딥러닝 등 인공지능 기술을 기반으로 개발되고 있다[2)]

Index)는 43위를 기록하고 있다(이승환, 조원영, 2020). 학계 인용지수만 가지고서 국내 인공지능 기술력을 평가하는 것은 어려운 일이지만, 2018-2020년 동안 CB 인사이트에서 선정한 유망 인공지능 스타트업 조사에서 국내 기업이 한 곳도 선정되지 못한 것은 한국 인공지능 기술 글로벌 경쟁력의 현주소를 나타내는 것 같아 안타까운 일이다. 기술력 격차의 가장 큰 원인은 인공지능 인력 부족으로 진단되고 있으며, 48.8%에 해당하는 기업들이 인공지능 인력 부족을 애로사항으로 뽑고 있다(한국개발연구원, 2020).

스타트업이 아닌 기존 기업에서도 인공지능의 산업적 효과가 제한적인 이유는 전문인력과 데이터 부족을 근거로 기업들이 인공지능 기술 적용을 주저하고 있기 때문이다. 기업들의 42.7%는 '실무형 기술 인력 양성'이 시급하다고 제안했고, 32.5%는 인공지능 인력 양성을 위해 가장 필요한 정책으로 '초·중·고 단계부터 인공지능 관련 기초능력 함양' 및 '대학·대학원 인공지능 전공 개설 및 교과목 신설'을 뽑았다(한국개발연구원, 2020). 대학에선 수년 전부터 인공지능 학과 및 대학원 교육과정을 개설했고, 기업이 요구하는 실무형 인력을 양성하기 위해 기업 일선에서 활동하는 인공지능 전문가를 학부 교육과정에 초빙하는 등 다각도로 노력하고 있다. 그러나 초·중·고 교육과정에서는 체계적이지 않은 교육 과정과 입시 정책의 혼선, 인공지능 기초 교육 필요성에 대한 몰이해로 인공지능 기초 능력 함양이 제대로 이루어지지 않고 있다.

필자는 인공지능대학원에서 학생들에게 딥러닝과 강화학습(Reinforcement Learning) 교과목을 가르치고 있다. 해당 수업 내용을 소화하기 위해서는 수학과 프로그래밍 능

2) 출처: YouTube, cited 2019: Tesla Autonomy Day 2019. [Available online at https://youtu.be/-b041NXGPZ8.]

력 등 탄탄한 인공지능 기초 능력이 요구된다. 특히 수학은 인공지능 기초 능력 중에서 매우 중요한 위치를 차지하고 있다. 명제와 논리, 집합, 벡터와 행렬, 확률과 통계, 최적화 등은 현대 인공지능 원리의 근간이 된다. 이 중 학생들이 가장 이해하기 어려워하는 내용이 '데이터 기반 통계학'이다. 데이터 기반 통계학은 데이터를 적절히 수집하고 알고리즘이 분석한 결과를 통계적 사고와 수학적 원리를 바탕으로 올바르게 해석하고 추론하는 소양이 요구된다. 그러나 고등학교 교육과정 때 학습하는 수리통계 내용을 토대로 데이터 기반 통계학을 이해하기에는 간극이 크기 때문에 어려움을 가진다.

본 글에서는 현대 인공지능에서 통계학이 어떻게 활용되는지 살펴보고, 데이터 기반 통계교육이 인공지능 분야에서 차지하는 중요성을 설명하고자 한다. 마지막으로 현재 수학 교육과정에서 어떤 변화가 필요할지 제안하고자 한다.

## 2. 인공지능에서 데이터 기반 통계교육은 왜 중요한가?

### 2.1 기계학습의 원리는 통계학에 기초를 둔다

현대 인공지능 발전을 이끄는 핵심 기술은 기계학습 알고리즘이다. 기계학습 알고리즘들의 아이디어는 통계학적 원리에 바탕을 두고 있다. 데이터를 기반으로 패턴을 설명하는 모수(parameter)를 추정하는 기법은 일찍이 전산통계학 연구자들이 컴퓨터 연산속도의 발전에 힘입어 이끌어왔다(Efron & Hastie).

기계학습 알고리즘을 설계할 때 필수적인 과정 중 하나는 인공지능이 학습한 패턴이 얼마나 데이터와 일치하는지 평가하는 손실(loss) 함수를 정하는 것이다. 손실 함수는 알고리즘이 학습한 패턴과 데이터 간의 차이를 정량화한 것으로, 학습 알고리즘이 데이터로부터 적절하게 패턴을 추출했는지 평가할 수 있을 뿐만 아니라 경사하강법(gradient descent) 기반 최적화에 사용되는 기울기(gradient) 벡터를 산출하는데 사용되므로 기계학습에서 중요한 역할을 맡는다. 수치형 데이터 중 출력이 연속형(continuous)인 경우는 평균제곱(mean-squared) 손실함수를 사용하고, 이산형(discrete)이거나 범주형(categorical)인 경우는 교차 엔트로피(cross-entropy) 손실함수를 주로 사용한다.

$$MSE(x,\ y) = \sum_n |y_n - f_\theta(x_n)|^2$$

$$CE(x,\ y) = -\sum_n [y_n \log f_\theta(x_n) + (1-y_n)\log(1-f_\theta(x_n))]$$

모수를 최적화하기 위한 손실함수의 선택은 임의적인 것이 아니라 데이터의 성질에 따라 결정해야 한다. 통계학에선 모수가 관찰된 데이터의 가능성을 나타내는 값으로 가능도(likelihood) 함수를 이용한다. 데이터를 고정시켜놓고 모수를 바꿔가면서 가능도 함수의 값을 측정할 때, 가장 최대화되는 모수를 찾으면 주어진 데이터를 가장 잘 설명한다고 말할 수 있다. 이러한 통계학적 원리를 최대가능도추정(MLE, Maximum Likelihood Estimation)기법이라 부르며 기계학습에서 전통적으로 사용되는 학습 방법 이론이다. 출력이 연속형인 회귀 문제에선 오차항이 독립적으로 동일하게 정규분포에서 관찰되었다고 가정하면 데이터를 다음과 같은 로그가능도 함수로 표현할 수 있다.

$$\log p(Y|X,\theta) = \sum_n \log p(y_n|x_n,\theta) = -\frac{1}{2}\sum_n |y_n - f_\theta(x_n)|^2$$

위의 로그가능도 함수를 최대화하는 모수 $\theta$를 구하는 것은 수학적으로 평균제곱 손실함수를 최소화하는 것과 동치이다. 그러나 출력이 범주형인 분류 문제의 경우 위와 같은 평균제곱 손실 함수를 사용하는 경우 학습이 잘 동작하지 않고 왜곡된 학습 결과를 가져올 수 있다. 왜냐하면 오차항이 독립적으로 정규분포를 따르는 가정이 깨지기 때문이다. [그림 2]와 같이 3차원 분류 문제에서 평균제곱 손실함수를 사용하면 정규분포 가정이 깨지기 때문에 MLE를 만족하는 모수를 찾아도 데이터를 적절하게

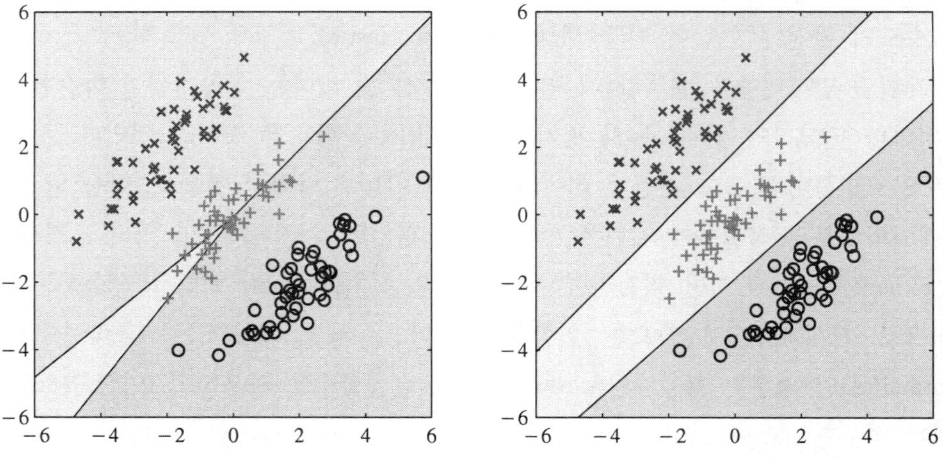

**[그림 2]** 3차원 분류문제 학습 문제(Bishop, 2006, p. 187). 평균제곱 손실함수(왼쪽)는 +로 표시된 데이터를 분류하지 못하는 반면, 교차엔트로피 손실함수(오른쪽)는 올바르게 분류한다.

분류할 수 없게 된다. 이런 경우 교차 엔트로피 손실함수를 사용해야 적절하게 학습이 진행된다.

그렇다면 교차 엔트로피 손실함수는 어떻게 유도되는 것일까? 데이터의 출력이 범주형인 경우, 데이터가 독립적으로 동일하게 베르누이 분포(Bernoulli distribution)에서 관찰되었다고 가정하면 다음과 같이 가능도 함수를 기술할 수 있다.[3)]

$$p(Y|X,\ \theta) = \prod_n [f_\theta(x_n)]^{y_n}[1-f_\theta(x_n)]^{1-y_n}$$

여기에 로그를 씌우면 아래와 같이 로그가능도 함수가 유도된다.

$$\log p(Y|X,\ \theta) = \sum_n [y_n \log f_\theta(x_n) + (1-y_n)\log(1-f_\theta(x_n))]$$

위의 로그가능도 함수를 최대화하는 것은 교차 엔트로피 손실함수를 최소화하는 것과 동치이다. MLE 기법은 기계학습 원리를 이해하기 위한 기초통계 지식 중 하나이다.

기계학습 기반 인공지능 연구 분야에서는 데이터에서 발생하는 여러 가지 문제점 때문에 베이즈 통계학(Bayesian Statistics)이 자주 사용된다. MLE 기법에서 살펴봤듯이 기계학습의 목적식을 최적화 측면에서 해석하면 데이터 패턴을 가장 잘 설명하는 확률분포의 모수 $\theta$를 찾는 문제로 환원된다. 베이즈 통계학은 통계적 추정의 불확실성을 포함하여 모수의 확률분포를 추정하는데, 추정 이전에 사전분포(prior)를 모수에 $p(\theta)$로 부여하고 사후분포(posterior) $p(\theta|X)$를 다음과 같은 베이즈 공식을 통해 추정한다.

$$p(\theta|X) = \frac{p(X|\theta)p(\theta)}{p(X)} = \frac{(\text{likelihood}) \times (\text{prior})}{(\text{evidence})}$$

사후분포는 데이터를 통해 추정된 모수의 확률분포이며 추정된 사후분포와 가능도함수를 이용해서 새로운 관찰 데이터가 주어졌을 때 사후 예측분포(posterior predictive distribution)를 구할 수 있다.

$$p(x|X) = \int p(x|\theta,\ X)p(\theta|X)d\theta = \int p(x|\theta)p(\theta|X)d\theta$$

베이즈 통계학의 장점은 모수의 불확실성을 통해 모델 예측의 불확실성을 추정할 수 있다는 점이다. 이러한 불확실성은 데이터가 적을 때는 크게 나타나고, 데이터를

---

3) 위 예제에서는 2차원 분류문제를 가정했다.

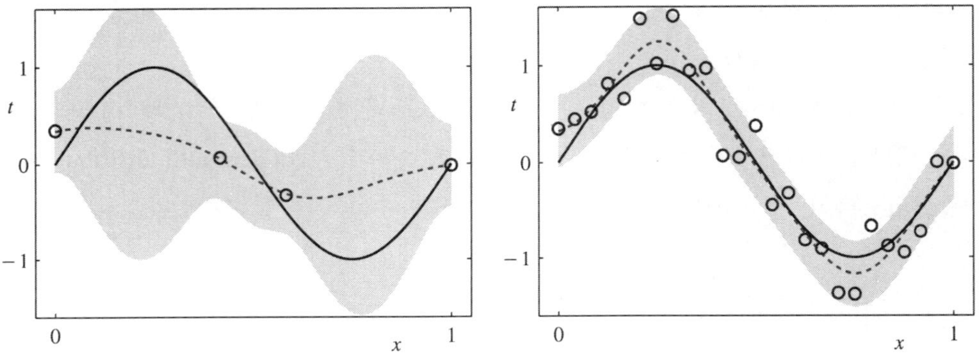


[그림 3] 베이즈 공식으로 추정한 사후 예측분포의 변화(Bishop, 2006, p. 157). 실선은 실제 정답 함수를 나타내고, 점선은 모델이 예측한 함수의 모양. 음영 처리된 영역은 모델이 추정하는 신뢰도를 나타낸다. 사전분포와 가능도 함수는 정규분포를 사용하였다. 왼쪽은 4개의 데이터가 주어졌을 때 사후 예측분포의 모양이며, 오른쪽은 25개의 데이터가 주어졌을 때 사후 예측분포의 모양이다.

계속 모을수록 작아져서 데이터 분석의 신뢰도를 계측할 수 있다([그림 3] 참조).

베이지안 기계학습(Bayesian Machine Learning) 기법은 안전한 인공지능 기술을 개발하기 위해 주목받고 있는 기술이다(Michelmore et al., 2020). 베이즈 통계학을 기반으로 추정한 사후 예측분포를 통해 기계학습 모델 출력의 불확실성을 추정할 수 있으므로, 이를 통해 인공지능의 예측이 틀릴 가능성을 탐지하여 사고를 예방할 수 있기 때문이다. 기계학습 모델의 불확실성 추정 기법은 신뢰 가능한 인공지능(Trustworthy

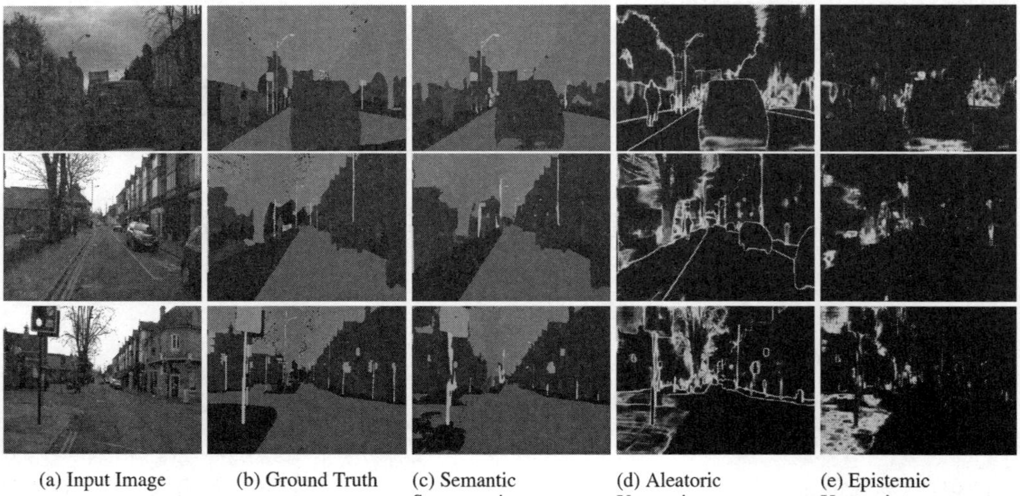


[그림 4] 베이지안 기계학습 기법으로 자율주행 차량의 예측 불확실성을 측정하면 잘못된 예측으로 인한 안전사고를 예방할 수 있다(Kendall & Gal, 2017, p. 2).
(a) 입력영상, (b) 정답데이터, (c) 모델의 출력값, (d)–(e) 모델이 추정한 불확실성.

AI)의 핵심 기술로 자율주행뿐만 아니라 로봇공학, 의료, 금융, 정책 의사결정 등 다양한 분야에서 중요성을 가지고 있기 때문에 활발하게 연구되고 있다(Jospin et al., 2022).

현대 인공지능 연구자들이 중요하게 여기는 미해결과제 중 하나는 데이터분포 변화(data distribution shift)이다. 데이터분포 변화는 학습데이터와 검증데이터가 불일치하는 경우를 말하며, 데이터 발생 분포가 안정적이지 않고 시간에 따라 변할 때 혹은 데이터 수집 경로가 제한적일 때 주로 발생한다. 인공지능의 신뢰성을 확보하기 위해서는 분포 외 데이터(OOD, out-of-distribution)가 검증 단계에서 발견되었을 때 기계학습 모델이 이를 탐지할 수 있어야 한다. 이러한 데이터분포 변화를 기계학습 모델이 탐지하기 위해서는 학습데이터 분포를 추정할 수 있어야 한다(Ulmer & Cinà, 2021). 특히 거대시설을 운영하는 제조업이나 발전소에선 시계열데이터에서 이상치(outlier)를 탐지하는 기술이 매우 중요하기 때문에 산업적 기대가 매우 큰 기술 중 하나이다.

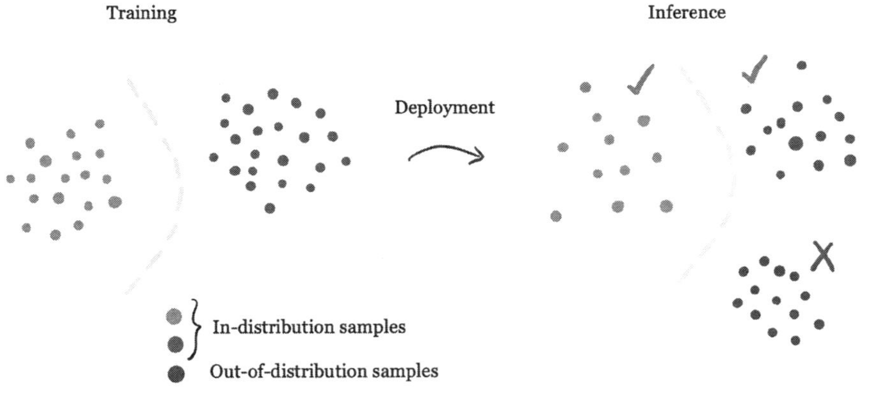


[그림 5] 기계학습 모델 배포시 발생하는 분포 외 데이터(out-of-distribution)는 대표적인 데이터분포 변화 현상 중 하나이다(Zadorozhny & Cinà, 2021).

학습데이터 분포를 추정할 수 있는 효과적인 방법론은 혼합 확률분포(mixture of distributions)를 이용하는 것이다(Choi et al., 2018). 혼합 확률분포를 이용하면 기계학습 모델이 틀리게 예측할 가능성인 모델 불확실성(model uncertainty)과 데이터분포 변화 가능성을 내포하는 데이터 불확실성(data uncertainty)을 구분할 수 있다. 또한 혼합 확률분포를 사용한 딥러닝 알고리즘은 학습 데이터의 일부가 오염되어 정답 레이블을 알 수 없는 상황에서도 학습데이터 분포 추정을 통해 강건하게 예측하는 것이 가능해진다(Choi et al., 2020). 학습 데이터 오염 문제는 오늘날처럼 크라우드 소싱으로 대규모 집단에서 데이터를 모으거나 의료데이터처럼 정답을 알기 어려운 상황에서 높은 확률로 발생할 수 있기 때문에 데이터분포 변화와 마찬가지로 신뢰 가능한 인공

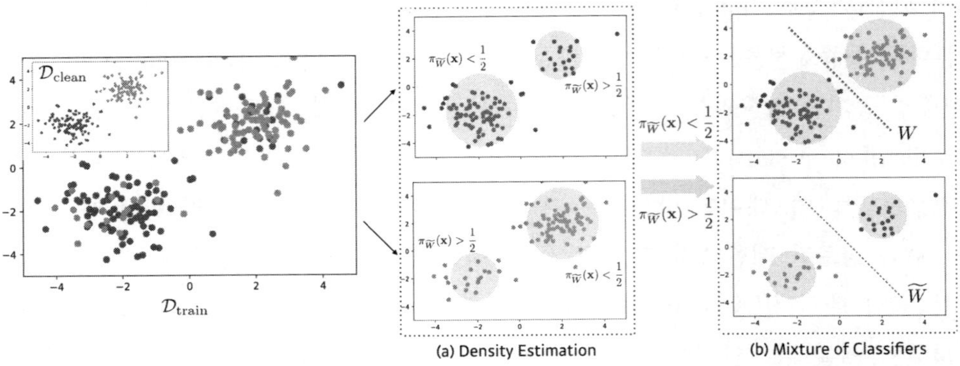


[그림 6] 혼합 확률밀도를 이용하여 기계학습 모델을 학습하면 오염된 학습데이터에서도 인공지능이 강건하게 예측하는 것이 가능하다(Choi et al., 2020, p. 3).

지능 기술을 개발하기 위해서는 필수적으로 해결해야 할 문제이다. 통계학은 이러한 기계학습 난제들을 효과적으로 풀어낼 수 있는 중요한 수학적 도구를 제공한다.

지금까지 소개한 사례들은 지도학습(supervised learning) 방법론에 속한다. 현대 인공지능 연구에서 크게 주목 받는 분야는 정답 데이터 없이도 학습데이터에 내재된 패턴을 포착하거나 데이터를 생성하는 방법을 배우는 비지도학습(unsupervised learning)

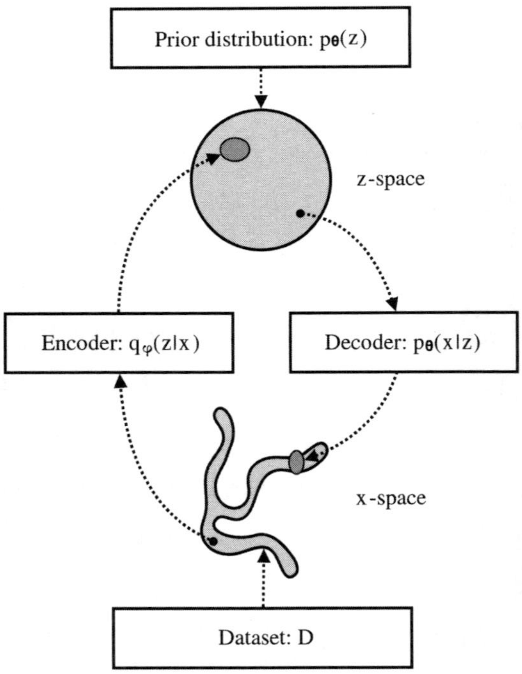


[그림 7] VAE 기반 데이터 생성 알고리즘 모형 도식(Kingma, 2017, p. 15). 변분추론을 통해 학습한 확률분포(Decoder 신경망)를 가지고 임의의 난수에서 데이터를 생성할 수 있다.

방법론이다. 특히 생성모형(generative model) 연구는 최근 10년 동안 크게 발전하여 게임 및 미디어 산업뿐만 아니라 의료 인공지능, 신약개발, 로봇공학 등에서 활발하게 활용되고 있다. 이 중 변분 자동인코더(VAE, variational auto-encoder) 기법은 변분 베이즈 추정(variational Bayesian inference) 방법론을 사용해 데이터를 생성하는 방법을 학습한다(Kingma & Welling, 2014). VAE 기법에서 파생된 생성모형 기법들은 오늘날 생성적 적대 신경망(GAN, Generative Adversarial Network) 기법과 함께 비지도학습 기술의 핵심으로 자리 잡고 있다.

## 2.2 현대 인공지능 기술의 미해결 과제들: 편향과 상식기반 기계추론

기계학습 모형이 겪을 수 있는 데이터 편향에는 (a) 응답 편향(response bias), (b) 선택 편향(selection bias), (c) 시스템 표류(system drift), (d) 누락 변수 편향(omitted variable bias), (e) 사회적 편향(societal bias) 등이 있다(Krishnamurthy, 2019). 초보 데이터분석가들이 저지르기 쉬운 실수 중 하나는 데이터에 내재된 데이터 편향(data bias)을 발견 못하고 잘못된 결론을 내리는 것이다.

**[그림 8]** 현대 기계학습 시스템의 문제점은 데이터에 내재된 편향성을 거르지 않고 공급하는데 있다.[4)]

---

4) 출처: xkcd.com, cited (연도 미상): Machine Learning [Avaiable online at https://xkcd.com/1838].

편향된 데이터를 통해 학습한 인공지능은 잘못된 추론으로 사회 문제를 야기할 수 있다. 미국의 물류회사인 아마존(Amazon)에서 신규 직원을 채용할 때 같은 조건임에도 다른 성별 또는 인종일 때 채용 합격 여부에 다른 결과를 출력함에 따라 사회적 물의를 일으킨 적이 있다(Reuters, 2018). 현대 기계학습 알고리즘은 데이터에 내재된 다양한 편향을 자동으로 파악해서 해결하는 능력은 아직 갖추고 있지 않다. 이러한 편향은 학습 과정보다 데이터의 수집 및 추출 과정에서 해결될 필요가 있으며, 데이터 추출 및 전처리 시스템을 설계할 때 상기한 편향성이 발생할 가능성을 신중하게 고려해야 한다.

오늘날 기계학습 연구자들은 데이터 편향은 절대로 무시할 수 없는 문제임을 인식하고 있다. 인공지능 연구자들은 성향-가중치(propensity-weighting) 기법 같은 통계적 원리를 이용해 추천 시스템 내부에서 발생할 수 있는 선택 편향 문제를 해결하는 알고리즘을 제시한다(Schnabel et al., 2016). 인공지능 알고리즘이 학습 과정에서 베이지안 통계 모형을 기반으로 데이터 편향을 비지도적 방식으로 포착 후 학습 데이터를 재구성하는 방법론 등이 제안되고 있다(Amini et al, 2019).

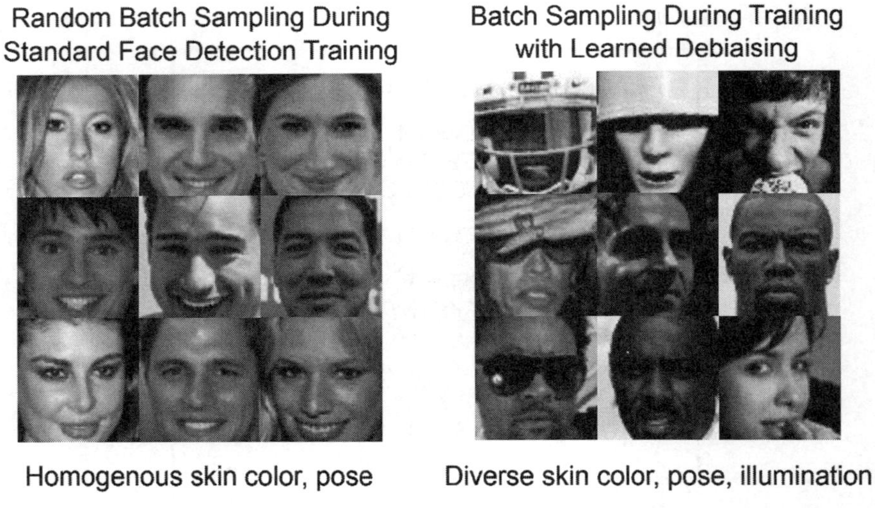


[그림 9] 데이터에 내재된 편향을 비지도적 방식으로 발견해서 얼굴 검출기(face detector)를 학습하기 위한 데이터를 구성하는 방법(Amini et al., 2019, p. 2). 다양한 얼굴 색, 자세, 조명 등을 고려할 수 있다.

현대 기계학습 알고리즘 수준에선 데이터에서 변수 간의 상관관계를 도출하는 것은 어렵지 않고, 복잡한 고차원 데이터라도 내재된 패턴을 추출하는 것은 딥러닝의 발전 덕분에 빠르게 연구되고 있다. 그러나 데이터분석가의 인지 편향(cognitive bias)은 인공지능 모델이 포착한 가짜 상관관계(spurious correlation)를 오인하여 잘못된 인과관계를 추론하게 만들 수 있다(Krishnamurthy et al., 2019). 기업이나 정부 정책의 의사결정 과정이 잘못 추론된 인과관계에서 비롯된다면 사회적 손실이 매우 커질 것이고 앞에서 소개된 아마존 사례처럼 윤리적 문제로 악화될 수 있다.

인공지능의 추론 능력을 검증하기 위한 방법 중 VQA(Visual Question Answering) 문제가 있다. [그림 10]과 같은 사진들을 보고 "사진에 차가 있는지?", "차가 몇 대가 있는지?", "도로가 위험한지?"를 물어보면 현재 인공지능 기술 수준으로도 충분히 답변이 가능한 영역이다. 해당 질문들을 풀기 위한 데이터가 충분히 갖추어져 있고 딥러닝 기술의 발전으로 시각정보 처리 능력이 월등히 향상되었기 때문이다.

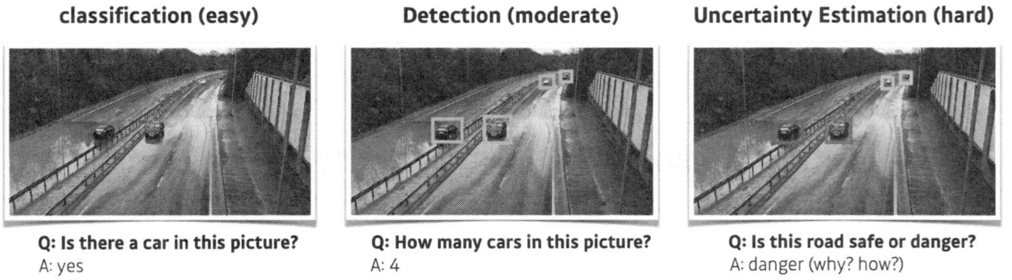


[그림 10] VQA 문제 예제. 질문을 이해하고 사진에서 정보를 추출할 수 있어야 한다.

그러나 아직까지 인공지능이 성공적으로 수행하기 어려운 분야는 [그림 11]처럼 지식 또는 상식을 기반으로 변수 간의 인과관계를 추론하는 것이다. 다음과 같은 사진을 보고 "이 도로에 비가 더 오면 침수할 위험이 있는가?"라고 물어보면 사람은 "도로가 침수될 것이다"라고 쉽게 대답할 수 있지만 인공지능은 현재 수준으로는 답변하

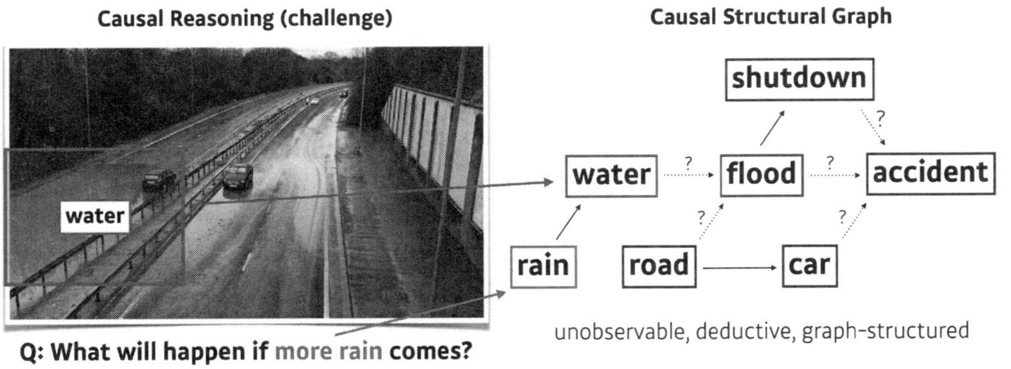


[그림 11] 상식기반 및 인과관계 추론 문제 예제. 해당 문제는 사진에서 추출한 정보만 가지고 답할 수 없고, 사진의 정보에 적용되는 인과 그래프를 생성해야 한다.

기 어렵다.

현대 인공지능 기술의 주요 미해결과제는 상식을 기반으로 하는 기계추론(machine reasoning) 분야가 있다(Lourie et al., 2021). 사람은 성장과정을 통해 상식을 습득하지만 인공지능을 위한 상식 데이터는 흔하지 않고 아직 걸음마 수준의 연구 단계이다. 기계가 상식을 이해하기 위해서는 우선 자연어를 이해해야 하고 상식 정보를 표현하는 지식베이스를 구축해서 학습해야 한다. 이를 통해 단일 문장으로 생성된 기호논리와 인과관계 그래프를 가지고 주어진 상황에서 적절하게 추론할 수 있어야 한다. 이러한 상식기반 인과관계 추론 기술은 설명가능(explainable) 인공지능의 핵심 기술이 될 것으로 전망되는데, 데이터를 통해 인과관계 그래프를 생성하고 통계적으로 검증하는 인과추론(causal inference) 분야에 기반을 두고 있다(Kuipers, 1987).

## 3. 인공지능 시대에 통계교육을 어떻게 개선해야 할 것인가?

### 3.1 통계학을 모르고 기계학습을 배우게 되는 교육과정

기계학습을 공부하는 대학생들이 겪는 큰 난관 중 하나는 데이터 기반 통계학적 원리를 모르는 상태에서 기계학습 방법론을 이해하는 것이다. 기계학습 알고리즘은 데이터와 문제 종류에 따라 서로 다른 통계학적 원리를 통해 구현해야 하는데, 이를 모르는 상태에서 알고리즘만 공부하면 올바른 사용 방법을 익힐 수 없다. 또한 자료를 수집하는 방법, 자료를 정제하고 분석하는 방법, 분석 결과를 비판적으로 해석하는 방법 등 올바른 통계적 소양을 전혀 갖추지 않은 상태에서 기계학습 알고리즘의 사용 방법만 배우면 문제해결력을 갖출 수 없다. 데이터 분석 현장에서 요구되는 대부분의 시간 비용은 학습 알고리즘 구현이 아니라 데이터를 조작하고 처리하는 업무에서 발생한다.

현행 확률 및 통계 교육과정은 대학에서 기계학습 및 인공지능 원리를 배우기에는 적합한 기초 교육과정을 충분히 제공하고 있지 않다(김동재 외, 2019). 이항분포나 정규분포는 배우지만 각 분포의 모수(parameter)를 추정하는 방법은 제한적으로만 배우고, 그마저도 원리적인 방법보다는 기계적으로 표본평균의 공식과 신뢰구간을 도출하는 방법만 배운다. 확률 단원에서는 확률변수나 조건부 확률의 개념은 가르치지만 베이즈 통계학은 기초적인 원리를 가르치지 않는다. 베이즈 통계학은 인공지능 분야뿐만 아니라 사회과학 연구 분야에서도 빈번하게 사용되고 있기 때문에 중요성이 커지고 있다(Gelman et al., 2013). 그러나 현행 확률과 통계 교과서는 빈도주의 통계학에 기초를 둔 내용만 일부 가르치고 있고 그마저도 데이터 기반 통계적 사고를 기르는 것보다 계산 문제에 치중하고 있기 때문에 학부 신입생들은 통계학이나 기계학습의 중요한 소양을 갖추지 못한 채로 고등 통계 교육과정을 접하게 된다. 필자는 고교 교육과정에서 적어도 베이즈 통계학 원리를 반드시 포함시켜야 한다고 생각한다.

위와 같은 교육과정 공백은 인공지능 연구 분야의 급격한 발전 속도에서 비롯되기도 하지만, 인공지능 교육과정에 대한 현주소 파악과 인식 개선도 필요한 것으로 보인다. 한국의 인공지능 교육과정은 중국의 인공지능 교육에 비해 양적 질적으로 떨어진다(손민정 외, 2020). 특히 중국의 교육과정은 체계적이고 기업 및 학계 주도로 이루어지고 있지만 국내의 인공지능 교육과정은 교사 개인의 열정에 의존해야하고, 그마저도 입시정책 때문에 한계가 있다. 초·중·고 교육과정에서 벌어진 인공지능 기초능력은 대학에서 점점 더 벌어질 것이고 기술 경쟁력은 장기적으로 악화될 것이므로 시급한 대비가 필요하다. 첫 단추를 잘 끼우려면 인공지능 교육의 기초인 통계 교육과정을 개선해야 한다.

## 3.2 인공지능 교과목은 코딩을 가르치는 교육이 아니다

인공지능을 위한 프로그래밍 언어는 빠른 속도로 발전하고 있다. 데이터과학자들이 제일 많이 사용하는 언어인 R과 Python은 진입 장벽이 낮고 교육 과정도 활발하다. 무엇보다 웹 커뮤니티가 잘 조성되어 있어서 개발자들이 서로 소통하고 정보 교류가 매우 빠르다. 인공지능 개발에서 주로 사용되는 딥러닝 프레임워크 언어인 구글의 텐서플로우(TensorFlow)나 페이스북의 파이토치(PyTorch) 경우 영상처리, 자연어처리 등 다양한 영역에서 오픈소스 라이브러리가 개발되어 있어서 사용자가 직접 제작하는 것보다 사용 용도에 맞게 수정 및 가공하는 것이 더 용이하다.

텐서플로우나 파이토치가 인공지능 연구자들에게 본격적으로 사용된 시점은 2015년 이후이다. [그림 12]를 보면 2016-2020년 기간 동안 신경정보처리시스템학회[5]에 제출된 논문의 개발 언어 통계 추세를 볼 수 있다. 딥러닝 프레임워크 언어는 인공지능 연구 추세에 맞춰 변화하므로 연도에 따라 점유율 변화가 크며, 언어의 문법도 사

5) Neural Information Processing Systems. 약자로 닙스(NIPS) 혹은 뉴립스(NeurIPS)라 불리며 인공지능 및 기계학습 분야 최고 권위학회로 인정된다.

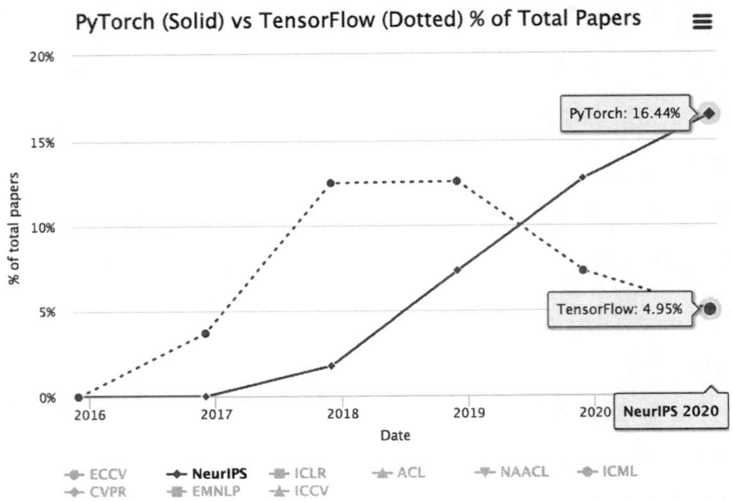


[그림 12] 파이토치(실선)와 텐서플로우(점선) 점유율 통계. 텐서플로우 점유율은 점차 감소하고 파이토치는 증가하는 중이다.[6)]

용자 요구에 맞춰서 쉽게 변하는 편이다. 그러므로 인공지능 교육을 코딩 교육에 초점을 두면 빠르게 발전하는 인공지능 연구 속도를 따라잡기 어려워 질 수 있으며, 현장 교사 교육에도 어려움이 발생할 수 있다.

또한 인공지능 개발자 및 연구원의 업무는 소프트웨어 개발자의 업무와 다른 영역이다. 세계적인 인공지능 기업인 구글(Google), 아마존(Amazon), 페이스북(Facebook)에서 직원을 채용할 때 기술하는 직무기술서를 살펴보면 소프트웨어 개발자와 인공지능 연구원의 필요 역량을 다르게 기술하고 있다. 개발자 직군 간의 이동은 자주 일어나는 편이나 소프트웨어 개발 직군 채용 시 면접자의 실무 경험이 더 중요하지, 전공은 중요하게 생각하지 않는 편이다. 그러나 인공지능 연구 직군은 기초과학 전문성을 추가로 요구하며 기계학습 및 인공지능 학회 논문 실적도 요구된다. 그러므로 코딩 역량을 강화하는 방향으로 초·중·고 인공지능 교육 과정을 설계하는 것은 바람직하지 않다.

인공지능 원리를 이해하기 위한 통계학 교육은 공식의 활용에만 머물러서는 안 되고 알고리즘의 동작 방식을 이해할 수 있도록 기초적인 전산학 지식을 병행해서 교육하는 것이 중요하다. 즉, 수학 교육 과정에 과학계산(scientific computing) 내용이 포함되어야 할 것이다. 이를 위해 기본적인 프로그래밍 언어 사용 방법을 교과목에서 가르치는 것은 필요하다. 그러나 미래 지향적인 인공지능 교육은 단순 코딩 교육과는

---

6) 출처: Horace He, cited 2020: PyTorch vs TensorFlow [Avaiable online at https://horace.io/pytorch-vs-tensorflow/]

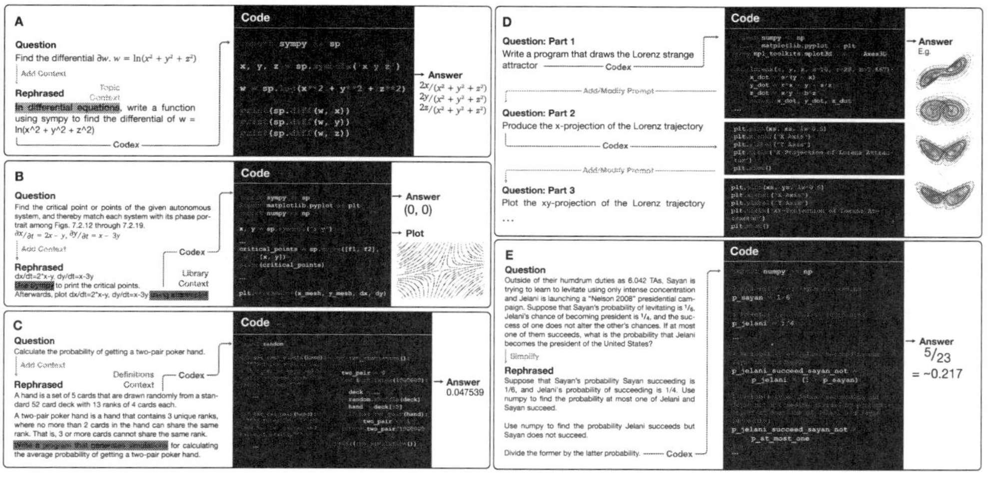

[그림 13] OpenAI에서 개발한 거대 언어모델인 Codex는 수학 문제를 이해하고 답을 산출하는 파이썬 코드를 만들어낼 수 있다(Drori et al, 2022).

다르게 진행되어야 한다. OpenAI에서 공개한 Codex라는 거대 언어모델은 자연어와 GitHub에 저장된 코드 데이터를 동시에 학습하여, 사용자의 요청에 따라 원하는 코드를 출력하는 것이 가능하다(Drori et al., 2022). 사람은 프로그램의 큰 구조와 문제를 설계하고 인공지능이 코딩을 담당해서 협업하는 것이 가능해지므로, 미래의 공학자들은 인공지능의 도움을 받아 이전보다 효율적으로 일할 수 있는 시대가 올 것이다. 미래 세대의 교육은 인공지능과 효과적으로 협업하는 방법을 가르쳐야 할 것이다.

## 4. 맺음말

정보통신 산업의 발전으로 소프트웨어 엔지니어의 처우가 상향되면서 코딩 교육이 강화되고 있다. 인공지능 전문가 품귀 현상은 앞으로도 계속될 것으로 전망된다. 인공지능은 IT뿐만 아니라 제조업, 의료, 법률, 교육, 금융, 물류 등 산업 전방위적으로 혁신을 이끌게 될 것이다. 그러므로 인공지능에 대한 이해가 비단 소프트웨어 개발자나 공학자에 국한되어 필요한 것이 아니다. '인공지능 기술은 개발자만 교육시키면 된다'는 발상은 매우 위험하다.

아빈드 크리슈나(Arvind Krishna) IBM 최고경영자는 "20년 전 전문가들이 '모든 기업이 인터넷 기업이 될 것'이라고 전망했듯, 이제 모든 기업은 인공지능 기업이 될 것이다."[7]라고 예언했다. 인터넷이 처음 등장했을 때부터 컴퓨터를 교육 받은 인재들 중 상당수가 오늘날 경영자의 위치에서 신산업의 혁신을 이끌고 있다. 인공지능 기술도 마찬가지로 가까운 미래에 더 발전된 모습으로 대중화될 가능성이 크고, 다음 세대의 생활을 크게 변화시킬 것이다. 자동화된 기계학습(AutoML) 알고리즘의 등장으로 데이터만 있으면 인공지능 신경망을 단시간 내에 제작할 수 있다(He, 2021). 또한 사용자의 선호도를 반영하여 자동으로 데이터를 수집하고 다중 학습하는 개인화된 인공지능 기술도 개발되고 있다(Chen & Liu, 2018). 이처럼 인공지능 기술의 대중화가 이뤄지면 다음 단계는 기술을 이용한 신산업 창출과 윤리적 이용 및 법적 규제를 고민해야 한다.

기술을 직접 개발하는 전문가가 아니더라도 사용자 입장에서 인공지능을 활용한 새로운 비즈니스를 기획하거나 적법하게 이용하기 위해서는 어떤 원리로 인공지능을 학습시키는지 이해가 필요하다. 코딩 교육에 머무르지 않고 통계적 원리와 인공지능 기초 능력 함양을 위한 초·중·고 교육과정 개선이 시급한 이유이며, 특히 기계학습 기초인 통계 교육과정 개선이 반드시 필요하다.

7) (원문) More than 20 years ago experts predicted that every company would become an internet company. I'm predicting today that every company will become an AI company, not because they can, but because the must.

## 참고문헌


김동재, 박태영, 송성주, 임채영, 유연주, 여인권(2019). **초중등 통계교육과정 개선연구 보고서.** 연구보고, 한국통계학회, 서울.

손민정, 김진숙, 전성균, 박지현, 김정수, 허윤정, 김익수(2020). **중국의 인공지능(AI) 교육 동향 탐색**. 연구총서, 대외경제정책연구원, 세종.

이승환, 조원영(2020). **국가 인공지능 연구지수: 혁신을 향한 경쟁**. 이슈리포트, 소프트웨어정책연구소, 성남.

한국개발연구원(2020). **인공지능에 대한 기업체 인식 및 실태조사.** https://eiec.kdi.re.kr/issue/opinionView.do?idx=24&pp=20&pg=1

Amini, A., Soleimany, A. P., Schwarting, W., Bhatia, S. N., & Rus, D. (2019). Uncovering and mitigating algorithmic bias through learned latent structure. In *Proceedings of the 2019 AAAI/ACM Conference on AI, Ethics, and Society (AIES)* (pp. 289-295). Retrieved from https://dl.acm.org/doi/10.1145/3306618.3314243

Bishop, C. M. (2006). *Pattern recognition and machine learning*. New York: Springer.

Chen, H., Liu, X., Yin, D., & Tang, J. (2017). A survey on dialogue systems: Recent advances and new frontiers. *ACM SIGKDD Explorations Newsletter, 19*(2), 25-35.

Chen, Z. & Liu, B. (2018). Lifelong machine learning(2nd ed.). *Synthesis Lectures on Artificial Intelligence and Machine Learning, 12*(3). https://doi.org/10.2200/S00832ED1V01Y201802AIM037

Choi. S., Hong, S., Lee, K., & Lim, S. (2020). Task agnostic learning on corrupt outputs by correlation-guided mixture density networks. In *Proceedings of the IEEE/CVF Conference on Computer Vision and Pattern Recognition (CVPR)* (pp. 3872-3881). Retrieved from https://ieeexplore.ieee.org/document/9156937

Dastin J. (2018, October 11). Amazon scraps secret AI recruiting tool that showed bias against women. *Reuters.* https://reut.rs/2Od9fPr

Davies, A. et al., (2021). Advancing mathematics by guiding human intuition with AI. *Nature, 600*, 70-74.

Drori, I. et al. (2022). A neural network solves and generates mathematics problems by program synthesis: calculus, differential equations, linear algebra, and more. arXiv:2112.15594.

Efron, B., & Hastie, T. (2016). *Computer age statistical inference: Algorithms, evidence, and data science.* Cambridge: Cambridge University Press.

Gatys, L., Ecker, A., & Bethge, M. (2016). A neural algorithm of artistic style. *Journal of Vision, 16*(12), 326.

Gelman. A. et al. (2013). *Bayesian data analysis* (3rd ed.). New York: Chapman and Hall/CRC Press.

He, X., Zhao, K., & Chu, X. (2021). AutoML: a survey of the state-of-the-art. *Knowledge-Based Systems, 212*, 106622. arXiv:1508.06576

Jospin, L. V., Laga, H., Boussaid, F., Buntine, W., & Bennamoun, M. (2022). Hands-on Bayesian neural networks: A tutorial for deep learning users. *IEEE Computational Intelligence Magazine, 17*(2), 29-48.

Kendall, A., & Gal, Y. (2017). What uncertainties do we need in bayesian deep learning for computer vision? In I. Guyon, U. von Luxburg, S. Bengio, H. Wallach, R. Fergus, S. Vishwanathan, & R. Garnett (Eds.), *Advances in neural information processing systems 30 (NIPS 2017).* Retrieved from https://proceedings.neurips.cc/paper/2017/file/2650d6089a6d640c5e85b2b88265dc2b-Paper.pdf

Kingma, P. D. & Welling, M. (2014). Auto-encoding variational Bayes. In *Proceeding of International Conference on Learning Representations* (ICLR). Retrieved from https://openreview.net/forum?id=33X9fd2-9FyZd

Kingma, D. P. (2017). *Variational inference & deep learning: A new synthesis.* Doctoral Dissertation, University of Amsterdam, Informatics Institute (IVI).

Krishnamurthy, P. (2019, Sep 12). Understanding Data Bias. *Towards Data Science.* Retrieved from https://towardsdatascience.com/survey-d4f168791e57

Kuipers, B. (1984). Commonsense reasoning about causality: deriving behavior from structure. *Artificial Intelligence, 24*(1-3), 169-203.

Lourie, N., Bras, R. L, Bhagavatula, C., & Choi, Y. (2021). Unicorn on Rainbow: A universal commonsense reasoning model on a new multitask benchmark. In *Proceeding of the AAAI conference on Artificial Intelligence, 35*(15), 13480-13488. Retrieved from https://ojs.aaai.org/index.php/AAAI/article/view/17590

Michelmore, R., Wicker, M., Laurenti, L., Cardelli, L., Gal, Y., & Kwiatkowska, M. (2020, May). Uncertainty quantification with statistical guarantees in end-to-end autonomous driving control. In *2020 IEEE International Conference on Robotics and Automation (ICRA)* (pp. 7344-7350). Retrieved from https://ieeexplore.ieee.org/document/9196844

Ulmer, D. & Cinà, G. (2021). Know your limits: uncertainty estimation with ReLU classifiers fails at reliable OOD detection. In *Proceedings of the Thirty-Seventh Conference on Uncertainty in Artificial Intelligence(UAI)*(pp. 1766-1776), PMLR 161. Retrieved from https://proceedings.mlr.press/v161/ulmer21a.html

Schnabel, T., Swaminathan, A., Singh, A., Chandat, N., & Joachims, T. (2016). Recommendations as treatments: Debiasing learning and evaluation. In *Proceedings of the International Conference on Machine Learning* (pp. 1670-1679), PMLR 48. Retrieved from http://proceedings.mlr.press/v48/schnabel16.html?ref=https://githubhelp.com

Zadorozhny K. & Cinà, G. (2021, June 21). Out-of-distribution detection in medical AI: Why it is a problem and a benchmark to find a solution. *Geek Culture-Medium.* Retrieved from https://medium.com/geekculture/out-of-distribution-detection-in-medical-ai-b638b385c2a3

# 제13장

# 인공지능 시대의 통계교육

신동조(부산대학교)

## 1. 서론

인공지능(Artificial Intelligence, 이하 AI)은 현대 사회의 핵심 동력으로 우리 생활의 전반부에 지대한 영향을 미치고 있다. AI라는 용어가 처음 등장한 지는 60년이 넘었지만,[1] 국내에서 AI가 본격적으로 알려지기 시작한 지는 그리 오래되지 않았다.[2] AI가 인간의 대부분의 일을 대체할 것이라는 예측들과 함께 AI에 관한 관심과 막대한 투자가 전 세계적으로 이어졌고, 코로나19(COVID-19)의 세계적 대유행은 AI의 발달을 가속하는 결과를 가져왔다. 급진적으로 진행된 사회적 변화 속에서 현재 우리는 직접 또는 간접적으로 AI를 활용하며 AI와 함께 살고 있다. 우리는 이러한 시대를 인류의 네 번째 산업혁명, 즉 제4차 산업혁명시대로 부른다.

AI를 필두로 한 시대적 변화는 교육 분야에도 나타났다. 2019년 12월 정부의 AI 국가전략 발표를 시작으로 AI 교육과 AI 인재양성이 모든 교육 분야의 긴요한 과제로 부상하게 되었다(과학기술정보통신부, 2019). 특히, 수학은 AI 시스템 활용뿐만 아니

1) AI는 1956년 Dartmouth 대학에서 열린 두 달간의 워크숍에서 John McCarthy에 의해 처음 사용된 것으로 알려져 있다(Russell & Norvig, 2016).

2) 국내에서는 2016년 3월 9일부터 진행된 알파고(AlphaGo)와 이세돌의 바둑 대결이 AI시대의 서막을 알린 계기가 되었다고 할 수 있다.

라 AI 개발에 중추적 역할을 하기 때문에 대학에서는 AI를 이해하는 데 필요한 기초 수학을 가르치고 있다. 나아가 2020년 8월 교육부는 『인공지능 수학』 교과를 신설하여 2015 개정 수학과 교육과정에 포함하였고, 2021년부터 고등학교 학생들에게 진로 선택 과목으로 가르칠 수 있도록 하였다(교육부, 2020). 이에 앞서 2020년에는 통계청에서 개발한 『실용통계』가 고등학교 진로 선택 과목으로 인정되어 인공지능 시대 데이터에 대한 심도 있는 탐구와 응용을 위해 일선 학교에 보급되었다(통계청, 2020). 이렇듯 현재 수학교육과 통계교육은 급변하는 사회에 유연하고 능동적으로 대처할 수 있는 인재를 양성하기 위해 분주하게 움직이고 있다. 본고에서는 통계교육의 변화를 논의한 선행연구를 살펴본 후, 인공지능 시대에 주목받고 있는 기계학습(machine learning)과 통계학의 개념을 비교한다. 이후, 인공지능 시대의 통계학의 역할을 살펴봄으로써 미래 통계교육의 방향에 대해 탐색하고자 한다.

## 2. 통계교육의 변화

국내외 통계교육이 하나의 전문적인 연구 분야로 자리매김한 지는 그리 오래되지 않았다. 국제적으로 1980년대부터 통계교육에 관한 연구가 본격화되었고, 특히 국내의 경우 2010년을 전후하여 통계교육을 전문적으로 연구하는 학자들이 등장하면서 통계교육의 질적 성장이 시작되었다고 해도 과언이 아니다(탁병주, 이경화, 2017). 통계적 추론(reasoning)이 수학적 추론과 대비되는 특수한 영역임에도 불구하고(Cobb & Moore, 1997), 2010년 이전의 국내 통계교육은 소위 '통계수학'에 지나지 않았다(김은하, 2018). Freudenthal(1973)이 기계적인 통계 지식 적용으로서의 전통적인 통계교육을 지적한 이후 오랜 시간이 흘렀지만 국내 통계교육에서 큰 변화나 성과가 나타나지 않은 것이다. 이러한 변화는 2010년 이후 본격적으로 시작되었다. 먼저, 통계적 추리(inference)와 소양(literacy)에 관한 연구 성과들이 소개되었고, 통계청과 교육부를 중심으로 통계 포스터 발표대회 주관, 통계 프로그램[3] 개발, 통계교사 연구회 조직, 통계교육 포털 사이트[4] 운영, 통계교사 연수 등을 실시하였다(김은하, 2018). 교육과정에서도 변화의 바람이 불었다. 2015 수학과 교육과정에서는 그간이 통계교육이 주어

3) 통그라미(https://tong.kostat.go.kr)

4) 통계교육세상(https://sti.kostat.go.kr/edu)

진 자료의 수동적인 계산과 절차에 편중되었고 학생들의 통계적 소양을 함양하기 위한 기회를 제공하지 못했다는 점을 지적하였다. 이에 통계교육의 기본 방향을 현실 세계의 자료를 대상으로 문제설정, 자료 수집, 분석, 해석 과정을 다루는 통계적 문제해결 중심으로 설정하였다(박경미 외, 2015).

통계청과 통계교육 학자들은 해외 통계교육 사례를 조사하여 국내 통계교육을 변화를 모색하고자 하였다. 예를 들어, 국내 통계 교육과정을 호주, 뉴질랜드, 미국과 비교한 통계청의 연구 결과에 따르면(통계청, 2017) 첫째, 해외에서는 통계적 문제해결의 전 과정을 교과서에 명시적으로 강조하고 있는 반면 우리나라에서는 문제설정과 자료 수집이 상대적으로 빈약하게 다루어지고 있었다. 둘째, 해외에서는 통계치(statistics) 계산과 같은 절차적 계산과정과 통계 분포의 시각화에 공학적 도구를 활용하게 함으로써 학생들은 실제적 맥락에서 통계에 관한 개념적 이해와 의미 파악에 집중하도록 안내하고 있었지만, 우리나라의 경우 다소 분절된 방식으로 공학적 도구 사용이 다루어지고 있었다. 셋째, 해외 교과서에서는 다양한 매체에서 등장하는 통계 정보를 비판적으로 해석하고 판단하게 하여 학생들의 통계적 소양을 함양하는 기회를 제공하고 있었다(통계청, 2017). 최근에는 이러한 변화의 흐름을 반영하여 통계적 문제해결(예: 이정민, 유연주, 2021), 공학적 도구 사용(예: Berg & Hawila, 2021), 통계적 추리(예: Lugo- Armenta & Pino-Fan, 2021), 통계적 소양(예: Aksoy & Bostan, 2021)에 관한 연구가 많은 관심을 받고 있다.

이처럼 빠르게 변화하는 사회에 적응하고 미래 사회의 주역이 될 학생들에게 필요한 통계교육이 무엇인지에 관한 학자들의 노력은 계속되고 있다. 이경화 외(2021)는 최근 데이터의 유형과 본성 그리고 데이터 분석 방법에서 큰 변화가 일어나고 있음에 주목하면서, 이를 반영한 학교 통계교육의 재구조화 방향을 모색하였다. 특히, 통계적 문제해결 지도를 위한 과제로 비정형 데이터와 이미 수집된 데이터의 활용, 문제해결 과정에서 적절한 공학적 도구의 활용, 데이터 윤리 문제의 중요성 인식을 제안하였다(이경화 외, 2021). 데이터와 공학적 도구 사용의 중요성은 미래 수학교육의 방향에 대해 논의한 나귀수 외(2018)의 연구에서도 찾아볼 수 있다. 그들은 다양한 나라의 수학과 교육과정에서 강조하고 있는 점을 종합적으로 검토하여 미래 수학교육의 틀(framework)을 개발하고 수학교육의 방향에 대해 탐색하였다. 여기서 미래 수학교육 틀의 구성 요소 중 하나로 '미래 수학 주제'가 제안되었는데, 핵심 주제로 공간, 빅데이터, 프로그래밍을 설정하였다(나귀수 외, 2018). 미래 수학교육에서 강조하고 있는 주제로 데이터와 이를 다룰 수 있는 프로그래밍으로 설정했다는 사실은 미래 통계교육이 나아가야 할 방향에 대해 시사하는 바가 크다. 종합하면, 오늘날 통계교육의 지향점은 학생들의 통계적 소양을 함양하기 위해서 적절한 공학적 도구를 효과적으로 사용하여 통계적 문제해결의 경험을 제공하는 것으로 판단된다.

## 3. 인공지능과 기계학습, 그리고 통계학

AI의 정의는 학자마다 다양하지만 학습 또는 문제해결과 같은 인간의 정신과 관련된 인지적 과제를 수행하는 기계로 정의할 수 있고, 기계학습은 AI를 구현하는 기술 중 하나로 분류하는 경향이 있다(Baker & Smith, 2019). 기계학습에 대해 Mitchell(1997)은 "컴퓨터 프로그램(즉, 기계)이 어떤 작업 T(task)에 대한 성능 P(performance)가 특정 경험 E(experience)를 통해 향상되었다면 해당 기계가 학습하였다고 정의한다." (p. 2) 예컨대, 체스 게임을 하는 컴퓨터 프로그램이 있다고 하자. 프로그램의 성능 P를 게임에서 이기는 비율로 정의했을 때 이 프로그램이 자신과의 체스 게임을 반복하여 얻어진 경험(E)을 통해 게임에서 이기는 비율(P)을 높인다면 이 기계가 학습을 하였다고 할 수 있다(Mitchell, 1997). 기계학습에서 경험은 보통 데이터를 통해 얻게 되는데, 알파고(AlphaGo)는 인간이 둔 16만 개의 바둑 기보(데이터)를 경험하면서 학습을 하였다고 볼 수 있다. 이처럼 통계학과 기계학습을 데이터로부터 통찰을 얻는 분야로 생각한다면 두 분야 간의 경계가 희미해질 수 있다. 특히, 기계학습의 알고리즘으로 많이 활용되고 있는 랜덤 포레스트(random forests)와 서포트 벡터 머신(support vector machines)은 통계학자들에 의해 개발되었으며(Friedrich et al., 2021), 통계학에서 널리 사용되는 선형 회귀(linear regression) 모델은 기계학습의 대표적인 사례로 제시되는 경향이 있다.

그럼에도 불구하고, 통계학자와 기계학습 전문가는 데이터를 분석하는 목적, 방식, 결과 해석에 있어서 서로 다른 지향점을 가진다. 먼저, 통계학의 주요 목적은 통계적 추리이며 추리의 신뢰도와 타당도에 관심을 둔다. 이에 반해 기계학습은 새로운 사례에 대한 예측(prediction)과 예측의 정확성을 높이는 것에 초점을 맞춘다(Bzdok et al., 2018). 또한, 통계학은 통계적 추리를 위해 모집단의 분포를 가정하지만 기계학습은 모집단에 대한 가정에 비교적 독립적이다(Priya & Ramesh, 2020). 예컨대, 통계적 모델은 모집단의 선형성, 정규성, 등분산성 등의 가정을 충족해야 사용할 수 있다. 정규성 가정을 충족하지 못할 시 비모수 통계(non-parametric statistics) 모델을 사용할 수 있지만 모집단에 대한 어떠한 가정도 하지 않는 통계적 모델은 드물다(Albers, 2018).

통계학과 기계학습은 분석 결과의 해석가능성(interpretability)에서도 차이가 있다(Albers, 2018). 통계학은 분석 결과, 특히 변수 간의 관계를 해석하는 것이 중요한 과제지만 기계학습은 결과의 해석가능성에 크게 신경쓰지 않는다. 기계학습에서는 변수들간의 관계를 명확히 밝히지 못하는 블랙박스(block-box) 알고리즘이라도 종속변수를 잘 예측하는 것에 관심을 둔다. 통계학과 기계학습이 서로 다른 지향점을 가진다는 것은 무엇이 다른 무엇보다 우월하다는 것을 의미하지 않는다. 오히려, 연구 문제와 데이터의 맥락에 적합한 분석 방법을 택하는 것이 중요하다(Bzdok et al., 2018).

기계학습 알고리즘을 통해 데이터를 분석하는 상황에서도 통계가 여전히 중요하게 사용될 수 있다(Friedrich et al., 2021). 예를 들어, 기계학습은 주로 다른 목적을 위해 수집된 데이터를 사용할 뿐만 아니라 특정 웹사이트를 방문한 사람들의 의견을 표집하는 것과 같은 편의 표집(convenience sampling)을 사용하는 경향이 있다. 따라서, 통계는 데이터 수집과 처리에서 나타나는 기계학습의 한계를 보완하고 결론의 타당성과 대표성을 확보하는 데 사용될 수 있다. 또한, 통계는 기계학습을 위해 수집된 데이터의 질(quality)을 평가하고 보완하는데 사용될 수 있다. 예를 들어, 다른 목적으로 수집된 데이터는 데이터의 결측이 빈번하게 발생하고 이러한 데이터 결측은 데이터 질을 낮추고 분석 결과에 영향을 미친다. 통계학에서는 데이터 결측을 보완하는 다양한 방법이 개발되어 있기 때문에 기계학습 이전에 데이터 질 향상을 위해 통계를 사용할 수 있다. 이외에도, 기계학습에서 인과적 추론을 가능하게 하고, 불확실성을 양화하며, 해석불가성의 한계를 극복하기 위해 다양한 통계적 모델이 사용된다는 점에서 (Friedrich et al., 2021) 인공지능 시대 통계는 여전히 중요한 위치를 차지할 것으로 생각된다.

## 4. 인공지능 시대 통계교육의 방향

앞서 살펴본 것과 같이, 오늘날 통계교육의 방향은 학생들의 통계적 소양을 함양하기 위해 적절한 공학적 도구를 활용하여 통계적 문제해결의 경험을 제공하는 것이라 할 수 있다. 이러한 통계교육의 기조는 인공지능 시대가 요구하는 소양과 통계학의 역할에 따라 더욱 강조될 필요가 있다. 이에 본 절에서는 인공지능 시대 통계교육이 나아갈 수 있는 방향을 ‘빅데이터 소양을 함양하기 위해 적절한 공학적 도구를 통합하여 통계·융합적 문제해결의 경험을 제공하는 것’으로 설정하고 이를 구체화하고자 한다.

## 4.1 빅데이터 소양 함양

학자마다 빅데이터를 정의하는 방식은 다양하지만, 빅데이터가 대규모의 양(volume), 빠른 생산 속도(velocity), 다양한 데이터 유형(variety)의 속성을 가진다는 것에는 큰 이견이 없다(김정숙, 2012).[5] 즉, 빅데이터는 정형화된 데이터 구조의 한계를 넘어 반정형(semi-structured) 또는 비정형(unstructured) 데이터를 포함하며, 기존 데이터 단위를 뛰어넘는 규모로 빠르게 생산된다는 특징을 가진다. 전 세계적으로 빅데이터 시장은 빠르게 성장하고 있고, 빅데이터를 통한 가치 창출은 미래 국가경쟁력의 중요한 지표로 부상하였다. 그리고 이러한 흐름을 학교수학에 반영하고자 하는 시도도 일어나고 있다. 앞서 언급하였듯이, 나귀수 외(2018)는 미래 시대 수학교육에서 다루어야 할 핵심 주제 중 하나로 빅데이터를 언급하면서, 학생들에게 실제 빅데이터를 다루어 보는 기회를 제공해야 한다고 주장하였다. 수학교육에서 빅데이터에 관한 내용은 2015 개정 수학과 교육과정 내 인정 교과로 편성할 수 있는 『실용통계』에서도 찾아볼 수 있다. 『실용통계』의 내용 영역은 '통계적 문제와 자료의 수집', '자료의 분석과 해석', '빅데이터'로 구성되어 있다. 빅데이터 영역에서는 빅데이터의 개념, 특징, 유형, 처리 과정[6]을 탐색하고, 텍스트마이닝(text mining)을 통해 실제 데이터 분석 과제를 제시하고 있다. 특히, 텍스트마이닝 단원에서는 각종 포털 사이트(예: google, naver, daum)의 검색 동향분석, 감성분석(sentimental analysis), 워드클라우드(word cloud) 만들기 등의 경험을 주요 활동으로 제공하고 있다.

이경화 외(2021)는 앞으로의 통계교육의 방향이 데이터 소양 교육을 포함하는 데이터 기반의 통계교육으로 나아가야 함을 주장한 바 있다. 데이터 소양의 개념은 수학교육뿐만 아니라 다양한 학문 분야에서 정의되고 있다. 예를 들어, 이정미(2019)는 선행연구에서 언급한 데이터 소양 개념을 종합하여 "데이터의 기술적 요소에 대한 이해를 기본으로 상황 및 맥락에 적합한 데이터를 활용함으로써 데이터에 근거해 사회적 문제를 객관적이고 통찰력을 가지고 해석할 수 있게 하는 능력"으로 정의하였다 (p. 164). D'Ignazio와 Bhargava(2015)는 데이터 소양을 데이터 읽기, 데이터 다루기,

---

5) Doug Laney가 2001년 처음 언급한 것으로 알려진 3V(volume, velocity, variety)는 복잡성(complexity)이 추가된 3V+C, 또는 정확성(veracity)과 가치(value)가 추가된 5V, 최근에는 타당성(validity)과 휘발성(volatility)이 추가된 7V로 확장되기도 한다.

6) 데이터 처리 과정은 데이터 인식, 수집, 저장, 처리, 분석, 표현의 6단계로 제시하였다.

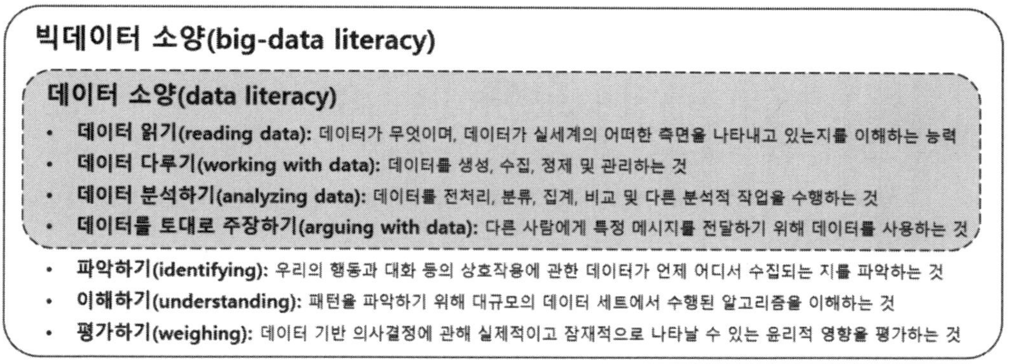


[그림 1] 데이터 소양과 빅데이터 소양의 개념(D'Ignazio & Bhargava, 2015, p. 2)

데이터 분석하기, 데이터를 토대로 주장하기와 관련된 능력으로 보고, 여기에 데이터 파악하기, 알고리즘 이해하기, 분석 결과의 윤리적 영향 평가하기와 관련된 능력을 추가하여 빅데이터 소양 개념을 정의하였다([그림 1] 참조).

D'Ignazio와 Bhargava(2015)가 언급한 빅데이터 소양을 위해 추가된 구성 요소에 대해 살펴보자. 첫째, 전통적인 데이터의 개념과 달리 빅데이터는 우리가 온라인상에서 실시간으로 주고받는 말과 글이 기록되어 데이터화(datafication)될 수 있다. 다시 말해, 우리는 통계적 주장의 생산자 또는 소비자가 아님에도 불구하고 데이터의 주체이자 데이터의 생산자가 된다(Francois et al., 2020). 따라서 빅데이터의 생성 과정을 파악하는 것(identifying)은 빅데이터의 이해와 수집뿐만 아니라 데이터에 기반한 해석과 의사결정에도 중요한 역할을 한다. 둘째, 빅데이터를 분석하기 위해 사용된 알고리즘을 이해하는 것(understanding)은 빅데이터 소양을 위해 중요한 부분임과 동시에 빅데이터 소양 교육을 추구하기 위해 매우 도전적인 과업이 될 수 있다는 점에서(D'Ignazio & Bhargava, 2015) 이를 학교수학에 반영하기 위한 지속적인 노력이 필요해 보인다. 예를 들어, 대규모의 텍스트 데이터의 경향을 워드클라우드를 통해 시각화하는 것은 텍스트 내의 단어를 분해, 정제, 변환하는 과정[7]을 거친 후 단어의 빈도 분석을 시행하는 것으로 그 과정이 비교적 단순하다. 그러나 대부분의 빅데이터 분석은 그 과정이 복잡한 기계학습을 통해 이루어지거나 심지어 분석 과정이 설명 불가능한 블랙박스(black box) 알고리즘이 존재한다(Bhargava, 2019). 따라서, 통계교육에서 빅데이터 분석 과정을 이해하는 것은 그 과정이 설명 가능한 화이트박스(white box) 알고리즘을 스몰데이터(small data)를 활용하여 탐구하는 것으로부터 시작하는 것이 바람직하다.[8] 마지막으로, 빅데이터 사용을 통해 나타날 수 있는 윤리적 문제를 평가

7) 자연어 처리 과정(natural language processing)이라 한다.

(weighing)할 수 있어야 한다. 데이터 윤리 문제의 중요성은 이경화 외(2021)에서도 언급된 바 있다. 전술한 바와 같이, 우리가 소셜미디어와 같은 온라인상에 올린 글이나 사진 등은 하나의 데이터가 되어 누군가에 의해 분석될 수 있다. 그러나 누구나 접근 가능한 데이터라고 하더라도 이를 당사자의 허락 없이 수집 및 분석하는 것은 윤리적인 문제를 야기할 수 있다(Boyd & Marwick, 2011). 특히, 빅데이터 분석이 객관적이고 정확한 결과를 가져다줄 것이라는 맹목적인 믿음(Ferguson et al., 2017)은 편향된 의사결정과 윤리적 문제를 야기할 수 있다는 점에서 빅데이터 소양 교육에 반드시 포함되어야 할 것으로 보인다.

Ferguson 외(2017)는 현대 사회에서 빅데이터를 이해하는 것은 매우 중요한 역량이기에 어린 학생들에게도 빅데이터를 사용하고 데이터에 대해 생각하게 하는 경험을 제공해야 한다고 하였다. 그들은 학생들에게 실제 데이터를 사용하여 프로젝트 기반의 빅데이터 과제(big-data tasks)를 제공할 것을 제안하였다. 특히, 학생들이 공학적 도구를 활용하여 절차적 계산 보다 통계적 탐구 주제를 계획하고, 데이터를 표현하고, 해석하며, 적절한 모델을 구축하여 의사결정을 하는 것에 집중하도록 도와야 한다고 주장하였다. 그들은 빅데이터 과제 수행을 위한 공학적 도구로서 CODAP(Common Online Data Analysis Platform)을 소개하였는데, CODAP은 실제 데이터와 이를 시각화하고 분석할 수 있는 도구를 제공하고 있어([그림 2] 참조) 학생들이 빅데이터 프로젝트를 수행하기에 용이한 도구이다(Ferguson et al., 2017). 이와 관련하여 OECD의 평가에 따르면, 우리나라의 공공데이터 개방지수는 세계 1위를 기록하고 있다(OECD, 2018). 그러나, 이러한 높은 데이터 개방성에도 불구하고 공공데이터 포털(https://www.data.go.kr/)과 같은 웹사이트가 제공하는 빅데이터는 실제 일반인이 사용하기에 매우 불편하다는 점이 지적되고 있다(김태엽, 2018). 통계청에서도 빅데이터와 이에 관한 시각적 정보를 제공하고 있지만 학교수학에서 사용하기에는 여전히 어려움이 존재한다. 또한, 통계교육을 위해 개발된 통그라미(https://tong.kostat.go.kr/)는 대규모의 데이터를 읽기에 한계가 있다. 따라서, 학생들의 빅데이터 과제 수행을 지원하는 시스템과 플랫폼 구축은 인공지능 시대 통계교육을 위한 과제로 생각해볼 수 있을 것이다. 또한, 빅데이터 과제 수행이 학생들의 통계 지식의 개념적 이해를 도울 수 있다고 하지만(Ferguson et al., 2017), 이에 대한 후속 연구와 이를 반영한 교육과정 개정이 요구되는 바이다.

---

8) 『실용통계』에서는 감성분석과 워드클라우드를 만드는 절차를 간단한 예를 통해 제시하여 학생들이 텍스트 마이닝의 기본적인 분석 과정을 이해하는 것을 돕고 있다.

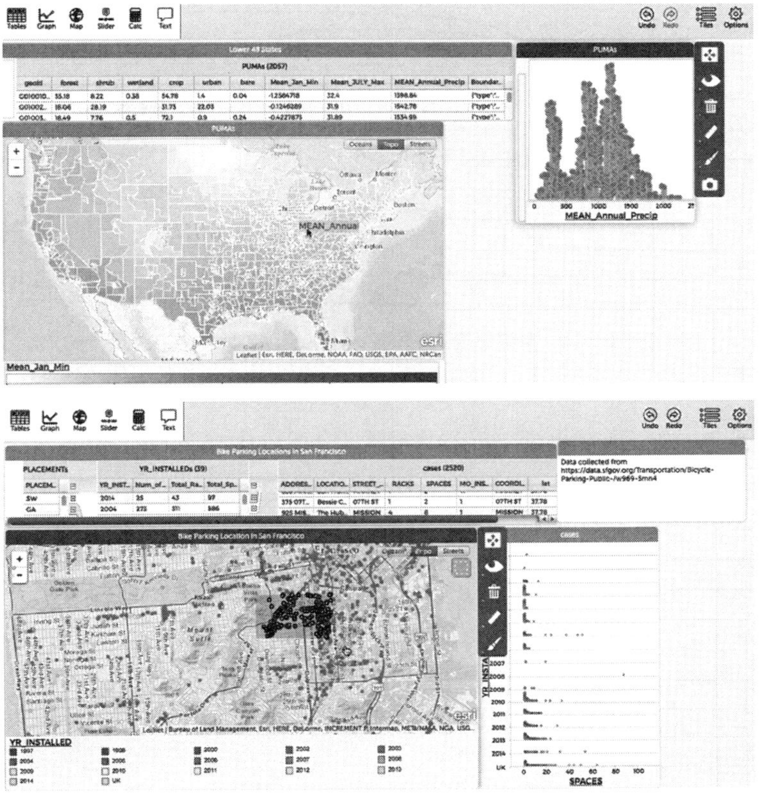

[그림 2] 빅데이터 분석 플랫폼(https://codap.concord.org/)

## 4.2 통계·융합적 문제해결

오늘날 통계교육이 지향하고 있는 통계적 문제해결 과정은 2005년에 발표된 GAISE I(Guidelines for Assessment and Instruction in Statistics Education I) 보고서[9]와 2020년에 개정된 GAISE II 보고서에서 소개되었다. [그림 3]에서와 같이, GAISE II에 제시된 통계적 문제해결 과정은 통계적 탐구를 위한 질문, 데이터 수집 및 숙고, 데이터 분석, 결과 해석의 순환적 과정으로 이루어진다(Bargagliotti et al., 2020). GAISE I과 II 보고서에서는 세 개의 수준(A, B, C 수준)[10]을 제시하여 학생의 능력에 맞는 통계적 문제해결 과정을 경험하도록 권고한다.

9) GAISE I 보고서는 2007년에 일부 개정되어 발표되었다(Franklin et al., 2007).

10) 수준 A, B, C는 각각 초등학교, 중학교, 고등학교 수준으로 설계되었지만, 학생의 학년과 나이보다 학생의 통계적 지식수준에 따라 결정되어야 한다(Bargagliotti et al., 2020).

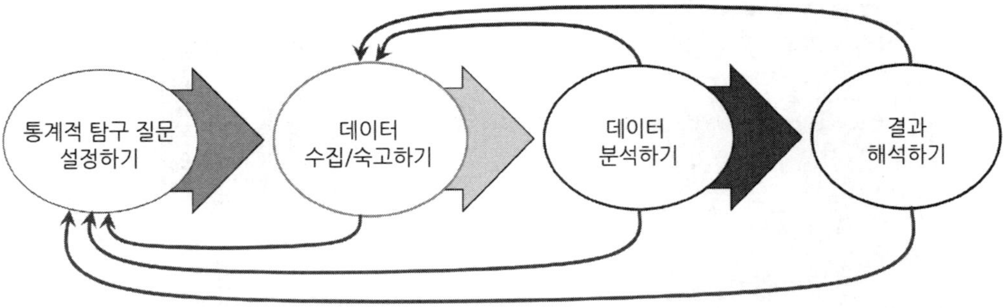


**[그림 3] 통계적 문제해결 과정**(Bargagliotti et al., 2020, p. 13)

GAISE I 보고서가 발표된 지 15년이 지나 GAISE II 보고서가 새롭게 발표된 배경에는 데이터 유형의 변화가 있었다(Bargagliotti et al., 2020).

> GAISE I이 출판된 이후, 데이터에 대한 전통적인 개념은 바뀌었다. 데이터는 더 이상 단순히 문맥상의 숫자가 아니며, 양적 또는 범주적 형태로 분류되지 않으며, 보통 정적인 스프레드시트에 저장되지 않는다. 오늘날 데이터는 역동적이고 복잡하며 고도로 구조화된(또는 구조화되지 않은) 그림이나 음성의 집합일 수도 있다. 데이터 집합은 방대하고 쉽게 접근할 수 있다(p. 6).

이에 GAISE II 보고서에서는 우리 주변에서 일어나는 실제 현상을 이해하기 위해 수준 B와 C의 학생들에게 비정형적이고 복잡하고 큰 규모의 실제 데이터(예를 들어, 그림, 텍스트, 소리 등)를 활용하도록 한다. 예컨대, 한 웹사이트 개발자 Anna Ronnlund는 다른 문화권의 사람들이 종종 무섭게 묘사되거나 이국적으로 묘사되는 경향이 있다는 것을 문제 삼아 56개국에서 촬영한 30,000장 이상의 가족사진과 거주 공간에 대한 사진을 웹사이트[11]에 제공하였다. GAISE II 보고서에서는 해당 웹사이트에서 제공하는 사진 데이터를 이용하여 가족과 거주 공간에 대해 사람들이 가지고 있는 개념이 전 세계적으로 어떻게 같거나 또는 다른지를 탐구하는 문제를 제시하였다(Bargagliotti et al., 2020). 다시 말해, GAISE II 보고서는 우리 주변에서 일어나고 있는 문제를 해결하기 위해 다양한 유형의 실제 데이터를 수집하고 분석하여 적절한 해석과 합리적인 의사결정을 내리도록 한다. 예전에는 데이터로 분류되지 못했던 비정형 데이터와 이미 수집된 빅데이터를 활용하여 사회적 문제를 통계적으로 해결하는 것은 시대적 변화의 흐름이 반영된 것이라 할 수 있다. 이처럼 인공지능 시대의 통계

11) https://www.gapminder.org/dollar-street/about

교육은 다양한 유형의 데이터를 사용하여 복잡한 사회 문제 또는 학생들 주변에서 발생하는 실제 문제를 해결하는 과정에서 그 유용성과 가치를 경험하도록 해야 한다. 또한, 실세계 문제를 정의하고 통계적으로 해결하는 일련의 과정은 수학과 통계적 사고를 넘어 창의적이고 융합적인 사고를 요구한다는 점에서 통계·융합적 문제해결 과정으로 재개념화할 수 있다. 이러한 통계·융합적 문제해결은 2011년부터 국가 주요 교육 정책으로 강조되고 있는 융합교육의 측면에서도 중요한 시사점을 제공한다.

우리나라에서 융합교육은 2000년대 초반에 나타난 수학, 과학, 기술 교육의 한계에 대한 대안이었다(백윤수 외, 2011). 이후 2015 수학과 교육과정에서 교과 핵심 역량으로 창의·융합 역량을 포함하면서 교과 간 융합의 필요성이 수학교육에서 다시금 강조되었다(교육부, 2015). 그러나 모든 과학의 기초 학문으로서 수학이 융합교육에서 중요한 역할을 할 것이라는 기대와 달리 수학의 역할은 다른 교과를 뒷받침하는 도구로 제한되는 경향이 나타났다(권오남 외, 2014). Honey 외(2014)는 융합교육을 통해 학생의 수학적 이해를 발달시키는 것이 어렵다는 점을 지적하였고, 같은 맥락에서 Shaughnessy(2013)는 피상적인 융합교육은 오히려 학생의 수학학습 기회를 제한한다고 보았다. 이는 융합교육에서 수학의 역할을 단순 수치 계산으로 제한하면서 수학이 융합적 문제해결에 중요한 역할을 수행하지 못했기 때문이다. 반면, 통계는 실세계를 이해하고 미래를 예측하는데 중요한 도구이며(우정호, 2000), "방법론적 학문으로, 그 자체로 존재하기보다 다른 학문 분야에서 데이터를 다루는 데 논리적인 아이디어와 도구를 제공한다."(Cobb & Moore, 1997, p. 801). 따라서, 통계·융합적 문제해결은 그간 융합교육에서 제기되었던 수학의 미미한 역할을 전환하고, 특히 인공지능 시대에 생산되는 다양한 유형의 데이터를 통해 창의적, 융합적, 합리적인 문제해결을 위한 교육으로 나아갈 수 있을 것으로 기대된다.

통계·융합적 문제해결을 지도하기 위해서는 통계적 문제해결 과정에 융합교육의 핵심 요소를 녹여내는 것이 중요한 과제이다. 이를 위해 첫째, 통계적 탐구 질문이 학습의 주체인 학생의 관심을 불러일으킬 수 있고 다양한 학문적 지식을 녹여낼 수 있는 실생활 상황에서 제기되어야 한다. 융합교육에서는 학생들이 스스로 문제를 발견하고 정의하는 것이 창의적 설계를 위해 중요한 과정이라는 점에서(박현주 외, 2012) 학생의 통계적 탐구 질문을 제기하는데 교사의 시의적절한 도움이 요구된다. 또한, 이경화 외(2021)는 [그림 2]에서 나타난 통계적 문제해결의 순환과정에 주목하였는데, 교사는 이미 수집된 데이터를 사용하는 경우 데이터의 숙고를 통해 통계적 탐구 질문을 역으로 제기하는 것이 효과적일 수 있음을 강조할 필요가 있다. 둘째, 통계·융합적 문제해결은 다양한 유형의 데이터 구조뿐만 아니라 다른 목적에 의해 수집된 데이터를 활용할 수 있다는 점에서 데이터에 대한 '숙고'를 필요로 한다. 이경화 외(2021)가 지적한 것과 같이, GAISE II 보고서에서 나타난 중요한 변화 중 하나는 데이터 수집 단계에 데이터 '숙고(consider)'를 추가한 것이다. 특히, 다른 목적에 의해 수집된 데이터를 활용할 때는 데이터가 어떠한 목적과 과정으로 수집되었는지에 관한 데이터 이해 과정과 데이터가 어떠한 변수(속성)를 포함하고 이를 분석을 위해 어떻게 변환될 수 있을지 등의 데이터 자체를 판단하는 과정이 포함되어야 한다. 셋째, 창의적 설계의 다른 중요한 요소는 다양한 산출물과 관련된다(박현주 외, 2012). 보통 특정 통계적 질문을 분석하기 위해 적합한 통계적 모델은 존재하지만 이 기준은 절대적이지 않다. 교사는 학생들이 스스로 제기한 통계적 질문과 수집된 데이터에 기반하여 다양한 분석을 실시하고 그 결과를 표현할 수 있도록 도와야 한다. 특히, 공학적 도구의 활용은 학생들의 다양한 데이터 분석과 시각적 결과를 지원할 수 있다는 점에서 통계·융합적 문제해결에 반드시 포함되어야 할 것으로 보인다. 마지막으로, 융합교육은 학생들의 감성적 체험을 요구한다. 감성적 체험은 학습의 성공을 통한 긍정적인 정의적 영역 형성뿐만 아니라 실패의 가치를 경험하고 반성적 사고를 통해 새로운 도전 의식을 갖는 것을 포함한다(박현주 외, 2012). 통계·융합적 문제해결에 감성적 체험을 제공하기 위해서 교사는 문제해결의 최종 결과보다 통계적 문제해결 과정에 집중하는 것이 바람직해 보인다.

## 5. 나가며

인공지능 시대에 통계학의 가치와 중요성이 강조됨에 따라(Friedrich et al., 2021) 미래 통계교육의 방향에 대한 관심이 높아지고 있다. 데이터의 유형과 본성 그리고 이에 따른 분석 방법의 변화는 학교 통계교육에서도 변화가 필요함을 시사하였다(이경화 외, 2021; Bargagliotti et al., 2020). 그리고 이러한 변화는 『실용통계』 교과를 통해 학교 현장에 반영되고 있다. 이러한 변화에 더하여 본고에서는 인공지능 시대에 미래 통계교육이 어떠한 방향으로 나아갈 수 있을지를 논의하여 다음과 같은 결론을 도출하였다.

첫째, 인공지능 시대 통계교육은 데이터 소양을 넘어 빅데이터 소양을 함양하기 위한 교육으로 나아갈 필요가 있다. 미래 사회에서는 데이터를 읽고, 다루고, 분석하고, 이를 토대로 주장하는 능력을 넘어 빅데이터의 생성 과정을 파악하고, 빅데이터의 분]

석 과정을 이해하며, 빅데이터를 기반으로 도출된 결과에 대한 윤리적 영향을 평가하는 능력을 필요로 한다(D'Ignazio & Bhargava, 2015). 빅데이터 소양 교육은 학생들이 빅데이터 과제를 경험하는 것에서부터 시작될 수 있다. 그러나 현재 학교수학에서 빅데이터 과제를 다루는 것에는 많은 제한점이 존재한다는 점에서 이를 구현하기 위한 시스템 조성과 교육과정의 변화가 지속적으로 요구된다. 둘째, 인공지능 시대 통계교육은 학생들의 통계적 소양을 함양하기 위한 통계적 문제해결을 넘어 통계·융합적 문제해결로 나아갈 필요가 있다. 2015 개정 교육과정의 기본 방향을 '인문학적 상상력과 과학기술 창조력을 갖춘 창의·융합형 인재'로 설정한 이후(교육부, 2014), 오늘날 수학교육은 창의적이고 융합적인 사고를 통한 문제해결을 강조하고 있다(교육부, 2015). 통계는 방법론적 측면에서 다학문적인 성격을 지닌다(Cobb & Moore, 1997). 따라서, 통계·융합적 문제해결은 학생들이 경험하는 실제 문제에 대한 창의적, 융합적, 합리적인 해결을 가능케 하며, 통계의 유용성과 가치를 인식하게 하고, 미래 사회가 요구하는 인재로 성장하는데 새로운 모델을 제시할 것으로 기대된다.

# 참고문헌

과학기술정보통신부(2019). **인공지능(AI) 국가전략**. 정부부처 합동 발표자료(2019. 12. 17.), 세종.

교육과학기술부(2011). **창의인재와 선진과학기술로 여는 미래 대한민국**. 교육과학기술부 업무보고(2011.01.14.), 서울.

교육부(2014). **2015 문·이과 통합형 교육과정 총론 주요사항(시안)**. 교육부 발표자료(2014.09.24.), 세종.

교육부(2020). **인공지능, 학교 속으로! 인공지능(AI), 초등 수학 공부 도우미로, 고교 진로 선택 과목으로 도입**. 교육부 보도자료(2020.09.14.), 세종.

권오남, 박재희, 오국환, 배영곤(2014). 공동체단위의 연수를 통해 나타난 고등학교 수학 중심 융합수업의 개발 및 적용 사례. **수학교육, 53**(3), 357-381.

김은하(2018). 통계교육의 과거, 현재 그리고 미래 통계교육은 어디로 어떻게 가고 있는가. **통계의 창 2018년 겨울호**. 대전: 통계청.

김정숙(2012). 빅 데이터 활용과 관련기술 고찰. **한국콘텐츠학회지, 10**(1), 34-40.

김태엽(2018). 공공데이터 개방정책의 현황 및 향후 과제. **이슈와 논점 제1455호**. 서울: 국회입법조사처.

나귀수, 박미미, 김동원, 김연, 이수진(2018). 미래 시대의 수학교육 방향에 대한 연구. **수학교육학연구, 28**(4), 437-478.

박경미 외 43인(2015). **2015 개정 교육과정에 따른 수학과 교육과정 개발 연구 Ⅱ**. 연구보고, 한국과학창의재단, 서울.

박현주, 김영민, 노석구, 이주연, 정진수, 최유현, 한혜숙, 백윤수(2012). STEAM 교육의 구성 요소와 수업 설계를 위한 준거 틀의 개발. **학습자중심교과교육연구, 12**(4), 533-557.

백윤수, 박현주, 김영민, 노석구, 박종윤, 이주연, 정진수, 최유현, 한혜숙(2011). 우리나라 STEAM 교육의 방향. **학습자중심교과교육연구, 11**(4), 149-171.

우정호(2000). 통계교육의 개선방향 탐색. **학교수학, 2**(1), 1-27.

이경화, 유연주, 탁병주(2021). 데이터 기반 통계교육을 위한 수학과 교육과정 재구조화 방향 탐색. **학교수학, 23**(3), 361-386.

이정미(2019). 데이터 리터러시 개념에 대한 재접근 및 도서관 정보서비스에의 적용.

**한국문헌정보학회지, 53**(1), 159-179.

이정민, 유연주(2020). 통계포스터에 나타난 통계적 탐구질문 분석. **학교수학, 22**(4), 967-993.

탁병주, 이경화(2017). 우리나라 통계교육 연구의 동향 분석: 2000년 이후 발행된 국내 통계교육 연구논문을 중심으로. **수학교육학연구, 27**(2), 269-289.

통계청(2020). **통계청이 개발한 「실용통계」 도서가 고교의 교과용 도서로 인정되다: 빅데이터 시대 통계강국으로 가는 기본이 되는 도서**. 통계청 보도자료(2020.02.13.), 대전.

Aksoy, E., & Bostan, M. (2021). Seventh graders' statistical literacy: An investigation on bar and line graphs. *International Journal of Science and Mathematics Education, 19*(2), 397-418.

Albers, C. (2018). The statistical approach known as Machine Learning. *Nieuw Archief voor Wiskunde, 5*(3), 215-217.

Baker, T., & Smith, L. (2019). *Educ-AI-tion rebooted? Exploring the future of artificial intelligence in schools and colleges.* London: Nesta.

Bargagliotti, A., Franklin, C., Arnold, P., Gould, R., Johnson, S., Perez, L., & Spangler, D. A. (2020). *Pre-K-12 guidelines for assessment and instruction in statistics education Ⅱ: A framework for statistics and data science education.* Alexandria, VA: American Statistical Association.

Berg, A., & Hawila, N. (2021). Some teaching resources using R with illustrative examples exploring COVID-19 data. *Teaching Statistics. 43*, S98-S109.

Bhargava, R. (2019). Data literacy. In R. Hobbs, & P. Mihailidis (Eds.), *The international encyclopedia of media literacy*. Hoboken, NJ: Wiley.

Boyd, d. & Marwick, A. (2011). Social privacy in networked publics: Teens' attitudes, practices, and strategies. In *Proceeding of symposium on the dynamics of the internet and society.* Oxford, UK. Retrieved from http://papers.ssrn.com/sol3/Papers.cfm?abstract_id=1926431

Bzdok, D., Altman, N., & Krzywinski, M. (2018). Statistics versus machine learning. *Nature Methods, 15*(4), 233-234.

Cobb, G. W., & Moore, D. S. (1997). Mathematics, statistics, and teaching. *The American Mathematical Monthly, 104*(9), 801-823.

D'Ignazio, C., & Bhargava, R. (2015). Approaches to building big data literacy. In

*Proceedings from Bloomberg Data for Good Exchange Conference*. Retrieved from https://www.media.mit.edu/publications/approaches-to-building-big-data-literacy/

Ferguson, R. et al. (2017). *Innovating pedagogy 2017: Open University innovation report 6*. Milton Keynes: The Open University.

Francois, K., Monteiro, C., & Allo, P. (2020). Big-data literacy as a new vocation for statistical literacy. *Statistics Education Research Journal, 19*(1), 194-204.

Franklin, C. A., Kader, G. D., Mewborn, D., Moreno, J., Peck, R., Perry, M., & Scheaffer, R. (2007). *Guidelines for assessment and instruction in statistics education report: A pre-K-12 curriculum framework*. Alexandria, VA: American Statistical Association.

Freudenthal, H. (1973). *Mathematics as an educational task*. Dordrecht: D. Reidel Publishing Company.

Friedrich, S. et al. (2021). Is there a role for statistics in artificial intelligence?. *Advances in Data Analysis and Classification*. https://doi.org/10.1007/s11634-021-00455-6

Honey, M., Pearson, G., & Schweingruber, A. (2014). *STEM integration in K-12 education: status, prospects, and an agenda for research*. Washington: National Academies Press.

Lugo-Armenta, J. G., & Pino-Fan, L. R. (2021). Inferential statistical reasoning of math teachers: Experiences in virtual contexts generated by the COVID-19 pandemic. *Education Sciences, 11*(7), 363.

Mitchell, T. M. (1997). *Machine learning*. New York: MacGraw-Hill.

Organization for Economic Co-operation and Development [OECD] (2018). *Open government data report: Enhancing policy maturity for sustainable impact*. Paris: Author.

Priya, R., & Ramesh, D. (2020). ML based sustainable precision agriculture: A future generation perspective. *Sustainable Computing: Informatics and Systems, 28*, 100439.

Russell, S, J., & Norvig, P. (2016). *Artificial intelligence: A modern approach*. Hoboken, NJ: Prentice Hall.

**■ 집필진**

| | |
|---|---|
| 탁병주(전주교육대학교) | 이윤경(선주중학교) |
| 강현영(목원대학교) | 임성빈(울산과학기술원) |
| 김소민(인하대학교) | 장혜원(서울교육대학교) |
| 김은하(현풍고등학교) | 전수경(대구국제고등학교) |
| 박민선(Dwight Morrow High School) | 조정수(영남대학교) |
| 신동조(부산대학교) | 지영명(대전신계중학교) |
| 신보미(전남대학교) | 한채린(서울등촌초등학교) |




대한수학교육학회 · 한국수학교육학회 2021년 연보

# 데이터 시대의 통계교육


지은이 탁병주 · 강현영 · 김소민 · 김은하 · 박민선 · 신동조 · 신보미
이윤경 · 임성빈 · 장혜원 · 전수경 · 조정수 · 지영명 · 한채린
펴낸이 조경희
펴낸곳 경문사
펴낸날 2022년 5월 23일 1판 1쇄
등 록 1979년 11월 9일 제1979-000023호
주 소 04057, 서울특별시 마포구 와우산로 174
전 화 (02)332-2004 팩스 (02)336-5193
이메일 kyungmoon@kyungmoon.com

값 20,000원

ISBN 979-11-6073-533-8